SCRIPTORVM CLASSICORVM

BIBLIOTHECA OXONIENSIS

OXONII

E TYPOGRAPHEO CLARENDONIANO

HOMERI

OPERA

RECOGNOVIT

BREVIQVE ADNOTATIONE CRITICA INSTRVXIT

THOMAS W. ALLEN

TOMVS III

ODYSSEAE LIBROS I–XII CONTINENS

EDITIO ALTERA

OXONII

E TYPOGRAPHEO CLARENDONIANO

Oxford University Press, Walton Street, Oxford OX2 6DP

Oxford New York Toronto
Delhi Bombay Calcutta Madras Karachi
Petaling Jaya Singapore Hong Kong Tokyo
Nairobi Dar es Salaam Cape Town
Melbourne Auckland

and associated companies in
Berlin Ibadan

Oxford is a trade mark of Oxford University Press

Published in the United States
by Oxford University Press, New York

Copyright Oxford University Press 1917

First edition 1908
Second edition 1917
Seventeenth impression 1992

ISBN 0–19–814531–4

Printed in Great Britain by
Bookcraft (Bath) Ltd,
Midsomer Norton, Avon

PRAEFATIO EDITIONIS ALTERIVS

QVOD Arturo Ludwich in votis erat[1], ut operam
a se egregie inceptam exsequerentur alii, id ut nos ali-
qua ex parte ageremus praestitit Academiae Oxonien-
sis munificentia, per quam licuit Parisinam, Bruxellen-
sem, Monacensem, Vindobonensem, alias bibliothecas
adire, campos Cisalpinos, Veneta maria, agrum lacusque
Romanos grato animo revisere. unde fit ut Odysseae
codicum qui plus septuaginta exstant exceptis quat-
tuor omnium varietates si non in unoquoque versu
tamen in praecipuis locis lectori praebeamus. etsi
enim huic alteri editioni adiecimus codicem Holkha-
micum a Comite de Leicester benigne commodatum
atque Matritensem, tamen Moscoviensem et Vratisla-
viensem 29 adhuc non licuit adire, Cryptoferratensem
et Vallicellianum me fugisse piget. Matritensis autem
ita cum R^{11} et Monacensi correcto convenit ut fami-
liam quandam *s* efficiat, Holkhamicus familiae *d* ad-
numerandus est. ceterum in libris papyraceis dudum
versatur horum poematum res critica. minor Odysseae
quam Iliadis papyrorum seges, tamen potui amplum
librum Rylands afferre a collega Arturo Hunt editum,
alter collega Bernardus Grenfell aetatis Ptolemaicae
papyrum obtulit adhuc ineditam. quibus viris ut gra-
tiae maximae mihi agendae sunt ita et bibliothecarum

[1] Homeri Odyssea recensuit Arthurus Ludwich, Lipsiae 1889,
p. vii

iii

singularum praefectis, praecipue vero Antonio Ceriani, quem fato functum etiamnunc desideramus, Francisco Ehrle qui thesauros Vaticanos insolitis tempestatibus mihi aperuit, Salamoni Morpurgo et Iulio Coggiola quod maximo suo incommodo cum libri in antiquam sedem e palatio ducum Venetorum iam migrarent permiserunt ut collationi incumberem, atque adeo inter tumultus civicos vetante ne quis strenue rem ageret baiulorum faece et sibi et mihi studiorum libertatem vindicaverunt. illud vero lectoris animum iam subeat necesse est, opus a duobus incohatum ab uno confici. etenim dum Florentiae mense Augusto a. 1905 libros Laurentianos excutio, decessit in Helvetia David Binning Monro, collegii Orielensis in Academia nostra praepositus. cuius viri mea utique laude maioris ut elogium texerem ideo supervacaneum est quod nuper vita a viro illius familiarissimo Ioanne Cook Wilson conscripta sit. liceat vero cum per aliquot annos in edenda Iliade consuetudine eius ceteris plenius usus sim, ut linguae Graecae originum scientiam celebrem, litterarum et antiquarum et nostrarum usum, iudicium quo minores superabat philologos severum, sermonem brevem, catum, benignum, doleam autem quod tali ope destituto mihi contigerit ut Homerum οἰόθεν οἶος lectori tradam. quem cum commemorem non possum quin et Henrici Francisci Pelham obitum defleam, viri cum tironum omnium fautoris tum nostri operis per viginti annos patroni egregii. di faxint ut tales propugnatores antiquae litterae semper apud nos nanciscantur. ceterum quaesivere nonnulli viri docti quibusnam rationibus nos nisi antiquiores vocabulorum apud Homerum formas conati simus reponere. quibus responsum quidem a Monrone crediderim in Iliadis praefatione; nonnihil tamen iuvat eius narrationi et hic adicere. Homerum accepimus testem antiquissimum exstare linguae Graecae qualis ante Heraclidum reditum fuit, cum teste Pausania eundem ederent Argivi quem Athenienses sonum, sive ea Pelasgica sive Achaica vocanda sit, sive ut nuper a Kretschmero didicimus Ionica. quae ut in normam atque poesis epicae instrumentum abiret iussit Musa Homeri, velut Italis Dantis leges suis imponentis, id quod a Monrone plus semel expositum est. sermo igitur homericus unice linguam illam matrem nobis reddit, quae urgente populorum fuga atque in peregrino ut fit solo dialectos Aeolicas et Ionicas peperit. voces tamen Homericas per tot saecula traditas cum cantorum ore tum scribarum manu saeculo ante Christum quinto admodum immutatas esse inter omnes constat. ut istas sordes detergeret conatus est Aristarchus cum discipulis, conatus est Bentleius[1] qua erat vi divinandi, idem sed minore eventu saeculi novissimi philologi. Alexandrina aetate qualis textus homericus fuerit satis bene cognovimus; priorum saeculorum statum non nisi coniectura ut optima sit indagamus. itaque qui a papyris et Aristotelis Aeschinis Platonis citationibus pendet, speciem Homeri qualis saeculo ante Chr. tertio quartove exstiterit accurate poterit reddere: etiam qui e lapidibus linguae leges caute collegerit is Homerum Pisistrateum seu Polycrateum fingere

[1] Bentleii adnotationes praebet v. d. Arturus Platt *J. Phil.* xxii. 26. 198 et in editione sua Cant. 1892.

posse iure aliquo sibi potest videri. quod ne nos
mallemus facere id potissimum prohibuit quod littera-
tura post Euclidem praetorem Athenis recepta hodie
utimur. lapidum editoribus licet πελειάδεο ἀχιλέοσ scri-
bere, poetam nos legendum exhibemus. sed et nimis
insolitae vocum formae, licet genuinae sint characteri-
busque Ionicis exarari possint, bonis pueris grandibus-
que virginibus, neque illis tantum, quominus Vlixem
errantem comitentur obstant: duplici igitur moti causa
τους, ταυς, τιθενς, Aeolicam litteram, cetera eiusdem
generis missa fecimus. nempe constituimus versuum
speciem quales recepta Athenis Ionica litteratura evase-
runt exhibere, non invisuri si aliis aliquando contigerit
Homerum Πελασγικοῖς γράμμασι, ut cum Diodoro
loquar, seu Phrygiis seu Cnosiis scriptum edere.
attamen quoad licuit charactere sollemni usis tentavi-
mus textum purgare: ita vero ut a codicum testi-
monio fere numquam discesserimus. codices enim
saepe linguae in dies se mutantis speciem praebent:
in codicibus licet numero paucioribus conspicimus
illa ἔργα ἰδυίας, οὐ γὰρ οἶδ', τεθνηῶτας, τύχωμι, ἴδωμι,
βάλωμι, κεκληγόντας, ἀκλεέες, aorista in ετο desinentia,
προφανεῖσᾶς, quae omnia sermonis velut faciem anti-
quiorem nobis recludunt. digamma quoque saeculo
postquam ab oculis legentium evanuit vicesimo
syllabam brevem fulcit (ζ 74), hiatum explet (β 211).
archonte autem Euclide iure coniectamus haec taliaque
centies plura exstitisse. haec ergo recepimus faventibus
codicibus, cum ἦος fere solum absque librorum testi-
monio scriberemus legentium causa in ἕως trochaicum
offensurorum. simili ratione usi sumus in re sane diffi-
cillima, augmentis verborum addendis demendisque.

augmenta constat hic metro defendi illic vetari: in mul-
tis autem locis metrum iuxta procedit servato abiecto-
que augmento. hic vero inter Scyllam Charybdimque
navigat criticus. omnia si dempserit verendum est ne
Homerum neoionicum more Zenodoteo fingat; omnia
si receperit peccabit contra vocabulorum traditionem
αἴδετο αἴδεσθεν αἴνυτο ἀποαίνυτο ἀποέργαθεν ὀκριόωντο,
quae nullo cogente metro ita in codicibus feruntur.
itaque cum et post doctas Drewitii nostri lucubra-
tiones (*Classical Quarterly*, 1912, ff. 44, 104) parum
auxilii ne dicam auctoritatis apud phoneticos inve-
niendum sit, illuc descendi ut hic quoque codices
atque, quod idem valet, Alexandrinorum praecepta
sequerer. tali motus ratione non auxi ἄρχω, οἴχομαι,
ὄρνυμαι, ὁπλίζομαι, ὁρμαίνω, ὀτρύνω, ἀπ(ἐπ)όμνυμι, ὁρμίζω,
ἀποθνῄσκω (in ἀποτέθνασαν), γηράσκω (in γήρα), οἰνοχοῶ,
ὑποείκω, ἐπιρρέζω, ἵστημι (in ἑστήκειν), ὁπλέω, ὀρχοῦμαι,
ἐξαιροῦμαι, ὁρμάω, ἐχθαίρω, ἑλκέω, ἕλκω, ἀναμορμύρω,
ἀποπέμπω, ἀμφιπένομαι, ἄγνυμι, διαρρίπτω, ἀίσσω, ἐργά-
ζομαι. analogia vero ut flecterer non mihi per-
misi: ἦρει, ἦτει, ᾤκει, ηὔδα, ἤνδανε, ὦρσε, ὦρτο sim.
inveniet in textu lector. scilicet ut in aliis rebus ita in
augmentis sermo Homericus non constans fuit: iubente
metro augmenta exuit, eodem iubente reposuit. cur
autem ubi et hoc et illud licuit alia auxerit vocabula
alia nuda extulerit ne nunc quidem nobis compertum
est. genetivos in *oo* desinentes quod respuimus non-
nulli admirati sunt: at licet inter primordia linguae
Graecae fuerint, quis spondet ipsum Homerum iam
eis usum esse neque potius ἀδείᾳ quadam epica Αἰόλου
κλυτὰ δώματα ita ut in codicibus legimus scripsisse?
certe praetore Euclide *oo* in usu fuisse, cum nusquam

in rerum natura adhuc comparuerit, nemo confirmabit. scholia Odysseae quam exigua sint quamque male adhuc vulgata periti sciunt. itaque dum promissa Ludwichii editio nos bearit, scholiastarum verba paullo plenius exscripsimus quam in Iliade factum erat. signa critica quae scholiorum vice interdum funguntur sicubi exstant sedulo apposuimus. codicum correctiones nisi aliquid novi afferrent praetermisimus. epigraphas quae vocantur abstulimus, cum ab Eustathio solo continuo praebitae, in codicibus raro repertae, ab antiquis rhapsodiarum titulis prorsus discrepent neque aliam quam periochae auctoritatem habeant. quibus autem antiqui auctores velut Aelianus (V. H. xiii. 14) Pausanias usi sunt, eas ad locum quamque suum adscripsimus.

Sed iam libros Odysseae quotquot sunt oportet recenseamus :

CODICVM INDEX

Be = Berolinensis 182 (olim Phillips 1585 Meermann 307) s. xv
Br = Bruxellensis 11290 = 73 s. xvi
 C = Caesenas 27. 11 a. 1311
Ca = Coll. Corp. Christ. Cant. 81 s. xv
Cryptoferratensis Z *a* xxvi s. xv, cont. γ–τ
H¹ = Harleianus 5658 a. 1479
H² = Harleianus 5673 s. xv
H³ = Harleianus 5674 s. xiii (= H Ludwichii)
H⁴ = Harleianus 6325 s. xv
Ho = Holkhamicus 265 s. xv, cont. *a* 263–ω
 J = cod. Vespasiani Gonzagae de Columna Sablonetae ducis
K = Cracoviensis 543 a. 1469
L¹ = Laurentianus 32. 4 s. xv (= L Ludwichii)
L² = Laurentianus 32. 6 a. 1465
L³ = Laurentianus 32. 23 s. xv

L⁴ = Laurentianus 32. 24 s. x–xi (= G Ludwichii)

L⁵ = Laurentianus 32. 30 s. xv

L⁶ = Laurentianus 32. 39 s. xv

L⁷ = Laurentianus 91 sup. 2 s. xiii, cont. a–ξ 422 (= N Ludwichii)

L⁸ = Laurentianus *conv. soppr.* 52 s. xi (= F Ludwichii)

L⁹ = Riccardianus 78 s. xv, cont. excerpta e θ–τ

L¹⁰ = Magliabecchianus 9 s. xvi–xvii, cont. a–ι 267

M¹ = Ambrosianus A 77 inf. (= 800) a. 1468

M² = Ambrosianus B 99 sup. (= 121) s. xiii, cont. a–φ 134 (= B Ludwichii)

M³ = Ambrosianus E 89 sup. (= 299) s. xiii–xiv, cont. a–ι (= E Ludwichii)

M⁽³⁾ = folia complura eiusdem codicis m. saec. xv scripta

M⁴ = Ambrosianus Q 88 sup. (= 688) s. xv (= Q Ludwichii)

Ma = Matritensis 4565 = 27 s. xv, cont. a–υ 394

Mo = Mutinensis 110 s. xv

Mon. = Monacensis 519 B s. xiv (= U Ludwichii)

Moscoviensis Bibl. S. Synodi 286 s. xii

N = Neapolitanus II F 4 s. xv

O = Oxoniensis Canonici 79 s. xv

P¹ = Parisiensis 2403 s. xiii (= D Ludwichii)

P² = Parisiensis 2680 s. xv

P³ = Parisiensis 2688 s. xvi

P⁴ = Parisiensis 2689 s. xvi

P⁵ = Parisiensis 2769 s. xv

P⁶ = Parisiensis 2894 s. xiii (= S Ludwichii)

P⁷ = Parisiensis *suppl. grec.* 164 s. xvi, cont. a–κ

P⁸ = Parisiensis *suppl. grec.* 1001 s. xv, cont. γ 425–34, δ 1–24

Pal. = Palatinus 45 a. 1201 (= P Ludwichii)

Pe = Perusinus D 67 s. xv

𝔭¹ = *Oxyrhynchus Papyri* 773 s. ii P.C. cont. β 304–410

𝔭² = *Oxyrhynchus Papyri* 774 s. iii P.C. cont. γ 226–31

𝔭³ = pap. Mus. Brit. 271 s. i P.C. cont. γ 267–497

𝔭⁴ = *Oxyrhynchus Papyri* 565 s. ii–iii P.C. cont. δ 292–302

𝔭⁵ = *Oxyrhynchus Papyri* 775 s. iii P.C. cont. δ 388–400

𝔭⁶ = *Fayûm Towns* 7 s. i P.C. cont. ζ 201–328

$\mathfrak{p}^7$ = *Oxyrhynchus Papyri* 778 s. ii–iii P.C. cont. κ 26–50

$\mathfrak{p}^8$ = *Fayûm Towns* 157 s. i–ii P.C. cont. κ 366–402

$\mathfrak{p}^9$ = *Oxyrhynchus Papyri* 569 s. ii P.C. cont. λ 195–208

$\mathfrak{p}^{10}$ = *Oxyrhynchus Papyri* 780 s. ii P.C. cont. λ 471–545

$\mathfrak{p}^{11}$ = *Fayûm Towns* 310 s. i–ii P.C. cont. λ 557–610

$\mathfrak{p}^{12}$ = Berolinensis 7517 (*Philol.* 44. 585) (s. vi–vii) cont. ξ 15–441

$\mathfrak{p}^{13}$ = *Amherst Papyri* II 23 s. iii–iv P.C. cont. o 161–210

$\mathfrak{p}^{14}$ = pap. Mus. Cair. 10397 (Goodspeed, *Chicago Dec. Publ.* 1904) s. ii. P.C. cont. o 216–53

$\mathfrak{p}^{15}$ = *Oxyrhynchus Papyri* 571 s. i–ii P.C. cont. π 1–8

$\mathfrak{p}^{16}$ = *Oxyrhynchus Papyri* 782 s. iii P.C. cont. ρ 137–93

$\mathfrak{p}^{17}$ = *Oxyrhynchus Papyri* 783 s. i A.C. cont. ρ 410–28

$\mathfrak{p}^{18}$ = *Oxyrhynchus Papyri* 572 s. iii P.C. cont. σ 1–93

$\mathfrak{p}^{19}$ = *Hibeh Papyri* 23 s. iii A.C. cont. υ 41–68

$\mathfrak{p}^{20}$ = *Oxyrhynchus Papyri* 448 s. iii P.C. cont. χ 31–ψ 242

$\mathfrak{p}^{21}$ = pap. Genevensis (*Revue de Phil.* 18. 101) (s.?) cont. γ 364–402

$\mathfrak{p}^{22}$ = *Tebtunis Papyri* 695 tom. iii (ined.) s. ii A.C. cont. a 81–102

$\mathfrak{p}^{23}$ = *Oxyrhynchus Papyri* 953 s. ii P.C. cont. δ 97–261

$\mathfrak{p}^{24}$ = *Oxyrhynchus Papyri* 956 s. ii–iii P.C. cont. ψ 309–56

$\mathfrak{p}^{25}$ = pap. Berolinensis 10568 s. iv–v P.C. cont. τ 534–99

$\mathfrak{p}^{26}$ = pap. Lipsiensis 3 s. iv P.C. cont. η 67–126 (Blass, *Berichte der sächsischen Gesellschaft der Wissenschaften, philol.-histor. Kl.* 1904, p. 211 sqq.)

$\mathfrak{p}^{27}$ = pap. Mus. Brit. 121 s. iii P.C. '*Greek papyri in the B.M.*' 1893, pp. 83 sqq.

$\mathfrak{p}^{28}$ = *Greek Papyri in the John Rylands Library* (1911) 53 s. iii–iv P.C. cont. libb. μ–o, σ–ω fragmenta

$\mathfrak{p}^{29}$ = *Papiri greci e latini* 8 (*Pubblicazioni della Società italiana per la ricerca dei Papiri greci e latini in Egitto*) 1912, s. i P.C. cont. ε 106–13

$\mathfrak{p}^{30}$ = *Tebtunis Papyri* 696 tom. iii (ined.) s. ii A.C. cont. δ 796–ε 40

R¹ = Vaticanus 24 s. xv

R² = Vaticanus 25 s. xv

R³ = Vaticanus 906 a. 1422

R⁴ = Vaticanus 915 s. xiii

R⁵ = Vaticanus 1302 s. xiii–xiv, cont. a–ζ 285

R⁶ = Vaticanus 1320 s. xv

R⁷ = Vaticanus 1627 a. 1477

R⁸ = Vaticanus Palatinus 7 a. 1436

R⁹ = Vaticanus Palatinus s. xv

R¹⁰ = Vaticanus Ottobuoni 57 s. xv

R¹¹ = Vaticanus Ottobuoni 308 a. 1486

R¹² = Vaticanus Regina 99 s. xv

R¹³ = Vaticanus Urbinas 125 s. xiii, cont. γ 234–373

R¹⁴ = Vaticanus Urbinas 136 s. xv

R¹⁵ = Vaticanus Barberini I 31 s. xvi, cont. a 36–β

R¹⁶ = Vaticanus Barberini I 93 s. xv–xvi, cont. a–β 19

R¹⁷ = Vaticanus Barberini I 153 s. xv–xvi, cont. γ–ε 102

   T = Hamburgensis 15 s. xiv, cont. a–ξ 67

Vallicellianus F. 16 s. xv

   U¹ = Venetus 456 s. xv

   U² = Venetus 457 s. xv

   U³ = Venetus 610 s. xv

   U⁴ = Venetus 611 s. xv

   U⁵ = Venetus 613 s. xiii (= M Ludwichii)

   U⁶ = Venetus cl ix num. 4 s. xiii, cont. ι 541–ω

   U⁽⁶⁾ = eiusdem libri pars prior, s. xv, cont. a–ζ 190

   U⁷ = Venetus cl. ix num. 21 s. xvi, cont. a–ψ 341

   U⁸ = Venetus cl. ix num. 29 s. xv

   U⁹ = Venetus cl. ix num. 34 s. xv

   V¹ = Vindobonensis philol. 5 s. xv

   V² = Vindobonensis philol. 50 s. xv

   V³ = Vindobonensis philol. 56 s. xv ut vid. (= Y Ludwichii)

   V⁴ = Vindobonensis philol. 133 s. xiii, cont. ε 45–ω 59 (= X
        Ludwichii)

   V⁵ = Vindobonensis philol. 307 s. xvi, cont. a–ζ

   W = Vratislaviensis 28 s. xv

Vratislaviensis 29 s. xv

   Z = Stuttgartensis 5 s. xvi

Schol. Am. = *Amherst Papyri* II 18 s. i–ii P. C. cont. scholia in ο
     1–521

PRAEFATIO

Lectiones codicum H³, K, Mon., P¹, T, V⁴ ex accurata Ludwichii collatione mutuati sumus, inspectis passim H³, Mon., P¹, V⁴ ; codicum L⁴ L⁸ Pal. notitiam P. L. Molhuysen¹, testi oculato, acceptam referimus, inspectis tamen L⁴ L⁸. Be attulit anonymus aliquis *Classical Journal* 32. 178, 36. 251, W Ernesti in editionis suae tom. V add. p. 23, Z Rieckher, *Die zweisprachige Stuttgarter Homerhandschrift* 1864, quos cum e peculiari quisque familia manifeste orti sint inutile visum est denuo excutere. codicem Vespasiani Gonzagae de Columna Sablonetae ducis— obiit a. 1591— apud istius oppidi praesidem frustra quaesitum² secundum Nicolai Heinsii notas dedimus, a Villoisone e margine ed. Aldinae in bibliotheca Vinariensi exscriptas (v. *Epistolae Vinarienses* Turici 1783, pp. 36 sqq.) ; quae lectiones quam dubia nitantur fide nemo non videt. Mori qui vocabatur codicem sedulitas atque sollertia Ioannis Willis Clark academiae Cantabrigiensis olim regestrarii atque Montacutii Rhodes James collegii Regalis praepositi evicerunt non aliud esse nisi exemplar Stephanianum in bibliotheca academica Nn. V. 17 notatum, olim Ioannis Moore episcopi Eliensis, atque Casauboni manu locupletatum. papyros quales editae sunt exscripsimus ; trium autem fragmentorum papyraceorum quae ut afferrem permiserant collegae familiarissimi Bernardus Grenfell et Arturus Hunt duo (𝔓²³ 𝔓²⁴) iam vulgata sunt : tertio quod adhuc ineditum est (𝔓²²) accessit ut diximus iam

---

¹ P. C. Molhuysen, *De tribus Homeri Odysseae codicibus antiquissimis,* 1896.

² Litteris vir honestissimus certiores nos fecit neque libros Vespasiani Sablonetae inveniri neque constare ubi essent. de regia Vespasianea scripsit vir doctus Carolus Yriarte ' *Une petite Athènes au xvi⁰ siècle*', Cosmopolis ii. 124-145 (1896).

quartum ($\mathfrak{P}^{30}$). de nexu qui inter hos libros intercedit et de familiarum auctoritate disputavimus anno 1910 in actorum scholae Britannicae Romanae tom. v: nunc familias ipsas oportet apponamus:

CODICVM FAMILIAE

a $= C L^7 R^4$

b $=$ Pal. $H^2 O P^3 V^1 V^3$

c $= H^5 M^{(3)} R^7 R^{10} R^{12} U^2 U^{(6)}$

d $= H^4 Ho L^2 M^1 Mo N P^3 P^4 Pe R^5 U^3 U^4 U^7 V^2$

e $= U^5 Br K M^4 R^3 R^8 U^9$

f $= L^1 L^3 P^2 W$

g $= L^8 Be Ca L^6 R^1 R^6 R^9 R^{14} R^{17} U^1 V^5 Z$ ed. pr.

h $= J U^6 U^8$

i $= M^2 R^1$

j $= H^1 P^5 P^6 R^7 U^6 U^7$

k $= L^4 L^5$ Mon. $P^7 R^{12}$ m. 2

l $= P^1 R^2$

m $= M^3 V^4$

o $= $ c$—H^3$

p $= $ e$—U^5$

q $= $ g$—L^8$

r $= $ b$—$Pal.

s $=$ Ma R^{11} Mon. corr.

ALIA SIGNA

ant. $=$ antiqui, antiquitus

γρ. $= \gamma\rho\acute{\alpha}\phi\epsilon\tau\alpha\iota, \gamma\rho\alpha\pi\tau\acute{\epsilon}o\nu$

ss. $=$ suprascriptus (-a, -um)

uv. $=$ ut videtur

T. W. A.

*Dabamus in collegio Reginensi
mense Octobri a.* MCMXVI.

ΟΔΥΣΣΕΙΑΣ Α

Ἄνδρα μοι ἔννεπε, Μοῦσα, πολύτροπον, ὃς μάλα πολλὰ
πλάγχθη, ἐπεὶ Τροίης ἱερὸν πτολίεθρον ἔπερσε·
πολλῶν δ' ἀνθρώπων ἴδεν ἄστεα καὶ νόον ἔγνω,
πολλὰ δ' ὅ γ' ἐν πόντῳ πάθεν ἄλγεα ὃν κατὰ θυμόν,
ἀρνύμενος ἥν τε ψυχὴν καὶ νόστον ἑταίρων.   5
ἀλλ' οὐδ' ὧς ἑτάρους ἐρρύσατο, ἱέμενός περ·
αὐτῶν γὰρ σφετέρῃσιν ἀτασθαλίῃσιν ὄλοντο,
νήπιοι, οἳ κατὰ βοῦς Ὑπερίονος Ἠελίοιο
ἤσθιον· αὐτὰρ ὁ τοῖσιν ἀφείλετο νόστιμον ἦμαρ.
τῶν ἁμόθεν γε, θεά, θύγατερ Διός, εἰπὲ καὶ ἡμῖν.   10

Ἔνθ' ἄλλοι μὲν πάντες, ὅσοι φύγον αἰπὺν ὄλεθρον,
οἴκοι ἔσαν, πόλεμόν τε πεφευγότες ἠδὲ θάλασσαν·
τὸν δ' οἶον, νόστου κεχρημένον ἠδὲ γυναικός,
νύμφη πότνι' ἔρυκε Καλυψώ, δῖα θεάων,
ἐν σπέσσι γλαφυροῖσι, λιλαιομένη πόσιν εἶναι.   15
ἀλλ' ὅτε δὴ ἔτος ἦλθε περιπλομένων ἐνιαυτῶν,
τῷ οἱ ἐπεκλώσαντο θεοὶ οἶκόνδε νέεσθαι
εἰς Ἰθάκην, οὐδ' ἔνθα πεφυγμένος ἦεν ἀέθλων,
καὶ μετὰ οἷσι φίλοισι. θεοὶ δ' ἐλέαιρον ἅπαντες
νόσφι Ποσειδάωνος· ὁ δ' ἀσπερχὲς μενέαινεν   20
ἀντιθέῳ Ὀδυσῆι πάρος ἣν γαῖαν ἱκέσθαι.

Ἀλλ' ὁ μὲν Αἰθίοπας μετεκίαθε τηλόθ' ἐόντας,
Αἰθίοπας, τοὶ διχθὰ δεδαίαται, ἔσχατοι ἀνδρῶν,
οἱ μὲν δυσομένου Ὑπερίονος, οἱ δ' ἀνιόντος,

1 πολύκροτον quidam ap. schol. Ar. Nub. 260, Eust. ; υἱὸς Λαέρταο
πολύκροτα μήδεα εἰδώς Hes. fr. 94. 22   πολλὰ πάντων c   3 νόμον
Zen.   7 αὐτοὶ a Eus. Praep. Ev. vi. 8. 3, Porph. qu. Od. 5. 9
12 ἴσαν a (ἐπορεύθησαν gl. H³)   19 σὺν ἑοῖσι s : οἷς ἑτάροισι b e
21 ἰδέσθαι e, cf. β 152 ε 408 κ 175 ρ 448, Batr. 72   23 Αἰθίοπες
Strab. 6, 30, Apoll. Dysc. synt. 93. 10, Steph. Byz. in v., schol. Z 154.
coni. Bentley coll. Z 396   24 ἠμὲν . . . ἠδ' Crates ap. Strab. 30,
103 (ex Posid. fr. 68)

1. ΟΔΥΣΣΕΙΑΣ Α

ἀντιόων ταύρων τε καὶ ἀρνειῶν ἑκατόμβης.　　　　　25
ἔνθ᾽ ὅ γε τέρπετο δαιτὶ παρήμενος· οἱ δὲ δὴ ἄλλοι
Ζηνὸς ἐνὶ μεγάροισιν Ὀλυμπίου ἀθρόοι ἦσαν.
τοῖσι δὲ μύθων ἦρχε πατὴρ ἀνδρῶν τε θεῶν τε·
μνήσατο γὰρ κατὰ θυμὸν ἀμύμονος Αἰγίσθοιο,
τόν ῥ᾽ Ἀγαμεμνονίδης τηλεκλυτὸς ἔκταν᾽ Ὀρέστης·　30
τοῦ ὅ γ᾽ ἐπιμνησθεὶς ἔπε᾽ ἀθανάτοισι μετηύδα·
　"Ὢ πόποι, οἷον δή νυ θεοὺς βροτοὶ αἰτιόωνται.
ἐξ ἡμέων γάρ φασι κάκ᾽ ἔμμεναι· οἱ δὲ καὶ αὐτοὶ
σφῇσιν ἀτασθαλίῃσιν ὑπὲρ μόρον ἄλγε᾽ ἔχουσιν,
ὡς καὶ νῦν Αἴγισθος ὑπὲρ μόρον Ἀτρεΐδαο　　　35
γῆμ᾽ ἄλοχον μνηστήν, τὸν δ᾽ ἔκτανε νοστήσαντα,
εἰδὼς αἰπὺν ὄλεθρον· ἐπεὶ πρό οἱ εἴπομεν ἡμεῖς,
Ἑρμείαν πέμψαντες, ἐΰσκοπον ἀργειφόντην,
μήτ᾽ αὐτὸν κτείνειν μήτε μνάασθαι ἄκοιτιν·
ἐκ γὰρ Ὀρέσταο τίσις ἔσσεται Ἀτρεΐδαο,　　　40
ὁππότ᾽ ἂν ἡβήσῃ καὶ ἧς ἱμείρεται αἴης.
ὣς ἔφαθ᾽ Ἑρμείας, ἀλλ᾽ οὐ φρένας Αἰγίσθοιο
πεῖθ᾽ ἀγαθὰ φρονέων· νῦν δ᾽ ἀθρόα πάντ᾽ ἀπέτισε."
　Τὸν δ᾽ ἠμείβετ᾽ ἔπειτα θεὰ γλαυκῶπις Ἀθήνη·
"ὦ πάτερ ἡμέτερε Κρονίδη, ὕπατε κρειόντων,　　45
καὶ λίην κεῖνός γε ἐοικότι κεῖται ὀλέθρῳ·
ὡς ἀπόλοιτο καὶ ἄλλος ὅτις τοιαῦτά γε ῥέζοι.
ἀλλά μοι ἀμφ᾽ Ὀδυσῆϊ δαΐφρονι δαίεται ἦτορ,
δυσμόρῳ, ὃς δὴ δηθὰ φίλων ἄπο πήματα πάσχει
νήσῳ ἐν ἀμφιρύτῃ, ὅθι τ᾽ ὀμφαλός ἐστι θαλάσσης.　50
νῆσος δενδρήεσσα, θεὰ δ᾽ ἐν δώματα ναίει,

27 ἐνὶ μμ. Aristoph. (sch. β 338) L⁸　　31 ἔπεα πτερόεντα προσηύδα
b c　　ἀγόρευεν M² R⁷ T　　32 βροτοὶ θεοὺς c sch. Ar. Pac. 212
34 ὑπέρμορον a b Ar. (Apoll. Lex. in v.) Aristoph. Ptol. Asc. (Υ 30)
Eust. : ὑπὲρ μόρον vulg.　　ἔχοντες H³ Pal. Pe : ἐπέσπον Heraclit.
de incred. 39　　35 ὑπὲρ μόρον, cf. 34　　38 πέμψαντε Zen.
Aristoph. p²⁷　　πέμψαντες Μαίης ἐρικυδέος ἀγλαὸν υἱὸν Mass., γρ. p
　διάκτορον p²⁷ Ma R¹¹, fort. ant. (⁓84)　　39 κτεῖναι e i
L⁴ P²　　40 ἔρχεται Ap. Dysc. adv. 199, 26　　41 τε καὶ codd.
praeter Ma P² Mon. corr.　　ἡβήσειε καὶ V¹　　ἱμείρεται] ἐπιβήσεται
d f　　49 τῆλ᾽ ἀλάληται schol. ε 3　　50 νήσῳ ἐν ὠγυγίῃ Strab. 26
(cf. 85)　　51 δώματα b c : δώμασι vulg.

Ἄτλαντος θυγάτηρ ὀλοόφρονος, ὅς τε θαλάσσης
πάσης βένθεα οἶδεν, ἔχει δέ τε κίονας αὐτὸς
μακράς, αἳ γαῖάν τε καὶ οὐρανὸν ἀμφὶς ἔχουσι.
τοῦ θυγάτηρ δύστηνον ὀδυρόμενον κατερύκει,   55
αἰεὶ δὲ μαλακοῖσι καὶ αἱμυλίοισι λόγοισι
θέλγει, ὅπως Ἰθάκης ἐπιλήσεται· αὐτὰρ Ὀδυσσεύς,
ἱέμενος καὶ καπνὸν ἀποθρῴσκοντα νοῆσαι
ἧς γαίης, θανέειν ἱμείρεται. οὐδέ νυ σοί περ
ἐντρέπεται φίλον ἦτορ, Ὀλύμπιε. οὔ νύ τ᾽ Ὀδυσσεὺς   60
Ἀργείων παρὰ νηυσὶ χαρίζετο ἱερὰ ῥέζων
Τροίῃ ἐν εὐρείῃ; τί νύ οἱ τόσον ὠδύσαο, Ζεῦ; "
   Τὴν δ᾽ ἀπαμειβόμενος προσέφη νεφεληγερέτα Ζεύς·
" τέκνον ἐμόν, ποῖόν σε ἔπος φύγεν ἕρκος ὀδόντων.
πῶς ἂν ἔπειτ᾽ Ὀδυσῆος ἐγὼ θείοιο λαθοίμην,   65
ὃς περὶ μὲν νόον ἐστὶ βροτῶν, περὶ δ᾽ ἱρὰ θεοῖσιν
ἀθανάτοισιν ἔδωκε, τοὶ οὐρανὸν εὐρὺν ἔχουσιν;
ἀλλὰ Ποσειδάων γαιήοχος ἀσκελὲς αἰὲν
Κύκλωπος κεχόλωται, ὃν ὀφθαλμοῦ ἀλάωσεν,
ἀντίθεον Πολύφημον, ὅου κράτος ἐστὶ μέγιστον   70
πᾶσιν Κυκλώπεσσι· Θόωσα δέ μιν τέκε νύμφη,
Φόρκυνος θυγάτηρ, ἁλὸς ἀτρυγέτοιο μέδοντος,
ἐν σπέσσι γλαφυροῖσι Ποσειδάωνι μιγεῖσα.
ἐκ τοῦ δὴ Ὀδυσῆα Ποσειδάων ἐνοσίχθων
οὔ τι κατακτείνει, πλάζει δ᾽ ἀπὸ πατρίδος αἴης.   75
ἀλλ᾽ ἄγεθ᾽, ἡμεῖς οἵδε περιφραζώμεθα πάντες
νόστον, ὅπως ἔλθῃσι· Ποσειδάων δὲ μεθήσει
ὃν χόλον· οὐ μὲν γάρ τι δυνήσεται ἀντία πάντων
ἀθανάτων ἀέκητι θεῶν ἐριδαινέμεν οἶος."

52 ὀλοό- Cleanthes : ὀλοόφρων a R¹ ss. (ἐγέγραπτο κατὰ τὴν ἀρχαίαν
γραφήν· εἶτά τις μὴ νοήσας προσέθηκε τὸ os schol.)   56 δὲ
b e g i : δ᾽ ἐν vulg.   60 οὔ νύ τ᾽ a e i k q : οὔνεκ᾽, οὔνεκ᾽ cet. (οὔνυκ᾽
N P¹ P⁶ L⁴ corr.)   70 ὅο Pal. temere, corr. m. altera   ἐστὶ]
ἔσκε a i   71 πᾶσιν ἐν L⁵ U⁸ W, O Mon. corr.: ἐν πᾶσι J mg.: πᾶσ᾽ ἐν
Bentley   νύμφη] μήτηρ L⁴ R¹⁰, γρ. Pal.

Τὸν δ' ἠμείβετ' ἔπειτα θεὰ γλαυκῶπις Ἀθήνη·   80
" ὦ πάτερ ἡμέτερε Κρονίδη, ὕπατε κρειόντων,
εἰ μὲν δὴ νῦν τοῦτο φίλον μακάρεσσι θεοῖσι,
νοστῆσαι Ὀδυσῆα πολύφρονα ὅνδε δόμονδε,
Ἑρμείαν μὲν ἔπειτα, διάκτορον ἀργειφόντην,
νῆσον ἐς Ὠγυγίην ὀτρύνομεν, ὄφρα τάχιστα   85
νύμφῃ ἐϋπλοκάμῳ εἴπῃ νημερτέα βουλήν,
νόστον Ὀδυσσῆος ταλασίφρονος, ὥς κε νέηται.
αὐτὰρ ἐγὼν Ἰθάκην ἐσελεύσομαι, ὄφρα οἱ υἱὸν
μᾶλλον ἐποτρύνω, καί οἱ μένος ἐν φρεσὶ θείω,
εἰς ἀγορὴν καλέσαντα κάρη κομόωντας Ἀχαιοὺς   90
πᾶσι μνηστήρεσσιν ἀπειπέμεν, οἵ τέ οἱ αἰεὶ
μῆλ' ἀδινὰ σφάζουσι καὶ εἰλίποδας ἕλικας βοῦς.
πέμψω δ' ἐς Σπάρτην τε καὶ ἐς Πύλον ἠμαθόεντα,
νόστον πευσόμενον πατρὸς φίλου, ἤν που ἀκούσῃ,
ἠδ' ἵνα μιν κλέος ἐσθλὸν ἐν ἀνθρώποισιν ἔχῃσιν."   95
Ὣς εἰποῦσ' ὑπὸ ποσσὶν ἐδήσατο καλὰ πέδιλα,
ἀμβρόσια χρύσεια, τά μιν φέρον ἠμὲν ἐφ' ὑγρὴν
ἠδ' ἐπ' ἀπείρονα γαῖαν ἅμα πνοιῇς ἀνέμοιο.
εἵλετο δ' ἄλκιμον ἔγχος, ἀκαχμένον ὀξέϊ χαλκῷ,
βριθὺ μέγα στιβαρόν, τῷ δάμνησι στίχας ἀνδρῶν   100
ἡρώων, τοῖσίν τε κοτέσσεται ὀβριμοπάτρη.
βῆ δὲ κατ' Οὐλύμποιο καρήνων ἀΐξασα,
στῆ δ' Ἰθάκης ἐνὶ δήμῳ ἐπὶ προθύροις Ὀδυσῆος,

80 τὸν δ' αὖτε προσέειπε s   82 νῦν δὴ o : νῦν om. a H³ Pal.
83 πολύφρονα b c f g i p²² : δαίφρονα cet.   85 ἀγύγιον a : Ὠγυλίην
Antimachea   ὄφρα] οττι p²²   87 κεν ἵκηται r   88 ita R¹¹,
T corr., γρ. H³   δ' ἐπελεύσομαι r : δ' ἐλ. a Eust. 24. 11, cf. ρ 52
Z 365 : δ' ἐσελεύσομαι cet.   91 απεπειν (sc. ἀπειπεῖν) p²²
92 a]νηστηρες αγακλειτης βασιλειης p²², cf ρ 370 al.   93 Κρήτην
Zen. ap. schol. γ 313   ἠμαθόεσσαν L⁵, Mon. m. 2 Pal. uv. U⁵ corr.
    93 a κεῖθεν δ' ἐς κρήτην τε παρ' Ἰδομενῆα ἄνακτα   b δς γὰρ δεύτατος
ἦλθεν ἀχαιῶν χαλκοχιτώνων b Br K R⁷ R¹⁰ Mon. m. 2. marg. e, post
102 R¹² uncinis incl. Br (οὐκ εἰσὶν ἐν ἑτέρῳ βιβλίῳ οἱ στίχοι U⁵. λείπει
R⁵ vacat Br O) = 285 (ut leg. Zen.) 286   95 ἔλησιν b K Mon. m.
2 U⁴ corr. : λάβῃσι Rhianus   97–102 asteriscos praefigit L⁴ (ἀθε-
τοῦνται μετ' ἀστερίσκων schol. 99), om. Massiliensis, ath. Ar. (προηθε-
τοῦντο κατ' ἔνια τῶν ἀντιγράφων), cf. schol. Ω 341 ε 45

1. ΟΔΥΣΣΕΙΑΣ Α

οὐδοῦ ἐπ᾽ αὐλείου· παλάμῃ δ᾽ ἔχε χάλκεον ἔγχος,
εἰδομένη ξείνῳ, Ταφίων ἡγήτορι, Μέντῃ.   105
εὗρε δ᾽ ἄρα μνηστῆρας ἀγήνορας. οἱ μὲν ἔπειτα
πεσσοῖσι προπάροιθε θυράων θυμὸν ἔτερπον,
ἥμενοι ἐν ῥινοῖσι βοῶν, οὓς ἔκτανον αὐτοί.
κήρυκες δ᾽ αὐτοῖσι καὶ ὀτρηροὶ θεράποντες
οἱ μὲν ἄρ᾽ οἶνον ἔμισγον ἐνὶ κρητῆρσι καὶ ὕδωρ,   110
οἱ δ᾽ αὖτε σπόγγοισι πολυτρήτοισι τραπέζας
νίζον καὶ πρότιθεν, τοὶ δὲ κρέα πολλὰ δατεῦντο.
    Τὴν δὲ πολὺ πρῶτος ἴδε Τηλέμαχος θεοειδής,
ἧστο γὰρ ἐν μνηστῆρσι φίλον τετιημένος ἦτορ,
ὀσσόμενος πατέρ᾽ ἐσθλὸν ἐνὶ φρεσίν, εἴ ποθεν ἐλθὼν   115
μνηστήρων τῶν μὲν σκέδασιν κατὰ δώματα θείη,
τιμὴν δ᾽ αὐτὸς ἔχοι καὶ κτήμασιν οἷσιν ἀνάσσοι.
τὰ φρονέων μνηστῆρσι μεθήμενος εἴσιδ᾽ Ἀθήνην.
βῆ δ᾽ ἰθὺς προθύροιο, νεμεσσήθη δ᾽ ἐνὶ θυμῷ
ξεῖνον δηθὰ θύρῃσιν ἐφεστάμεν· ἐγγύθι δὲ στὰς   120
χεῖρ᾽ ἕλε δεξιτερὴν καὶ ἐδέξατο χάλκεον ἔγχος,
καί μιν φωνήσας ἔπεα πτερόεντα προσηύδα·
    "Χαῖρε, ξεῖνε, παρ᾽ ἄμμι φιλήσεαι· αὐτὰρ ἔπειτα
δείπνου πασσάμενος μυθήσεαι ὅττεό σε χρή."
    Ὣς εἰπὼν ἡγεῖθ᾽, ἡ δ᾽ ἕσπετο Παλλὰς Ἀθήνη.   125
οἱ δ᾽ ὅτε δή ῥ᾽ ἔντοσθεν ἔσαν δόμου ὑψηλοῖο,
ἔγχος μέν ῥ᾽ ἔστησε φέρων πρὸς κίονα μακρὴν
δουροδόκης ἔντοσθεν ἐϋξόου, ἔνθα περ ἄλλα
ἔγχε᾽ Ὀδυσσῆος ταλασίφρονος ἵστατο πολλά,
αὐτὴν δ᾽ ἐς θρόνον εἷσεν ἄγων, ὑπὸ λῖτα πετάσσας,   130
καλὸν δαιδάλεον· ὑπὸ δὲ θρῆνυς ποσὶν ἦεν.
πὰρ δ᾽ αὐτὸς κλισμὸν θέτο ποικίλον, ἔκτοθεν ἄλλων

109 αὖ τοῖσι Mon. m. 2, Nicias   110 ἄρ᾽ om. Bentley
112 πρότιθεν τοὶ δὲ Ar. (cl. schol. γ 10): προτίθεντο ἰδ᾽ codd. ἠδὲ CR¹⁰,
coni. Bentley)   113 πρῶτος γ᾽ e : πρῶτος P² R⁵   117 κτήμασιν
vulg. (ἐν ταῖς εἰκαιοτέραις schol.) : δώμασιν a b e i s   124 παυσάμενος f
U⁸   ὅττευ Rhianus   132 αὐτὴν f h

μνηστήρων, μὴ ξεῖνος ἀνιηθεὶς ὀρυμαγδῷ
δείπνῳ ἀδήσειεν, ὑπερφιάλοισι μετελθών,
ἠδ' ἵνα μιν περὶ πατρὸς ἀποιχομένοιο ἔροιτο.   135
χέρνιβα δ' ἀμφίπολος προχόῳ ἐπέχευε φέρουσα
καλῇ χρυσείῃ, ὑπὲρ ἀργυρέοιο λέβητος,
νίψασθαι· παρὰ δὲ ξεστὴν ἐτάνυσσε τράπεζαν.
σῖτον δ' αἰδοίη ταμίη παρέθηκε φέρουσα,
εἴδατα πόλλ' ἐπιθεῖσα, χαριζομένη παρεόντων·   140
δαιτρὸς δὲ κρειῶν πίνακας παρέθηκεν ἀείρας
παντοίων, παρὰ δέ σφι τίθει χρύσεια κύπελλα,
κῆρυξ δ' αὐτοῖσιν θάμ' ἐπῴχετο οἰνοχοεύων.

'Ες δ' ἦλθον μνηστῆρες ἀγήνορες. οἱ μὲν ἔπειτα
ἑξείης ἕζοντο κατὰ κλισμούς τε θρόνους τε.   145
τοῖσι δὲ κήρυκες μὲν ὕδωρ ἐπὶ χεῖρας ἔχευαν,
σῖτον δὲ δμῳαὶ παρενήνεον ἐν κανέοισι,
κοῦροι δὲ κρητῆρας ἐπεστέψαντο ποτοῖο.
οἱ δ' ἐπ' ὀνείαθ' ἑτοῖμα προκείμενα χεῖρας ἴαλλον.
αὐτὰρ ἐπεὶ πόσιος καὶ ἐδητύος ἐξ ἔρον ἕντο   150
μνηστῆρες, τοῖσιν μὲν ἐνὶ φρεσὶν ἄλλα μεμήλει,
μολπή τ' ὀρχηστύς τε· τὰ γάρ τ' ἀναθήματα δαιτός.
κῆρυξ δ' ἐν χερσὶν κίθαριν περικαλλέα θῆκε
Φημίῳ, ὅς ῥ' ἤειδε παρὰ μνηστῆρσιν ἀνάγκῃ.
ἦ τοι ὁ φορμίζων ἀνεβάλλετο καλὸν ἀείδειν,   155
αὐτὰρ Τηλέμαχος προσέφη γλαυκῶπιν 'Αθήνην,
ἄγχι σχὼν κεφαλήν, ἵνα μὴ πευθοίαθ' οἱ ἄλλοι·

"Ξεῖνε φίλ', ἦ καί μοι νεμεσήσεαι ὅττι κεν εἴπω;
τούτοισιν μὲν ταῦτα μέλει, κίθαρις καὶ ἀοιδή,

134 δεῖπνον a   ἀηδήσειεν (-ισσι-) a b ɔ s al.   138 ξυστὴν vit.
Hom. Suid. 70   139–141 vid. damnasse nonnulli (Athen. 193 B,
schol. δ 54) quibus iure refragatur Eust.   139 om. L⁴   140 om.
Suid.   147-9 diverse ordinant codd., sc. 148, 147 g i l s; 148,
148 a, 147 a d f; 147, 148 a, 148 K P²; 149, 148 Br R¹⁵ R¹⁶   148 om.
L⁴ L⁶ R⁵ R⁶   148 a νώμησαν δ' ἄρα πᾶσιν ἐπαρξάμενοι δεπάεσσιν
(= γ 340) a d e f   154 ὃς δὴ [τε codd. plerique] πολλὸν ἐκαίνυτο
πάντας ἀείδων Herod. vit. Hom. 358   155 ἦ τοι] αὐτὰρ id.
157 πευθοίατο ἄλλοι. leg. Ar. δ 70 teste Her.   158 ἦ b g : εἰ vulg.
159 ἄλλοισιν Tzetzes Chil. vii. 106

ῥεῖ’, ἐπεὶ ἀλλότριον βίοτον νήποινον ἔδουσιν,   160
ἀνέρος οὗ δή που λεύκ’ ὀστέα πύθεται ὄμβρῳ
κείμεν’ ἐπ’ ἠπείρου, ἢ εἰν ἁλὶ κῦμα κυλίνδει.
εἰ κεῖνόν γ’ Ἰθάκηνδε ἰδοίατο νοστήσαντα,
πάντες κ’ ἀρησαίατ’ ἐλαφρότεροι πόδας εἶναι
ἢ ἀφνειότεροι χρυσοῖό τε ἐσθῆτός τε.   165
νῦν δ’ ὁ μὲν ὣς ἀπόλωλε κακὸν μόρον, οὐδέ τις ἡμῖν
θαλπωρή, εἴ πέρ τις ἐπιχθονίων ἀνθρώπων
φῆσιν ἐλεύσεσθαι· τοῦ δ’ ὤλετο νόστιμον ἦμαρ.
ἀλλ’· ἄγε μοι τόδε εἰπὲ καὶ ἀτρεκέως κατάλεξον·
τίς πόθεν εἰς ἀνδρῶν ; πόθι τοι πόλις ἠδὲ τοκῆες ;   170
ὁπποίης τ’ ἐπὶ νηὸς ἀφίκεο· πῶς δέ σε ναῦται
ἤγαγον εἰς Ἰθάκην ; τίνες ἔμμεναι εὐχετόωντο ;
οὐ μὲν γάρ τί σε πεζὸν ὀίομαι ἐνθάδ’ ἱκέσθαι.
καί μοι τοῦτ’ ἀγόρευσον ἐτήτυμον, ὄφρ’ ἐὺ εἰδῶ,
ἠὲ νέον μεθέπεις, ἢ καὶ πατρώϊός ἐσσι   175
ξεῖνος, ἐπεὶ πολλοὶ ἴσαν ἀνέρες ἡμέτερον δῶ
ἄλλοι, ἐπεὶ καὶ κεῖνος ἐπίστροφος ἦν ἀνθρώπων.”

Τὸν δ’ αὖτε προσέειπε θεὰ γλαυκῶπις Ἀθήνη·
“τοιγὰρ ἐγώ τοι ταῦτα μάλ’ ἀτρεκέως ἀγορεύσω.
Μέντης Ἀγχιάλοιο δαΐφρονος εὔχομαι εἶναι   180
υἱός, ἀτὰρ Ταφίοισι φιληρέτμοισιν ἀνάσσω.
νῦν δ’ ὧδε ξὺν νηῒ κατήλυθον ἠδ’ ἑτάροισι,
πλέων ἐπὶ οἴνοπα πόντον ἐπ’ ἀλλοθρόους ἀνθρώπους,
ἐς Τεμέσην μετὰ χαλκόν, ἄγω δ’ αἴθωνα σίδηρον.
νηῦς δέ μοι ἥδ’ ἕστηκεν ἐπ’ ἀγροῦ νόσφι πόληος,   185

167 ἐλπωρή f R¹⁶, γρ. L⁸ M³ P¹ R⁶ T U⁵ Eust.   γρ. ἐλπωρή κατ’ ἐνίους
τῶν ἀξιολόγων πάνυ schol.   171–3 οἰκειότερον ταῦτα ὑπὸ Εὐμαίου
ἂν ἐλέγετο· διὸ ἔν τισιν οὐκ ἐφέροντο schol. cf. ξ 188 π 57   171 ὁπ-
ποίης τ’ Ar. (codd. aliquot ξ 188): ὁπποίης δ’ codd.   175 μεθέπῃ g γρ.
H³, cf. N 567   183 ἐς pro ἐπ’ R⁷, C in ras., γρ. H³   184 Ταμάσην
(ασιν) quidam (ἀπιθάνως) ap. Steph. in v. Τάμασος. Strab. 253 ταύτης
τῆς Τεμέσης (sc. τῆς ἐν Βρεττίᾳ) φασὶ μεμνῆσθαι τὸν ποιητήν, οὐ τῆς ἐν
Κύπρῳ Ταμασσοῦ· λέγεται γὰρ ἀμφοτέρως   185, 6 ath. Aristoph.
Ar. (κατ’ ἔνια δὲ τῶν ἀντιγράφων οὐδ’ ἐφέροντο)

1. ΟΔΥΣΣΕΙΑΣ Α

ἐν λιμένι Ῥείθρῳ, ὑπὸ Νηΐῳ ὑλήεντι.
ξεῖνοι δ' ἀλλήλων πατρώϊοι εὐχόμεθ' εἶναι
ἐξ ἀρχῆς, εἴ πέρ τε γέροντ' εἴρηαι ἐπελθὼν
Λαέρτην ἥρωα, τὸν οὐκέτι φασὶ πόλινδε
ἔρχεσθ', ἀλλ' ἀπάνευθεν ἐπ' ἀγροῦ πήματα πάσχειν   190
γρηῒ σὺν ἀμφιπόλῳ, ἥ οἱ βρῶσίν τε πόσιν τε
παρτιθεῖ, εὖτ' ἄν μιν κάματος κατὰ γυῖα λάβῃσιν
ἑρπύζοντ' ἀνὰ γουνὸν ἀλωῆς οἰνοπέδοιο.
νῦν δ' ἦλθον· δὴ γάρ μιν ἔφαντ' ἐπιδήμιον εἶναι,
σὸν πατέρ'· ἀλλά νυ τόν γε θεοὶ βλάπτουσι κελεύθου.   195
οὐ γάρ πω τέθνηκεν ἐπὶ χθονὶ δῖος Ὀδυσσεύς,
ἀλλ' ἔτι που ζωὸς κατερύκεται εὐρέϊ πόντῳ,
νήσῳ ἐν ἀμφιρύτῃ, χαλεποὶ δέ μιν ἄνδρες ἔχουσιν,
ἄγριοι, οἵ που κεῖνον ἐρυκανόωσ' ἀέκοντα.
αὐτὰρ νῦν τοι ἐγὼ μαντεύσομαι, ὡς ἐνὶ θυμῷ   200
ἀθάνατοι βάλλουσι καὶ ὡς τελέεσθαι ὀΐω,
οὔτε τι μάντις ἐὼν οὔτ' οἰωνῶν σάφα εἰδώς.
οὔ τοι ἔτι δηρόν γε φίλης ἀπὸ πατρίδος αἴης
ἔσσεται, οὐδ' εἴ πέρ τε σιδήρεα δέσματ' ἔχῃσι·
φράσσεται ὥς κε νέηται, ἐπεὶ πολυμήχανός ἐστιν.   205
ἀλλ' ἄγε μοι τόδε εἰπὲ καὶ ἀτρεκέως κατάλεξον,
εἰ δὴ ἐξ αὐτοῖο τόσος πάϊς εἰς Ὀδυσῆος.
αἰνῶς μὲν κεφαλήν τε καὶ ὄμματα καλὰ ἔοικας
κείνῳ, ἐπεὶ θαμὰ τοῖον ἐμισγόμεθ' ἀλλήλοισι,
πρίν γε τὸν ἐς Τροίην ἀναβήμεναι, ἔνθα περ ἄλλοι   210
Ἀργείων οἱ ἄριστοι ἔβαν κοίλῃς ἐπὶ νηυσίν·
ἐκ τοῦ δ' οὔτ' Ὀδυσῆα ἐγὼν ἴδον οὔτ' ἐμὲ κεῖνος."

186 ὑπονηΐῳ a R⁷, P² corr. cit. Eust. leg. Apio ap. Ap. lex. (in v.
Ὑπονηΐῳ): ὑπὸ νηΐῳ Heliodorus ibid. (πολλῷ ἀκριβεστέρα ἡ γραφὴ
Eust.) vulg.: νηρίτῳ quidam ap. Eust., cf. γ 81 ι 22. Heracleo τετραμερῆ
φησι τὴν Ἰθάκην ἧς . . . τὸ δεύτερον Νήιον, Steph. Byz. in Κροκύλειον
   188 ἐτ τε (codd.) et τι Ar.   195 om. b   196 που p L³ Mo R²
(αἱ Ἀριστάρχου λ 461)   201 τελεέσθαι vulg. (Ar. A 204): τετελέσθαι,
τελέσεσθαι codd. pauci, cf. o 173 χ 215   204 ἀλλ' εἴπερ cit. schol.
(sublato sc. post ἔχῃσι puncto) qui ἔχει inquit ἔμφασιν ἡ γραφὴ
208 μὲν Aristoph. Ar.: γὰρ codd.   211 ἐπὶ a b c s: ἐνὶ cet.

1. ΟΔΥΣΣΕΙΑΣ Α

Τὴν δ' αὖ Τηλέμαχος πεπνυμένος ἀντίον ηὔδα·
"τοιγὰρ ἐγώ τοι, ξεῖνε, μάλ' ἀτρεκέως ἀγορεύσω.
μήτηρ μέν τ' ἐμέ φησι τοῦ ἔμμεναι, αὐτὰρ ἐγώ γε   215
οὐκ οἶδ'· οὐ γάρ πώ τις ἑὸν γόνον αὐτὸς ἀνέγνω.
ὡς δὴ ἐγώ γ' ὄφελον μάκαρός νύ τευ ἔμμεναι υἱὸς
ἀνέρος, ὃν κτεάτεσσιν ἑοῖς ἔπι γῆρας ἔτετμε.
νῦν δ' ὃς ἀποτμότατος γένετο θνητῶν ἀνθρώπων,
τοῦ μ' ἔκ φασι γενέσθαι, ἐπεὶ σύ με τοῦτ' ἐρεείνεις."   220

Τὸν δ' αὖτε προσέειπε θεὰ γλαυκῶπις Ἀθήνη·
"οὐ μέν τοι γενεήν γε θεοὶ νώνυμνον ὀπίσσω
θῆκαν, ἐπεὶ σέ γε τοῖον ἐγείνατο Πηνελόπεια.
ἀλλ' ἄγε μοι τόδε εἰπὲ καὶ ἀτρεκέως κατάλεξον·
τίς δαίς, τίς δαὶ ὅμιλος ὅδ' ἔπλετο; τίπτε δέ σε χρεώ;
εἰλαπίνη ἠὲ γάμος; ἐπεὶ οὐκ ἔρανος τάδε γ' ἐστίν.   226
ὥς τέ μοι ὑβρίζοντες ὑπερφιάλως δοκέουσι
δαίνυσθαι κατὰ δῶμα. νεμεσσήσαιτό κεν ἀνὴρ
αἴσχεα πόλλ' ὁρόων, ὅς τις πινυτός γε μετέλθοι."

Τὴν δ' αὖ Τηλέμαχος πεπνυμένος ἀντίον ηὔδα·   230
"ξεῖν', ἐπεὶ ἂρ δὴ ταῦτά μ' ἀνείρεαι ἠδὲ μεταλλᾷς,
μέλλεν μέν ποτε οἶκος ὅδ' ἀφνειὸς καὶ ἀμύμων
ἔμμεναι, ὄφρ' ἔτι κεῖνος ἀνὴρ ἐπιδήμιος ἦεν·
νῦν δ' ἑτέρως ἐβόλοντο θεοὶ κακὰ μητιόωντες,
οἳ κεῖνον μὲν ἄιστον ἐποίησαν περὶ πάντων   235
ἀνθρώπων, ἐπεὶ οὔ κε θανόντι περ ὧδ' ἀκαχοίμην,
εἰ μετὰ οἷς ἑτάροισι δάμη Τρώων ἐνὶ δήμῳ,
ἠὲ φίλων ἐν χερσίν, ἐπεὶ πόλεμον τολύπευσε.
τῷ κέν οἱ τύμβον μὲν ἐποίησαν Παναχαιοί,
ἠδέ κε καὶ ᾧ παιδὶ μέγα κλέος ἦρατ' ὀπίσσω.   240
νῦν δέ μιν ἀκλειῶς ἅρπυιαι ἀνηρείψαντο·

---

214 καταλέξω c r s   222 νώνυμον codd., corr. ed. pr.   225 δαὶ
L⁴ Ar. (schol. K 408, Ap. Dysc. synt. 78. 2), cf. ω 299: δὲ cet.   χρεών
Ath. 362 D: τίς δέ σε χρειώ d Br R¹⁶ U⁸   234 ἐβόλοντο i H³ L⁸
T P¹ corr.: ἐβάλοντο d R¹⁰ R⁸ U⁷ ss., quidam ant.: βούλοντο seu
ἐβούλοντο vulg., cf. π 387 Λ 319

9

οἴχετ᾽ ἄιστος, ἄπυστος, ἐμοὶ δ᾽ ὀδύνας τε γόους τε
κάλλιπεν· οὐδ᾽ ἔτι κεῖνον ὀδυρόμενος στεναχίζω
οἶον, ἐπεί νύ μοι ἄλλα θεοὶ κακὰ κήδε᾽ ἔτευξαν.
ὅσσοι γὰρ νήσοισιν ἐπικρατέουσιν ἄριστοι,   245
Δουλιχίῳ τε Σάμῃ τε καὶ ὑλήεντι Ζακύνθῳ,
ἠδ᾽ ὅσσοι κραναὴν Ἰθάκην κάτα κοιρανέουσι,
τόσσοι μητέρ᾽ ἐμὴν μνῶνται, τρύχουσι δὲ οἶκον.
ἡ δ᾽ οὔτ᾽ ἀρνεῖται στυγερὸν γάμον οὔτε τελευτὴν
ποιῆσαι δύναται· τοὶ δὲ φθινύθουσιν ἔδοντες   250
οἶκον ἐμόν· τάχα δή με διαρραίσουσι καὶ αὐτόν."
    Τὸν δ᾽ ἐπαλαστήσασα προσηύδα Παλλὰς Ἀθήνη·
" ὢ πόποι, ἦ δὴ πολλὸν ἀποιχομένου Ὀδυσῆος
δεύῃ, ὅ κε μνηστῆρσιν ἀναιδέσι χεῖρας ἐφείη.
εἰ γὰρ νῦν ἐλθὼν δόμου ἐν πρώτῃσι θύρῃσι   255
σταίη, ἔχων πήληκα καὶ ἀσπίδα καὶ δύο δοῦρε,
τοῖος ἐὼν οἷόν μιν ἐγὼ τὰ πρῶτ᾽ ἐνόησα
οἴκῳ ἐν ἡμετέρῳ πίνοντά τε τερπόμενόν τε,
ἐξ Ἐφύρης ἀνιόντα παρ᾽ Ἴλου Μερμερίδαο·
οἴχετο γὰρ καὶ κεῖσε θοῆς ἐπὶ νηὸς Ὀδυσσεὺς   260
φάρμακον ἀνδροφόνον διζήμενος, ὄφρα οἱ εἴη
ἰοὺς χρίεσθαι χαλκήρεας· ἀλλ᾽ ὁ μὲν οὔ οἱ
δῶκεν, ἐπεί ῥα θεοὺς νεμεσίζετο αἰὲν ἐόντας,
ἀλλὰ πατήρ οἱ δῶκεν ἐμός· φιλέεσκε γὰρ αἰνῶς.
τοῖος ἐὼν μνηστῆρσιν ὁμιλήσειεν Ὀδυσσεύς·   265
πάντες κ᾽ ὠκύμοροί τε γενοίατο πικρόγαμοί τε.
ἀλλ᾽ ἦ τοι μὲν ταῦτα θεῶν ἐν γούνασι κεῖται,
ἤ κεν νοστήσας ἀποτίσεται, ἦε καὶ οὐκί,

242 ἄπιστος P¹ U² : ἄφαντος Iulianus 59 A   246 σάμω R⁵ R¹⁶
Mon. m. 2, commendat Apollodorus ap Strab. 453, cf. ι 24 π 249
τ᾽ ἠδ᾽ Strab. 456   247 κάτα Ptol. Ascal. (ad E 332) : κατακ. codd.
    252 δὲ παλαστήσασα v. l. ant. L⁷   254 δεύῃ Aristoph. vulg.
(καὶ ἔστιν οἷον τῆς ἀρχαίας γραμματικῆς ἔν τι καὶ τοῦτο τῶν ὑπολελειμ-
μένων schol.) : δεύει ᵉ ʲ ˢ L⁴ Pal.   259 Ἴρου pro Ἴλου quidam
duce Proxeno ἐν Ἠπειρωτικοῖς (F.H.G. ii. 462)   261 ὄφρα δαείη
Zen., ἤν που ἐφεύροι γρ. U⁵

οἷσιν ἐνὶ μεγάροισι· σὲ δὲ φράζεσθαι ἄνωγα
ὅππως κε μνηστῆρας ἀπώσεαι ἐκ μεγάροιο.   270
εἰ δ' ἄγε νῦν ξυνίει καὶ ἐμῶν ἐμπάζεο μύθων·
αὔριον εἰς ἀγορὴν καλέσας ἥρωας Ἀχαιοὺς
μῦθον πέφραδε πᾶσι, θεοὶ δ' ἐπὶ μάρτυροι ἔστων.
μνηστῆρας μὲν ἐπὶ σφέτερα σκίδνασθαι ἄνωχθι,
μητέρα δ', εἴ οἱ θυμὸς ἐφορμᾶται γαμέεσθαι,   275
ἂψ ἴτω ἐς μέγαρον πατρὸς μέγα δυναμένοιο·
οἱ δὲ γάμον τεύξουσι καὶ ἀρτυνέουσιν ἔεδνα
πολλὰ μάλ', ὅσσα ἔοικε φίλης ἐπὶ παιδὸς ἕπεσθαι.
σοὶ δ' αὐτῷ πυκινῶς ὑποθήσομαι, αἴ κε πίθηαι·
νῆ' ἄρσας ἐρέτῃσιν ἐείκοσιν, ἥ τις ἀρίστη,   280
ἔρχεο πευσόμενος πατρὸς δὴν οἰχομένοιο,
ἤν τίς τοι εἴπῃσι βροτῶν, ἢ ὄσσαν ἀκούσῃς
ἐκ Διός, ἥ τε μάλιστα φέρει κλέος ἀνθρώποισι.
πρῶτα μὲν ἐς Πύλον ἐλθὲ καὶ εἴρεο Νέστορα δῖον,
κεῖθεν δὲ Σπάρτηνδε παρὰ ξανθὸν Μενέλαον·   285
ὃς γὰρ δεύτατος ἦλθεν Ἀχαιῶν χαλκοχιτώνων.
εἰ μέν κεν πατρὸς βίοτον καὶ νόστον ἀκούσῃς,
ἦ τ' ἂν τρυχόμενός περ ἔτι τλαίης ἐνιαυτόν·
εἰ δέ κε τεθνηῶτος ἀκούσῃς μηδ' ἔτ' ἐόντος,
νοστήσας δὴ ἔπειτα φίλην ἐς πατρίδα γαῖαν   290
σῆμά τέ οἱ χεῦαι καὶ ἐπὶ κτέρεα κτερεΐξαι
πολλὰ μάλ', ὅσσα ἔοικε, καὶ ἀνέρι μητέρα δοῦναι.
αὐτὰρ ἐπὴν δὴ ταῦτα τελευτήσῃς τε καὶ ἔρξῃς,
φράζεσθαι δὴ ἔπειτα κατὰ φρένα καὶ κατὰ θυμὸν
ὅππως κε μνηστῆρας ἐνὶ μεγάροισι τεοῖσι   295

273 ἐπὶ μ. **d q** : ἐπιμάρτυρες **b p** : ἐπιμάρτυροι cet. 274 σφετέρας
Ho U³ 275 τῇ ἀρχαίᾳ συνηθείᾳ ἐγέγραπτο μερ ἀντὶ τοῦ μηρ· τοῦτο
ἀγνοήσας τις προσέθηκε τὸ ᾱ schol. ἀντὶ τοῦ ἢ μήτηρ schol. Ar. Nub.
1115 (qui ἐποτρύνει pro ἐφορμᾶται leg.) 276 ἵμεν pro ἴτω Bentley
μάγαρον **g**, cf. Steph. in v. Μέγαρα, Ael. Dion. ap. Eust. 1387. 18,
Menand. fr. 1031 Kock : μέγαρα **r** 278 om. Rhi. (= β 197)
ἔσεσθαι **a** H³ P² R⁵ 285 δὲ σπάρτηνδε **d g l** : δ' ἐς cet. : δ' ἐς
κρήτην τε παρ' Ἰδομενῆα ἄνακτα Zen. (schol. γ 313), cf. 93 291 χεῦαι
a R¹⁰ T U⁸, R³ corr. -σαι cet. (χεῦσον ss. M³ P⁶ T) κτερείξον ss. M³ H³
295 κε] δὴ **f p s** L⁵ M² M³

1. ΟΔΥΣΣΕΙΑΣ Α

κτείνῃς ἠὲ δόλῳ ἢ ἀμφαδόν· οὐδέ τί σε χρὴ
νηπιάας ὀχέειν, ἐπεὶ οὐκέτι τηλίκος ἐσσί.
ἢ οὐκ ἀίεις οἷον κλέος ἔλλαβε δῖος Ὀρέστης
πάντας ἐπ᾽ ἀνθρώπους, ἐπεὶ ἔκτανε πατροφονῆα,
Αἴγισθον δολόμητιν, ὅ οἱ πατέρα κλυτὸν ἔκτα;   300
καὶ σύ, φίλος, μάλα γάρ σ᾽ ὁρόω καλόν τε μέγαν τε,
ἄλκιμος ἔσσ᾽, ἵνα τίς σε καὶ ὀψιγόνων ἐὺ εἴπῃ.
αὐτὰρ ἐγὼν ἐπὶ νῆα θοὴν κατελεύσομαι ἤδη
ἠδ᾽ ἑτάρους, οἵ πού με μάλ᾽ ἀσχαλόωσι μένοντες·
σοὶ δ᾽ αὐτῷ μελέτω, καὶ ἐμῶν ἐμπάζεο μύθων."   305
  Τὴν δ᾽ αὖ Τηλέμαχος πεπνυμένος ἀντίον ηὔδα·
" ξεῖν᾽, ἦ τοι μὲν ταῦτα φίλα φρονέων ἀγορεύεις,
ὥς τε πατὴρ ᾧ παιδί, καὶ οὔ ποτε λήσομαι αὐτῶν.
ἀλλ᾽ ἄγε νῦν ἐπίμεινον, ἐπειγόμενός περ ὁδοῖο,
ὄφρα λοεσσάμενός τε τεταρπόμενός τε φίλον κῆρ   310
δῶρον ἔχων ἐπὶ νῆα κίῃς, χαίρων ἐνὶ θυμῷ,
τιμῆεν, μάλα καλόν, ὅ τοι κειμήλιον ἔσται
ἐξ ἐμεῦ, οἷα φίλοι ξεῖνοι ξείνοισι διδοῦσι."
  Τὸν δ᾽ ἠμείβετ᾽ ἔπειτα θεὰ γλαυκῶπις Ἀθήνη·
" μή μ᾽ ἔτι νῦν κατέρυκε, λιλαιόμενόν περ ὁδοῖο.   315
δῶρον δ᾽ ὅττι κέ μοι δοῦναι φίλον ἦτορ ἀνώγῃ,
αὖτις ἀνερχομένῳ δόμεναι οἶκόνδε φέρεσθαι,
καὶ μάλα καλὸν ἑλών· σοὶ δ᾽ ἄξιον ἔσται ἀμοιβῆς."
  Ἡ μὲν ἄρ᾽ ὣς εἰποῦσ᾽ ἀπέβη γλαυκῶπις Ἀθήνη,
ὄρνις δ᾽ ὣς ἀνοπαῖα διέπτατο· τῷ δ᾽ ἐνὶ θυμῷ   320
θῆκε μένος καὶ θάρσος, ὑπέμνησέν τέ ἑ πατρὸς
μᾶλλον ἔτ᾽ ἢ τὸ πάροιθεν. ὁ δὲ φρεσὶν ᾗσι νοήσας

  297 νηπιάσιν r N corr. : νηπιάχοις Mon. : νηπιάχοντα ἄγεσθ᾽ s : νη-
πιαχέμεναι R⁵   208 οὐχ ὁράᾳς Proclus in Plat. rep. i. 58. 18 Kroll,
cf. ρ 545   ὅσον Stob Ecl. iv. 25. 21   300 ὅ Ar. (ἄνευ τοῦ σ̄) : ὃς
codd. (ὅ H³ corr., οἷοί U²), cf. γ 198, 308   305 αὐτῶν d   314 τὸν
δ᾽ αὖτε προσέειπε g s : δ᾽ ἀπαμειβόμενος προσέφη d l   315 μηκέτι
f h i r   316 μοι] τοι g   318 ἔσσετ᾽ f l s : ἔστω L⁴   320 ἀνοπαῖα
P⁶ U⁵ Herod. : ἀνόπαια Ar. vulg : ἀν᾽ ὕπαια L⁸ uv., quidam ant. : πανόπαια
v. l. ap. schol., Et. Mag. in v. Ἀνοπαῖα (An. Ox. i. 83)

θάμβησεν κατὰ θυμόν· ὀΐσατο γὰρ θεὸν εἶναι.
αὐτίκα δὲ μνηστῆρας ἐπῴχετο ἰσόθεος φώς.

Τοῖσι δ᾽ ἀοιδὸς ἄειδε περικλυτός, οἱ δὲ σιωπῇ   325
ἥατ᾽ ἀκούοντες· ὁ δ᾽ Ἀχαιῶν νόστον ἄειδε
λυγρόν, ὃν ἐκ Τροίης ἐπετείλατο Παλλὰς Ἀθήνη.

Τοῦ δ᾽ ὑπερωϊόθεν φρεσὶ σύνθετο θέσπιν ἀοιδὴν
κούρη Ἰκαρίοιο, περίφρων Πηνελόπεια·
κλίμακα δ᾽ ὑψηλὴν κατεβήσετο οἷο δόμοιο,   330
οὐκ οἴη, ἅμα τῇ γε καὶ ἀμφίπολοι δύ᾽ ἕποντο.
ἡ δ᾽ ὅτε δὴ μνηστῆρας ἀφίκετο δῖα γυναικῶν,
στῆ ῥα παρὰ σταθμὸν τέγεος πύκα ποιητοῖο,
ἄντα παρειάων σχομένη λιπαρὰ κρήδεμνα·
ἀμφίπολος δ᾽ ἄρα οἱ κεδνὴ ἑκάτερθε παρέστη.   335
δακρύσασα δ᾽ ἔπειτα προσηύδα θεῖον ἀοιδόν·

"Φήμιε, πολλὰ γὰρ ἄλλα βροτῶν θελκτήρια οἶδας,
ἔργ᾽ ἀνδρῶν τε θεῶν τε, τά τε κλείουσιν ἀοιδοί·
τῶν ἕν γέ σφιν ἄειδε παρήμενος, οἱ δὲ σιωπῇ
οἶνον πινόντων· ταύτης δ᾽ ἀποπαύε᾽ ἀοιδῆς   340
λυγρῆς, ἥ τέ μοι αἰεὶ ἐνὶ στήθεσσι φίλον κῆρ
τείρει, ἐπεί με μάλιστα καθίκετο πένθος ἄλαστον.
τοίην γὰρ κεφαλὴν ποθέω μεμνημένη αἰεὶ
ἀνδρός, τοῦ κλέος εὐρὺ καθ᾽ Ἑλλάδα καὶ μέσον Ἄργος."

Τὴν δ᾽ αὖ Τηλέμαχος πεπνυμένος ἀντίον ηὔδα·   345
"μῆτερ ἐμή, τί τ᾽ ἄρα φθονέεις ἐρίηρον ἀοιδὸν
τέρπειν ὅππῃ οἱ νόος ὄρνυται; οὔ νύ τ᾽ ἀοιδοὶ
αἴτιοι, ἀλλά ποθι Ζεὺς αἴτιος, ὅς τε δίδωσιν
ἀνδράσιν ἀλφηστῇσιν ὅπως ἐθέλῃσιν ἑκάστῳ.
τούτῳ δ᾽ οὐ νέμεσις Δαναῶν κακὸν οἶτον ἀείδειν·   350
τὴν γὰρ ἀοιδὴν μᾶλλον ἐπικλείουσ᾽ ἄνθρωποι,

329a ἐξ ποσὶν ἐκβεβαυῖα τριδάκτυλος ἐξεφαάνθη Pal. V¹, marg. U⁵
(= Iulian. frag. 4 Hertl.)   336 δῖον a b c H³ Pal.   337 ἤδεις
Zen. (Ἀρίσταρχος δὲ οὐ δυσχεραίνει τῇ γραφῇ, δῖεν j (sic)
339 ἕν τε d H³ L⁸ Mon. Pal.   344 schol. I 395 νόθα οὖν ἐκεῖνα . . .
καθ᾽ Ἑλλάδα καὶ μέσον Ἄργος   347 οὐ γὰρ s L⁵   351 πάντες pro μᾶλλον
Long. prol. ad Hephaest. c. 1 Gaisf.   ἐπιφρονέουσ᾽ Plat. rep 424 B

ἤ τις ἀκουόντεσσι νεωτάτη ἀμφιπέληται.
σοὶ δ' ἐπιτολμάτω κραδίη καὶ θυμὸς ἀκούειν·
οὐ γὰρ Ὀδυσσεὺς οἶος ἀπώλεσε νόστιμον ἦμαρ
ἐν Τροίῃ, πολλοὶ δὲ καὶ ἄλλοι φῶτες ὄλοντο.   355
ἀλλ' εἰς οἶκον ἰοῦσα τὰ σ' αὐτῆς ἔργα κόμιζε,
ἱστόν τ' ἠλακάτην τε, καὶ ἀμφιπόλοισι κέλευε
ἔργον ἐποίχεσθαι· μῦθος δ' ἄνδρεσσι μελήσει
πᾶσι, μάλιστα δ' ἐμοί· τοῦ γὰρ κράτος ἔστ' ἐνὶ οἴκῳ."
Ἡ μὲν θαμβήσασα πάλιν οἶκόνδε βεβήκει·   360
παιδὸς γὰρ μῦθον πεπνυμένον ἔνθετο θυμῷ.
ἐς δ' ὑπερῷ' ἀναβᾶσα σὺν ἀμφιπόλοισι γυναιξὶ
κλαῖεν ἔπειτ' Ὀδυσῆα, φίλον πόσιν, ὄφρα οἱ ὕπνον
ἡδὺν ἐπὶ βλεφάροισι βάλε γλαυκῶπις Ἀθήνη.

Μνηστῆρες δ' ὁμάδησαν ἀνὰ μέγαρα σκιόεντα·   365
πάντες δ' ἠρήσαντο παραὶ λεχέεσσι κλιθῆναι.
τοῖσι δὲ Τηλέμαχος πεπνυμένος ἄρχετο μύθων·
"Μητρὸς ἐμῆς μνηστῆρες, ὑπέρβιον ὕβριν ἔχοντες,
νῦν μὲν δαινύμενοι τερπώμεθα, μηδὲ βοητὺς
ἔστω, ἐπεὶ τό γε καλὸν ἀκουέμεν ἐστὶν ἀοιδοῦ   370
τοιοῦδ' οἷος ὅδ' ἐστί, θεοῖς ἐναλίγκιος αὐδήν.
ἠῶθεν δ' ἀγορήνδε καθεζώμεσθα κιόντες
πάντες, ἵν' ὑμῖν μῦθον ἀπηλεγέως ἀποείπω,
ἐξιέναι μεγάρων· ἄλλας δ' ἀλεγύνετε δαῖτας,
ὑμὰ κτήματ' ἔδοντες, ἀμειβόμενοι κατὰ οἴκους.   375
εἰ δ' ὑμῖν δοκέει τόδε λώϊτερον καὶ ἄμεινον
ἔμμεναι, ἀνδρὸς ἑνὸς βίοτον νήποινον ὀλέσθαι,
κείρετ'· ἐγὼ δὲ θεοὺς ἐπιβώσομαι αἰὲν ἐόντας,
αἴ κέ ποθι Ζεὺς δῷσι παλίντιτα ἔργα γενέσθαι·

352 ἀιόντεσσι Longin. l. c. (codd. aliquot), cf. β 42, Hes. Opp. 213,
Call. Apoll. 17 : ἀειδόντεσσι Plato l. c.   353 ἀίειν V³   356–9 ἀθε-
τοῦνται ἐνταῦθα . . . ἐν δὲ ταῖς χαριεστέραις γραφαῖς οὐκ ἦσαν schol.
recte Ζ 490–3 φ 350–3   356 ἀλλὰ σύ γ' εἰσελθοῦσα et 360 θάλαμον
δὲ βεβήκει quidam (μεταγράφουσι)   367 ὄρχετο P¹ (sc. ἄρχ.) : ἦρχ.
cet.   ἀντίον ηὔδα g   371 αὐδῇ Strabo 648 e lapide (αυδη) : ἀοιδὴν r
377 ὀλέσθαι a b ⊖ g : ὀλέσσαι cet., cf. β 142   379 αἴ codd. διχῶς
αἴκε καὶ εἴκε· αἱ δὲ χαριέστεραι διὰ τοῦ ᾱ schol.   ποτε f g k l : ποθιτε r

νήποινοί κεν ἔπειτα δόμων ἔντοσθεν ὄλοισθε."   380
  ῍Ως ἔφαθ', οἱ δ' ἄρα πάντες ὀδὰξ ἐν χείλεσι φύντες
Τηλέμαχον θαύμαζον, ὃ θαρσαλέως ἀγόρευε.
  Τὸν δ' αὖτ' Ἀντίνοος προσέφη, Εὐπείθεος υἱός·
" Τηλέμαχ', ἦ μάλα δή σε διδάσκουσιν θεοὶ αὐτοὶ
ὑψαγόρην τ' ἔμεναι καὶ θαρσαλέως ἀγορεύειν·   385
μὴ σέ γ' ἐν ἀμφιάλῳ Ἰθάκῃ βασιλῆα Κρονίων
ποιήσειεν, ὅ τοι γενεῇ πατρώϊόν ἐστιν."
  Τὸν δ' αὖ Τηλέμαχος πεπνυμένος ἀντίον ηὔδα·
" Ἀντίνο', εἴ πέρ μοι καὶ ἀγάσσεαι ὅττι κεν εἴπω,
καί κεν τοῦτ' ἐθέλοιμι Διός γε διδόντος ἀρέσθαι.   390
ἦ φῂς τοῦτο κάκιστον ἐν ἀνθρώποισι τετύχθαι;
οὐ μὲν γάρ τι κακὸν βασιλευέμεν· αἶψά τέ οἱ δῶ
ἀφνειὸν πέλεται καὶ τιμηέστερος αὐτός.
ἀλλ' ἦ τοι βασιλῆες Ἀχαιῶν εἰσὶ καὶ ἄλλοι
πολλοὶ ἐν ἀμφιάλῳ Ἰθάκῃ, νέοι ἠδὲ παλαιοί,   395
τῶν κέν τις τόδ' ἔχῃσιν, ἐπεὶ θάνε δῖος Ὀδυσσεύς·
αὐτὰρ ἐγὼν οἴκοιο ἄναξ ἔσομ' ἡμετέροιο
καὶ δμώων, οὕς μοι ληΐσσατο δῖος Ὀδυσσεύς."
  Τὸν δ' αὖτ' Εὐρύμαχος, Πολύβου πάϊς, ἀντίον ηὔδα·
" Τηλέμαχ', ἦ τοι ταῦτα θεῶν ἐν γούνασι κεῖται,   400
ὅς τις ἐν ἀμφιάλῳ Ἰθάκῃ βασιλεύσει Ἀχαιῶν·
κτήματα δ' αὐτὸς ἔχοις καὶ δώμασι σοῖσιν ἀνάσσοις.
μὴ γὰρ ὅ γ' ἔλθοι ἀνὴρ ὅς τίς σ' ἀέκοντα βίηφι
κτήματ' ἀπορραίσει', Ἰθάκης ἔτι ναιεταούσης.
ἀλλ' ἐθέλω σε, φέριστε, περὶ ξείνοιο ἐρέσθαι,   405
ὁππόθεν οὗτος ἀνήρ, ποίης δ' ἐξ εὔχεται εἶναι
γαίης, ποῦ δέ νύ οἱ γενεὴ καὶ πατρὶς ἄρουρα·
ἠέ τιν' ἀγγελίην πατρὸς φέρει ἐρχομένοιο,

381, 2 om. g Ma   389 εἰ καί μοι νεμεσήσεαι ὅττι κεν εἴπω Eust.
ἐν ἐνίοις γρ. νεμεσήσεαι schol. ita L⁵   401 ἀγχιάλῳ e   402 σοῖσιν
e fi : οἶσιν cet.   403 σ' om. b c f g   βίηφι] βίηται L⁵, γρ. Pal.
    404 ἀπορραίσει' Bentley, Voss (-σει -ση codd.)   408 τιν'] τοι
a g l   οἰχομένοιο quidam ant. P⁵ R⁵

ἢ ἑὸν αὐτοῦ χρεῖος ἐελδόμενος τόδ᾽ ἱκάνει ;
οἷον ἀναΐξας ἄφαρ οἴχεται, οὐδ᾽ ὑπέμεινε   410
γνώμεναι· οὐ μὲν γάρ τι κακῷ εἰς ὦπα ἐῴκει."
    Τὸν δ᾽ αὖ Τηλέμαχος πεπνυμένος ἀντίον ηὔδα·
" Εὐρύμαχ᾽, ἦ τοι νόστος ἀπώλετο πατρὸς ἐμοῖο·
οὔτ᾽ οὖν ἀγγελίῃ ἔτι πείθομαι, εἴ ποθεν ἔλθοι,
οὔτε θεοπροπίης ἐμπάζομαι, ἥν τινα μήτηρ   415
ἐς μέγαρον καλέσασα θεοπρόπον ἐξερέηται.
ξεῖνος δ᾽ οὗτος ἐμὸς πατρώϊος ἐκ Τάφου ἐστί,
Μέντης δ᾽ Ἀγχιάλοιο δαΐφρονος εὔχεται εἶναι
υἱός, ἀτὰρ Ταφίοισι φιληρέτμοισιν ἀνάσσει."
    Ὣς φάτο Τηλέμαχος, φρεσὶ δ᾽ ἀθανάτην θεὸν ἔγνω.
οἱ δ᾽ εἰς ὀρχηστύν τε καὶ ἱμερόεσσαν ἀοιδὴν   421
τρεψάμενοι τέρποντο, μένον δ᾽ ἐπὶ ἕσπερον ἐλθεῖν.
τοῖσι δὲ τερπομένοισι μέλας ἐπὶ ἕσπερος ἦλθε·
δὴ τότε κακκείοντες ἔβαν οἰκόνδε ἕκαστος.
Τηλέμαχος δ᾽, ὅθι οἱ θάλαμος περικαλλέος αὐλῆς   425
ὑψηλὸς δέδμητο, περισκέπτῳ ἐνὶ χώρῳ,
ἔνθ᾽ ἔβη εἰς εὐνὴν πολλὰ φρεσὶ μερμηρίζων.
τῷ δ᾽ ἄρ᾽ ἅμ᾽ αἰθομένας δαΐδας φέρε κεδνὰ ἰδυῖα
Εὐρύκλει᾽, Ὦπος θυγάτηρ Πεισηνορίδαο,
τήν ποτε Λαέρτης πρίατο κτεάτεσσιν ἑοῖσι,   430
πρωθήβην ἔτ᾽ ἐοῦσαν, ἐεικοσάβοια δ᾽ ἔδωκεν,
ἶσα δέ μιν κεδνῇ ἀλόχῳ τίεν ἐν μεγάροισιν,
εὐνῇ δ᾽ οὔ ποτ᾽ ἔμικτο, χόλον δ᾽ ἀλέεινε γυναικός·
ἥ οἱ ἅμ᾽ αἰθομένας δαΐδας φέρε, καί ἑ μάλιστα
δμῳάων φιλέεσκε, καὶ ἔτρεφε τυτθὸν ἐόντα.   435
ὤϊξεν δὲ θύρας θαλάμου πύκα ποιητοῖο,
ἕζετο δ᾽ ἐν λέκτρῳ μαλακὸν δ᾽ ἔκδυνε χιτῶνα·

413 ἐμεῖο quidam (ἀγνοοῦντες) a P² P⁵ R¹⁰   414 ἀγγελίης a g j s :
-ίην f L⁴ al.   ἔτι πείθομαι a b j k : ἐπιπείθομαι cet.   415 ἥν τινα L⁸
Pal. : τινὲς ψιλοῦσι . . . ἵν᾽ ᾖ εἴτινα schol.   418 δ᾽ om. a i k r s al.
419 om. L⁸   424 δὴ τότε κοιμήσαντο καὶ ὕπνου δῶρον ἕλοντο quidam
(μεταποιηθῆναί φασιν ὑπὸ Ἀριστοφάνους τὸν στίχον, ἐν δὲ τῇ Ἀργολικῇ
προστέθειται schol.)   425 om. o

1. ΟΔΥΣΣΕΙΑΣ Α

καὶ τὸν μὲν γραίης πυκιμηδέος ἔμβαλε χερσίν.
ἡ μὲν τὸν πτύξασα καὶ ἀσκήσασα χιτῶνα,
πασσάλῳ ἀγκρεμάσασα παρὰ τρητοῖσι λέχεσσι,   440
βῆ ῥ᾽ ἴμεν ἐκ θαλάμοιο, θύρην δ᾽ ἐπέρυσσε κορώνῃ
ἀργυρέῃ, ἐπὶ δὲ κληῖδ᾽ ἐτάνυσσεν ἱμάντι.
ἔνθ᾽ ὅ γε παννύχιος, κεκαλυμμένος οἰὸς ἀώτῳ,
βούλευε φρεσὶν ᾗσιν ὁδὸν τὴν πέφραδ᾽ Ἀθήνη.

438 γρηὸς b s Mon. M³ W : γραὸς c O   440 τρητοῖς λεχέεσσι C
(λεχέεσσι c p f), cf. κ 12   442 ἱμάντα a L⁴

17

Ἦμος δ' ἠριγένεια φάνη ῥοδοδάκτυλος Ἠώς,
ὤρνυτ' ἄρ' ἐξ εὐνῆφιν Ὀδυσσῆος φίλος υἱός,
εἵματα ἑσσάμενος, περὶ δὲ ξίφος ὀξὺ θέτ' ὤμῳ,
ποσσὶ δ' ὑπὸ λιπαροῖσιν ἐδήσατο καλὰ πέδιλα,
βῆ δ' ἴμεν ἐκ θαλάμοιο θεῷ ἐναλίγκιος ἄντην.   5
αἶψα δὲ κηρύκεσσι λιγυφθόγγοισι κέλευσε
κηρύσσειν ἀγορήνδε κάρη κομόωντας Ἀχαιούς.
οἱ μὲν ἐκήρυσσον, τοὶ δ' ἠγείροντο μάλ' ὦκα.
αὐτὰρ ἐπεί ῥ' ἤγερθεν ὁμηγερέες τ' ἐγένοντο,
βῆ ῥ' ἴμεν εἰς ἀγορήν, παλάμη δ' ἔχε χάλκεον ἔγχος,   10
οὐκ οἶος, ἅμα τῷ γε κύνες πόδας ἀργοὶ ἕποντο.
θεσπεσίην δ' ἄρα τῷ γε χάριν κατέχευεν Ἀθήνη.
τὸν δ' ἄρα πάντες λαοὶ ἐπερχόμενον θηεῦντο·
ἕζετο δ' ἐν πατρὸς θώκῳ, εἶξαν δὲ γέροντες.
τοῖσι δ' ἔπειθ' ἥρως Αἰγύπτιος ἦρχ' ἀγορεύειν,   15
ὃς δὴ γήραϊ κυφὸς ἔην καὶ μυρία ᾔδη.
καὶ γὰρ τοῦ φίλος υἱὸς ἅμ' ἀντιθέῳ Ὀδυσῆϊ
Ἴλιον εἰς εὔπωλον ἔβη κοίλης ἐνὶ νηυσίν,
Ἄντιφος αἰχμητής· τὸν δ' ἄγριος ἔκτανε Κύκλωψ
ἐν σπῆϊ γλαφυρῷ, πύματον δ' ὁπλίσσατο δόρπον.   20
τρεῖς δέ οἱ ἄλλοι ἔσαν, καὶ ὁ μὲν μνηστῆρσιν ὁμίλει,

2 ὄρνυτ' s O U⁹ (σπανίως γὰρ ὁ ποιητὴς αὔξει τὴν ἄρχουσαν schol.) :
ὤρνυτ' cet.   3 περὶ δὲ μέγα βάλλετο φᾶρος V³ (= B 43)   4 om. L⁸
4 a ἀμφὶ δ' ἄρ' ὤμοισιν βάλετο ξίφος ἀργυρόηλον V³ (= B 45)   5 με-
γάροιο e h   7 οὐδὲν μὲν ἀντιπράττουσιν οἱ στίχοι πρὸς τὴν παροῦσαν
ὑπόθεσιν, οἰκειότεροι δὲ μᾶλλόν εἰσιν ἐν Ἰλιάδι (Β 51, 52) schol.
11 τῷδε d l o   κύνες πόδας ἀργοὶ b c Macr. v. 8. 7 : δύω κύνες ἀργοὶ
vulg. : δοιὼ κύνες (om. γε) a, cf. ρ 62   19, 20 ἀθετοῦνται οἱ δύο στίχοι
καὶ ὀβελίζονται schol. V³ ap. Ludw. A.H.T. i. 519   20 ὡπλίσσατο
codd. praeter V², cf. δ 429 ξ 526 ψ 143 Θ 55

Εὐρύνομος, δύο δ' αἰὲν ἔχον πατρώϊα ἔργα·
ἀλλ' οὐδ' ὣς τοῦ λήθετ' ὀδυρόμενος καὶ ἀχεύων.
τοῦ ὅ γε δάκρυ χέων ἀγορήσατο καὶ μετέειπε·
"Κέκλυτε δὴ νῦν μευ, Ἰθακήσιοι, ὅττι κεν εἴπω·   25
οὔτε ποθ' ἡμετέρη ἀγορὴ γένετ' οὔτε θόωκος
ἐξ οὗ Ὀδυσσεὺς δῖος ἔβη κοίλῃς ἐνὶ νηυσί.
νῦν δὲ τίς ὧδ' ἤγειρε; τίνα χρειὼ τόσον ἵκει
ἠὲ νέων ἀνδρῶν, ἢ οἳ προγενέστεροί εἰσιν;
ἠέ τιν' ἀγγελίην στρατοῦ ἔκλυεν ἐρχομένοιο,   30
ἥν χ' ἡμῖν σάφα εἴποι, ὅτε πρότερός γε πύθοιτο;
ἠέ τι δήμιον ἄλλο πιφαύσκεται ἠδ' ἀγορεύει;
ἐσθλός μοι δοκεῖ εἶναι, ὀνήμενος. εἴθε οἱ αὐτῷ
Ζεὺς ἀγαθὸν τελέσειεν, ὅ τι φρεσὶν ᾗσι μενοινᾷ."

*Ὣς φάτο, χαῖρε δὲ φήμῃ Ὀδυσσῆος φίλος υἱός,   35
οὐδ' ἄρ' ἔτι δὴν ἧστο, μενοίνησεν δ' ἀγορεύειν,
στῆ δὲ μέσῃ ἀγορῇ· σκῆπτρον δέ οἱ ἔμβαλε χειρὶ
κῆρυξ Πεισήνωρ, πεπνυμένα μήδεα εἰδώς.
πρῶτον ἔπειτα γέροντα καθαπτόμενος προσέειπεν·
"Ὦ γέρον, οὐχ ἑκὰς οὗτος ἀνήρ, τάχα δ' εἴσεαι αὐτός,
ὃς λαὸν ἤγειρα· μάλιστα δέ μ' ἄλγος ἱκάνει.   41
οὔτε τιν' ἀγγελίην στρατοῦ ἔκλυον ἐρχομένοιο,
ἥν χ' ὑμῖν σάφα εἴπω, ὅτε πρότερός γε πυθοίμην,
οὔτε τι δήμιον ἄλλο πιφαύσκομαι οὐδ' ἀγορεύω,
ἀλλ' ἐμὸν αὐτοῦ χρεῖος, ὅ μοι κακὸν ἔμπεσεν οἴκῳ,   45
δοιά· τὸ μὲν πατέρ' ἐσθλὸν ἀπώλεσα, ὅς ποτ' ἐν ὑμῖν
τοίσδεσσιν βασίλευε, πατὴρ δ' ὣς ἤπιος ἦεν·
νῦν δ' αὖ καὶ πολὺ μεῖζον, ὃ δὴ τάχα οἶκον ἅπαντα
πάγχυ διαρραίσει, βίοτον δ' ἀπὸ πάμπαν ὀλέσσει.
μητέρι μοι μνηστῆρες ἐπέχραον οὐκ ἐθελούσῃ,   50

22 διχῶς Ar. δύο δ' ἄλλοι ἔχον καὶ δύο δ' αἰὲν (codd.) ἔχον   24 τοὺς
quidam ant. R² R⁶: τοῖς a i l o q   26 post 27 hab. schol.
a 284   οὔτε πέπ(τ)ωκας Ar. sec. schol. quod pro οὔτε πω habuit
Cobetus : οὔτε πω a, πωθ' V²   31 μάθοιτο g   40 τάχα] μάλα
f h i Mon.   41 λαοὺς Bentley   ἤγειρε Zen. r R¹⁰ U⁽⁶⁾, γρ. U⁵,
d ss.   42 ἤιον Zen. (γελοίως), cf. a 352, 3   43 ὅτι e   44 οὐδ']
ἠδ' d e   45 κακὰ Aristoph.   50 ἐπέχρων Aristoph. I.⁵ U⁷

τῶν ἀνδρῶν φίλοι υἷες οἳ ἐνθάδε γ᾽ εἰσὶν ἄριστοι,
οἳ πατρὸς μὲν ἐς οἶκον ἀπερρίγασι νέεσθαι
Ἰκαρίου, ὥς κ᾽ αὐτὸς ἐεδνώσαιτο θύγατρα,
δοίη δ᾽ ᾧ κ᾽ ἐθέλοι καί οἱ κεχαρισμένος ἔλθοι.
οἱ δ᾽ εἰς ἡμέτερον πωλεύμενοι ἤματα πάντα,   55
βοῦς ἱερεύοντες καὶ ὄϊς καὶ πίονας αἶγας,
εἰλαπινάζουσιν πίνουσί τε αἴθοπα οἶνον
μαψιδίως· τὰ δὲ πολλὰ κατάνεται. οὐ γὰρ ἔπ᾽ ἀνὴρ
οἷος Ὀδυσσεὺς ἔσκεν, ἀρὴν ἀπὸ οἴκου ἀμῦναι.
ἡμεῖς δ᾽ οὔ νύ τι τοῖοι ἀμυνέμεν· ἦ καὶ ἔπειτα   60
λευγαλέοι τ᾽ ἐσόμεσθα καὶ οὐ δεδαηκότες ἀλκήν.
ἦ τ᾽ ἂν ἀμυναίμην, εἴ μοι δύναμίς γε παρείη·
οὐ γὰρ ἔτ᾽ ἀνσχετὰ ἔργα τετεύχαται, οὐδ᾽ ἔτι καλῶς
οἶκος ἐμὸς διόλωλε· νεμεσσήθητε καὶ αὐτοί,
ἄλλους τ᾽ αἰδέσθητε περικτίονας ἀνθρώπους,   65
οἳ περιναιετάουσι· θεῶν δ᾽ ὑποδείσατε μῆνιν,
μή τι μεταστρέψωσιν ἀγασσάμενοι κακὰ ἔργα.
λίσσομαι ἠμὲν Ζηνὸς Ὀλυμπίου ἠδὲ Θέμιστος,
ἥ τ᾽ ἀνδρῶν ἀγορὰς ἠμὲν λύει ἠδὲ καθίζει·
σχέσθε, φίλοι, καί μ᾽ οἶον ἐάσατε πένθεϊ λυγρῷ   70
τείρεσθ᾽, εἰ μή πού τι πατὴρ ἐμὸς ἐσθλὸς Ὀδυσσεὺς
δυσμενέων κάκ᾽ ἔρεξεν ἐϋκνήμιδας Ἀχαιούς·
τῶν μ᾽ ἀποτινύμενοι κακὰ ῥέζετε δυσμενέοντες,
τούτους ὀτρύνοντες. ἐμοὶ δέ κε κέρδιον εἴη
ὑμέας ἐσθέμεναι κειμήλιά τε πρόβασίν τε·   75
εἴ χ᾽ ὑμεῖς γε φάγοιτε, τάχ᾽ ἄν ποτε καὶ τίσις εἴη.
τόφρα γὰρ ἂν κατὰ ἄστυ ποτιπτυσσοίμεθα μύθῳ
χρήματ᾽ ἀπαιτίζοντες, ἕως κ᾽ ἀπὸ πάντα δοθείη·

51 a ἄλλοι οἳ νήσοισιν ἐπικρατέουσιν ἄριστοι   b Δουλιχίῳ τε Σάμῃ τε
καὶ ὑλήεντι Ζακύνθῳ add. Aristoph.   (α 245, 246, ubi tamen ὅσσοι γὰρ)
    52 μὲν ἐς] πρὸς Bentley   53 ὥς d e L⁵ U³: ὅς vulg.   54 δώη
b d g j l   ἐθέλῃ a c e f l   55 ἡμέτερον Ca Mon. P⁶ P⁷ R² R⁴ T U³ U⁵:
ἡμετέρους g r: ἡμετέρου cet., cf. η 301 ρ 534 h. Herm. 370   58 καταί-
νεται d, cf. ρ 537   60 et ἦ (codd.) et ἦ ant.   68 θέμιδος h,
cf. Ο 87   70 καί] μή Aristoph.   72 ἔρεξεν e L⁵ R¹⁰ (διὰ τοῦ ζ
schol) : ἔρεξεν vulg.

2. ΟΔΥΣΣΕΙΑΣ Β

νῦν δέ μοι ἀπρήκτους ὀδύνας ἐμβάλλετε θυμῷ."

Ὣς φάτο χωόμενος, ποτὶ δὲ σκῆπτρον βάλε γαίῃ,   80
δάκρυ' ἀναπρήσας· οἶκτος δ' ἕλε λαὸν ἅπαντα.
ἔνθ' ἄλλοι μὲν πάντες ἀκὴν ἔσαν, οὐδέ τις ἔτλη
Τηλέμαχον μύθοισιν ἀμείψασθαι χαλεποῖσιν·
Ἀντίνοος δέ μιν οἶος ἀμειβόμενος προσέειπε·
"Τηλέμαχ' ὑψαγόρη, μένος ἄσχετε, ποῖον ἔειπες   85
ἡμέας αἰσχύνων, ἐθέλοις δέ κε μῶμον ἀνάψαι.
σοὶ δ' οὔ τι μνηστῆρες Ἀχαιῶν αἴτιοί εἰσιν,
ἀλλὰ φίλη μήτηρ, ἥ τοι περὶ κέρδεα οἶδεν.
ἤδη γὰρ τρίτον ἐστὶν ἔτος, τάχα δ' εἶσι τέταρτον,
ἐξ οὗ ἀτέμβει θυμὸν ἐνὶ στήθεσσιν Ἀχαιῶν.   90
πάντας μὲν ἔλπει, καὶ ὑπίσχεται ἀνδρὶ ἑκάστῳ,
ἀγγελίας προϊεῖσα· νόος δέ οἱ ἄλλα μενοινᾷ.
ἡ δὲ δόλον τόνδ' ἄλλον ἐνὶ φρεσὶ μερμήριξε·
στησαμένη μέγαν ἱστὸν ἐνὶ μεγάροισιν ὕφαινε,
λεπτὸν καὶ περίμετρον· ἄφαρ δ' ἡμῖν μετέειπε·   95
κοῦροι, ἐμοὶ μνηστῆρες, ἐπεὶ θάνε δῖος Ὀδυσσεύς,
μίμνετ' ἐπειγόμενοι τὸν ἐμὸν γάμον εἰς ὅ κε φᾶρος
ἐκτελέσω, μή μοι μεταμώνια νήματ' ὄληται,
Λαέρτῃ ἥρωϊ ταφήϊον, εἰς ὅτε κέν μιν
μοῖρ' ὀλοὴ καθέλῃσι τανηλεγέος θανάτοιο,   100
μή τίς μοι κατὰ δῆμον Ἀχαιϊάδων νεμεσήσῃ,
αἴ κεν ἄτερ σπείρου κεῖται πολλὰ κτεατίσσας.
ὣς ἔφαθ', ἡμῖν δ' αὖτ' ἐπεπείθετο θυμὸς ἀγήνωρ.
ἔνθα καὶ ἡματίη μὲν ὑφαίνεσκεν μέγαν ἱστόν,
νύκτας δ' ἀλλύεσκεν, ἐπεὶ δαΐδας παραθεῖτο.   105
ὣς τρίετες μὲν ἔληθε δόλῳ καὶ ἔπειθεν Ἀχαιούς·
ἀλλ' ὅτε τέτρατον ἦλθεν ἔτος καὶ ἐπήλυθον ὧραι,

81 δάκρυα θερμὰ χέων Zen.   ἐθέλεις a d 1 U⁵   91 μὲν ἔλπει a
T Bentl. : μέν ῥ' vulg.   98 μεταμώλια a c e f g, d ss., cf. σ 392 ω 133
101 οἶκον Hegemo 13   102 σπίρου agn. Choerob. An. Ox. ii.
258. 12 (ἡ παράδοσις)   105 νύκτωρ o, γρ. s   ἀνλύεσκεν ? Ar. (sch.
H³ τ 150) : ἀναλ. R⁵   106 δίετες, 107 δὴ τρίτον quidam (μετεποίησαν)
ἔπειθε δόλῳ καὶ ἔληθεν o T   107 a μηνῶν φθινόντων περὶ δ' ἤματα
πόλλ' ἐτελέσθη f C Mon. M³ P⁶, Br R⁴ mg. (= τ 153 ω 143, Hes. Theog.
59, cf. κ 470)

καὶ τότε δή τις ἔειπε γυναικῶν, ἣ σάφα ᾔδη,
καὶ τήν γ' ἀλλύουσαν ἐφεύρομεν ἀγλαὸν ἱστόν.
ὡς τὸ μὲν ἐξετέλεσσε καὶ οὐκ ἐθέλουσ' ὑπ' ἀνάγκης·   110
σοὶ δ' ὧδε μνηστῆρες ὑποκρίνονται, ἵν' εἰδῆς
αὐτὸς σῷ θυμῷ, εἰδῶσι δὲ πάντες Ἀχαιοί·
μητέρα σὴν ἀπόπεμψον, ἄνωχθι δέ μιν γαμέεσθαι
τῷ ὅτεῴ τε πατὴρ κέλεται καὶ ἀνδάνει αὐτῇ.
εἰ δ' ἔτ' ἀνιήσει γε πολὺν χρόνον υἷας Ἀχαιῶν,   115
τὰ φρονέουσ' ἀνὰ θυμὸν ἅ οἱ πέρι δῶκεν Ἀθήνη,
ἔργα τ' ἐπίστασθαι περικαλλέα καὶ φρένας ἐσθλὰς
κέρδεά θ', οἷ' οὔ πώ τιν' ἀκούομεν οὐδὲ παλαιῶν,
τάων αἳ πάρος ἦσαν ἐϋπλοκαμῖδες Ἀχαιαί,
Τυρώ τ' Ἀλκμήνη τε ἐϋστέφανός τε Μυκήνη·   120
τάων οὔ τις ὁμοῖα νοήματα Πηνελοπείῃ
ᾔδη· ἀτὰρ μὲν τοῦτό γ' ἐναίσιμον οὐκ ἐνόησε.
τόφρα γὰρ οὖν βίοτόν τε τεὸν καὶ κτήματ' ἔδονται,
ὄφρα κε κείνη τοῦτον ἔχῃ νόον, ὅν τινά οἱ νῦν
ἐν στήθεσσι τιθεῖσι θεοί. μέγα μὲν κλέος αὐτῇ   125
ποιεῖτ', αὐτὰρ σοί γε ποθὴν πολέος βιότοιο·
ἡμεῖς δ' οὔτ' ἐπὶ ἔργα πάρος γ' ἴμεν οὔτε πῃ ἄλλῃ,
πρίν γ' αὐτὴν γήμασθαι Ἀχαιῶν ᾧ κ' ἐθέλῃσι."

Τὸν δ' αὖ Τηλέμαχος πεπνυμένος ἀντίον ηὔδα·
"Ἀντίνο', οὔ πως ἔστι δόμων ἀέκουσαν ἀπῶσαι   130
ἥ μ' ἔτεχ', ἥ μ' ἔθρεψε· πατὴρ δ' ἐμὸς ἄλλοθι γαίης,
ζώει ὅ γ' ἢ τέθνηκε· κακὸν δέ με πόλλ' ἀποτίνειν
Ἰκαρίῳ, αἴ κ' αὐτὸς ἑκὼν ἀπὸ μητέρα πέμψω.
ἐκ γὰρ τοῦ πατρὸς κακὰ πείσομαι, ἄλλα δὲ δαίμων
δώσει, ἐπεὶ μήτηρ στυγερὰς ἀρήσετ' ἐρινῦς   135
οἴκου ἀπερχομένη· νέμεσις δέ μοι ἐξ ἀνθρώπων

---

116 ὅ οἱ quidam ant.   120 ἐϋπλόκαμός a e j k o Pal. Eust.
123 βίοτός τε τεὸς seu [βιότοιο] τεοὶ μνηστῆρες ἔδονται Aristoph.
scholia corrupta   125 αὐτῆς a b g h k o Ap. Dysc. pron. 79. 7, 20
Schn. synt. 141. 8, 142. 14 Bekk.   126 ποθὴ L⁴ Bentley fort. leg.
Ap. Dysc. pron. l. c. (δέον γὰρ ποιεῖν ποθὴν σὺν τῷ ῦ̄)   133 ἑκὼν
b d g l : ἐγὼν cet.

2. ΟΔΥΣΣΕΙΑΣ Β

ἔσσεται· ὡς οὐ τοῦτον ἐγώ ποτε μῦθον ἐνίψω.
ὑμέτερος δ' εἰ μὲν θυμὸς νεμεσίζεται αὐτῶν,
ἔξιτέ μοι μεγάρων, ἄλλας δ' ἀλεγύνετε δαῖτας
ὑμὰ κτήματ' ἔδοντες ἀμειβόμενοι κατὰ οἴκους.   140
εἰ δ' ὑμῖν δοκέει τόδε λωΐτερον καὶ ἄμεινον
ἔμμεναι, ἀνδρὸς ἑνὸς βίοτον νήποινον ὀλέσθαι,
κείρετ'· ἐγὼ δὲ θεοὺς ἐπιβώσομαι αἰὲν ἐόντας,
αἴ κέ ποθι Ζεὺς δῷσι παλίντιτα ἔργα γενέσθαι.
νήποινοί κεν ἔπειτα δόμων ἔντοσθεν ὄλοισθε."   145

  Ὡς φάτο Τηλέμαχος, τῷ δ' αἰετὼ εὐρύοπα Ζεὺς
ὑψόθεν ἐκ κορυφῆς ὄρεος προέηκε πέτεσθαι.
τὼ δ' ἧός ῥ' ἐπέτοντο μετὰ πνοιῇς ἀνέμοιο,
πλησίω ἀλλήλοισι τιταινομένω πτερύγεσσιν·
ἀλλ' ὅτε δὴ μέσσην ἀγορὴν πολύφημον ἱκέσθην,   150
ἔνθ' ἐπιδινηθέντε τιναξάσθην πτερὰ πυκνά,
ἐς δ' ἱκέτην πάντων κεφαλάς, ὄσσοντο δ' ὄλεθρον,
δρυψαμένω δ' ὀνύχεσσι παρειὰς ἀμφί τε δειρὰς
δεξιὼ ἤϊξαν διὰ οἰκία καὶ πόλιν αὐτῶν.
θάμβησαν δ' ὄρνιθας, ἐπεὶ ἴδον ὀφθαλμοῖσιν·   155
ὅρμηναν δ' ἀνὰ θυμὸν ἅ περ τελέεσθαι ἔμελλον.
τοῖσι δὲ καὶ μετέειπε γέρων ἥρως Ἁλιθέρσης
Μαστορίδης· ὁ γὰρ οἶος ὁμηλικίην ἐκέκαστο
ὄρνιθας γνῶναι καὶ ἐναίσιμα μυθήσασθαι·
ὅ σφιν ἐϋφρονέων ἀγορήσατο καὶ μετέειπε·   160
  " Κέκλυτε δὴ νῦν μευ, Ἰθακήσιοι, ὅττι κεν εἴπω·
μνηστῆρσιν δὲ μάλιστα πιφαυσκόμενος τάδε εἴρω.
τοῖσιν γὰρ μέγα πῆμα κυλίνδεται· οὐ γὰρ Ὀδυσσεὺς

137 ath. Ar.   ἐγώ] μὴ Ho P¹   139-145 signa omissionis (꠱꠱)
praef. M³ R² R⁶   140 om. U⁵   142 ὀλέσθαι a b p L⁴ : ὀλέσσαι cet.,
cf. a 377   144 αἴκε Ζεὺς δώῃσι L⁵ ed. pr.   ποτε b f h i k H³
146 τὼ v. l. ant. N P¹, L⁴ R¹¹ corr.   147 φέρεσθαι L⁴ R¹¹   148 ἕως
μέν ῥ' codd. em. Platt. an ἧος μὲν πτῶντο?   151 πολλά b k
152 ἱκέτην a U⁵ : ἰδ. cet.   ὄσσοντο P⁶ U⁸ uv. ἐν τῇ Ῥιανοῦ ἔσσαντο
(ἔσσατο codd.) schol.   153 διά τ' codd.   154 οὔτως pro αὐτῶν
Aristoph. uv.   156 ὄρμηναν codd., cf. K 359

23

δὴν ἀπάνευθε φίλων ὧν ἔσσεται, ἀλλά που ἤδη
ἐγγὺς ἐὼν τοίσδεσσι φόνον καὶ κῆρα φυτεύει   165
πάντεσσιν· πολέσιν δὲ καὶ ἄλλοισιν κακὸν ἔσται,
οἳ νεμόμεσθ᾽ Ἰθάκην εὐδείελον. ἀλλὰ πολὺ πρὶν
φραζώμεσθ᾽ ὥς κεν καταπαύσομεν· οἱ δὲ καὶ αὐτοὶ
παυέσθων· καὶ γάρ σφιν ἄφαρ τόδε λώϊόν ἐστιν.
οὐ γὰρ ἀπείρητος μαντεύομαι, ἀλλ᾽ ἐῢ εἰδώς·   170
καὶ γὰρ κείνῳ φημὶ τελευτηθῆναι ἅπαντα
ὥς οἱ ἐμυθεόμην, ὅτε Ἴλιον εἰσανέβαινον
Ἀργεῖοι, μετὰ δέ σφιν ἔβη πολύμητις Ὀδυσσεύς.
φῆν κακὰ πολλὰ παθόντ᾽, ὀλέσαντ᾽ ἄπο πάντας ἑταίρους,
ἄγνωστον πάντεσσιν ἐεικοστῷ ἐνιαυτῷ   175
οἴκαδ᾽ ἐλεύσεσθαι· τὰ δὲ δὴ νῦν πάντα τελεῖται."
    Τὸν δ᾽ αὖτ᾽ Εὐρύμαχος, Πολύβου πάϊς, ἀντίον ηὔδα·
" ὦ γέρον, εἰ δ᾽ ἄγε δὴ μαντεύεο σοῖσι τέκεσσιν
οἴκαδ᾽ ἰών, μή πού τι κακὸν πάσχωσιν ὀπίσσω·
ταῦτα δ᾽ ἐγὼ σέο πολλὸν ἀμείνων μαντεύεσθαι.   180
ὄρνιθες δέ τε πολλοὶ ὑπ᾽ αὐγὰς ἠελίοιο
φοιτῶσ᾽, οὐδέ τε πάντες ἐναίσιμοι· αὐτὰρ Ὀδυσσεὺς
ὤλετο τῆλ᾽, ὡς καὶ σὺ καταφθίσθαι σὺν ἐκείνῳ
ὤφελες. οὐκ ἂν τόσσα θεοπροπέων ἀγόρευες,
οὐδέ κε Τηλέμαχον κεχολωμένον ὧδ᾽ ἀνιείης,   185
σῷ οἴκῳ δῶρον ποτιδέγμενος, αἴ κε πόρῃσιν.
ἀλλ᾽ ἔκ τοι ἐρέω, τὸ δὲ καὶ τετελεσμένον ἔσται·
αἴ κε νεώτερον ἄνδρα παλαιά τε πολλά τε εἰδὼς
παρφάμενος ἐπέεσσιν ἐποτρύνῃς χαλεπαίνειν,
αὐτῷ μέν οἱ πρῶτον ἀνιηρέστερον ἔσται,   190
πρῆξαι δ᾽ ἔμπης οὔ τι δυνήσεται εἵνεκα τῶνδε·

168 οἱ δὲ γρ. U⁵, marg. R³, cit. schol. β 241 : ἠδὲ cet.   ἀλλὰ καὶ
οὗτοι e   170 ἀπείρητος a b al. : ἀπείρητον M³   μαντεύο,μαι
fort. R⁴ (αἱ χαριέστεραι schol.) : μαντεύσ- cet.   172 ὅτ᾽ ἐς (εἰς) b l.⁴
    180 γρ. ἀμείνω χωρὶς τοῦ ν̄, ὅπερ καὶ κάλλιον schol. ν expunx. K
182 πωτῶντ᾽ pro φοιτῶσ᾽ quidam ant.   οὐδέ τι a k o p Pal. (ἐν τοῖς
εἰκαιοτέροις schol.)   191 om. a g i k o Eust. (cf. Α 562)   εἵνεκα
τῶνδε p r : οἶος ἀπ᾽ ἄλλων cet.

2. ΟΔΥΣΣΕΙΑΣ Β

σοὶ δέ, γέρον, θωὴν ἐπιθήσομεν ἥν κ' ἐνὶ θυμῷ
τίνων ἀσχάλλῃς· χαλεπὸν δέ τοι ἔσσεται ἄλγος.
Τηλεμάχῳ δ' ἐν πᾶσιν ἐγὼν ὑποθήσομαι αὐτός·
μητέρ' ἐὴν ἐς πατρὸς ἀνωγέτω ἀπονέεσθαι·   195
οἱ δὲ γάμον τεύξουσι καὶ ἀρτυνέουσιν ἔεδνα
πολλὰ μάλ', ὅσσα ἔοικε φίλης ἐπὶ παιδὸς ἕπεσθαι.
οὐ γὰρ πρὶν παύσεσθαι ὀίομαι υἷας Ἀχαιῶν
μνηστύος ἀργαλέης, ἐπεὶ οὔ τινα δείδιμεν ἔμπης,
οὔτ' οὖν Τηλέμαχον, μάλα περ πολύμυθον ἐόντα·   200
οὔτε θεοπροπίης ἐμπαζόμεθ', ἣν σύ, γεραιέ,
μυθέαι ἀκράαντον, ἀπεχθάνεαι δ' ἔτι μᾶλλον.
χρήματα δ' αὖτε κακῶς βεβρώσεται, οὐδέ ποτ' ἶσα
ἔσσεται, ὄφρα κεν ἦ γε διατρίβῃσιν Ἀχαιοὺς
ὃν γάμον· ἡμεῖς δ' αὖ ποτιδέγμενοι ἤματα πάντα   205
εἵνεκα τῆς ἀρετῆς ἐριδαίνομεν, οὐδὲ μετ' ἄλλας
ἐρχόμεθ', ἃς ἐπιεικὲς ὀπυιέμεν ἐστὶν ἑκάστῳ."
    Τὸν δ' αὖ Τηλέμαχος πεπνυμένος ἀντίον ηὔδα·
"Εὐρύμαχ' ἠδὲ καὶ ἄλλοι, ὅσοι μνηστῆρες ἀγαυοί,
ταῦτα μὲν οὐχ ὑμέας ἔτι λίσσομαι οὐδ' ἀγορεύω·   210
ἤδη γὰρ τὰ ἴσασι θεοὶ καὶ πάντες Ἀχαιοί.
ἀλλ' ἄγε μοι δότε νῆα θοὴν καὶ εἴκοσ' ἑταίρους,
οἵ κέ μοι ἔνθα καὶ ἔνθα διαπρήσσωσι κέλευθον.
εἶμι γὰρ ἐς Σπάρτην τε καὶ ἐς Πύλον ἠμαθόεντα,
νόστον πευσόμενος πατρὸς δὴν οἰχομένοιο,   215
ἤν τίς μοι εἴπῃσι βροτῶν, ἢ ὄσσαν ἀκούσω
ἐκ Διός, ἥ τε μάλιστα φέρει κλέος ἀνθρώποισιν.
εἰ μέν κεν πατρὸς βίοτον καὶ νόστον ἀκούσω,
ἦ τ' ἂν, τρυχόμενός περ, ἔτι τλαίην ἐνιαυτόν·
εἰ δέ κε τεθνηῶτος ἀκούσω μηδ' ἔτ' ἐόντος,   220
νοστήσας δὴ ἔπειτα φίλην ἐς πατρίδα γαῖαν

203 κτήματα a f   206 Ἀριστοφάνης ὑπώπτευε τὸν στίχον ...
πιθανὸν δὲ συναθετεῖν καὶ τὸν πρὸ αὐτοῦ καὶ τὸν μετ' αὐτοῦ schol.
209 ἀγανοί P² R⁷ γρ. H³, cf. φ 232 : ἀχαιοί quidam   211 τὰ ἴσασι
H³ : τάδ' vel τάγ' cet.   214–223 signa (ϽϽ) praef. U⁵ (= α 281 sqq.)
216 θεῶν b Mon.

σῆμά τέ οἱ χεύω καὶ ἐπὶ κτέρεα κτερείξω
πολλὰ μάλ', ὅσσα ἔοικε, καὶ ἀνέρι μητέρα δώσω."
  Ἡ τοι ὅ γ' ὡς εἰπὼν κατ' ἄρ' ἕζετο, τοῖσι δ' ἀνέστη
Μέντωρ, ὅς ῥ' Ὀδυσῆος ἀμύμονος ἦεν ἑταῖρος,   225
καί οἱ ἰὼν ἐν νηυσὶν ἐπέτρεπεν οἶκον ἅπαντα,
πείθεσθαί τε γέροντι καὶ ἔμπεδα πάντα φυλάσσειν·
ὅ σφιν ἐϋφρονέων ἀγορήσατο καὶ μετέειπε·
  "Κέκλυτε δὴ νῦν μευ, Ἰθακήσιοι, ὅττι κεν εἴπω·
μή τις ἔτι πρόφρων ἀγανὸς καὶ ἤπιος ἔστω   230
σκηπτοῦχος βασιλεύς, μηδὲ φρεσὶν αἴσιμα εἰδώς,
ἀλλ' αἰεὶ χαλεπός τ' εἴη καὶ αἴσυλα ῥέζοι,
ὡς οὔ τις μέμνηται Ὀδυσσῆος θείοιο
λαῶν οἶσιν ἄνασσε, πατὴρ δ' ὡς ἤπιος ἦεν.
ἀλλ' ἦ τοι μνηστῆρας ἀγήνορας οὔ τι μεγαίρω   235
ἔρδειν ἔργα βίαια κακορραφίῃσι νόοιο·
σφὰς γὰρ παρθέμενοι κεφαλὰς κατέδουσι βιαίως
οἶκον Ὀδυσσῆος, τὸν δ' οὐκέτι φασὶ νέεσθαι.
νῦν δ' ἄλλῳ δήμῳ νεμεσίζομαι, οἷον ἅπαντες
ἦσθ' ἄνεῳ, ἀτὰρ οὔ τι καθαπτόμενοι ἐπέεσσι   240
παύρους μνηστῆρας κατερύκετε πολλοὶ ἐόντες."
  Τὸν δ' Εὐηνορίδης Λειόκριτος ἀντίον ηὔδα·
"Μέντορ ἀταρτηρέ, φρένας ἠλεέ, ποῖον ἔειπες
ἡμέας ὀτρύνων καταπαυέμεν. ἀργαλέον δὲ
ἀνδράσι καὶ πλεόνεσσι μαχήσασθαι περὶ δαιτί.   245
εἴ περ γάρ κ' Ὀδυσεὺς Ἰθακήσιος αὐτὸς ἐπελθὼν
δαινυμένους κατὰ δῶμα ἑὸν μνηστῆρας ἀγαυοὺς
ἐξελάσαι μεγάροιο μενοινήσει' ἐνὶ θυμῷ,

222 χεύω a c f g l L⁴ Pal. : χεύσω vulg.: χρείω (schol. H³), χρειὼ
(schol. U⁵) Ar. Ptol. Oroand. (?)   223 ὅσσ' ἐπέοικε e f h i Mon.
  227 om. L⁴   236 κακοφραδίῃσι quidam   240 ἄνεῳ e L¹ P¹
Ap. Dysc. adv. 144. 11 : ἄνεω vulg.   241 καταπαύετε Rhianus
(καὶ λόγον ἔχει)   242 de Λειόκριτος et Λειόκριτος (Mon. Pal.)
cogitat Eust. cf. χ 294 : Λειώκρ. cet.   245 παύροισι quidam
247 ἑό a d j H³ P¹ R⁶ : ἐὰ R⁷ quod coni. Bentley (δώμαθ') cl. 258. τινὲς
τὸ ἕω ἀντὶ τοῦ αὐτοῦ schol.

οὔ κέν οἱ κεχάροιτο γυνή, μάλα περ χατέουσα,
ἐλθόντ', ἀλλά κεν αὐτοῦ ἀεικέα πότμον ἐπίσποι,   250
εἰ πλεόνεσσι μάχοιτο· σὺ δ' οὐ κατὰ μοῖραν ἔειπες.
ἀλλ' ἄγε, λαοὶ μὲν σκίδνασθ' ἐπὶ ἔργα ἕκαστος,
τούτῳ δ' ὀτρυνέει Μέντωρ ὁδὸν ἠδ' Ἁλιθέρσης,
οἵ τέ οἱ ἐξ ἀρχῆς πατρώιοί εἰσιν ἑταῖροι.
ἀλλ', ὀίω, καὶ δηθὰ καθήμενος ἀγγελιάων   255
πεύσεται εἰν Ἰθάκῃ, τελέει δ' ὁδὸν οὔ ποτε ταύτην."

Ὣς ἄρ' ἐφώνησεν, λῦσεν δ' ἀγορὴν αἰψηρήν.
οἱ μὲν ἄρ' ἐσκίδναντο ἑὰ πρὸς δώμαθ' ἕκαστος,
μνηστῆρες δ' ἐς δώματ' ἴσαν θείου Ὀδυσῆος.

Τηλέμαχος δ' ἀπάνευθε κιὼν ἐπὶ θῖνα θαλάσσης,   260
χεῖρας νιψάμενος πολιῆς ἁλός, εὔχετ' Ἀθήνῃ·

"Κλῦθί μοι, ὃ χθιζὸς θεὸς ἤλυθες ἡμέτερον δῶ
καί μ' ἐν νηὶ κέλευσας ἐπ' ἠεροειδέα πόντον,
νόστον πευσόμενον πατρὸς δὴν οἰχομένοιο,
ἔρχεσθαι· τὰ δὲ πάντα διατρίβουσιν Ἀχαιοί,   265
μνηστῆρες δὲ μάλιστα, κακῶς ὑπερηνορέοντες."

Ὣς ἔφατ' εὐχόμενος, σχεδόθεν δέ οἱ ἦλθεν Ἀθήνη,
Μέντορι εἰδομένη ἠμὲν δέμας ἠδὲ καὶ αὐδήν,
καί μιν φωνήσασ' ἔπεα πτερόεντα προσηύδα·

"Τηλέμαχ', οὐδ' ὄπιθεν κακὸς ἔσσεαι οὐδ' ἀνοήμων,   270
εἰ δή τοι σοῦ πατρὸς ἐνέστακται μένος ἠύ,
οἷος κεῖνος ἔην τελέσαι ἔργον τε ἔπος τε.
οὔ τοι ἔπειθ' ἁλίη ὁδὸς ἔσσεται οὐδ' ἀτέλεστος.
εἰ δ' οὐ κείνου γ' ἐσσὶ γόνος καὶ Πηνελοπείης,
οὔ σέ γ' ἔπειτα ἔολπα τελευτήσειν ἃ μενοινᾷς.   275

---

251 πλεόνεσσι μάχοιτο codd. τινὲς γελοίως γρ. schol. (πλέον ἐπι-
μάχοιτο g): πλεόνές οἱ ἕποιντο v. l. ant. (ἕποιτο R⁸ marg.)   257 λαι-
ψηρὴν r J K R⁵, γρ. Pal., λ add. N U⁵, cf. K 358 T 276 δ 103, Hes.
Theog. 379   259 δ' ἀνὰ d e l L⁵ P⁷ R⁶   260 κιὼν fj M² Mon.
T U⁸: ἰὼν cet. (ἰδὼν U¹)   θῖνα Ar. sec. Didymum a d g l: θινὶ v. l.
ant. cet. (διχῶς H³)   262 μευ a L⁴ R³, N ss. (Ar. schol. B Α 37)
263 νηυσὶ a   271 om. r   275 σε ἔπειτα K: σ' ἔπειτα k R¹¹   σέ
γ' vel σέ τ' cet. scholiasta quid sibi voluerit dub. (γρ. οὔ σέ γ' ἔπειτα
χωρὶς τοῦ τε H³, γρ. οὔ σε ἔπειτα κτλ. U⁵)

2. ΟΔΥΣΣΕΙΑΣ Β

παῦροι γάρ τοι παῖδες ὁμοῖοι πατρὶ πέλονται,
οἱ πλέονες κακίους, παῦροι δέ τε πατρὸς ἀρείους.
ἀλλ' ἐπεὶ οὐδ' ὄπιθεν κακὸς ἔσσεαι οὐδ' ἀνοήμων,
οὐδέ σε πάγχυ γε μῆτις Ὀδυσσῆος προλέλοιπεν,
ἐλπωρή τοι ἔπειτα τελευτῆσαι τάδε ἔργα.   280
τῶ νῦν μνηστήρων μὲν ἔα βουλήν τε νόον τε
ἀφραδέων, ἐπεὶ οὔ τι νοήμονες οὐδὲ δίκαιοι·
οὐδέ τι ἴσασιν θάνατον καὶ κῆρα μέλαιναν,
ὃς δή σφι σχεδόν ἐστιν, ἐπ' ἤματι πάντας ὀλέσθαι.
σοὶ δ' ὁδὸς οὐκέτι δηρὸν ἀπέσσεται ἣν σὺ μενοινᾷς·   285
τοῖος γάρ τοι ἑταῖρος ἐγὼ πατρώϊός εἰμι,
ὅς τοι νῆα θοὴν στελέω καὶ ἅμ' ἕψομαι αὐτός.
ἀλλὰ σὺ μὲν πρὸς δώματ' ἰὼν μνηστῆρσιν ὁμίλει,
ὅπλισσόν τ' ἤϊα καὶ ἄγγεσιν ἄρσον ἅπαντα,
οἶνον ἐν ἀμφιφορεῦσι, καὶ ἄλφιτα, μυελὸν ἀνδρῶν,   290
δέρμασιν ἐν πυκινοῖσιν· ἐγὼ δ' ἀνὰ δῆμον ἑταίρους
αἶψ' ἐθελοντῆρας συλλέξομαι. εἰσὶ δὲ νῆες
πολλαὶ ἐν ἀμφιάλῳ Ἰθάκῃ νέαι ἠδὲ παλαιαί·
τάων μέν τοι ἐγὼν ἐπιόψομαι ἥ τις ἀρίστη,
ὦκα δ' ἐφοπλίσσαντες ἐνήσομεν εὐρέϊ πόντῳ."   295
    Ὣς φάτ' Ἀθηναίη, κούρη Διός· οὐδ' ἄρ' ἔτι δὴν
Τηλέμαχος παρέμιμνεν, ἐπεὶ θεοῦ ἔκλυεν αὐδήν.
βῆ δ' ἴμεναι πρὸς δῶμα, φίλον τετιημένος ἦτορ,
εὗρε δ' ἄρα μνηστῆρας ἀγήνορας ἐν μεγάροισιν,
αἶγας ἀνιεμένους σιάλους θ' εὕοντας ἐν αὐλῇ.   300
Ἀντίνοος δ' ἰθὺς γελάσας κίε Τηλεμάχοιο·
ἔν τ' ἄρα οἱ φῦ χειρὶ ἔπος τ' ἔφατ' ἔκ τ' ὀνόμαζε·
    "Τηλέμαχ' ὑψαγόρη, μένος ἄσχετε, μή τί τοι ἄλλο
ἐν στήθεσσι κακὸν μελέτω ἔργον τε ἔπος τε,
ἀλλά μοι ἐσθιέμεν καὶ πινέμεν, ὡς τὸ πάρος περ.   305

281 τὼ R⁷ corr. (γρ. καὶ τὸ τὼ μετὰ ὀξείας schol. H³) : τῶ vulg., cf.
γ 134   285 οὐκ ἐπὶ f, cf. P 41   292 ἂψ f g   298 ἴμεναι g j
H³ L⁴ : ἰέναι cet.   299 ἐνὶ μεγάροισιν ἐοῖσιν b c g h p   300 δεῖ
γὰρ θῦσαι λέγειν· καὶ παρ' Ὁμήρῳ δὲ κακῶς γράφεται σιάλους τ' εὕοντας
Ε. Μ. 398. 35   305 μοι f i k q Eust. : μάλ' cet.

2. ΟΔΥΣΣΕΙΑΣ Β

ταῦτα δέ τοι μάλα πάντα τελευτήσουσιν Ἀχαιοί,
νῆα καὶ ἐξαίτους ἐρέτας, ἵνα θᾶσσον ἵκηαι
ἐς Πύλον ἠγαθέην μετ' ἀγαυοῦ πατρὸς ἀκουήν."

Τὸν δ' αὖ Τηλέμαχος πεπνυμένος ἀντίον ηὔδα·
"'Ἀντίνο', οὔ πως ἔστιν ὑπερφιάλοισι μεθ' ὑμῖν   310
δαίνυσθαί τ' ἀκέοντα καὶ εὐφραίνεσθαι ἔκηλον.
ἦ οὐχ ἅλις ὡς τὸ πάροιθεν ἐκείρετε πολλὰ καὶ ἐσθλὰ
κτήματ' ἐμά, μνηστῆρες, ἐγὼ δ' ἔτι νήπιος ἦα;
νῦν δ' ὅτε δὴ μέγας εἰμὶ καὶ ἄλλων μῦθον ἀκούων
πυνθάνομαι, καὶ δή μοι ἀέξεται ἔνδοθι θυμός,   315
πειρήσω ὥς κ' ὔμμι κακὰς ἐπὶ κῆρας ἰήλω,
ἠὲ Πύλονδ' ἐλθών, ἢ αὐτοῦ τῷδ' ἐνὶ δήμῳ.
εἶμι μέν, οὐδ' ἁλίη ὁδὸς ἔσσεται ἣν ἀγορεύω,
ἔμπορος· οὐ γὰρ νηὸς ἐπήβολος οὐδ' ἐρετάων
γίγνομαι· ὥς νύ που ὔμμιν ἐείσατο κέρδιον εἶναι."   320

Ἦ ῥα, καὶ ἐκ χειρὸς χεῖρα σπάσατ' Ἀντινόοιο
ῥεῖα· μνηστῆρες δὲ δόμον κάτα δαῖτα πένοντο.
οἱ δ' ἐπελώβευον καὶ ἐκερτόμεον ἐπέεσσιν·
ὧδε δέ τις εἴπεσκε νέων ὑπερηνορεόντων·

"Ἦ μάλα Τηλέμαχος φόνον ἡμῖν μερμηρίζει.   325
ἤ τινας ἐκ Πύλου ἄξει ἀμύντορας ἠμαθόεντος,
ἢ ὅ γε καὶ Σπάρτηθεν, ἐπεί νύ περ ἵεται αἰνῶς·
ἠὲ καὶ εἰς Ἐφύρην ἐθέλει, πίειραν ἄρουραν,
ἐλθεῖν, ὄφρ' ἔνθεν θυμοφθόρα φάρμακ' ἐνείκῃ,
ἐν δὲ βάλῃ κρητῆρι καὶ ἡμέας πάντας ὀλέσσῃ."   330

Ἄλλος δ' αὖτ' εἴπεσκε νέων ὑπερηνορεόντων·
"τίς δ' οἶδ' εἴ κε καὶ αὐτὸς ἰὼν κοίλης ἐπὶ νηὸς
τῆλε φίλων ἀπόληται ἀλώμενος ὥς περ Ὀδυσσεύς;
οὕτω κεν καὶ μᾶλλον ὀφέλλειεν πόνον ἄμμιν·

311 ἀκέοντα **efgikq**: ἀέκοντα Rhianus cet.   ἀέκοντ' εὐφραίνεσθαί
τε ἔκηλον Bentley   316, 317 ath. Ar. (schol. ad 325)   316 χεῖρας
gj, cf. Φ 548   320 πον] περ **agj**   321 σπάσεν **abefi**
322 ath. Aristoph. Ar.   326 ἔξει L⁵ R⁵ uv.   327 ἤ νυ καὶ ἐκ
Σπάρτηθεν Plut. vit. Hom. ii. 68   ἐπὴν ὑπερίεται **g** Pal. (ἐπεὶν): ἐπεί ῥ'
ὑπερίσταται O   334 ἐπαυξήσειεν R⁷ Pal. m. 2 (-ειν)

29

κτήματα γάρ κεν πάντα δασαίμεθα, οἰκία δ' αὖτε   335
τούτου μητέρι δοῖμεν ἔχειν ἠδ' ὅς τις ὀπυίοι."

Ὣς φάν· ὁ δ' ὑψόροφον θάλαμον κατεβήσετο πατρός,
εὐρύν, ὅθι νητὸς χρυσὸς καὶ χαλκὸς ἔκειτο
ἐσθής τ' ἐν χηλοῖσιν ἅλις τ' εὐῶδες ἔλαιον·
ἐν δὲ πίθοι οἴνοιο παλαιοῦ ἡδυπότοιο   340
ἕστασαν, ἄκρητον θεῖον ποτὸν ἐντὸς ἔχοντες,
ἑξείης ποτὶ τοῖχον ἀρηρότες, εἴ ποτ' Ὀδυσσεὺς
οἴκαδε νοστήσειε καὶ ἄλγεα πολλὰ μογήσας.
κληϊσταὶ δ' ἔπεσαν σανίδες πυκινῶς ἀραρυῖαι,
δικλίδες· ἐν δὲ γυνὴ ταμίη νύκτας τε καὶ ἦμαρ   345
ἔσχ', ἣ πάντ' ἐφύλασσε νόου πολυϊδρείῃσιν,
Εὐρύκλει', Ὦπος θυγάτηρ Πεισηνορίδαο.
τὴν τότε Τηλέμαχος προσέφη θαλαμόνδε καλέσσας·

"Μαῖ', ἄγε δή μοι οἶνον ἐν ἀμφιφορεῦσιν ἄφυσσον
ἡδύν, ὅτις μετὰ τὸν λαρώτατος ὃν σὺ φυλάσσεις,   350
κεῖνον ὀϊομένη τὸν κάμμορον, εἴ ποθεν ἔλθοι
διογενὴς Ὀδυσεὺς θάνατον καὶ κῆρας ἀλύξας.
δώδεκα δ' ἔμπλησον καὶ πώμασιν ἄρσον ἅπαντας.
ἐν δέ μοι ἄλφιτα χεῦον ἐϋρραφέεσσι δοροῖσιν·
εἴκοσι δ' ἔστω μέτρα μυληφάτου ἀλφίτου ἀκτῆς.   355
αὐτὴ δ' οἴη ἴσθι· τὰ δ' ἀθρόα πάντα τετύχθω·
ἑσπέριος γὰρ ἐγὼν αἱρήσομαι, ὁππότε κεν δὴ
μήτηρ εἰς ὑπερῷ' ἀναβῇ κοίτου τε μέδηται.
εἶμι γὰρ ἐς Σπάρτην τε καὶ ἐς Πύλον ἠμαθόεντα,
νόστον πευσόμενος πατρὸς φίλου, ἤν που ἀκούσω."   360

Ὣς φάτο, κώκυσεν δὲ φίλη τροφὸς Εὐρύκλεια,
καί ῥ' ὀλοφυρομένη ἔπεα πτερόεντα προσηύδα·

"Τίπτε δέ τοι, φίλε τέκνον, ἐνὶ φρεσὶ τοῦτο νόημα
ἔπλετο; πῇ δ' ἐθέλεις ἰέναι πολλὴν ἐπὶ γαῖαν
μοῦνος ἐὼν ἀγαπητός; ὁ δ' ὤλετο τηλόθι πάτρης   365
διογενὴς Ὀδυσεὺς ἀλλογνώτῳ ἐνὶ δήμῳ.

337 κατεδύσατο a, cf. Ω 191 al.   338 ὅθι νηητὸς Aristoph.   ὅθ'
οἱ d : ὅθι οἱ l r   351 ὀϊεμένη b c L⁴ U⁸   354 χεῦον a i q al. :
χεῦσον cet., cf. a 291 et saep.   366 ἀλλογνώτων L⁴ T Apoll. lex. in v.

οἱ δέ τοι αὐτίκ' ἰόντι κακὰ φράσσονται ὀπίσσω,
ὥς κε δόλῳ φθίῃς, τάδε δ' αὐτοὶ πάντα δάσονται.
ἀλλὰ μέν' αὖθ' ἐπὶ σοῖσι καθήμενος· οὐδέ τί σε χρὴ
πόντον ἐπ' ἀτρύγετον κακὰ πάσχειν οὐδ' ἀλάλησθαι."   370

    Τὴν δ' αὖ Τηλέμαχος πεπνυμένος ἀντίον ηὔδα·
" θάρσει, μαῖ', ἐπεὶ οὔ τοι ἄνευ θεοῦ ἥδε γε βουλή.
ἀλλ' ὄμοσον μὴ μητρὶ φίλῃ τάδε μυθήσασθαι,
πρίν γ' ὅτ' ἂν ἑνδεκάτη τε δυωδεκάτη τε γένηται,
ἢ αὐτὴν ποθέσαι καὶ ἀφορμηθέντος ἀκοῦσαι,   375
ὡς ἂν μὴ κλαίουσα κατὰ χρόα καλὸν ἰάπτῃ."

    ῝Ως ἄρ' ἔφη, γρηῢς δὲ θεῶν μέγαν ὅρκον ἀπόμνυ.
αὐτὰρ ἐπεί ῥ' ὄμοσέν τε τελεύτησέν τε τὸν ὅρκον,
αὐτίκ' ἔπειτά οἱ οἶνον ἐν ἀμφιφορεῦσιν ἄφυσσεν,
ἐν δέ οἱ ἄλφιτα χεῦεν ἐϋρραφέεσσι δοροῖσι·   380
Τηλέμαχος δ' ἐς δώματ' ἰὼν μνηστῆρσιν ὁμίλει.

    ῎Ενθ' αὖτ' ἄλλ' ἐνόησε θεὰ γλαυκῶπις Ἀθήνη·
Τηλεμάχῳ ἐϊκυῖα κατὰ πτόλιν ᾤχετο πάντῃ,
καί ῥα ἑκάστῳ φωτὶ παρισταμένη φάτο μῦθον,
ἑσπερίους δ' ἐπὶ νῆα θοὴν ἀγέρεσθαι ἀνώγει.   385
ἡ δ' αὖτε Φρονίοιο Νοήμονα φαίδιμον υἱὸν
ᾔτεε νῆα θοήν· ὁ δέ οἱ πρόφρων ὑπέδεκτο.

    Δύσετό τ' ἠέλιος σκιόωντό τε πᾶσαι ἀγυιαί·
καὶ τότε νῆα θοὴν ἅλαδ' εἴρυσε, πάντα δ' ἐν αὐτῇ
ὅπλ' ἐτίθει, τά τε νῆες ἐϋσσελμοι φορέουσι.   390
στῆσε δ' ἐπ' ἐσχατιῇ λιμένος, περὶ δ' ἐσθλοὶ ἑταῖροι
ἀθρόοι ἠγερέθοντο· θεὰ δ' ὄτρυνεν ἕκαστον.

    ῎Ενθ' αὖτ' ἄλλ' ἐνόησε θεὰ γλαυκῶπις Ἀθήνη,
βῆ δ' ἴμεναι πρὸς δώματ' Ὀδυσσῆος θείοιο·
ἔνθα μνηστήρεσσιν ἐπὶ γλυκὺν ὕπνον ἔχευε,   395

368 δάσωνται a e p¹ L¹ L⁵ L⁸ H³   370 ἠδ' dj   372 γρ. μάλ(λ)
ἐπεὶ p H³, vers. desinit in πη vel ιη p¹   373 μυθήσεσθαι a (διὰ τοῦ ε̄
schol.): -ασθαι cet.   376 ἰάψῃ j Strabo 370, Apoll. lex. in v.
377 ἀπόμνυ Br L⁵ O U¹ : ἀπώμνυ cet.   379 ἔπειθ' οἱ οἶνον Bentley
    382 et 393 ἠδ' αὖτ' Eust. 1451. 60   392 αὐτὴν pro ἀθρόοι γρ.
H³ Pal. U⁽⁶⁾   ὄτρυνεν codd., cf. η 341 al. H 420   393 om. L⁴ M²
    395 οἶνον pro ὕπνον o, γρ. p

πλάζε δὲ πίνοντας, χειρῶν δ' ἔκβαλλε κύπελλα.
οἱ δ' εὕδειν ὄρνυντο κατὰ πτόλιν, οὐδ' ἄρ' ἔτι δὴν
ἧατ', ἐπεί σφισιν ὕπνος ἐπὶ βλεφάροισιν ἔπιπτεν.
αὐτὰρ Τηλέμαχον προσέφη γλαυκῶπις Ἀθήνη
ἐκπροκαλεσσαμένη μεγάρων εὖ ναιεταόντων,   400
Μέντορι εἰδομένη ἠμὲν δέμας ἠδὲ καὶ αὐδήν·
"Τηλέμαχ', ἤδη μέν τοι ἐϋκνήμιδες ἑταῖροι
ἧατ' ἐπήρετμοι, τὴν σὴν ποτιδέγμενοι ὁρμήν·
ἀλλ' ἴομεν, μὴ δηθὰ διατρίβωμεν ὁδοῖο."
Ὣς ἄρα φωνήσασ' ἡγήσατο Παλλὰς Ἀθήνη   405
καρπαλίμως· ὁ δ' ἔπειτα μετ' ἴχνια βαῖνε θεοῖο.
αὐτὰρ ἐπεί ῥ' ἐπὶ νῆα κατήλυθον ἠδὲ θάλασσαν,
εὗρον ἔπειτ' ἐπὶ θινὶ κάρη κομόωντας ἑταίρους.
τοῖσι δὲ καὶ μετέειφ' ἱερὴ ἲς Τηλεμάχοιο·
"Δεῦτε, φίλοι, ἤϊα φερώμεθα· πάντα γὰρ ἤδη   410
ἀθρό' ἐνὶ μεγάρῳ· μήτηρ δ' ἐμοὶ οὔ τι πέπυσται,
οὐδ' ἄλλαι δμωαί, μία δ' οἴη μῦθον ἄκουσεν."
Ὣς ἄρα φωνήσας ἡγήσατο, τοὶ δ' ἅμ' ἕποντο.
οἱ δ' ἄρα πάντα φέροντες ἐϋσσέλμῳ ἐπὶ νηῒ
κάτθεσαν, ὡς ἐκέλευσεν Ὀδυσσῆος φίλος υἱός.   415
ἂν δ' ἄρα Τηλέμαχος νηὸς βαῖν', ἄρχε δ' Ἀθήνη,
νηῒ δ' ἐνὶ πρύμνῃ κατ' ἄρ' ἕζετο· ἄγχι δ' ἄρ' αὐτῆς
ἕζετο Τηλέμαχος· τοὶ δὲ πρυμνήσι' ἔλυσαν,
ἂν δὲ καὶ αὐτοὶ βάντες ἐπὶ κληῖσι καθῖζον.
τοῖσιν δ' ἴκμενον οὖρον ἵει γλαυκῶπις Ἀθήνη,   420
ἀκραῆ Ζέφυρον, κελάδοντ' ἐπὶ οἴνοπα πόντον.
Τηλέμαχος δ' ἑτάροισιν ἐποτρύνας ἐκέλευσεν
ὅπλων ἅπτεσθαι· τοὶ δ' ὀτρύνοντος ἄκουσαν.

397 ὤρνυντο codd. praeter Mon.   402 ἀχαιοί b L⁴ P² R¹⁰, cf. 408,
γ 141   404 ath. Zen. (εὐήθως)   407 om. p¹ L³ L⁴ L⁸ M⁸ Pal.,
post 408 hab. d P¹   408 om. M¹ P⁴   εὗρε: e h l H³ Ho Mon.
ἀχαιούς b e f g p¹   410 ὄφρ' ἦα pro ἤϊα Callistratus   411 πέπυστο
g   414 ἐπὶ] ἐνὶ a e g Pal.   416 ἦρχ. codd.   add. in marg. αὐτὰρ
ἐπεί ῥ' ἐπὶ νῆα κατήλυθον ἠδὲ θάλασσαν P⁵ (= 407)   421 om. d
εὐκραῆ a P², γρ. Pal., quidam ap. Eust.   423 ὀτρύναντος a d i q

ἱστὸν δ' εἰλάτινον κοίλης ἔντοσθε μεσόδμης
στῆσαν ἀείραντες, κατὰ δὲ προτόνοισιν ἔδησαν,   425
ἕλκον δ' ἱστία λευκὰ ἐϋστρέπτοισι βοεῦσιν.
ἔπρησεν δ' ἄνεμος μέσον ἱστίον, ἀμφὶ δὲ κῦμα
στείρῃ πορφύρεον μεγάλ' ἴαχε νηὸς ἰούσης·
ἡ δ' ἔθεεν κατὰ κῦμα διαπρήσσουσα κέλευθον.
δησάμενοι δ' ἄρα ὅπλα θοὴν ἀνὰ νῆα μέλαιναν   430
στήσαντο κρητῆρας ἐπιστεφέας οἴνοιο,
λεῖβον δ' ἀθανάτοισι θεοῖς αἰειγενέτῃσιν,
εκ πάντων δὲ μάλιστα Διὸς γλαυκώπιδι κούρῃ.
παννυχίη μέν ῥ' ἥ γε καὶ ἠῶ πεῖρε κέλευθον.

426 om. H³   429 om. L⁴ L⁶ M² Pal. R⁵ T, post 430 pon. V¹
(= A 429)   434 ath. aliquis in schol. T Ω 8

ΟΔΥΣΣΕΙΑΣ Γ

Ἥλιος δ' ἀνόρουσε, λιπὼν περικαλλέα λίμνην,
οὐρανὸν ἐς πολύχαλκον, ἵν' ἀθανάτοισι φαείνοι
καὶ θνητοῖσι βροτοῖσιν ἐπὶ ζείδωρον ἄρουραν·
οἱ δὲ Πύλον, Νηλῆος ἐϋκτίμενον πτολίεθρον,
ἷξον· τοὶ δ' ἐπὶ θινὶ θαλάσσης ἱερὰ ῥέζον,   5
ταύρους παμμέλανας, ἐνοσίχθονι κυανοχαίτῃ.
ἐννέα δ' ἕδραι ἔσαν, πεντηκόσιοι δ' ἐν ἑκάστῃ
ἥατο, καὶ προὔχοντο ἑκάστοθι ἐννέα ταύρους.
εὖθ' οἱ σπλάγχνα πάσαντο, θεῷ δ' ἐπὶ μηρία καῖον,
οἱ δ' ἰθὺς κάταγον, τοὶ δ' ἱστία νηὸς ἐΐσης   10
στεῖλαν ἀείραντες, τὴν δ' ὥρμισαν, ἐκ δ' ἔβαν αὐτοί·
ἐκ δ' ἄρα Τηλέμαχος νηὸς βαῖν', ἄρχε δ' Ἀθήνη.
τὸν προτέρη προσέειπε θεὰ γλαυκῶπις Ἀθήνη·
"Τηλέμαχ', οὐ μέν σε χρὴ ἔτ' αἰδοῦς οὐδ' ἠβαιόν·
τοὔνεκα γὰρ καὶ πόντον ἐπέπλως, ὄφρα πύθηαι   15
πατρός, ὅπου κύθε γαῖα καὶ ὅν τινα πότμον ἐπέσπεν.
ἀλλ' ἄγε νῦν ἰθὺς κίε Νέστορος ἱπποδάμοιο·
εἴδομεν ἥν τινα μῆτιν ἐνὶ στήθεσσι κέκευθε.
λίσσεσθαι δέ μιν αὐτός, ὅπως νημερτέα εἴπῃ·
ψεῦδος δ' οὐκ ἐρέει· μάλα γὰρ πεπνυμένος ἐστί."   20
Τὴν δ' αὖ Τηλέμαχος πεπνυμένος ἀντίον ηὔδα·
"Μέντορ, πῶς τ' ἄρ' ἴω, πῶς τ' ἄρ προσπτύξομαι αὐτόν;

Τὰ ἐν Πύλῳ Aelianus   2 φαείνοι k Pal. U¹ : φαείνῃ cet.   5 δ'ἐν f
7 πεντακόσιοι Ar. Herod. a d e j k o   8 προὔθεντο M³   ἑκάστοθεν
quidam ant.   9 ἔνθ' b g R⁵ : ἔφθ' a, cf. ν 78, Hes. Scut. 208
ἐδάσαντο quidam ant.   ἔκηον c L⁷ : ἔκηαν M¹ M⁴ P² P⁵ P⁸ U², cf. 467
μηρία Ιζον a   10 κάταγον τοὶ δ' Ar., cf. α 112 : κατάγοντο ἰδ'
codd.   11 σεῖσαν Zen.   ὥρμ. codd., cf. δ 785   14 χρεῖ R⁷, γρ.
p V⁶   16 ἐπέσπα γρ. H³, cf. 134   17 ὄφρα τάχιστα γρ. H³ Pal.
19 om a g k   αὐτός Ar. (ad 327) : αὐτόν codd.   20 ψεύδεα d, ψεῦδ' ᵈᵒˢ
H³   21 τὸν δ' d f   22 γὰρ bis R¹⁰ R¹⁴ : γὰρ loco priore o : ἰω bis a

34

οὐδέ τί πω μύθοισι πεπείρημαι πυκινοῖσιν·
αἰδὼς δ᾽ αὖ νέον ἄνδρα γεραίτερον ἐξερέεσθαι."

Τὸν δ᾽ αὖτε προσέειπε θεὰ γλαυκῶπις Ἀθήνη·   25
"Τηλέμαχ᾽, ἄλλα μὲν αὐτὸς ἐνὶ φρεσὶ σῇσι νοήσεις,
ἄλλα δὲ καὶ δαίμων ὑποθήσεται· οὐ γὰρ ὀΐω
οὔ σε θεῶν ἀέκητι γενέσθαι τε τραφέμεν τε."

Ὣς ἄρα φωνήσασ᾽ ἡγήσατο Παλλὰς Ἀθήνη
καρπαλίμως· ὁ δ᾽ ἔπειτα μετ᾽ ἴχνια βαῖνε θεοῖο.   30
ἷξον δ᾽ ἐς Πυλίων ἀνδρῶν ἄγυρίν τε καὶ ἕδρας,
ἔνθ᾽ ἄρα Νέστωρ ἦστο σὺν υἱάσιν, ἀμφὶ δ᾽ ἑταῖροι
δαῖτ᾽ ἐντυνόμενοι κρέα τ᾽ ὤπτων ἄλλα τ᾽ ἔπειρον.
οἱ δ᾽ ὡς οὖν ξείνους ἴδον, ἀθρόοι ἦλθον ἅπαντες,
χερσίν τ᾽ ἠσπάζοντο καὶ ἑδριάασθαι ἄνωγον.   35
πρῶτος Νεστορίδης Πεισίστρατος ἐγγύθεν ἐλθὼν
ἀμφοτέρων ἕλε χεῖρα καὶ ἵδρυσεν παρὰ δαιτὶ
κώεσιν ἐν μαλακοῖσιν, ἐπὶ ψαμάθοις ἁλίῃσι,
πάρ τε κασιγνήτῳ Θρασυμήδεϊ καὶ πατέρι ᾧ·
δῶκε δ᾽ ἄρα σπλάγχνων μοίρας, ἐν δ᾽ οἶνον ἔχευε   40
χρυσείῳ δέπαϊ· δειδισκόμενος δὲ προσηύδα
Παλλάδ᾽ Ἀθηναίην, κούρην Διὸς αἰγιόχοιο·
"εὔχεο νῦν, ὦ ξεῖνε, Ποσειδάωνι ἄνακτι·
τοῦ γὰρ καὶ δαίτης ἠντήσατε δεῦρο μολόντες.
αὐτὰρ ἐπὴν σπείσῃς τε καὶ εὔξεαι, ἦ θέμις ἐστί,   45
δὸς καὶ τούτῳ ἔπειτα δέπας μελιηδέος οἴνου
σπεῖσαι, ἐπεὶ καὶ τοῦτον ὀΐομαι ἀθανάτοισιν
εὔχεσθαι· πάντες δὲ θεῶν χατέουσ᾽ ἄνθρωποι.
ἀλλὰ νεώτερός ἐστιν, ὁμηλικίη δ᾽ ἐμοὶ αὐτῷ·
τοὔνεκα σοὶ προτέρῳ δώσω χρύσειον ἄλεισον."   50

Ὣς εἰπὼν ἐν χειρὶ τίθει δέπας ἡδέος οἴνου·

24 νέῳ ἀνδρὶ Rhianus   31 ἀγορήν b d j o   41 χρυσείῳ
δέπαϊ f i Ar. (καὶ σχεδὸν ἅπασαι): χρυσέῳ ἐν cet.   42 om. O   45 ἦ]
ἤ ap. schol. codd. fere omnes, cf B 73 γ 187 δ 691 λ 451 ξ 130 ω 286,
Hes. Opp. 136   46 δέπᾳ μελ. οἴνου schol. Λ 385   50 σοὶ f o p :
τοι Zen. cet.   51 χερσὶ codd., cf. 443 ν 57 o 120 : χειρὶ Ar.
Aristoph. al. A 585   δέπας τίθει C   ὁ δ᾽ ἐδέξατο χαίρων Pal. V³

χαῖρε δ' Ἀθηναίη πεπνυμένῳ ἀνδρὶ δικαίῳ,
οὕνεκά οἱ προτέρη δῶκε χρύσειον ἄλεισον·
αὐτίκα δ' εὔχετο πολλὰ Ποσειδάωνι ἄνακτι·
    " Κλῦθι, Πόσειδαον γαιήοχε, μηδὲ μεγήρῃς   55
ἡμῖν εὐχομένοισι τελευτῆσαι τάδε ἔργα.
Νέστορι μὲν πρώτιστα καὶ υἱάσι κῦδος ὄπαζε,
αὐτὰρ ἔπειτ' ἄλλοισι δίδου χαρίεσσαν ἀμοιβὴν
σύμπασιν Πυλίοισιν ἀγακλειτῆς ἑκατόμβης.
δὸς δ' ἔτι Τηλέμαχον καὶ ἐμὲ πρήξαντα νέεσθαι,   60
οὕνεκα δεῦρ' ἱκόμεσθα θοῇ σὺν νηΐ μελαίνῃ."
    Ὣς ἄρ' ἔπειτ' ἠρᾶτο καὶ αὐτὴ πάντα τελεύτα·
δῶκε δὲ Τηλεμάχῳ καλὸν δέπας ἀμφικύπελλον·
ὣς δ' αὔτως ἠρᾶτο Ὀδυσσῆος φίλος υἱός.
οἱ δ' ἐπεὶ ὤπτησαν κρέ' ὑπέρτερα καὶ ἐρύσαντο,   65
μοίρας δασσάμενοι δαίνυντ' ἐρικυδέα δαῖτα.
αὐτὰρ ἐπεὶ πόσιος καὶ ἐδητύος ἐξ ἔρον ἔντο,
τοῖς ἄρα μύθων ἄρχε Γερήνιος ἱππότα Νέστωρ.
    " Νῦν δὴ κάλλιόν ἐστι μεταλλῆσαι καὶ ἐρέσθαι
ξείνους, οἵ τινές εἰσιν, ἐπεὶ τάρπησαν ἐδωδῆς.   70
ὦ ξεῖνοι, τίνες ἐστέ; πόθεν πλεῖθ' ὑγρὰ κέλευθα;
ἤ τι κατὰ πρῆξιν ἢ μαψιδίως ἀλάλησθε
οἷά τε ληϊστῆρες ὑπεὶρ ἅλα, τοί τ' ἀλόωνται
ψυχὰς παρθέμενοι, κακὸν ἀλλοδαποῖσι φέροντες;"
    Τὸν δ' αὖ Τηλέμαχος πεπνυμένος ἀντίον ηὔδα   75
θαρσήσας· αὐτὴ γὰρ ἐνὶ φρεσὶ θάρσος Ἀθήνη
θῆχ', ἵνα μιν περὶ πατρὸς ἀποιχομένοιο ἔροιτο
ἠδ' ἵνα μιν κλέος ἐσθλὸν ἐν ἀνθρώποισιν ἔχῃσιν·

56 ἐπευχομένοισι **dij l**   58 τυ δε δος χαριεσσαν αμοιϝαν I. Pel.
et Ins. 212, 213   59 διὰ κλειτῆς L⁴ Pal. R¹¹   72–4 τοὺς
μετ' αὐτὸν [71] τρεῖς στίχους ὁ μὲν Ἀριστοφάνης ἐνθάδε σημειοῦται
τοῖς ἀστερίσκοις, ὅτε δὲ ὑπὸ τοῦ Κύκλωπος λέγονται [ι 253–5] καὶ
ὀβελίσκους τοῖς ἀστερίσκοις παρατίθησιν, ὡς ἐντεῦθεν μετενηνεγμένων
τῶν στίχων . . . ὁ δὲ Ἀρίσταρχος οἰκειότερον αὐτοὺς τετάχθαι ἐν τῷ λόγῳ
τοῦ Κύκλωπός φησιν, schol.   73 ὑπὲρ ἅλα **g** ed. pr.   78 (= α 95)
hab. **i k o p** R⁵ U¹ V¹, marg. H³ L⁸ Pal. U⁵; punctis (:) utrimque
saepsit R³, obelum adp. U¹ U², om. vulg.

3. ΟΔΥΣΣΕΙΑΣ Γ

"'Ω Νέστορ Νηληϊάδη, μέγα κῦδος 'Αχαιῶν,
εἴρεαι ὁππόθεν εἰμέν· ἐγὼ δέ κέ τοι καταλέξω.   80
ἡμεῖς ἐξ 'Ιθάκης ὑπονηΐου εἰλήλουθμεν·
πρῆξις δ' ἥδ' ἰδίη, οὐ δήμιος, ἣν ἀγορεύω.
πατρὸς ἐμοῦ κλέος εὐρὺ μετέρχομαι, ἤν που ἀκούσω,
δίου 'Οδυσσῆος ταλασίφρονος, ὅν ποτέ φασι
σὺν σοὶ μαρνάμενον Τρώων πόλιν ἐξαλαπάξαι.   85
ἄλλους μὲν γὰρ πάντας, ὅσοι Τρωσὶν πολέμιζον,
πευθόμεθ', ἧχι ἕκαστος ἀπώλετο λυγρὸν ὄλεθρον,
κείνου δ' αὖ καὶ ὄλεθρον ἀπευθέα θῆκε Κρονίων.
οὐ γάρ τις δύναται σάφα εἰπέμεν ὁππόθ' ὄλωλεν,
εἴθ' ὅ γ' ἐπ' ἠπείρου δάμη ἀνδράσι δυσμενέεσσιν,   90
εἴτε καὶ ἐν πελάγει μετὰ κύμασιν 'Αμφιτρίτης.
τοὔνεκα νῦν τὰ σὰ γούναθ' ἱκάνομαι, αἴ κ' ἐθέλησθα
κείνου λυγρὸν ὄλεθρον ἐνισπεῖν, εἴ που ὄπωπας
ὀφθαλμοῖσι τεοῖσιν, ἢ ἄλλου μῦθον ἄκουσας
πλαζομένου· πέρι γάρ μιν ὀϊζυρὸν τέκε μήτηρ.   95
μηδέ τί μ' αἰδόμενος μειλίσσεο μηδ' ἐλεαίρων,
ἀλλ' εὖ μοι κατάλεξον ὅπως ἤντησας ὀπωπῆς.
λίσσομαι, εἴ ποτέ τοί τι πατὴρ ἐμός, ἐσθλὸς 'Οδυσσεύς,
ἢ ἔπος ἠέ τι ἔργον ὑποστὰς ἐξετέλεσσε
δήμῳ ἔνι Τρώων, ὅθι πάσχετε πήματ' 'Αχαιοί·   100
τῶν νῦν μοι μνῆσαι, καί μοι νημερτὲς ἐνίσπες."

Τὸν δ' ἠμείβετ' ἔπειτα Γερήνιος ἱππότα Νέστωρ·
"ὦ φίλ', ἐπεί μ' ἔμνησας ὀϊζύος, ἣν ἐν ἐκείνῳ
δήμῳ ἀνέτλημεν μένος ἄσχετοι υἷες 'Αχαιῶν,
ἠμὲν ὅσα ξὺν νηυσὶν ἐπ' ἠεροειδέα πόντον   105
πλαζόμενοι κατὰ ληΐδ', ὅπῃ ἄρξειεν 'Αχιλλεύς,

81 ὑπονηΐου c e g C L⁴ : ὑπὸ ν. cet., cf. α 186   82 ἐκδήμιος
Aristophanes, U⁹   83 ἐσθλὸν pro εὐρὺ L⁴ J : ἐσθλοῦ γρ. L² Mo :
εὐρὺ om. c   87 λυγρὸν ὄλεθρον d r U⁷, idem leg. αἱ χαριέστεραι
o 268 : λυγρῷ ὀλέθρῳ cet.   97 γρ. τῆς ἀκοῆς H³ K U⁵ (ἀκουῆς
Buttmann)   100 ἄλγε' L⁵, γρ. U⁵   101 ἐνίσπες i H³ L³ L⁴
Pal. P¹ P² : ἐνίσπε vulg., cf. 247 δ 314, 331 λ 148, 492 ξ 185, 509
χ 166 ψ 35   103 μου μνήσας R⁵

ἠδ' ὅσα καὶ περὶ ἄστυ μέγα Πριάμοιο ἄνακτος
μαρνάμεθ'· ἔνθα δ' ἔπειτα κατέκταθεν ὅσσοι ἄριστοι.
ἔνθα μὲν Αἴας κεῖται Ἀρήϊος, ἔνθα δ' Ἀχιλλεύς,
ἔνθα δὲ Πάτροκλος, θεόφιν μήστωρ ἀτάλαντος,   110
ἔνθα δ' ἐμὸς φίλος υἱός, ἅμα κρατερὸς καὶ ἀμύμων,
Ἀντίλοχος, πέρι μὲν θείειν ταχὺς ἠδὲ μαχητής·
ἄλλα τε πόλλ' ἐπὶ τοῖς πάθομεν κακά· τίς κεν ἐκεῖνα
πάντα γε μυθήσαιτο καταθνητῶν ἀνθρώπων;
οὐδ' εἰ πεντάετές γε καὶ ἑξάετες παραμίμνων   115
ἐξερέοις ὅσα κεῖθι πάθον κακὰ δῖοι Ἀχαιοί·
πρίν κεν ἀνιηθεὶς σὴν πατρίδα γαῖαν ἵκοιο.
εἰνάετες γὰρ σφιν κακὰ ῥάπτομεν ἀμφιέποντες
παντοίοισι δόλοισι, μόγις δ' ἐτέλεσσε Κρονίων.
ἔνθ' οὔ τίς ποτε μῆτιν ὁμοιωθήμεναι ἄντην   120
ἤθελ', ἐπεὶ μάλα πολλὸν ἐνίκα δῖος Ὀδυσσεὺς
παντοίοισι δόλοισι, πατὴρ τεός, εἰ ἐτεόν γε
κείνου ἔκγονός ἐσσι· σέβας μ' ἔχει εἰσορόωντα.
ἦ τοι γὰρ μῦθοί γε ἐοικότες, οὐδέ κε φαίης
ἄνδρα νεώτερον ὧδε ἐοικότα μυθήσασθαι.   125
ἔνθ' ἦ τοι ἧος μὲν ἐγὼ καὶ δῖος Ὀδυσσεὺς
οὔτε ποτ' εἰν ἀγορῇ δίχα βάζομεν οὔτ' ἐνὶ βουλῇ,
ἀλλ' ἕνα θυμὸν ἔχοντε νόῳ καὶ ἐπίφρονι βουλῇ
φραζόμεθ' Ἀργείοισιν ὅπως ὄχ' ἄριστα γένοιτο.
αὐτὰρ ἐπεὶ Πριάμοιο πόλιν διεπέρσαμεν αἰπήν,   130
βῆμεν δ' ἐν νήεσσι, θεὸς δ' ἐκέδασσεν Ἀχαιούς,
καὶ τότε δὴ Ζεὺς λυγρὸν ἐνὶ φρεσὶ μήδετο νόστον
Ἀργείοις, ἐπεὶ οὔ τι νοήμονες οὐδὲ δίκαιοι
πάντες ἔσαν· τῶ σφεων πολέες κακὸν οἶτον ἐπέσπον

111 ἀμύμων] ἀταρβής k M³ Pal. R¹¹   127 δίχα βάζομεν i Mon.
T U⁸ Eust. : δίχ' ἐβ. cet.   128 ἐπίφρονα βουλήν f q U⁸ : νόον καὶ
ἐπίφρονα βουλήν g j   130 ἦ γὰρ καὶ Strabo 601   130 a βουλῇ
καὶ μύθοισι add. Strab. l.c., βουλῇ καὶ μύθοισι καὶ ἠπεροπηΐδι τέχνῃ
una cum a 3 Γ 202 cit. id. 17, cit. Polyaen. strat. praef. 8, Stob. Ecl. iv.
13. 48   131 βῆ δ' ἴμεν o Pal.   134 τὼ R⁷ : τῷ vulg. : τῷ
nonnulli : τῶν h L² Mo : τὸ L⁴, cf. β 281   ἐπέσπων Ho K P¹ al., cf. ι6
λ 197 χ 317 ω 22

μήνιος ἐξ ὀλοῆς γλαυκώπιδος ὀβριμοπάτρης,   135
ἥ τ' ἔριν Ἀτρεΐδῃσι μετ' ἀμφοτέροισιν ἔθηκε.
τὼ δὲ καλεσσαμένω ἀγορὴν ἐς πάντας Ἀχαιούς,
μάψ, ἀτὰρ οὐ κατὰ κόσμον, ἐς ἠέλιον καταδύντα,
οἱ δ' ἦλθον οἴνῳ βεβαρηότες υἷες Ἀχαιῶν,
μῦθον μυθείσθην, τοῦ εἵνεκα λαὸν ἄγειραν.   140
ἔνθ' ἦ τοι Μενέλαος ἀνώγει πάντας Ἀχαιοὺς
νόστου μιμνῄσκεσθαι ἐπ' εὐρέα νῶτα θαλάσσης,
οὐδ' Ἀγαμέμνονι πάμπαν ἑήνδανε· βούλετο γάρ ῥα
λαὸν ἐρυκακέειν, ῥέξαι θ' ἱερὰς ἑκατόμβας,
ὡς τὸν Ἀθηναίης δεινὸν χόλον ἐξακέσαιτο,   145
νήπιος, οὐδὲ τὸ ᾔδη, ὃ οὐ πείσεσθαι ἔμελλεν·
οὐ γάρ τ' αἶψα θεῶν τρέπεται νόος αἰὲν ἐόντων.
ὣς τὼ μὲν χαλεποῖσιν ἀμειβομένω ἐπέεσσιν
ἕστασαν· οἱ δ' ἀνόρουσαν ἐϋκνήμιδες Ἀχαιοὶ
ἠχῇ θεσπεσίῃ, δίχα δέ σφισιν ἅνδανε βουλή.   150
νύκτα μὲν ἀέσαμεν χαλεπὰ φρεσὶν ὁρμαίνοντες
ἀλλήλοις· ἐπὶ γὰρ Ζεὺς ἤρτυε πῆμα κακοῖο·
ἠῶθεν δ' οἱ μὲν νέας ἕλκομεν εἰς ἅλα δῖαν
κτήματά τ' ἐντιθέμεσθα βαθυζώνους τε γυναῖκας.
ἡμίσεες δ' ἄρα λαοὶ ἐρητύοντο μένοντες   155
αὖθι παρ' Ἀτρεΐδῃ Ἀγαμέμνονι, ποιμένι λαῶν·
ἡμίσεες δ' ἀναβάντες ἐλαύνομεν· αἱ δὲ μάλ' ὦκα
ἔπλεον, ἐστόρεσεν δὲ θεὸς μεγακήτεα πόντον.
ἐς Τένεδον δ' ἐλθόντες ἐρέξαμεν ἱρὰ θεοῖσιν,
οἴκαδε ἱέμενοι· Ζεὺς δ' οὔ πω μήδετο νόστον,   160
σχέτλιος, ὅς ῥ' ἔριν ὦρσε κακὴν ἔπι δεύτερον αὖτις.
οἱ μὲν ἀποστρέψαντες ἔβαν νέας ἀμφιελίσσας
ἀμφ' Ὀδυσῆα ἄνακτα δαΐφρονα, ποικιλομήτην,

141 ἀχαιούς a c e g k: ἑταίρους cet., cf. β 408   146 ὃ δὴ Dion.
Hal. excerpt. p. 2364 Reiske   150 ἥνδανε codd.   151 εἰάσα-
μεν g Pal. (ἐν ταῖς χαριεστέραις γέγραπται schol.): ἐάσαμεν r, cf. 490
    153 εἵλκομεν codd.   ἀμφιελίσσας f i R⁵ U⁸ γρ. H³   155 in fine
versus nimis brevis visi adiecit vocem R⁸, tum erasit, cf. ι 118, H 372

αὖτις ἐπ' Ἀτρείδῃ Ἀγαμέμνονι ἦρα φέροντες·
αὐτὰρ ἐγὼ σὺν νηυσὶν ἀολλέσιν, αἵ μοι ἔποντο,   165
φεῦγον, ἐπεὶ γίγνωσκον ὃ δὴ κακὰ μήδετο δαίμων.
φεῦγε δὲ Τυδέος υἱὸς Ἀρήϊος, ὦρσε δ' ἑταίρους.
ὀψὲ δὲ δὴ μετὰ νῶϊ κίε ξανθὸς Μενέλαος,
ἐν Λέσβῳ δ' ἔκιχεν δολιχὸν πλόον ὁρμαίνοντας,
ἢ καθύπερθε Χίοιο νεοίμεθα παιπαλοέσσης,   170
νήσου ἔπι Ψυρίης, αὐτὴν ἐπ' ἀριστέρ' ἔχοντες,
ἢ ὑπένερθε Χίοιο, παρ' ἠνεμόεντα Μίμαντα.
ᾐτέομεν δὲ θεὸν φῆναι τέρας· αὐτὰρ ὅ γ' ἡμῖν
δεῖξε, καὶ ἠνώγει πέλαγος μέσον εἰς Εὔβοιαν
τέμνειν, ὄφρα τάχιστα ὑπὲκ κακότητα φύγοιμεν.   175
ὦρτο δ' ἐπὶ λιγὺς οὖρος ἀήμεναι· αἱ δὲ μάλ' ὦκα
ἰχθυόεντα κέλευθα διέδραμον, ἐς δὲ Γεραιστὸν
ἐννύχιαι κατάγοντο· Ποσειδάωνι δὲ ταύρων
πόλλ' ἐπὶ μῆρ' ἔθεμεν, πέλαγος μέγα μετρήσαντες·
τέτρατον ἦμαρ ἔην, ὅτ' ἐν Ἄργεϊ νῆας ἐΐσας   180
Τυδείδεω ἕταροι Διομήδεος ἱπποδάμοιο
ἕστασαν· αὐτὰρ ἐγώ γε Πύλονδ' ἔχον, οὐδέ ποτ' ἔσβη
οὖρος, ἐπεὶ δὴ πρῶτα θεὸς προέηκεν ἀῆναι.
ὣς ἦλθον, φίλε τέκνον, ἀπευθής, οὐδέ τι οἶδα
κείνων, οἵ τ' ἐσάωθεν Ἀχαιῶν οἵ τ' ἀπόλοντο.   185
ὅσσα δ' ἐνὶ μεγάροισι καθήμενος ἡμετέροισι
πεύθομαι, ἣ θέμις ἐστί, δαήσεαι, οὐδέ σε κεύσω.
εὖ μὲν Μυρμιδόνας φάσ' ἐλθέμεν ἐγχεσιμώρους,
οὓς ἄγ' Ἀχιλλῆος μεγαθύμου φαίδιμος υἱός,
εὖ δὲ Φιλοκτήτην, Ποιάντιον ἀγλαὸν υἱόν.   190
πάντας δ' Ἰδομενεὺς Κρήτην εἰσήγαγ' ἑταίρους,
οἳ φύγον ἐκ πολέμου, πόντος δέ οἱ οὔ τιν' ἀπηύρα.

166 ἃ δὴ Eust.   174 μέγα pro μέσον L⁴ M³ U³   177 ἐς δὲ
ἐρυθρῶν (sic) R⁵, superscr. τινὲς γρ. ἐς δὲ γεραιστὸν (fort. ex schol. H³
172)   178 ἐννύχιοι Pal. R⁷ R¹¹ Mon. m. 2, U⁽⁶⁾ ss., Rhianus, Strab.
446   181 τυδείδαο Ca: -δεως Ho   182 ἕστασαν Ar. (ad M 56) :
ἕστασαν (seu ἔστ-) codd. (ἵστ- T), cf. θ 435 σ 307   187 ἥ, cf. 45

40

Ἀτρείδην δὲ καὶ αὐτοὶ ἀκούετε νόσφιν ἐόντες,
ὥς τ᾽ ἦλθ᾽ ὥς τ᾽ Αἴγισθος ἐμήσατο λυγρὸν ὄλεθρον.
ἀλλ᾽ ἦ τοι κεῖνος μὲν ἐπισμυγερῶς ἀπέτισεν,   195
ὡς ἀγαθὸν καὶ παῖδα καταφθιμένοιο λιπέσθαι
ἀνδρός, ἐπεὶ καὶ κεῖνος ἐτίσατο πατροφονῆα,
Αἴγισθον δολόμητιν, ὅ οἱ πατέρα κλυτὸν ἔκτα.
καὶ σύ, φίλος, μάλα γάρ σ᾽ ὁρόω καλόν τε μέγαν τε,
ἄλκιμος ἔσσ᾽, ἵνα τίς σε καὶ ὀψιγόνων ἐὺ εἴπῃ."   200

    Τὸν δ᾽ αὖ Τηλέμαχος πεπνυμένος ἀντίον ηὔδα·
"ὦ Νέστορ Νηληϊάδη, μέγα κῦδος Ἀχαιῶν,
καὶ λίην κεῖνος μὲν ἐτίσατο, καί οἱ Ἀχαιοὶ
οἴσουσι κλέος εὐρὺ καὶ ἐσσομένοισι ἀοιδήν.
αἲ γὰρ ἐμοὶ τοσσήνδε θεοὶ δύναμιν περιθεῖεν,   205
τίσασθαι μνηστῆρας ὑπερβασίης ἀλεγεινῆς,
οἵ τέ μοι ὑβρίζοντες ἀτάσθαλα μηχανόωνται.
ἀλλ᾽ οὔ μοι τοιοῦτον ἐπέκλωσαν θεοὶ ὄλβον,
πατρί τ᾽ ἐμῷ καὶ ἐμοί· νῦν δὲ χρὴ τετλάμεν ἔμπης."

    Τὸν δ᾽ ἠμείβετ᾽ ἔπειτα Γερήνιος ἱππότα Νέστωρ·   210
"ὦ φίλ᾽, ἐπεὶ δὴ ταῦτά μ᾽ ἀνέμνησας καὶ ἔειπες,
φασὶ μνηστῆρας σῆς μητέρος εἵνεκα πολλοὺς
ἐν μεγάροις ἀέκητι σέθεν κακὰ μηχανάασθαι.
εἰπέ μοι ἠὲ ἑκὼν ὑποδάμνασαι, ἦ σέ γε λαοὶ
ἐχθαίρουσ᾽ ἀνὰ δῆμον, ἐπισπόμενοι θεοῦ ὀμφῇ.   215
τίς δ᾽ οἶδ᾽ εἴ κέ ποτέ σφι βίας ἀποτίσεται ἐλθών,
ἢ ὅ γε μοῦνος ἐών, ἦ καὶ σύμπαντες Ἀχαιοί;
εἰ γάρ σ᾽ ὡς ἐθέλοι φιλέειν γλαυκῶπις Ἀθήνη
ὡς τότ᾽ Ὀδυσσῆος περικήδετο κυδαλίμοιο
δήμῳ ἔνι Τρώων, ὅθι πάσχομεν ἄλγε᾽ Ἀχαιοί—   220

198 ὅς codd., v. α 300   199, 200 ath. Aristoph. Ar. (= α 301,
302), uncino singulo notavit p, cf. 232, 244   204 πυθέσθαι h Eust.
1463, 61 (κατὰ ἑτεροίαν γραφήν)   205 εἰ vulg.: αἲ R⁶ T corr.: ἦ L³ P²
W   περιθεῖεν e L⁵ L⁸ M³ P⁶ : παραθεῖεν cet.   209 om. R¹² (περιτ-
τός, ἀρκεῖ γὰρ ὁ πρὸ αὐτοῦ sch. H³)   211 παρέμνησας a L⁵ Pal.
213 μητιάασθαι f i j : μητίσασθαι p   216 ἀποτίσεαι Zen. : ἀποτίσῃ
d j P¹   217 ἢ σύγε Zen.   219 ὅτ᾽ e : ποτ᾽ U² U⁽⁶⁾   220 om. R⁸

οὐ γάρ πω ἴδον ὧδε θεοὺς ἀναφανδὰ φιλεῦντας
ὡς κείνῳ ἀναφανδὰ παρίστατο Παλλὰς Ἀθήνη—
εἴ σ' οὕτως ἐθέλοι φιλέειν κήδοιτό τε θυμῷ,
τῶ κέν τις κείνων γε καὶ ἐκλελάθοιτο γάμοιο."

Τὸν δ' αὖ Τηλέμαχος πεπνυμένος ἀντίον ηὔδα·   225
" ὦ γέρον, οὔ πω τοῦτο ἔπος τελέεσθαι ὀίω·
λίην γὰρ μέγα εἶπες· ἄγη μ' ἔχει. οὐκ ἂν ἐμοί γε
ἐλπομένῳ τὰ γένοιτ', οὐδ' εἰ θεοὶ ὣς ἐθέλοιεν."

Τὸν δ' αὖτε προσέειπε θεὰ γλαυκῶπις Ἀθήνη·
" Τηλέμαχε, ποῖόν σε ἔπος φύγεν ἕρκος ὀδόντων.   230
ῥεῖα θεός γ' ἐθέλων καὶ τηλόθεν ἄνδρα σαώσαι.
βουλοίμην δ' ἂν ἐγώ γε καὶ ἄλγεα πολλὰ μογήσας
οἴκαδέ τ' ἐλθέμεναι καὶ νόστιμον ἦμαρ ἰδέσθαι,
ἢ ἐλθὼν ἀπολέσθαι ἐφέστιος, ὡς Ἀγαμέμνων
ὤλεθ' ὑπ' Αἰγίσθοιο δόλῳ καὶ ἧς ἀλόχοιο.   235
ἀλλ' ἦ τοι θάνατον μὲν ὁμοίιον οὐδὲ θεοί περ
καὶ φίλῳ ἀνδρὶ δύνανται ἀλαλκέμεν, ὁππότε κεν δὴ
μοῖρ' ὀλοὴ καθέλῃσι τανηλεγέος θανάτοιο."

Τὴν δ' αὖ Τηλέμαχος πεπνυμένος ἀντίον ηὔδα·
" Μέντορ, μηκέτι ταῦτα λεγώμεθα κηδόμενοί περ.   240
κείνῳ δ' οὐκέτι νόστος ἐτήτυμος, ἀλλά οἱ ἤδη
φράσσαντ' ἀθάνατοι θάνατον καὶ κῆρα μέλαιναν.
νῦν δ' ἐθέλω ἔπος ἄλλο μεταλλῆσαι καὶ ἐρέσθαι
Νέστορ', ἐπεὶ περὶ οἶδε δίκας ἠδὲ φρόνιν ἄλλων·
τρὶς γὰρ δή μίν φασιν ἀνάξασθαι γένε' ἀνδρῶν,   245
ὥς τέ μοι ἀθάνατος ἰνδάλλεται εἰσοράασθαι.
ὦ Νέστορ Νηληϊάδη, σὺ δ' ἀληθὲς ἐνίσπες·

226 οὕπως Phot. Suid. in v. πω codd. (πο U⁷, ποτε Br)   228 οὐδ'
εἰ] εἰ μὴ Zen.: θεος ε . . . 𝔭² (s fort. ex ι)   230 τηλεμαχος d
τηλεμαχ' ὑψαγόρη μέγα νήπιε ποῖον ἔειπες Zen. ob versum claudicantem
(λαγαρόν)   231 om. Zen.   κε θέλ. Ho M¹   232–8 ἀθετοῦνται
στίχοι ἑπτὰ schol., obeliscis notat U⁵, uncino p R⁴   233 ἐλέσθαι U⁸ :
ἱκέσθαι Bentley, cf. α 21 β 152   241, 242 ὀβελίζονται δύο schol.
241 κείνου L⁸ U¹   244–246 ἀθ. οἱ τρεῖς στίχοι οὗτοι ὡς περιττοὶ . . .
περιγραφομένων τῶν τριῶν στίχων τὰ τῆς διανοίας χαρίεντα schol., uncino
not. p   244 ἄλλων] ἀνδρῶν b q L⁴   246 ἀθάνατος O, Aristoph. :
-οις cet   247 ἐνίσπες e f i k H³ : ἔνισπε cet., cf. ιοι   μέγα κῦδος
ἀχαιῶ> Pal. R¹¹

πῶς ἔθαν' Ἀτρείδης εὐρυκρείων Ἀγαμέμνων;
ποῦ Μενέλαος ἔην; τίνα δ' αὐτῷ μήσατ' ὄλεθρον
Αἴγισθος δολόμητις, ἐπεὶ κτάνε πολλὸν ἀρείω;   250
ἦ οὐκ Ἄργεος ἦεν Ἀχαϊκοῦ, ἀλλά πη ἄλλη
πλάζετ' ἐπ' ἀνθρώπους, ὁ δὲ θαρσήσας κατέπεφνε;"
  Τὸν δ' ἠμείβετ' ἔπειτα Γερήνιος ἱππότα Νέστωρ·
" τοιγὰρ ἐγώ τοι, τέκνον, ἀληθέα πάντ' ἀγορεύσω.
ἦ τοι μὲν τόδε καὐτὸς ὀίεαι, ὥς κεν ἐτύχθη,   255
εἰ ζωόν γ' Αἴγισθον ἐνὶ μεγάροισιν ἔτετμεν
Ἀτρείδης Τροίηθεν ἰών, ξανθὸς Μενέλαος·
τῷ κέ οἱ οὐδὲ θανόντι χυτὴν ἐπὶ γαῖαν ἔχευαν,
ἀλλ' ἄρα τόν γε κύνες τε καὶ οἰωνοὶ κατέδαψαν
κείμενον ἐν πεδίῳ ἑκὰς ἄστεος, οὐδέ κέ τίς μιν   260
κλαῦσεν Ἀχαιϊάδων· μάλα γὰρ μέγα μήσατο ἔργον.
ἡμεῖς μὲν γὰρ κεῖθι πολέας τελέοντες ἀέθλους
ἥμεθ'· ὁ δ' εὔκηλος μυχῷ Ἄργεος ἱπποβότοιο
πόλλ' Ἀγαμεμνονέην ἄλοχον θέλγεσκεν ἔπεσσιν.
ἡ δ' ἦ τοι τὸ πρὶν μὲν ἀναίνετο ἔργον ἀεικές,   265
δῖα Κλυταιμνήστρη· φρεσὶ γὰρ κέχρητ' ἀγαθῇσι.
πὰρ δ' ἄρ' ἔην καὶ ἀοιδὸς ἀνήρ, ᾧ πόλλ' ἐπέτελλεν
Ἀτρείδης Τροίηνδε κιὼν εἴρυσθαι ἄκοιτιν.
ἀλλ' ὅτε δή μιν μοῖρα θεῶν ἐπέδησε δαμῆναι,
δὴ τότε τὸν μὲν ἀοιδὸν ἄγων ἐς νῆσον ἐρήμην   270
κάλλιπεν οἰωνοῖσιν ἕλωρ καὶ κύρμα γενέσθαι,
τὴν δ' ἐθέλων ἐθέλουσαν ἀνήγαγεν ὅνδε δόμονδε.
πολλὰ δὲ μηρία κῆε θεῶν ἱεροῖς ἐπὶ βωμοῖς,
πολλὰ δ' ἀγάλματ' ἀνῆψεν, ὑφάσματά τε χρυσόν τε,
ἐκτελέσας μέγα ἔργον, ὃ οὔ ποτε ἔλπετο θυμῷ.   275
ἡμεῖς μὲν γὰρ ἅμα πλέομεν Τροίηθεν ἰόντες,

251 ἦ οὐκ ἄργει ἔην ἐν ἀχαικῷ quidam ant.   255 οὐδέ σε λήθει
R³ (cf. A 561)   256 ζωόν τ' vulg., γ' U¹, om. f i   258 ἔχευεν
quidam ant.   260 ἄστεος a c f i U⁸: ἄργεος cet., cf. δ 99 : ἑκὰ
ἄστεος Bekk. : ἀπὸ Agar, cf. Ap. Rhod. iii. 207   266 κέκρητ' γρ.
Pal. cit. Eust.   267 δ' ἄρ' k Pal. T U¹: γὰρ cet.   276 ἀναπλέομεν
Zen. (κακῶς), cf. μ 234 h. Herm. 515

Ἀτρεΐδης καὶ ἐγώ, φίλα εἰδότες ἀλλήλοισιν·
ἀλλ᾽ ὅτε Σούνιον ἱρὸν ἀφικόμεθ᾽, ἄκρον Ἀθηνέων,
ἔνθα κυβερνήτην Μενελάου Φοῖβος Ἀπόλλων
οἷς ἀγανοῖς βελέεσσιν ἐποιχόμενος κατέπεφνε,   280
πηδάλιον μετὰ χερσὶ θεούσης νηὸς ἔχοντα,
Φρόντιν Ὀνητορίδην, ὃς ἐκαίνυτο φῦλ᾽ ἀνθρώπων
νῆα κυβερνῆσαι, ὁπότε σπέρχοιεν ἄελλαι.
ὣς ὁ μὲν ἔνθα κατέσχετ᾽, ἐπειγόμενός περ ὁδοῖο,
ὄφρ᾽ ἕταρον θάπτοι καὶ ἐπὶ κτέρεα κτερίσειεν.   285
ἀλλ᾽ ὅτε δὴ καὶ κεῖνος ἰὼν ἐπὶ οἴνοπα πόντον
ἐν νηυσὶ γλαφυρῇσι Μαλειάων ὄρος αἰπὺ
ἷξε θέων, τότε δὴ στυγερὴν ὁδὸν εὐρύοπα Ζεὺς
ἐφράσατο, λιγέων δ᾽ ἀνέμων ἐπ᾽ ἀϋτμένα χεῦε
κύματά τε τροφόεντα πελώρια, ἶσα ὄρεσσιν.   290
ἔνθα διατμήξας τὰς μὲν Κρήτῃ ἐπέλασσεν,
ἧχι Κύδωνες ἔναιον Ἰαρδάνου ἀμφὶ ῥέεθρα.
ἔστι δέ τις λισσὴ αἰπεῖά τε εἰς ἅλα πέτρη
ἐσχατιῇ Γόρτυνος, ἐν ἠεροειδέϊ πόντῳ,
ἔνθα Νότος μέγα κῦμα ποτὶ σκαιὸν ῥίον ὠθεῖ,   295
ἐς Φαιστόν, μικρὸς δὲ λίθος μέγα κῦμ᾽ ἀποέργει.
αἱ μὲν ἄρ᾽ ἔνθ᾽ ἦλθον, σπουδῇ δ᾽ ἤλυξαν ὄλεθρον
ἄνδρες, ἀτὰρ νῆάς γε ποτὶ σπιλάδεσσιν ἔαξαν
κύματ᾽· ἀτὰρ τὰς πέντε νέας κυανοπρωρείους
Αἰγύπτῳ ἐπέλασσε φέρων ἄνεμός τε καὶ ὕδωρ.   300
ὣς ὁ μὲν ἔνθα πολὺν βίοτον καὶ χρυσὸν ἀγείρων

278 ἀθηνέων d O : -αίων vulg.: ἀθηνῶν c g L⁴ Pal.   280 ἀγανοῖσι
βελέεσσιν a j l Mon. U⁸ ut ε 124 λ 173, 199 o 411 : ἀγανοῖς βελέεσσιν
cet.   283 σπερχοίατ᾽ g Pal. R³ R⁵   ἄελλα R⁷ ss.
284 lectionem ἤπειγε κατασχόμενος testatur Apion in sch. p³ (leg.
κατεσχέ επειγό μετοχη και εναντιον, cf. Θ 526 cum sch.)   289 et δ᾽
(codd.) et τ᾽ (R⁵ R⁷ R¹⁴) Ar. ; om. R¹¹ U³   χεύας e q Eust.
290 τροφόεντα o q R⁴ U⁸ : τροφέοντα L⁴ L⁸ Pal., utrumque Eust.: τρο-
φέοντο Ar. Apion, Erotianus (?, ερω schol. p³) vulg. : στροφόωντο CL⁷
292 ιορδάνου c L⁵ M⁴ U⁹, cf. v. ll. Apollodor. ii. 131   293 Λισσὴν
Crates sec. sch., Βλισσὴν id. sec. Eust. (ὁμοίως τῷ σωλὴν) : Λισσὴς cit.
Steph. in v. Φαιστός: ᾽Ολύσσην urbs ap. Strab. 479   295 ποτὶ a,
d k pars: περὶ cet.   296 Μαλέου δὲ λίθος Zen.: μῆκος δὲ λίθου
schol. Lycophr. 95

44

ἠλᾶτο ξὺν νηυσὶ κατ' ἀλλοθρόους ἀνθρώπους·
τόφρα δὲ ταῦτ' Αἴγισθος ἐμήσατο οἴκοθι λυγρά·
ἑπτάετες δ' ἤνασσε πολυχρύσοιο Μυκήνης
κτείνας Ἀτρεΐδην, δέδμητο δὲ λαὸς ὑπ' αὐτῷ.   305
τῷ δέ οἱ ὀγδοάτῳ κακὸν ἤλυθε δῖος Ὀρέστης
ἂψ ἀπ' Ἀθηνάων, κατὰ δ' ἔκτανε πατροφονῆα,
Αἴγισθον δολόμητιν, ὅ οἱ πατέρα κλυτὸν ἔκτα.
ἤ τοι ὁ τὸν κτείνας δαίνυ τάφον Ἀργείοισι
μητρός τε στυγερῆς καὶ ἀνάλκιδος Αἰγίσθοιο·   310
αὐτῆμαρ δέ οἱ ἦλθε βοὴν ἀγαθὸς Μενέλαος,
πολλὰ κτήματ' ἄγων, ὅσα οἱ νέες ἄχθος ἄειραν.
καὶ σύ, φίλος, μὴ δηθὰ δόμων ἄπο τῆλ' ἀλάλησο,
κτήματά τε προλιπὼν ἄνδρας τ' ἐν σοῖσι δόμοισιν
οὕτω ὑπερφιάλους, μή τοι κατὰ πάντα φάγωσι   315
κτήματα δασσάμενοι, σὺ δὲ τηϋσίην ὁδὸν ἔλθῃς.
ἀλλ' ἐς μὲν Μενέλαον ἐγὼ κέλομαι καὶ ἄνωγα
ἐλθεῖν· κεῖνος γὰρ νέον ἄλλοθεν εἰλήλουθεν,
ἐκ τῶν ἀνθρώπων ὅθεν οὐκ ἔλποιτό γε θυμῷ
ἐλθέμεν, ὅν τινα πρῶτον ἀποσφήλωσιν ἄελλαι   320
ἐς πέλαγος μέγα τοῖον, ὅθεν τέ περ οὐδ' οἰωνοὶ
αὐτόετες οἰχνεῦσιν, ἐπεὶ μέγα τε δεινόν τε.
ἀλλ' ἴθι νῦν σὺν νηΐ τε σῇ καὶ σοῖς ἑτάροισιν·
εἰ δ' ἐθέλεις πεζός, πάρα τοι δίφρος τε καὶ ἵπποι,
πὰρ δέ τοι υἷες ἐμοί, οἵ τοι πομπῆες ἔσονται   325
ἐς Λακεδαίμονα δῖαν, ὅθι ξανθὸς Μενέλαος.
λίσσεσθαι δέ μιν αὐτός, ἵνα νημερτὲς ἐνίσπῃ·
ψεῦδος δ' οὐκ ἐρέει· μάλα γὰρ πεπνυμένος ἐστίν."

302 a Κύπρον Φοινίκην τε καὶ Αἰγυπτίους ἐπαληθείς Strabo 38 (= δ 83)
    305 ante 304 hab. P² U¹, schol. Soph. El. 267   δέδμηντο Ar.
(? λαοί)   306 τῷ δ' ἄρ' ἀνώϊστον (cf. Φ 39) Apoll. lex. in v.
307 Ἀθηναίης Ar.: Φωκήων Zen. γρ. R¹⁷   308 ὅ P⁶: ὅς cet., cf.
a 300: v. om. k   309, 310 ἔν τισι τῶν ἐκδόσεων οὐκ ἦσαν schol.
    313 δόμων] φίλων b C: φίλ' R¹¹   315 τοι] δὴ e J K Mon.
316 χρήματα e R⁵ R¹³   321 diplen praef. p³   325 ἔπονται
e h q L⁴ Pal.   327 αὐτός Ar. a g j l Mon.: αὐτόν cet., cf. γ 19

Ὣς ἔφατ', ἠέλιος δ' ἄρ' ἔδυ καὶ ἐπὶ κνέφας ἦλθε.
τοῖσι δὲ καὶ μετέειπε θεὰ γλαυκῶπις Ἀθήνη·   330
"Ὦ γέρον, ἦ τοι ταῦτα κατὰ μοῖραν κατέλεξας·
ἀλλ' ἄγε τάμνετε μὲν γλώσσας, κεράασθε δὲ οἶνον,
ὄφρα Ποσειδάωνι καὶ ἄλλοις ἀθανάτοισι
σπείσαντες κοίτοιο μεδώμεθα· τοῖο γὰρ ὥρη·
ἤδη γὰρ φάος οἴχεθ' ὑπὸ ζόφον, οὐδὲ ἔοικε   335
δηθὰ θεῶν ἐν δαιτὶ θαασσέμεν, ἀλλὰ νέεσθαι."
Ἦ ῥα Διὸς θυγάτηρ, τοὶ δ' ἔκλυον αὐδησάσης·
τοῖσι δὲ κήρυκες μὲν ὕδωρ ἐπὶ χεῖρας ἔχευαν,
κοῦροι δὲ κρητῆρας ἐπεστέψαντο ποτοῖο,
νώμησαν δ' ἄρα πᾶσιν ἐπαρξάμενοι δεπάεσσι·   340
γλώσσας δ' ἐν πυρὶ βάλλον, ἀνιστάμενοι δ' ἐπέλειβον.
αὐτὰρ ἐπεὶ σπεῖσάν τ' ἔπιόν θ' ὅσον ἤθελε θυμός,
δὴ τότ' Ἀθηναίη καὶ Τηλέμαχος θεοειδὴς
ἄμφω ἱέσθην κοίλην ἐπὶ νῆα νέεσθαι.
Νέστωρ δ' αὖ κατέρυκε καθαπτόμενος ἐπέεσσι·   345
" Ζεὺς τό γ' ἀλεξήσειε καὶ ἀθάνατοι θεοὶ ἄλλοι,
ὡς ὑμεῖς παρ' ἐμεῖο θοὴν ἐπὶ νῆα κίοιτε
ὥς τέ τευ ἦ παρὰ πάμπαν ἀνείμονος ἠὲ πενιχροῦ,
ᾧ οὔ τι χλαῖναι καὶ ῥήγεα πόλλ' ἐνὶ οἴκῳ,
οὔτ' αὐτῷ μαλακῶς οὔτε ξείνοισιν ἐνεύδειν.   350
αὐτὰρ ἐμοὶ πάρα μὲν χλαῖναι καὶ ῥήγεα καλά.
οὔ θην δὴ τοῦδ' ἀνδρὸς Ὀδυσσῆος φίλος υἱὸς
νηὸς ἐπ' ἰκριόφιν καταλέξεται, ὄφρ' ἂν ἐγώ γε
ζώω, ἔπειτα δὲ παῖδες ἐνὶ μεγάροισι λίπωνται,
ξείνους ξεινίζειν, ὅς τίς κ' ἐμὰ δώμαθ' ἵκηται."   355
Τὸν δ' αὖτε προσέειπε θεὰ γλαυκῶπις Ἀθήνη·
" εὖ δὴ ταῦτά γ' ἔφησθα, γέρον φίλε· σοὶ δὲ ἔοικε

332 κεράσασθε Athen. 191 E   335 ᾤχεθ' Zen. d j l q: ἔρχεθ' Mon.:
ἔσχεθ' M³   342 σπεῖσάν τε πίονθ' i (τ' ἔπιον θ' j C H³ P¹) σπείσάν
τ' ἐπιόνθ' aut σπείσαντ' ἔπιόν θ' cet., cf. 395 η 184, 228 σ 427 φ 273
349 οὔτι Ar.: οὔπερ Zen.: οὔτε codd. Eust. (αἱ φαυλότεραι) χλαῖνα
g L⁷ R¹³   ῥήγεα] κτήματα Zen. (ἀκαίρως)   351 καλά] πολλά
d j q r   357 diplen praef. p³

Τηλέμαχον πείθεσθαι, ἐπεὶ πολὺ κάλλιον οὕτως.
ἀλλ' οὗτος μὲν νῦν σοι ἅμ' ἔψεται, ὄφρα κεν εὕδῃ
σοῖσιν ἐνὶ μεγάροισιν· ἐγὼ δ' ἐπὶ νῆα μέλαιναν   360
εἶμ', ἵνα θαρσύνω θ' ἑτάρους εἴπω τε ἕκαστα.
οἶος γὰρ μετὰ τοῖσι γεραίτερος εὔχομαι εἶναι·
οἱ δ' ἄλλοι φιλότητι νεώτεροι ἄνδρες ἕπονται,
πάντες ὁμηλικίη μεγαθύμου Τηλεμάχοιο.
ἔνθα κε λεξαίμην κοίλῃ παρὰ νηῒ μελαίνῃ   365
νῦν· ἀτὰρ ἠῶθεν μετὰ Καύκωνας μεγαθύμους
εἶμ' ἔνθα χρεῖός μοι ὀφέλλεται, οὔ τι νέον γε
οὐδ' ὀλίγον· σὺ δὲ τοῦτον, ἐπεὶ τεὸν ἵκετο δῶμα,
πέμψον σὺν δίφρῳ τε καὶ υἱέϊ· δὸς δέ οἱ ἵππους,
οἵ τοι ἐλαφρότατοι θείειν καὶ κάρτος ἄριστοι."   370

Ὣς ἄρα φωνήσασ' ἀπέβη γλαυκῶπις Ἀθήνη
φήνῃ εἰδομένη· θάμβος δ' ἕλε πάντας Ἀχαιούς,
θαύμαζεν δ' ὁ γεραιός, ὅπως ἴδεν ὀφθαλμοῖσι·
Τηλεμάχου δ' ἕλε χεῖρα, ἔπος τ' ἔφατ' ἔκ τ' ὀνόμαζεν·

"Ὦ φίλος, οὔ σε ἔολπα κακὸν καὶ ἄναλκιν ἔσεσθαι,
εἰ δή τοι νέῳ ὧδε θεοὶ πομπῆες ἕπονται.   376
οὐ μὲν γάρ τις ὅδ' ἄλλος Ὀλύμπια δώματ' ἐχόντων,
ἀλλὰ Διὸς θυγάτηρ, κυδίστη τριτογένεια,
ἥ τοι καὶ πατέρ' ἐσθλὸν ἐν Ἀργείοισιν ἐτίμα.
ἀλλά, ἄνασσ', ἵληθι, δίδωθι δέ μοι κλέος ἐσθλόν,   380
αὐτῷ καὶ παίδεσσι καὶ αἰδοίῃ παρακοίτι·
σοὶ δ' αὖ ἐγὼ ῥέξω βοῦν ἦνιν εὐρυμέτωπον,
ἀδμήτην, ἣν οὔ πω ὑπὸ ζυγὸν ἤγαγεν ἀνήρ·

---

362 γεραίτατος fort. Zen. (-τερος schol. codd.)   364 ὁμηλικίη
p³ L¹ P⁷ U¹ Eust. : -ίην b L⁴ R¹¹   367 χρείως Ar. : χρειῶς H³,
cf. θ 355   ὀφείλεται d f i C U⁸ Strab. 342   Ἡλιδι δίῃ quidam
ap. Strab. l. c. (οὐκ ὀλίγον 368)   368 τὰ σὰ γούναθ' ἱκάνει Zen.
372 ἐειδομένη Herod. π. μον. λέξ. 16   ἔλε] ἔχε H³ m. r. Tzetzes
Alleg. γ 106 Matr.   θαμβῆσε δε λαος αχαιων p²¹   ἰδόντας d g :
ἀχαιούς cet.   373 θαυ]μασεν p²¹   ἐπεὶ p²¹ P⁷ ss. Eust.
375 οὔτι σ' ἔολπα f i k U⁸ : οὔτι ἔολπα Pal. : οὐ σέγ' Apoll. Dysc. Synt.
46. 11   378 ἀγελείη a e g k o Pal. : κυδίστη Zen. vulg.   379 ἐνὶ
μεγάροισιν O   380 ἐλέαιρε Zen.   381 om. f

τήν τοι ἐγὼ ῥέξω χρυσὸν κέρασιν περιχεύας."

Ὣς ἔφατ' εὐχόμενος, τοῦ δ' ἔκλυε Παλλὰς Ἀθήνη.   385
τοῖσιν δ' ἡγεμόνευε Γερήνιος ἱππότα Νέστωρ,
υἱάσι καὶ γαμβροῖσιν, ἑὰ πρὸς δώματα καλά.
ἀλλ' ὅτε δώμαθ' ἵκοντο ἀγακλυτὰ τοῖο ἄνακτος,
ἑξείης ἕζοντο κατὰ κλισμούς τε θρόνους τε,
τοῖς δ' ὁ γέρων ἐλθοῦσιν ἀνὰ κρητῆρα κέρασσεν   390
οἴνου ἡδυπότοιο, τὸν ἐνδεκάτῳ ἐνιαυτῷ
ὤϊξεν ταμίη καὶ ἀπὸ κρήδεμνον ἔλυσε·
τοῦ ὁ γέρων κρητῆρα κεράσσατο, πολλὰ δ' Ἀθήνῃ
εὔχετ' ἀποσπένδων, κούρῃ Διὸς αἰγιόχοιο.

Αὐτὰρ ἐπεὶ σπεῖσάν τ' ἔπιόν θ' ὅσον ἤθελε θυμός,   395
οἱ μὲν κακκείοντες ἔβαν οἰκόνδε ἕκαστος,
τὸν δ' αὐτοῦ κοίμησε Γερήνιος ἱππότα Νέστωρ,
Τηλέμαχον, φίλον υἱὸν Ὀδυσσῆος θείοιο,
τρητοῖς ἐν λεχέεσσιν, ὑπ' αἰθούσῃ ἐριδούπῳ,
πὰρ δ' ἄρ' ἐϋμμελίην Πεισίστρατον, ὄρχαμον ἀνδρῶν,   400
ὅς οἱ ἔτ' ἠΐθεος παίδων ἦν ἐν μεγάροισιν·
αὐτὸς δ' αὖτε καθεῦδε μυχῷ δόμου ὑψηλοῖο,
τῷ δ' ἄλοχος δέσποινα λέχος πόρσυνε καὶ εὐνήν.

Ἦμος δ' ἠριγένεια φάνη ῥοδοδάκτυλος Ἠώς,
ὄρνυτ' ἄρ' ἐξ εὐνῆφι Γερήνιος ἱππότα Νέστωρ,   405
ἐκ δ' ἐλθὼν κατ' ἄρ' ἕζετ' ἐπὶ ξεστοῖσι λίθοισιν,
οἵ οἱ ἔσαν προπάροιθε θυράων ὑψηλάων
λευκοί, ἀποστίλβοντες ἀλείφατος· οἷς ἔπι μὲν πρὶν
Νηλεὺς ἵζεσκεν, θεόφιν μήστωρ ἀτάλαντος·
ἀλλ' ὁ μὲν ἤδη κηρὶ δαμεὶς Ἄϊδόσδε βεβήκει,   410
Νέστωρ αὖ τότ' ἐφῖζε Γερήνιος, οὖρος Ἀχαιῶν,
σκῆπτρον ἔχων.   περὶ δ' υἷες ἀολλέες ἠγερέθοντο

391 ἐν δεκάτῳ g1 L⁵ R¹⁰ (τινες ψιλως ℗³) : ἕν M³ P⁶ U⁵ : οὐ L⁷
392 ὤϊξαν δὲ θύρας ἀπὸ δὲ κρήδεμνον ἔλυσαν schol. Theocr. vii. 154
    394 ἐπισπένδων ο : ἀποσπεύδων ℗   μελιηδεα οινον ερυθρον
℗²¹ (= ι 208)   395 cf. 342 (τ επιον θ ℗²¹)   396 diplen praef. ℗³ :
v. om. L⁴   400, 401 περιέγραψεν Zen.   400 diplen praef.
℗³ : παρ δε] οι ευμμ. ℗²¹   408 ἀλοιφῇ schol. Theocr. iii. 18   411 αὖ
τότ'] αὐτὸς R⁷ : δ' αὐτός τ' a : αὐτός τ' R⁵

ἐκ θαλάμων ἐλθόντες, Ἐχέφρων τε Στρατίος τε
Περσεύς τ' Ἄρητός τε καὶ ἀντίθεος Θρασυμήδης.
τοῖσι δ' ἔπειθ' ἕκτος Πεισίστρατος ἤλυθεν ἥρως,   415
πὰρ δ' ἄρα Τηλέμαχον θεοείκελον εἷσαν ἄγοντες.
τοῖσι δὲ μύθων ἦρχε Γερήνιος ἱππότα Νέστωρ·
  "Καρπαλίμως μοι, τέκνα φίλα, κρηήνατ' ἐέλδωρ,
ὄφρ' ἦ τοι πρώτιστα θεῶν ἱλάσσομ' Ἀθήνην,
ἥ μοι ἐναργὴς ἦλθε θεοῦ ἐς δαῖτα θάλειαν.   420
ἀλλ' ἄγ' ὁ μὲν πεδίονδ' ἐπὶ βοῦν ἴτω, ὄφρα τάχιστα
ἔλθῃσιν, ἐλάσῃ δὲ βοῶν ἐπιβουκόλος ἀνήρ·
εἷς δ' ἐπὶ Τηλεμάχου μεγαθύμου νῆα μέλαιναν
πάντας ἰὼν ἑτάρους ἀγέτω, λιπέτω δὲ δύ' οἴους·
εἷς δ' αὖ χρυσοχόον Λαέρκεα δεῦρο κελέσθω   425
ἐλθεῖν, ὄφρα βοὸς χρυσὸν κέρασιν περιχεύῃ.
οἱ δ' ἄλλοι μένετ' αὐτοῦ ἀολλέες, εἴπατε δ' εἴσω
δμῳῆσιν κατὰ δώματ' ἀγακλυτὰ δαῖτα πένεσθαι,
ἕδρας τε ξύλα τ' ἀμφὶ καὶ ἀγλαὸν οἰσέμεν ὕδωρ."
  Ὣς ἔφαθ', οἱ δ' ἄρα πάντες ἐποίπνυον. ἦλθε μὲν ἂρ βοῦς
ἐκ πεδίου, ἦλθον δὲ θοῆς παρὰ νηὸς ἐΐσης   431
Τηλεμάχου ἕταροι μεγαλήτορος, ἦλθε δὲ χαλκεὺς
ὅπλ' ἐν χερσὶν ἔχων χαλκήϊα, πείρατα τέχνης,
ἄκμονά τε σφῦράν τ' εὐποίητόν τε πυράγρην,
οἷσίν τε χρυσὸν εἰργάζετο· ἦλθε δ' Ἀθήνη   435
ἱρῶν ἀντιόωσα. γέρων δ' ἱππηλάτα Νέστωρ
χρυσὸν ἔδωχ'· ὁ δ' ἔπειτα βοὸς κέρασιν περίχευεν
ἀσκήσας, ἵν' ἄγαλμα θεὰ κεχάροιτο ἰδοῦσα.
βοῦν δ' ἀγέτην κεράων Στρατίος καὶ δῖος Ἐχέφρων.

414 τ' om. **k** Pal. P⁵ R¹¹ U¹   416 ἅπαντες ex ἄγοντες fact. O
  416 a αὐτὰρ ἐπεί ῥ' ἤγερθεν ὁμηγερέες τ' ἐγένοντο (= β 9) om. **i** o
P² P⁷ R¹⁴ U⁸, hab. cet.   417 diplen praef. **p³**   419 ἱλάσσομ'
a d L⁵ : ἱλασ(σ)ώμεθ' cet.   425 κελέσθω **a g i j** : καλέσθω cet.
429 om. H³ L³   431 το νηος διχ[ως] schol. **p³** (?)   432 μεγα-
λήτορες **e l q**   436 ἀντήσουσα Athen. 363 E   437 εδωκεν δ
επειτα (sic) **p³**   an δῶχ'?   438 κεχάροιτο **a** L⁴ P⁷ R¹¹ U¹ :
κεχαροίατ' cet.

χέρνιβα δέ σφ' Ἀρητος ἐν ἀνθεμόεντι λέβητι   440
ἤλυθεν ἐκ θαλάμοιο φέρων, ἑτέρῃ δ' ἔχεν οὐλὰς
ἐν κανέῳ· πέλεκυν δὲ μενεπτόλεμος Θρασυμήδης
ὀξὺν ἔχων ἐν χειρὶ παρίστατο, βοῦν ἐπικόψων.
Περσεὺς δ' ἀμνίον εἶχε· γέρων δ' ἱππηλάτα Νέστωρ
χέρνιβά τ' οὐλοχύτας τε κατάρχετο, πολλὰ δ' Ἀθήνῃ   445
εὔχετ' ἀπαρχόμενος, κεφαλῆς τρίχας ἐν πυρὶ βάλλων.

Αὐτὰρ ἐπεί ῥ' εὔξαντο καὶ οὐλοχύτας προβάλοντο,
αὐτίκα Νέστορος υἱός, ὑπέρθυμος Θρασυμήδης·
ἤλασεν ἄγχι στάς· πέλεκυς δ' ἀπέκοψε τένοντας
αὐχενίους, λῦσεν δὲ βοὸς μένος· αἱ δ' ὀλόλυξαν   450
θυγατέρες τε νυοί τε καὶ αἰδοίη παράκοιτις
Νέστορος, Εὐρυδίκη, πρέσβα Κλυμένοιο θυγατρῶν.
οἱ μὲν ἔπειτ' ἀνελόντες ἀπὸ χθονὸς εὐρυοδείης
ἔσχον· ἀτὰρ σφάξεν Πεισίστρατος, ὄρχαμος ἀνδρῶν.
τῆς δ' ἐπεὶ ἐκ μέλαν αἷμα ῥύη, λίπε δ' ὀστέα θυμός,   455
αἶψ' ἄρα μιν διέχευαν, ἄφαρ δ' ἐκ μηρία τάμνον
πάντα κατὰ μοῖραν, κατά τε κνίσῃ ἐκάλυψαν
δίπτυχα ποιήσαντες, ἐπ' αὐτῶν δ' ὠμοθέτησαν.
καῖε δ' ἐπὶ σχίζῃς ὁ γέρων, ἐπὶ δ' αἴθοπα οἶνον
λεῖβε· νέοι δὲ παρ' αὐτὸν ἔχον πεμπώβολα χερσίν.   460
αὐτὰρ ἐπεὶ κατὰ μῆρε κάη καὶ σπλάγχνα πάσαντο,
μίστυλλόν τ' ἄρα τἆλλα καὶ ἀμφ' ὀβελοῖσιν ἔπειραν,
ὤπτων δ' ἀκροπόρους ὀβελοὺς ἐν χερσὶν ἔχοντες.

Τόφρα δὲ Τηλέμαχον λοῦσεν καλὴ Πολυκάστη,
Νέστορος ὁπλοτάτη θυγάτηρ Νηληϊάδαο.   465
αὐτὰρ ἐπεὶ λοῦσέν τε καὶ ἔχρισεν λίπ' ἐλαίῳ,

443 χειρὶ Ar. a e f i : χερσὶ cet. (Erotian. schol. 𝔭³), cf. 51   444 δά-
μνιον R⁵, Zen., Nicander, Theodoridas : δ' αἱμνίον Porsilus Hierapyt-
nius, Apollodorus : δ' ἀμνίον vulg.   445 κατήρχ. codd.   447 ἀνέ-
λοντο a o   αὐτὰρ ἐπεὶ κατὰ μῆρ' ἐκάη καὶ σπλάγχν' ἐπάσαντο R
(= 461)   453 ἀνέχοντες (ἀνίσχοντες scholl. codd.) altera Aristarchea
458 diplen praef. 𝔭³   461 diplen praef. 𝔭³   μῆρε κάη καὶ
σπλάγχνα Ar. et Ptol. Ascal. ad A 464 f : μῆρ' ἐκάη, σπλάγχν' ἐπ.
cett.   465 Ἐπικάστη orac. ap. Certamen 39   465, 6 om. C :
465-7 om. U¹   466 ἤλειψεν Pal. R¹¹, cf. κ 364

ἀμφὶ δέ μιν φᾶρος καλὸν βάλεν ἠδὲ χιτῶνα,
ἔκ ῥ' ἀσαμίνθου βῆ δέμας ἀθανάτοισιν ὁμοῖος·
πὰρ δ' ὅ γε Νέστορ' ἰὼν κατ' ἄρ' ἕζετο, ποιμένα λαῶν.

Οἱ δ' ἐπεὶ ὤπτησαν κρέ' ὑπέρτερα καὶ ἐρύσαντο,   470
δαίνυνθ' ἑζόμενοι· ἐπὶ δ' ἀνέρες ἐσθλοὶ ὄροντο
οἶνον οἰνοχοεῦντες ἐνὶ χρυσέοις δεπάεσσιν.
αὐτὰρ ἐπεὶ πόσιος καὶ ἐδητύος ἐξ ἔρον ἕντο,
τοῖσι δὲ μύθων ἦρχε Γερήνιος ἱππότα Νέστωρ·

  "Παῖδες ἐμοί, ἄγε, Τηλεμάχῳ καλλίτριχας ἵππους   475
ζεύξαθ' ὑφ' ἅρματ' ἄγοντες, ἵνα πρήσσῃσιν ὁδοῖο."

  Ὣς ἔφαθ', οἱ δ' ἄρα τοῦ μάλα μὲν κλύον ἠδ' ἐπίθοντο,
καρπαλίμως δ' ἔζευξαν ὑφ' ἅρμασιν ὠκέας ἵππους.
ἐν δὲ γυνὴ ταμίη σῖτον καὶ οἶνον ἔθηκεν
ὄψα τε, οἷα ἔδουσι διοτρεφέες βασιλῆες.   480
ἂν δ' ἄρα Τηλέμαχος περικαλλέα βήσετο δίφρον·
πὰρ δ' ἄρα Νεστορίδης Πεισίστρατος, ὄρχαμος ἀνδρῶν,
ἐς δίφρον τ' ἀνέβαινε καὶ ἡνία λάζετο χερσί,
μάστιξεν δ' ἐλάαν, τὼ δ' οὐκ ἀέκοντε πετέσθην
ἐς πεδίον, λιπέτην δὲ Πύλου αἰπὺ πτολίεθρον.   485
οἱ δὲ πανημέριοι σεῖον ζυγὸν ἀμφὶς ἔχοντες.

  Δύσετό τ' ἠέλιος σκιόωντό τε πᾶσαι ἀγυιαί·
ἐς Φηρὰς δ' ἵκοντο Διοκλῆος ποτὶ δῶμα,
υἱέος Ὀρτιλόχοιο, τὸν Ἀλφειὸς τέκε παῖδα.
ἔνθα δὲ νύκτ' ἄεσαν, ὁ δ' ἄρα ξεινήϊα δῶκεν.   490

  Ἦμος δ' ἠριγένεια φάνη ῥοδοδάκτυλος Ἠώς,
ἵππους τ' ἐζεύγνυντ' ἀνά θ' ἅρματα ποικίλ' ἔβαινον·

469 δ' ὅ γε f k i : δ' ἄρα vulg.   ποιμένα g H³ Mon. Pal. : ποιμενᾶ p³ .
ποιμένι vulg.   472 ἐνοινοχοεῦντες g k p³ U⁸, cf. Δ 3   476 πρήσσωσιν
b d e   479 ἂν i L⁴ R⁵ R⁷ T p³ uv.   οἶνον καὶ σῖτον Ammonius in
schol. p³   ἔχευεν b e L⁴ P⁷ R⁵ R⁷   483 δ̄ p³   χειρὶ K, cf. 51
484 δ' ἵππους Pal. R¹¹, cf. E 366 al.   ἀέκοντε o p R¹ : ἄκοντε
cet.   485 πύλον a o Pal.   486 diplen praef. p³   θεῖον Aristoph.
o, γρ. p   ἀμφιέχοντες R⁷, H³ m. r. : ἀμφιέποντες Mon. T   487 om
p³   489 ὀρσιλόχοιο f o q, cf. o 187 φ 16 E 542, 546, 547, 549   490 ἔασαν
P³ : ἄνεσαν g U⁷ : ἔσαν R¹¹, cf. 151   ὁ δὲ τοῖς πὰρ ξείνια θῆκεν e f
L⁵ U⁸ p¹ ἐν τισι schol. p³   δῶκεν p, cf. o 188

3. ΟΔΥΣΣΕΙΑΣ Γ

ἐκ δ' ἔλασαν προθύροιο καὶ αἰθούσης ἐριδούποιν·
μάστιξεν δ' ἐλάαν, τὼ δ' οὐκ ἀέκοντε πετέσθην.
ἷξον δ' ἐς πεδίον πυρηφόρον, ἔνθα δ' ἔπειτα   495
ἤνον ὁδόν· τοῖον γὰρ ὑπέκφερον ὠκέες ἵπποι.
δύσετό τ' ἠέλιος σκιόωντό τε πᾶσαι ἀγυιαί.

493 hab. **f g i** (signum ☉ in marg. app. L⁸), om. cet.   494 a οἱ
δὲ πανημέριοι σεῖον ζυγὸν ἀμφὶς ἔχοντες vid. legisse Strab. 367 (= 486)

ΟΔΥΣΣΕΙΑΣ Δ

Οἱ δ' ἷξον κοίλην Λακεδαίμονα κητώεσσαν,
πρὸς δ' ἄρα δώματ' ἔλων Μενελάου κυδαλίμοιο.
τὸν δ' εὗρον δαινύντα γάμον πολλοῖσιν ἔτῃσιν
υἱέος ἠδὲ θυγατρὸς ἀμύμονος ᾧ ἐνὶ οἴκῳ.
τὴν μὲν Ἀχιλλῆος ῥηξήνορος υἱέϊ πέμπεν·   5
ἐν Τροίῃ γὰρ πρῶτον ὑπέσχετο καὶ κατένευσε
δωσέμεναι, τοῖσιν δὲ θεοὶ γάμον ἐξετέλειον.
τὴν ἄρ' ὅ γ' ἔνθ' ἵπποισι καὶ ἅρμασι πέμπε νέεσθαι
Μυρμιδόνων προτὶ ἄστυ περικλυτόν, οἷσιν ἄνασσεν.
υἱέϊ δὲ Σπάρτηθεν Ἀλέκτορος ἤγετο κούρην,   10
ὅς οἱ τηλύγετος γένετο κρατερὸς Μεγαπένθης
ἐκ δούλης· Ἑλένῃ δὲ θεοὶ γόνον οὐκέτ' ἔφαινον,
ἐπεὶ δὴ τὸ πρῶτον ἐγείνατο παῖδ' ἐρατεινήν,
Ἑρμιόνην, ἣ εἶδος ἔχε χρυσέης Ἀφροδίτης.

Ὣς οἱ μὲν δαίνυντο καθ' ὑψερεφὲς μέγα δῶμα   15
γείτονες ἠδὲ ἔται Μενελάου κυδαλίμοιο,
τερπόμενοι· μετὰ δέ σφιν ἐμέλπετο θεῖος ἀοιδὸς
φορμίζων· δοιὼ δὲ κυβιστητῆρε κατ' αὐτοὺς
μολπῆς ἐξάρχοντες ἐδίνευον κατὰ μέσσους.

Τὰ ἐν Λακεδαίμονι Aelianus   ἐν τῇ γαμοποιίᾳ Ath. 180 C   Πεισι-
στράτου παρὰ Μενέλαον ἀποδημία Paus. iv. 1. 4   1 καιετάεσσαν Zen. :
καιετάεντος ἀπ' Εὐρώταο Callim. fr. 224, cf. Strab. 233, 367. Steph. Byz.
in Κῶς, B 581   2 ἔλον a p: ἔχον d r L⁵   3-19 περιέγραψε
Diodorus (ap. Athen. 180 E)   12 οἱ μὲν κύριον τὸ δούλης,
οἱ δὲ Τηρίδδης schol., cf. Acusilai fr. 28, Θ 269 δ 248: ἐκ δήλου
R¹⁰   ἐλένης Rhianus, Aristophanes (σὺν τῷ σ̄) o Pal., corr. R³ R⁵ :
γρ. p   15-19 hos vv. Aristarchum inseruisse refert Ath. 180 C,
181 C Diodorum ut vid. secutus   17 verba μετὰ δὲ... φορμίζων
in loco simili Σ 604 om. codd. hic utique retinenda sunt   18 καθ'
αὐτοὺς (ἐν τῷ δασεῖ γράμματι) Diod. l. c.   19 ἐξάρχοντες codd. et
hic et Σ 604 (-τε R⁶), περὶ τὴν λέξιν ἁμάρτημα vocat Ath. l. c. qui
ἐξάρχοντος vid. praeferre (ἐξάρχοντες tamen cit. 14 A)   μέσσους k ᴄ
Pal. R¹¹ U¹ : μέσσον cet.

4. ΟΔΥΣΣΕΙΑΣ Δ

Τὼ δ' αὖτ' ἐν προθύροισι δόμων αὐτώ τε καὶ ἵππω,   20
Τηλέμαχός θ' ἥρως καὶ Νέστορος ἀγλαὸς υἱός,
στῆσαν· ὁ δὲ προμολὼν ἴδετο κρείων Ἐτεωνεύς,
ὀτρηρὸς θεράπων Μενελάου κυδαλίμοιο,
βῆ δ' ἴμεν ἀγγελέων διὰ δώματα ποιμένι λαῶν,
ἀγχοῦ δ' ἱστάμενος ἔπεα πτερόεντα προσηύδα·   25
" Ξείνω δή τινε τώδε, διοτρεφὲς ὦ Μενέλαε,
ἄνδρε δύω, γενεῇ δὲ Διὸς μεγάλοιο ἔϊκτον.
ἀλλ' εἴπ' ἤ σφῶϊν καταλύσομεν ὠκέας ἵππους,
ἦ ἄλλον πέμπωμεν ἱκανέμεν, ὅς κε φιλήσῃ."
    Τὸν δὲ μέγ' ὀχθήσας προσέφη ξανθὸς Μενέλαος·   30
" οὐ μὲν νήπιος ἦσθα, Βοηθοΐδη Ἐτεωνεῦ,
τὸ πρίν· ἀτὰρ μὲν νῦν γε πάϊς ὣς νήπια βάζεις.
ἦ μὲν δὴ νῶϊ ξεινήϊα πολλὰ φαγόντε
ἄλλων ἀνθρώπων δεῦρ' ἱκόμεθ', αἴ κέ ποθι Ζεὺς
ἐξοπίσω περ παύσῃ ὀϊζύος. ἀλλὰ λύ' ἵππους   35
ξείνων, ἐς δ' αὐτοὺς προτέρω ἄγε θοινηθῆναι."
    Ὣς φάθ', ὁ δὲ μεγάροιο διέσσυτο, κέκλετο δ' ἄλλους
ὀτρηροὺς θεράποντας ἅμα σπέσθαι ἑοῖ αὐτῷ.
οἱ δ' ἵππους μὲν λῦσαν ὑπὸ ζυγοῦ ἱδρώοντας,
καὶ τοὺς μὲν κατέδησαν ἐφ' ἱππείῃσι κάπῃσι,   40
πὰρ δ' ἔβαλον ζειάς, ἀνὰ δὲ κρῖ λευκὸν ἔμιξαν,
ἄρματα δ' ἔκλιναν πρὸς ἐνώπια παμφανόωντα,
αὐτοὺς δ' εἰσῆγον θεῖον δόμον· οἱ δὲ ἰδόντες
θαύμαζον κατὰ δῶμα διοτρεφέος βασιλῆος.
ὥς τε γὰρ ἠελίου αἴγλη πέλεν ἠὲ σελήνης   45
δῶμα καθ' ὑψερεφὲς Μενελάου κυδαλίμοιο.
αὐτὰρ ἐπεὶ τάρπησαν ὁρώμενοι ὀφθαλμοῖσιν,
ἔς ῥ' ἀσαμίνθους βάντες ἐϋξέστας λούσαντο.

27 γενεῇ b P⁷ R¹¹ U⁽⁶⁾ Eust.: γενεὴν cet.   ἔϊκτον c, marg. H¹ Eust.:
ἐΐκτην cet.   28 εἴ c k L⁷ O P⁷ R⁵ R¹¹ R¹⁷ U¹ U⁸ : ἢ (ἦ) cet., cf. 487,
712, 833 a 158   29 ἄλλω r   φυλάσσῃ V¹ ss.   36 θοινή-
σασθαι f   37 δὲ Ar. (χωρὶς τῆς ἐκ προθέσεως): δ' ἐκ codd.   39 λῦσαν
Ar. vulg.: ἔλυσαν b e f   43 αὐτοὶ δ' εἰσῆλθον Athen. 179 A

54

4. ΟΔΥΣΣΕΙΑΣ Δ

τοὺς δ' ἐπεὶ οὖν δμῳαὶ λοῦσαν καὶ χρῖσαν ἐλαίῳ,
ἀμφὶ δ' ἄρα χλαίνας οὔλας βάλον ἠδὲ χιτῶνας,   50
ἔς ῥα θρόνους ἕζοντο παρ' Ἀτρείδην Μενέλαον.
χέρνιβα δ' ἀμφίπολος προχόῳ ἐπέχευε φέρουσα
καλῇ χρυσείῃ, ὑπὲρ ἀργυρέοιο λέβητος,
νίψασθαι· παρὰ δὲ ξεστὴν ἐτάνυσσε τράπεζαν.
σῖτον δ' αἰδοίη ταμίη παρέθηκε φέρουσα,   55
εἴδατα πόλλ' ἐπιθεῖσα, χαριζομένη παρεόντων.
δαιτρὸς δὲ κρειῶν πίνακας παρέθηκεν ἀείρας
παντοίων, παρὰ δέ σφι τίθει χρύσεια κύπελλα.
τὼ καὶ δεικνύμενος προσέφη ξανθὸς Μενέλαος·
"Σίτου θ' ἅπτεσθον καὶ χαίρετον. αὐτὰρ ἔπειτα   60
δείπνου πασσαμένω εἰρησόμεθ' οἵ τινές ἐστον
ἀνδρῶν· οὐ γὰρ σφῷν γε γένος ἀπόλωλε τοκήων,
ἀλλ' ἀνδρῶν γένος ἐστὲ διοτρεφέων βασιλήων
σκηπτούχων, ἐπεὶ οὔ κε κακοὶ τοιούσδε τέκοιεν."
Ὣς φάτο, καί σφιν νῶτα βοὸς παρὰ πίονα θῆκεν   65
ὄπτ' ἐν χερσὶν ἑλών, τά ῥά οἱ γέρα πάρθεσαν αὐτῷ.
οἱ δ' ἐπ' ὀνείαθ' ἑτοῖμα προκείμενα χεῖρας ἴαλλον.
αὐτὰρ ἐπεὶ πόσιος καὶ ἐδητύος ἐξ ἔρον ἕντο,
δὴ τότε Τηλέμαχος προσεφώνεε Νέστορος υἱόν,
ἄγχι σχὼν κεφαλήν, ἵνα μὴ πευθοίαθ' οἱ ἄλλοι·   70
"Φράζεο, Νεστορίδη, τῷ ἐμῷ κεχαρισμένε θυμῷ,
χαλκοῦ τε στεροπὴν κὰδ δώματα ἠχήεντα,

49 τοῖς δ' R⁷, γρ. H³   51 παρὰ ξανθὸν U⁵ (ἐν ἄλλω)   54 χρυσῆν
R⁷, fort. U⁵, γρ. H³ **p**   57, 58 om. **a b c g** R⁵, διαμαρτάνουσι πολλοὶ
παρὰ τῷ ποιητῇ ἐφεξῆς τιθέντες τούτους τοὺς στίχους· διόπερ τὸ δίστιχον
[sc. 55, 56] ἀπαρκεῖ Ath. 193 B (= a 141, 142)   60 θ' om. a H³ R⁵ R¹¹:
ἅμ' ἅπτεσθον P⁷ ed. pr.   61 παυσαμένω **c i** L⁸ Pal. Ath. 188 E γρ. **p**
μυθήσετον Pal. R¹¹ (cf. a 124)   62-4 ath. Zen. Aristoph. Ar. :
ante 63, 64 puncta praef. P² P⁵ (.)   62 χωρὶς τοῦ ἱ ἡ σφῶν, ὡς
Ἀρίσταρχος καὶ Ἡρωδιανός. Ἀπολλώνιος δὲ ἐν τῇ περὶ ἀντωνυμιῶν [86. 1]
γράφει αὐτὴν μετὰ τοῦ ἱ schol.   σφῶϊ(ν) omisso γε **d** Ca L⁴ O
65 παρέθηκεν ἀείρας (= a 141) Suid. in Ομηρος 79 : νῶτα βοὸς παρέθηκεν
Ath. 9 B   70 πευθοίατο ἄλλοι Ar. teste Herod. (χωρὶς τοῦ ἄρθρου),
cf. a 157   72 κὰδ Barnes : κατὰ schol. T Ω 323 : καὶ codd., cf. σ 355

55

χρυσοῦ τ' ἠλέκτρου τε καὶ ἀργύρου ἠδ' ἐλέφαντος.
Ζηνός που τοιήδε γ' Ὀλυμπίου ἔνδοθεν αὐλή,
ὅσσα τάδ' ἄσπετα πολλά· σέβας μ' ἔχει εἰσορόωντα." 75
  Τοῦ δ' ἀγορεύοντος ξύνετο ξανθὸς Μενέλαος,
καί σφεας φωνήσας ἔπεα πτερόεντα προσηύδα·
  " Τέκνα φίλ', ἦ τοι Ζηνὶ βροτῶν οὐκ ἄν τις ἐρίζοι·
ἀθάνατοι γὰρ τοῦ γε δόμοι καὶ κτήματ' ἔασιν·
ἀνδρῶν δ' ἤ κέν τίς μοι ἐρίσσεται, ἠὲ καὶ οὐκί,   80
κτήμασιν. ἦ γὰρ πολλὰ παθὼν καὶ πόλλ' ἐπαληθεὶς
ἠγαγόμην ἐν νηυσὶ καὶ ὀγδοάτῳ ἔτει ἦλθον·
Κύπρον Φοινίκην τε καὶ Αἰγυπτίους ἐπαληθείς,
Αἰθίοπάς θ' ἱκόμην καὶ Σιδονίους καὶ Ἐρεμβοὺς
καὶ Λιβύην, ἵνα τ' ἄρνες ἄφαρ κεραοὶ τελέθουσι.   85
τρὶς γὰρ τίκτει μῆλα τελεσφόρον εἰς ἐνιαυτόν.
ἔνθα μὲν οὔτε ἄναξ ἐπιδευὴς οὔτε τι ποιμὴν
τυροῦ καὶ κρειῶν, οὐδὲ γλυκεροῖο γάλακτος,
ἀλλ' αἰεὶ παρέχουσιν ἐπηετανὸν γάλα θῆσθαι.
ἦος ἐγὼ περὶ κεῖνα πολὺν βίοτον συναγείρων   90
ἠλώμην, τῆός μοι ἀδελφεὸν ἄλλος ἔπεφνε
λάθρῃ, ἀνωϊστί, δόλῳ οὐλομένης ἀλόχοιο·
ὡς οὔ τοι χαίρων τοῖσδε κτεάτεσσιν ἀνάσσω.
καὶ πατέρων τάδε μέλλετ' ἀκουέμεν, οἵ τινες ὑμῖν
εἰσίν, ἐπεὶ μάλα πολλὰ πάθον, καὶ ἀπώλεσα οἶκον   95
εὖ μάλα ναιετάοντα, κεχανδότα πολλὰ καὶ ἐσθλά.
ὧν ὄφελον τριτάτην περ ἔχων ἐν δώμασι μοῖραν

74 τοιαῦτα δόμοις ἐν κτήματα κεῖται Seleucus (ap. Ath. 188 F), marg.
P³, γρ. Pal.   75 om. Pal.   82 ἐν] σὺν a   84 Ἐρεμβούς]
Ἀραβάς τε Zeno ap. Strab. 41 (τὴν μὲν οὖν γραφὴν οὐκ ἀνάγκη κινεῖν
παλαιὰν οὖσαν), 299, 784. Ἀραμβούς Posidon. fr. 86 ap. Strab. 784
(πιθανώτερον, τῷ παρὰ μικρὸν ἀλλάξαι). Ἐραμβούς quidam in scholl.,
Ἐρεμνούς Crates ap. schol., cit. Porph. qu. Od. 44 (οὐδ' οἱ Ἐρεμνοὺς
γράφοντες πιθανώτεροι Strab. 784)   ἐρεβούς j: ἀραβούς Pal.   85 ἵνα]
ὅθι L⁵ U¹ Herodot. iv. 29 Eust.   86 δὶς quidam (γελοίως)
89 γαλαθῆσθαι L² R¹¹ γρ. K Mo: γάλα νᾶσαι Hesych. in v.   93 a οὐδέ τι
βουλόμενος ἀλλὰ κρατερῆς ὑπ' ἀνάγκης, schol. ἔν τισι φέρεται (γελοίως)
95 ita ⁊ L⁴ R¹⁷ cum Ar. (I 492) : πόλλ' ἔπαθον cet.

ναίειν, οἱ δ' ἄνδρες σόοι ἔμμεναι, οἳ τότ' ὄλοντο
Τροίῃ ἐν εὐρείῃ, ἑκὰς Ἄργεος ἱπποβότοιο.
ἀλλ' ἔμπης πάντας μὲν ὀδυρόμενος καὶ ἀχεύων   100
πολλάκις ἐν μεγάροισι καθήμενος ἡμετέροισιν
ἄλλοτε μέν τε γόῳ φρένα τέρπομαι, ἄλλοτε δ' αὖτε
παύομαι· αἰψηρὸς δὲ κόρος κρυεροῖο γόοιο.
τῶν πάντων οὐ τόσσον ὀδύρομαι, ἀχνύμενός περ,
ὡς ἑνός, ὅς τέ μοι ὕπνον ἀπεχθαίρει καὶ ἐδωδὴν   105
μνωομένῳ, ἐπεὶ οὔ τις Ἀχαιῶν τόσσ' ἐμόγησεν
ὅσσ' Ὀδυσεὺς ἐμόγησε καὶ ἤρατο. τῷ δ' ἄρ' ἔμελλεν
αὐτῷ κῆδε' ἔσεσθαι, ἐμοὶ δ' ἄχος αἰὲν ἄλαστον
κείνου, ὅπως δὴ δηρὸν ἀποίχεται, οὐδέ τι ἴδμεν,
ζώει ὅ γ' ἦ τέθνηκεν. ὀδύρονται νύ που αὐτὸν   110
Λαέρτης θ' ὁ γέρων καὶ ἐχέφρων Πηνελόπεια
Τηλέμαχός θ', ὃν λεῖπε νέον γεγαῶτ' ἐνὶ οἴκῳ."

Ὣς φάτο, τῷ δ' ἄρα πατρὸς ὑφ' ἵμερον ὦρσε γόοιο,
δάκρυ δ' ἀπὸ βλεφάρων χαμάδις βάλε πατρὸς ἀκούσας,
χλαῖναν πορφυρέην ἄντ' ὀφθαλμοῖϊν ἀνασχὼν   115
ἀμφοτέρῃσιν χερσί. νόησε δέ μιν Μενέλαος,
μερμήριξε δ' ἔπειτα κατὰ φρένα καὶ κατὰ θυμὸν
ἠέ μιν αὐτὸν πατρὸς ἐάσειε μνησθῆναι,
ἦ πρῶτ' ἐξερέοιτο ἕκαστά τε πειρήσαιτο.

Ἧος ὁ ταῦθ' ὅρμαινε κατὰ φρένα καὶ κατὰ θυμόν,   120
ἐκ δ' Ἑλένη θαλάμοιο θυώδεος ὑψορόφοιο
ἤλυθεν Ἀρτέμιδι χρυσηλακάτῳ ἐϊκυῖα.
τῇ δ' ἄρ' ἅμ' Ἀδρήστη κλισίην εὔτυκτον ἔθηκεν,
Ἀλκίππη δὲ τάπητα φέρεν μαλακοῦ ἐρίοιο,

99 ὀβελίζουσί τινες τὸν στίχον, λέγοντες αὐτὸν εἶναι περιττόν. διὰ
μέντοι τῶν Ἀρισταρχείων ὑπομνημάτων οὐδὲν φέρεται περὶ τοῦ ἔπους
schol., cf. I 246 T 329   103 λαιψηρὸς Galen. de plac. Hipp. et
Plat. iv. 153 (an legit παύω?), cf. β 257   112 ἔλειπε codd., cf. 39
    114 δάκρυα δ' ἐκ d: δάκρυα sol. bcej: δάκρυ δ' ἀπ' ὀφθαλμῶν R³
    118 ἐάσει ἐπιμνησθῆναι d   119 πειρήσαιτο a i L⁴ L⁸ R⁷, γρ. R⁸:
μυθήσαιτο cet. (ἔνιοι γρ. κακῶς)   120 ὅρμ. codd.   121 ἐκ δ'
codd., corr. Bentley   123 δρήστη, οἱονεὶ θεράπαινα, quidam, cf. B 828

Φυλὼ δ' ἀργύρεον τάλαρον φέρε, τόν οἱ ἔδωκεν   125
'Αλκάνδρη, Πολύβοιο δάμαρ, ὃς ἔναι' ἐνὶ Θήβῃς
Αἰγυπτίῃς, ὅθι πλεῖστα δόμοις ἐν κτήματα κεῖται·
ὃς Μενελάῳ δῶκε δύ' ἀργυρέας ἀσαμίνθους,
δοιοὺς δὲ τρίποδας, δέκα δὲ χρυσοῖο τάλαντα.
χωρὶς δ' αὖ 'Ελένῃ ἄλοχος πόρε κάλλιμα δῶρα·   130
χρυσέην τ' ἠλακάτην τάλαρόν θ' ὑπόκυκλον ὄπασσεν
ἀργύρεον, χρυσῷ δ' ἐπὶ χείλεα κεκράαντο.
τόν ῥά οἱ ἀμφίπολος Φυλὼ παρέθηκε φέρουσα
νήματος ἀσκητοῖο βεβυσμένον· αὐτὰρ ἐπ' αὐτῷ
ἠλακάτη τετάνυστο ἰοδνεφὲς εἶρος ἔχουσα.   135
ἕζετο δ' ἐν κλισμῷ, ὑπὸ δὲ θρῆνυς ποσὶν ἦεν.
αὐτίκα δ' ἥ γε ἔπεσσι πόσιν ἐρέεινεν ἕκαστα·
"'Ίδμεν δή, Μενέλαε διοτρεφές, οἵ τινες οἴδε
ἀνδρῶν εὐχετόωνται ἱκανέμεν ἡμέτερον δῶ;
ψεύσομαι, ἦ ἔτυμον ἐρέω; κέλεται δέ με θυμός.   140
οὐ γάρ πώ τινά φημι ἐοικότα ὧδε ἰδέσθαι
οὔτ' ἄνδρ' οὔτε γυναῖκα, σέβας μ' ἔχει εἰσορόωσαν,
ὡς ὅδ' 'Οδυσσῆος μεγαλήτορος υἷι ἔοικε,
Τηλεμάχῳ, τὸν λεῖπε νέον γεγαῶτ' ἐνὶ οἴκῳ
κεῖνος ἀνήρ, ὅτ' ἐμεῖο κυνώπιδος εἵνεκ' 'Αχαιοὶ   145
ἦλθεθ' ὑπὸ Τροίην, πόλεμον θρασὺν ὁρμαίνοντες."
Τὴν δ' ἀπαμειβόμενος προσέφη ξανθὸς Μενέλαος·
" οὕτω νῦν καὶ ἐγὼ νοέω, γύναι, ὡς σὺ ἐΐσκεις·
κείνου γὰρ τοιοίδε πόδες τοιαίδε τε χεῖρες
ὀφθαλμῶν τε βολαὶ κεφαλή τ' ἐφύπερθέ τε χαῖται.   150
καὶ νῦν ἦ τοι ἐγὼ μεμνημένος ἀμφ' 'Οδυσῆϊ
μυθεόμην, ὅσα κεῖνος ὀϊζύσας ἐμόγησεν
ἀμφ' ἐμοί, αὐτὰρ ὁ πυκνὸν ὑπ' ὀφρύσι δάκρυον εἶβε,
χλαῖναν πορφυρέην ἄντ' ὀφθαλμοῖιν ἀνασχών."
Τὸν δ' αὖ Νεστορίδης Πεισίστρατος ἀντίον ηὔδα·   155

130 αὖ L⁸, γρ. H¹ ut Bentl. : αὖθ' cet., cf. θ 174   137 γ' ἐπέεσσι
codd., em. Bentley   141 τινά] τοι ꝺ   γενέσθαι p   144 cf. 39
146 ἦλθεθ' g i o Pal. al. : ἦλθον cet.   153 πικρὸν p

4. ΟΔΥΣΣΕΙΑΣ Δ

"'Ατρεΐδη Μενέλαε διοτρεφές, ὅρχαμε λαῶν,
κείνου μέν τοι ὅδ' υἱὸς ἐτήτυμον, ὡς ἀγορεύεις·
ἀλλὰ σαόφρων ἐστί, νεμεσσᾶται δ' ἐνὶ θυμῷ
ὧδ' ἐλθὼν τὸ πρῶτον ἐπεσβολίας ἀναφαίνειν
ἄντα σέθεν, τοῦ νῶϊ θεοῦ ὡς τερπόμεθ' αὐδῇ.   160
αὐτὰρ ἐμὲ προέηκε Γερήνιος ἱππότα Νέστωρ
τῷ ἅμα πομπὸν ἕπεσθαι· ἐέλδετο γάρ σε ἰδέσθαι,
ὄφρα οἱ ἤ τι ἔπος ὑποθήσεαι ἠέ τι ἔργον.
πολλὰ γὰρ ἄλγε' ἔχει πατρὸς πάϊς οἰχομένοιο
ἐν μεγάροις, ᾧ μὴ ἄλλοι ἀοσσητῆρες ἔωσιν,   165
ὡς νῦν Τηλεμάχῳ ὁ μὲν οἴχεται, οὐδέ οἱ ἄλλοι
εἴσ' οἵ κεν κατὰ δῆμον ἀλάλκοιεν κακότητα."

Τὸν δ' ἀπαμειβόμενος προσέφη ξανθὸς Μενέλαος·
" ὢ πόποι, ἦ μάλα δὴ φίλου ἀνέρος υἱὸς ἐμὸν δῶ
ἵκεθ', ὃς εἵνεκ' ἐμεῖο πολέας ἐμόγησεν ἀέθλους·   170
καί μιν ἔφην ἐλθόντα φιλησέμεν ἔξοχον ἄλλων
'Αργείων, εἰ νῶϊν ὑπεὶρ ἅλα νόστον ἔδωκε
νηυσὶ θοῇσι γενέσθαι 'Ολύμπιος εὐρύοπα Ζεύς.
καί κέ οἱ 'Αργεῖ νάσσα πόλιν καὶ δώματ' ἔτευξα,
ἐξ 'Ιθάκης ἀγαγὼν σὺν κτήμασι καὶ τέκεϊ ᾧ   175
καὶ πᾶσιν λαοῖσι, μίαν πόλιν ἐξαλαπάξας
αἳ περιναιετάουσιν, ἀνάσσονται δ' ἐμοὶ αὐτῷ.
καί κε θάμ' ἐνθάδ' ἐόντες ἐμισγόμεθ'· οὐδέ κεν ἡμέας
ἄλλο διέκρινεν φιλέοντέ τε τερπομένω τε,
πρίν γ' ὅτε δὴ θανάτοιο μέλαν νέφος ἀμφεκάλυψεν.   180
ἀλλὰ τὰ μέν που μέλλεν ἀγάσσεσθαι θεὸς αὐτός,
ὃς κεῖνον δύστηνον ἀνόστιμον οἶον ἔθηκεν."
῝Ως φάτο, τοῖσι δὲ πᾶσιν ὑφ' ἵμερον ὦρσε γόοιο.

158–160 om. Rhianus (ἀθ. στίχοι γ' ὡς περιττοί schol. e), uncino
circumscr. p   159 ἐπιστομίας Zen. (μεταποιεῖ)   162 ἐέλδετο]
δίετο Zen. (κακῶς)   163–7 ath. quidam (τὸ ἦθος οὐ συνιέντες)
165 ἀοσσητῆρες πολλοί ājᾳ γρ. Mon.: πολλ. ἀοσσ. codd. aliquot
168 τὸν δὲ μέγ' ὀχθήσας L⁴, γρ. H³   171 ἔξοχον ἄλλων q L⁵ Pal.
P⁷ U⁸ al. : ἔξοχα πάντων cet.   178 ἄλλο | ἄμμε Plut. adul. 54 F,
amic. mult. 95 A

κλαῖε μὲν Ἀργείη Ἑλένη, Διὸς ἐκγεγαυῖα,
κλαῖε δὲ Τηλέμαχός τε καὶ Ἀτρείδης Μενέλαος,   185
οὐδ᾽ ἄρα Νέστορος υἱὸς ἀδακρύτω ἔχεν ὄσσε·
μνήσατο γὰρ κατὰ θυμὸν ἀμύμονος Ἀντιλόχοιο,
τόν ῥ᾽ Ἠοῦς ἔκτεινε φαεινῆς ἀγλαὸς υἱός.
τοῦ ὅ γ᾽ ἐπιμνησθεὶς ἔπεα πτερόεντ᾽ ἀγόρευεν·
"᾽Ατρεΐδη, περὶ μέν σε βροτῶν πεπνυμένον εἶναι   190
Νέστωρ φάσχ᾽ ὁ γέρων, ὅτ᾽ ἐπιμνησαίμεθα σεῖο
οἷσιν ἐνὶ μεγάροισι, καὶ ἀλλήλους ἐρέοιμεν,
καὶ νῦν, εἴ τί που ἔστι, πίθοιό μοι· οὐ γὰρ ἐγώ γε
τέρπομ᾽ ὀδυρόμενος μεταδόρπιος, ἀλλὰ καὶ Ἠὼς
ἔσσεται ἠριγένεια· νεμεσσῶμαί γε μὲν οὐδὲν   195
κλαίειν ὅς κε θάνῃσι βροτῶν καὶ πότμον ἐπίσπῃ.
τοῦτό νυ καὶ γέρας οἶον ὀϊζυροῖσι βροτοῖσι,
κείρασθαί τε κόμην βαλέειν τ᾽ ἀπὸ δάκρυ παρειῶν.
καὶ γὰρ ἐμὸς τέθνηκεν ἀδελφεός, οὔ τι κάκιστος
Ἀργείων· μέλλεις δὲ σὺ ἴδμεναι· οὐ γὰρ ἐγώ γε   200
ἤντησ᾽ οὐδὲ ἴδον· περὶ δ᾽ ἄλλων φασὶ γενέσθαι
Ἀντίλοχον, πέρι μὲν θείειν ταχὺν ἠδὲ μαχητήν."
    Τὸν δ᾽ ἀπαμειβόμενος προσέφη ξανθὸς Μενέλαος·
"ὦ φίλ᾽, ἐπεὶ τόσα εἶπες ὅσ᾽ ἂν πεπνυμένος ἀνὴρ
εἴποι καὶ ῥέξειε, καὶ ὃς προγενέστερος εἴη·   205
τοίου γὰρ καὶ πατρός, ὃ καὶ πεπνυμένα βάζεις.
ῥεῖα δ᾽ ἀρίγνωτος γόνος ἀνέρος ᾧ τε Κρονίων
ὄλβον ἐπικλώσῃ γαμέοντί τε γεινομένῳ τε,
ὡς νῦν Νέστορι δῶκε διαμπερὲς ἤματα πάντα,
αὐτὸν μὲν λιπαρῶς γηρασκέμεν ἐν μεγάροισιν,   210
υἱέας αὖ πινυτούς τε καὶ ἔγχεσιν εἶναι ἀρίστους.
ἡμεῖς δὲ κλαυθμὸν μὲν ἐάσομεν, ὃς πρὶν ἐτύχθη,
δόρπου δ᾽ ἐξαῦτις μνησώμεθα, χερσὶ δ᾽ ἐφ᾽ ὕδωρ
χευάντων. μῦθοι δὲ καὶ ἠῶθέν περ ἔσονται

189 πτερόεντα προσηύδα d j   192 ath. Ar.   ἀλλήλοις (ἄλλοις
codd.) quidam   197 που γέρας ἐστιν Plut. aud. poet. 22 B (ἐστιν W)
    207 ἀρίγνωτον γάυος Eust. (γρ. καὶ)   212 ὡς πρὶν g : ὥσπερ L⁴ T

4. ΟΔΥΣΣΕΙΑΣ Δ

Τηλεμάχῳ καὶ ἐμοὶ διαειπέμεν ἀλλήλοισιν." 215

Ὣς ἔφατ᾽, Ἀσφαλίων δ᾽ ἄρ᾽ ὕδωρ ἐπὶ χεῖρας ἔχευεν,
ὀτρηρὸς θεράπων Μενελάου κυδαλίμοιο.
οἱ δ᾽ ἐπ᾽ ὀνείαθ᾽ ἑτοῖμα προκείμενα χεῖρας ἴαλλον.

Ἔνθ᾽ αὖτ᾽ ἄλλ᾽ ἐνόησ᾽ Ἑλένη Διὸς ἐκγεγαυῖα·
αὐτίκ᾽ ἄρ᾽ ἐς οἶνον βάλε φάρμακον, ἔνθεν ἔπινον, 220
νηπενθές τ᾽ ἄχολόν τε, κακῶν ἐπίληθον ἁπάντων.
ὃς τὸ καταβρόξειεν, ἐπεὶ κρητῆρι μιγείη,
οὔ κεν ἐφημέριός γε βάλοι κατὰ δάκρυ παρειῶν,
οὐδ᾽ εἴ οἱ κατατεθναίη μήτηρ τε πατήρ τε,
οὐδ᾽ εἴ οἱ προπάροιθεν ἀδελφεὸν ἢ φίλον υἱὸν 225
χαλκῷ δηϊόῳεν, ὁ δ᾽ ὀφθαλμοῖσιν ὁρῷτο.
τοῖα Διὸς θυγάτηρ ἔχε φάρμακα μητιόεντα,
ἐσθλά, τά οἱ Πολύδαμνα πόρεν, Θῶνος παράκοιτις,
Αἰγυπτίη, τῇ πλεῖστα φέρει ζείδωρος ἄρουρα
φάρμακα, πολλὰ μὲν ἐσθλὰ μεμιγμένα, πολλὰ δὲ λυγρά·
ἰητρὸς δὲ ἕκαστος ἐπιστάμενος περὶ πάντων 231
ἀνθρώπων· ἦ γὰρ Παιήονός εἰσι γενέθλης.
αὐτὰρ ἐπεί ῥ᾽ ἐνέηκε κέλευσέ τε οἰνοχοῆσαι,
ἐξαῦτις μύθοισιν ἀμειβομένη προσέειπεν·

"Ἀτρείδη Μενέλαε διοτρεφὲς ἠδὲ καὶ οἵδε 235
ἀνδρῶν ἐσθλῶν παῖδες· ἀτὰρ θεὸς ἄλλοτε ἄλλῳ
Ζεὺς ἀγαθόν τε κακόν τε διδοῖ· δύναται γὰρ ἅπαντα·
ἦ τοι νῦν δαίνυσθε καθήμενοι ἐν μεγάροισι
καὶ μύθοις τέρπεσθε· ἐοικότα γὰρ καταλέξω.

218a αὐτὰρ ἐπεὶ πόσιος καὶ ἐδητύος ἐξ ἔρον ἔντο R¹⁰ T   221 ἐπίληθον
Ar. Hdn. a c f g i j l Stob. Ecl. iv. 48. 30, Ael. H. N. iv. 41, xv. 19 :
ἐπιλήθων Ptol. Asc. : ἐπίληθεν cet.   222 καταβρόξειεν k q Pal. :
-βρώξειεν cet. (γρ. καὶ μικρὸν καὶ μέγα... διχῶς ἡ γραφή schol.) : κατα-
βρέξ- P⁶   226 δηϊόοιεν f   227 μητιόφντα Ca, γρ. Pal.
228a αἰγυπτίη· ἢ τόσα φάρμακ᾽ ἤδη ὅσα τρέφει εὐρεῖα χθών L⁴ (prae-
missis 3 omissionis signis), L⁸ Pal. mg. (= Λ 741)   229 τὸ δὲ
αἰγυπτίη ἢ κατὰ δοτικὴν [H³ al.] νοητέον, ... ἢ κατὰ ὀρθὴν καὶ εὐθεῖαν
Eust.   τῇ] τόθι Theophr. H. P. x. 15. 1 : τὰ R¹¹, T corr.   φέρει]
φύει Theophr. l. c.   230 μεμιγμένα] τετυγμένα Theophr. l. c.
231 ἐπεί σφισι δῶκεν Ἀπόλλων | ἰᾶσθαι Ar., siquidem scholiastis fides.
232 γρ. καὶ φαρμακέων [φαρμάκων, φαρμακευτῶν codd., corr.
Buttmann] schol.

πάντα μὲν οὐκ ἂν ἐγὼ μυθήσομαι οὐδ᾽ ὀνομήνω,　　240
ὅσσοι Ὀδυσσῆος ταλασίφρονός εἰσιν ἄεθλοι·
ἀλλ᾽ οἷον τόδ᾽ ἔρεξε καὶ ἔτλη καρτερὸς ἀνὴρ
δήμῳ ἔνι Τρώων, ὅθι πάσχετε πήματ᾽ Ἀχαιοί.
αὐτόν μιν πληγῇσιν ἀεικελίῃσι δαμάσσας,
σπεῖρα κάκ᾽ ἀμφ᾽ ὤμοισι βαλών, οἰκῆι ἐοικώς,　　245
ἀνδρῶν δυσμενέων κατέδυ πόλιν εὐρυάγυιαν·
ἄλλῳ δ᾽ αὐτὸν φωτὶ κατακρύπτων ἤισκε
δέκτῃ, ὃς οὐδὲν τοῖος ἔην ἐπὶ νηυσὶν Ἀχαιῶν.
τῷ ἴκελος κατέδυ Τρώων πόλιν, οἱ δ᾽ ἀβάκησαν
πάντες· ἐγὼ δέ μιν οἴη ἀνέγνων τοῖον ἐόντα,　　250
καί μιν ἀνηρώτων· ὁ δὲ κερδοσύνῃ ἀλέεινεν.
ἀλλ᾽ ὅτε δή μιν ἐγὼ λόεον καὶ χρῖον ἐλαίῳ,
ἀμφὶ δὲ εἵματα ἕσσα, καὶ ὤμοσα καρτερὸν ὅρκον
μὴ μὲν πρὶν Ὀδυσῆα μετὰ Τρώεσσ᾽ ἀναφῆναι,
πρίν γε τὸν ἐς νῆάς τε θοὰς κλισίας τ᾽ ἀφικέσθαι,　　255
καὶ τότε δή μοι πάντα νόον κατέλεξεν Ἀχαιῶν.
πολλοὺς δὲ Τρώων κτείνας ταναήκεϊ χαλκῷ
ἦλθε μετ᾽ Ἀργείους, κατὰ δὲ φρόνιν ἤγαγε πολλήν·
ἔνθ᾽ ἄλλαι Τρῳαὶ λίγ᾽ ἐκώκυον· αὐτὰρ ἐμὸν κῆρ
χαῖρ᾽, ἐπεὶ ἤδη μοι κραδίη τέτραπτο νέεσθαι　　260
ἂψ οἶκόνδ᾽, ἄτην δὲ μετέστενον, ἣν Ἀφροδίτη
δῶχ᾽, ὅτε μ᾽ ἤγαγε κεῖσε φίλης ἀπὸ πατρίδος αἴης,
παῖδά τ᾽ ἐμὴν νοσφισσαμένην θάλαμόν τε πόσιν τε
οὔ τευ δευόμενον, οὔτ᾽ ἂρ φρένας οὔτε τι εἶδος."
　Τὴν δ᾽ ἀπαμειβόμενος προσέφη ξανθὸς Μενέλαος·　　265

242 ἀλλ᾽ οἷον Parmeniscus : οἷον δ᾽ αὖ Plat. Symp. 220 C, cf. 271
τόδε ἔρξε f　　244 μιν vulg. Dem. Ixion ap. Ap. Dysc. pron. 79. 25 :
μὲν Ptol. Oroand. ib. o L² L⁵ R³ U¹, Plut. vit. Hom. ii. 136　　248 ὁ
κυκλικὸς [Lesches Il. parv. xi] τὸ δέκτῃ ὀνοματικῶς ἀκούει sch.
δέκτῃ f : δέκτην p　　249 κατέβη p²³ K　　251 ἀνηρώτων d f i :
ἀνη(ει)ρώτευν cet.　　252 λόεον a g 1 o L⁴ : ἐλόευν vulg.　　ἔχριον b
Ca R² R⁶ : ἔχρισ᾽ e J　　254 μη μι με p²³ H³ corr., μή μεν K　　260 ἦ
δὴ Crates : ἐπειὴ δὴ l M³ P⁵ U⁸ al.　　261 οἶκον g j L⁵ U⁵ U⁸ Eust.
263 νοσφισσαμένην a c f i l Pal. γρ. Eust. : -νη cet.　　264 εἶδος]
ἔργον R¹¹ V³ : ἔργα L⁵ U¹, cf. P 279 λ 550　　265 δ᾽ αὖτε προσέειπε
βοὴν ἀγαθὸς μενέλαος b R¹¹

" ναὶ δὴ ταῦτά γε πάντα, γύναι, κατὰ μοῖραν ἔειπες.
ἤδη μὲν πολέων ἐδάην βουλήν τε νόον τε
ἀνδρῶν ἡρώων, πολλὴν δ' ἐπελήλυθα γαῖαν·
ἀλλ' οὔ πω τοιοῦτον ἐγὼν ἴδον ὀφθαλμοῖσιν
οἷον Ὀδυσσῆος ταλασίφρονος ἔσκε φίλον κῆρ.   270
οἷον καὶ τόδ' ἔρεξε καὶ ἔτλη καρτερὸς ἀνὴρ
ἵππῳ ἔνι ξεστῷ, ἵν' ἐνήμεθα πάντες ἄριστοι
Ἀργείων Τρώεσσι φόνον καὶ κῆρα φέροντες.
ἦλθες ἔπειτα σὺ κεῖσε· κελευσέμεναι δέ σ' ἔμελλε
δαίμων, ὃς Τρώεσσιν ἐβούλετο κῦδος ὀρέξαι·   275
καί τοι Δηΐφοβος θεοείκελος ἔσπετ' ἰούσῃ.
τρὶς δὲ περίστειξας κοῖλον λόχον ἀμφαφόωσα,
ἐκ δ' ὀνομακλήδην Δαναῶν ὀνόμαζες ἀρίστους,
πάντων Ἀργείων φωνὴν ἴσκουσ' ἀλόχοισιν.
αὐτὰρ ἐγὼ καὶ Τυδεΐδης καὶ δῖος Ὀδυσσεὺς   280
ἥμενοι ἐν μέσσοισιν ἀκούσαμεν ὡς ἐβόησας.
νῶϊ μὲν ἀμφοτέρω μενεήναμεν ὁρμηθέντε
ἢ ἐξελθέμεναι, ἢ ἔνδοθεν αἶψ' ὑπακοῦσαι·
ἀλλ' Ὀδυσεὺς κατέρυκε καὶ ἔσχεθεν ἱεμένω περ.
ἔνθ' ἄλλοι μὲν πάντες ἀκὴν ἔσαν υἷες Ἀχαιῶν,   285
Ἄντικλος δὲ σέ γ' οἶος ἀμείψασθαι ἐπέεσσιν
ἤθελεν· ἀλλ' Ὀδυσεὺς ἐπὶ μάστακα χερσὶ πίεζε
νωλεμέως κρατερῇσι, σάωσε δὲ πάντας Ἀχαιούς,
τόφρα δ' ἔχ' ὄφρα σε νόσφιν ἀπήγαγε Παλλὰς Ἀθήνη."
    Τὸν δ' αὖ Τηλέμαχος πεπνυμένος ἀντίον ηὔδα·   290
" Ἀτρεΐδη Μενέλαε διοτρεφές, ὄρχαμε λαῶν,
ἄλγιον· οὐ γάρ οἵ τι τάδ' ἤρκεσε λυγρὸν ὄλεθρον,
οὐδ' εἴ οἱ κραδίη γε σιδηρέη ἔνδοθεν ἦεν.
ἀλλ' ἄγετ' εἰς εὐνὴν τράπεθ' ἡμέας, ὄφρα καὶ ἤδη
ὕπνῳ ὕπο γλυκερῷ ταρπώμεθα κοιμηθέντες."   295

270 ἔσχε f Eust., cf. 705   273 om. H³ Pal. R¹¹ (= B 352)
ἀργεῖοι f i o L⁴   276 ath. priores quidam et Ar.   278 ἑταίρους
g, cf. 666   285-9 Ἀρίσταρχος τοὺς ε´ ἀθετεῖ . . . ὁ Ἄντικλος ἐκ τοῦ
κύκλου [Lesches x] οὐκ ἐφέροντο δὲ σχεδὸν ἐν πάσαις sch.   293 om. d
    294, 5 signa omissionis (⸓) praef. L⁴   295 παυσώμεθα, γρ.
H³ Pal., cf. Ω 636

Ὣς ἔφατ', Ἀργείη δ' Ἑλένη δμῳῆσι κέλευσε
δέμνι' ὑπ' αἰθούσῃ θέμεναι, καὶ ῥήγεα καλὰ
πορφύρε' ἐμβαλέειν, στορέσαι τ' ἐφύπερθε τάπητας,
χλαίνας τ' ἐνθέμεναι οὔλας καθύπερθεν ἕσασθαι.
αἱ δ' ἴσαν ἐκ μεγάροιο δάος μετὰ χερσὶν ἔχουσαι,   300
δέμνια δὲ στόρεσαν· ἐκ δὲ ξείνους ἄγε κῆρυξ.
οἱ μὲν ἄρ' ἐν προδόμῳ δόμου αὐτόθι κοιμήσαντο,
Τηλέμαχός θ' ἥρως καὶ Νέστορος ἀγλαὸς υἱός·
Ἀτρείδης δὲ καθεῦδε μυχῷ δόμου ὑψηλοῖο,
πὰρ δ' Ἑλένη τανύπεπλος ἐλέξατο, δῖα γυναικῶν.   305

Ἦμος δ' ἠριγένεια φάνη ῥοδοδάκτυλος Ἠώς,
ὄρνυτ' ἄρ' ἐξ εὐνῆφι βοὴν ἀγαθὸς Μενέλαος
εἵματα ἐσσάμενος, περὶ δὲ ξίφος ὀξὺ θέτ' ὤμῳ,
ποσσὶ δ' ὑπὸ λιπαροῖσιν ἐδήσατο καλὰ πέδιλα,
βῆ δ' ἴμεν ἐκ θαλάμοιο θεῷ ἐναλίγκιος ἄντην,   310
Τηλεμάχῳ δὲ παρῖζεν, ἔπος τ' ἔφατ' ἔκ τ' ὀνόμαζε·
"Τίπτε δέ σε χρειὼ δεῦρ' ἤγαγε, Τηλέμαχ' ἥρως,
ἐς Λακεδαίμονα δῖαν, ἐπ' εὐρέα νῶτα θαλάσσης;
δήμιον ἦ ἴδιον; τόδε μοι νημερτὲς ἐνίσπες."

Τὸν δ' αὖ Τηλέμαχος πεπνυμένος ἀντίον ηὔδα·   315
"Ἀτρείδη Μενέλαε διοτρεφές, ὄρχαμε λαῶν,
ἤλυθον εἴ τινά μοι κληηδόνα πατρὸς ἐνίσποις.
ἐσθίεταί μοι οἶκος, ὄλωλε δὲ πίονα ἔργα,
δυσμενέων δ' ἀνδρῶν πλεῖος δόμος, οἵ τέ μοι αἰεὶ
μῆλ' ἀδινὰ σφάζουσι καὶ εἰλίποδας ἕλικας βοῦς,   320
μητρὸς ἐμῆς μνηστῆρες ὑπέρβιον ὕβριν ἔχοντες.
τοὔνεκα νῦν τὰ σὰ γούναθ' ἱκάνομαι, αἴ κ' ἐθέλησθα
κείνου λυγρὸν ὄλεθρον ἐνισπεῖν, εἴ που ὄπωπας
ὀφθαλμοῖσι τεοῖσιν, ἦ ἄλλου μῦθον ἄκουσας
πλαζομένου· πέρι γάρ μιν ὀϊζυρὸν τέκε μήτηρ.   325
μηδέ τί μ' αἰδόμενος μειλίσσεο μηδ' ἐλεαίρων,

300 δάος fij L⁵U¹ : δάδας cet., cf. η 339 χ 497 ψ 294 Ω 647
303 om. L⁴L⁶   307 ὄρν. codd.   314 ἐνίσπες ijlpq H³ L⁴
Pal. : ἐνίσπε cet., cf. γ 101   321 ὕβριν] ἦτορ p J

ἀλλ' εὖ μοι κατάλεξον ὅπως ἤντησας ὀπωπῆς.
λίσσομαι, εἴποτέ τοί τι πατὴρ ἐμός, ἐσθλὸς 'Οδυσσεύς,
ἢ ἔπος ἠέ τι ἔργον ὑποστὰς ἐξετέλεσσε
δήμῳ ἔνι Τρώων, ὅθι πάσχετε πήματ' 'Αχαιοί·   330
τῶν νῦν μοι μνῆσαι, καί μοι νημερτὲς ἐνίσπες."

Τὸν δὲ μέγ' ὀχθήσας προσέφη ξανθὸς Μενέλαος·
" ὦ πόποι, ἦ μάλα δὴ κρατερόφρονος ἀνδρὸς ἐν εὐνῇ
ἤθελον εὐνηθῆναι ἀνάλκιδες αὐτοὶ ἐόντες.
ὡς δ' ὁπότ' ἐν ξυλόχῳ ἔλαφος κρατεροῖο λέοντος   335
νεβροὺς κοιμήσασα νεηγενέας γαλαθηνοὺς
κνημοὺς ἐξερέῃσι καὶ ἄγκεα ποιήεντα
βοσκομένη, ὁ δ' ἔπειτα ἑὴν εἰσήλθεν εὐνήν,
ἀμφοτέροισι δὲ τοῖσιν ἀεικέα πότμον ἐφῆκεν,
ὡς 'Οδυσεὺς κείνοισιν ἀεικέα πότμον ἐφήσει.   340
αἲ γάρ, Ζεῦ τε πάτερ καὶ 'Αθηναίη καὶ "Απολλον,
τοῖος ἐὼν οἷός ποτ' ἐϋκτιμένῃ ἐνὶ Λέσβῳ
ἐξ ἔριδος Φιλομηλεΐδῃ ἐπάλαισεν ἀναστάς,
κὰδ δ' ἔβαλε κρατερῶς, κεχάροντο δὲ πάντες 'Αχαιοί,
τοῖος ἐὼν μνηστῆρσιν ὁμιλήσειεν 'Οδυσσεύς·   345
πάντες κ' ὠκύμοροί τε γενοίατο πικρόγαμοί τε.
ταῦτα δ' ἅ μ' εἰρωτᾷς καὶ λίσσεαι, οὐκ ἂν ἐγώ γε
ἄλλα παρὲξ εἴποιμι παρακλιδόν, οὐδ' ἀπατήσω·
ἀλλὰ τὰ μέν μοι ἔειπε γέρων ἅλιος νημερτής,
τῶν οὐδέν τοι ἐγὼ κρύψω ἔπος οὐδ' ἐπικεύσω.   350

Αἰγύπτῳ μ' ἔτι δεῦρο θεοὶ μεμαῶτα νέεσθαι
ἔσχον, ἐπεὶ οὔ σφιν ἔρεξα τεληέσσας ἑκατόμβας.
οἱ δ' αἰεὶ βούλοντο θεοὶ μεμνῆσθαι ἐφετμέων.
νῆσος ἔπειτά τις ἔστι πολυκλύστῳ ἐνὶ πόντῳ
Αἰγύπτου προπάροιθε, Φάρον δέ ἑ κικλήσκουσι,   355
τόσσον ἄνευθ' ὅσσον τε πανημερίη γλαφυρὴ νηῦς
ἤνυσεν, ᾗ λιγὺς οὖρος ἐπιπνείῃσιν ὄπισθεν·

330 om. R⁹   331 ἐνίσπες i j L⁴ Pal. : ἐνίσπε cet., cf. 314
336 νεο[ι]γενέας Ar.   338 ὁ δ' ἔπειτα] ὁ δέ τ' ὦκα a g i j   342 ἐν
'Αρίσβῃ b (= Z 13)   353 om. Zen.

65

4. ΟΔΥΣΣΕΙΑΣ Δ

ἐν δὲ λιμὴν εὔορμος, ὅθεν τ' ἀπὸ νῆας ἐΐσας
ἐς πόντον βάλλουσιν, ἀφυσσάμενοι μέλαν ὕδωρ.
ἔνθα μ' ἐείκοσιν ἤματ' ἔχον θεοί, οὐδέ ποτ' οὖροι   360
πνείοντες φαίνονθ' ἁλιαέες, οἵ ῥά τε νηῶν
πομπῆες γίγνονται ἐπ' εὐρέα νῶτα θαλάσσης.
καί νύ κεν ἤϊα πάντα κατέφθιτο καὶ μένε' ἀνδρῶν,
εἰ μή τίς με θεῶν ὀλοφύρατο καί μ' ἐλέησε,
Πρωτέος ἰφθίμου θυγάτηρ ἁλίοιο γέροντος,   365
Εἰδοθέη· τῇ γάρ ῥα μάλιστά γε θυμὸν ὄρινα,
ἥ μ' οἴῳ ἔρροντι συνήντετο νόσφιν ἑταίρων·
αἰεὶ γὰρ περὶ νῆσον ἀλώμενοι ἰχθυάασκον
γναμπτοῖς ἀγκίστροισιν, ἔτειρε δὲ γαστέρα λιμός.
ἡ δ' ἐμεῦ ἄγχι στᾶσα ἔπος φάτο φώνησέν τε·   370
νήπιός εἰς, ὦ ξεῖνε, λίην τόσον ἠδὲ χαλίφρων,
ἦε ἑκὼν μεθιεῖς καὶ τέρπεαι ἄλγεα πάσχων;
ὡς δὴ δήθ' ἐνὶ νήσῳ ἐρύκεαι, οὐδέ τι τέκμωρ
εὑρέμεναι δύνασαι, μινύθει δέ τοι ἦτορ ἑταίρων.
ὣς ἔφατ', αὐτὰρ ἐγώ μιν ἀμειβόμενος προσέειπον·   375
ἐκ μέν τοι ἐρέω, ἥ τις σύ πέρ ἐσσι θεάων,
ὡς ἐγὼ οὔ τι ἑκὼν κατερύκομαι, ἀλλά νυ μέλλω
ἀθανάτους ἀλιτέσθαι, οἳ οὐρανὸν εὐρὺν ἔχουσιν.
ἀλλὰ σύ πέρ μοι εἰπέ, θεοὶ δέ τε πάντα ἴσασιν,
ὅς τίς μ' ἀθανάτων πεδάᾳ καὶ ἔδησε κελεύθου,   380
νόστον θ', ὡς ἐπὶ πόντον ἐλεύσομαι ἰχθυόεντα.
ὣς ἐφάμην, ἡ δ' αὐτίκ' ἀμείβετο δῖα θεάων·
τοιγὰρ ἐγώ τοι, ξεῖνε, μάλ' ἀτρεκέως ἀγορεύσω.
πωλεῖταί τις δεῦρο γέρων ἅλιος νημερτής,

359 ἀφυσσόμενοι L⁵ R¹¹ U¹ (Ar. Γ 295, cf. Ψ 220), utraque l. ap.
schol.   363 μένος Pal. corr. ἑνικῶς καὶ μένος ἀνδρῶν schol. M³ ap.
Ludw. A. H. T. i. 544 : μένε' codd., cf. Δ 447 Θ 61   364 μ' ἐσάωσε
Uˣ, Pal. m. r., Eust.   366 Εὐρυνόμη Zen. : εἰδομένη R¹⁷
370 ἡ δέ μοι ἀντομένη Zen.   371 ἠδὲ Bekker : ἠὲ codd.   374 δέ
τοι ἔνδοθεν ἦτορ Pal. R¹¹ (om. τοι), γρ. M³, cf. 467   378 ἀθανάτοις
b R⁵   379 ἔειπε Zen. (κακῶς), Heraclides ap. Eust. 1499. 35 r R¹⁷
uv., cf. 468   380 κελεύθους H³ L¹ M³ Mon. R¹⁷ U⁸, cf. 469 ε 38²

ἀθάνατος Πρωτεὺς Αἰγύπτιος, ὅς τε θαλάσσης   385
πάσης βένθεα οἶδε, Ποσειδάωνος ὑποδμώς·
τὸν δέ τ' ἐμόν φασιν πατέρ' ἔμμεναι ἠδὲ τεκέσθαι.
τόν γ' εἴ πως σὺ δύναιο λοχησάμενος λελαβέσθαι,
ὅς κέν τοι εἴπησιν ὁδὸν καὶ μέτρα κελεύθου
νόστον θ', ὡς ἐπὶ πόντον ἐλεύσεαι ἰχθυόεντα·   390
καὶ δέ κέ τοι εἴπησι, διοτρεφές, αἴ κ' ἐθέλησθα,
ὅττι τοι ἐν μεγάροισι κακόν τ' ἀγαθόν τε τέτυκται,
οἰχομένοιο σέθεν δολιχὴν ὁδὸν ἀργαλέην τε.
ὣς ἔφατ', αὐτὰρ ἐγώ μιν ἀμειβόμενος προσέειπον·
αὐτὴ νῦν φράζευ σὺ λόχον θείοιο γέροντος,   395
μή πώς με προϊδὼν ἠὲ προδαεὶς ἀλέηται·
ἀργαλέος γάρ τ' ἐστὶ θεὸς βροτῷ ἀνδρὶ δαμῆναι.
ὣς ἐφάμην, ἡ δ' αὐτίκ' ἀμείβετο δῖα θεάων·
τοιγὰρ ἐγώ τοι ταῦτα μάλ' ἀτρεκέως ἀγορεύσω.
ἦμος δ' ἠέλιος μέσον οὐρανὸν ἀμφιβεβήκῃ,   400
τῆμος ἄρ' ἐξ ἁλὸς εἶσι γέρων ἅλιος νημερτὴς
πνοιῇ ὕπο Ζεφύροιο, μελαίνῃ φρικὶ καλυφθείς,
ἐκ δ' ἐλθὼν κοιμᾶται ὑπὸ σπέσσι γλαφυροῖσιν·
ἀμφὶ δέ μιν φῶκαι νέποδες καλῆς ἁλοσύδνης
ἀθρόαι εὕδουσιν, πολιῆς ἁλὸς ἐξαναδῦσαι,   405
πικρὸν ἀποπνείουσαι ἁλὸς πολυβενθέος ὀδμήν.
ἔνθα σ' ἐγὼν ἀγαγοῦσα ἅμ' ἠοῖ φαινομένηφιν
εὐνάσω ἐξείης· σὺ δ' ἐὺ κρίνασθαι ἑταίρους
τρεῖς, οἵ τοι παρὰ νηυσὶν ἐϋσσέλμοισιν ἄριστοι.
πάντα δέ τοι ἐρέω ὀλοφώϊα τοῖο γέροντος.   410
φώκας μέν τοι πρῶτον ἀριθμήσει καὶ ἔπεισιν·
αὐτὰρ ἐπὴν πάσας πεμπάσσεται ἠδὲ ἴδηται,

388 γε λαβέσθαι d P¹ U⁸   389 ὥς κέν k P² P⁴ P⁵ : ὥς κεν·
ὅπως ἄν Hesych.   θαλάσσης b j L⁴, cf. κ 539, Hes. Opp. 648
398 ἀμειβομένη προσέειπε L⁴   399 om. p⁵ L⁴ U⁸   τοὶ γὰρ ἐγώ
τοι ξεῖνε d l q (= 383) : τοὶ γὰρ ἐγὼν ἐρέω· σὺ δ' ἐνὶ φρεσὶ βάλλεο σῇσιν
b e i   400 δίχα [τοῦ ῡ Ludwich] 'Αρίσταρχος ἀμφιβεβήκει, cf. schol.
Θ 68 Ξ 412 : οὕτως ἔξω τοῦ ῡ βεβλήκει· Ζηνόδοτος δὲ καὶ 'Αριστοφάνης
σὺν τῷ ῡ βεβλήκειν. cf. χ 275   403 σπέεσι d

67

λέξεται ἐν μέσσῃσι, νομεὺς ὣς πώεσι μήλων.
τὸν μὲν ἐπὴν δὴ πρῶτα κατευνηθέντα ἴδησθε,
καὶ τότ᾽ ἔπειθ᾽ ὑμῖν μελέτω κάρτος τε βίη τε,   415
αὖθι δ᾽ ἔχειν μεμαῶτα καὶ ἐσσύμενόν περ ἀλύξαι.
πάντα δὲ γιγνόμενος πειρήσεται, ὅσσ᾽ ἐπὶ γαῖαν
ἑρπετὰ γίγνονται καὶ ὕδωρ καὶ θεσπιδαὲς πῦρ·
ὑμεῖς δ᾽ ἀστεμφέως ἐχέμεν μᾶλλόν τε πιέζειν.
ἀλλ᾽ ὅτε κεν δή σ᾽ αὐτὸς ἀνείρηται ἐπέεσσι,   420
τοῖος ἐὼν οἷόν κε κατευνηθέντα ἴδησθε,
καὶ τότε δὴ σχέσθαι τε βίης λῦσαί τε γέροντα,
ἥρως, εἴρεσθαι δὲ θεῶν ὅς τίς σε χαλέπτει,
νόστον θ᾽, ὡς ἐπὶ πόντον ἐλεύσεαι ἰχθυόεντα.
ὣς εἰποῦσ᾽ ὑπὸ πόντον ἐδύσετο κυμαίνοντα.   425
αὐτὰρ ἐγὼν ἐπὶ νῆας, ὅθ᾽ ἕστασαν ἐν ψαμάθοισιν,
ἤϊα· πολλὰ δέ μοι κραδίη πόρφυρε κιόντι.
αὐτὰρ ἐπεί ῥ᾽ ἐπὶ νῆα κατήλυθον ἠδὲ θάλασσαν,
δόρπον θ᾽ ὁπλισάμεσθ᾽, ἐπί τ᾽ ἤλυθεν ἀμβροσίη νύξ·
δὴ τότε κοιμήθημεν ἐπὶ ῥηγμῖνι θαλάσσης.   430
ἦμος δ᾽ ἠριγένεια φάνη ῥοδοδάκτυλος Ἠώς,
καὶ τότε δὴ παρὰ θῖνα θαλάσσης εὐρυπόροιο
ἤϊα πολλὰ θεοὺς γουνούμενος· αὐτὰρ ἑταίρους
τρεῖς ἄγον, οἷσι μάλιστα πεποίθεα πᾶσαν ἐπ᾽ ἰθύν.

Τόφρα δ᾽ ἄρ᾽ ἥ γ᾽ ὑποδῦσα θαλάσσης εὐρέα κόλπον   435
τέσσαρα φωκάων ἐκ πόντου δέρματ᾽ ἔνεικε·
πάντα δ᾽ ἔσαν νεόδαρτα· δόλον δ᾽ ἐπεμήδετο πατρί.
εὐνὰς δ᾽ ἐν ψαμάθοισι διαγλάψασ᾽ ἁλίῃσιν
ἧστο μένουσ᾽· ἡμεῖς δὲ μάλα σχεδὸν ἤλθομεν αὐτῆς·
ἑξείης δ᾽ εὔνησε, βάλεν δ᾽ ἐπὶ δέρμα ἑκάστῳ.   440
ἔνθα κεν αἰνότατος λόχος ἔπλετο· τεῖρε γὰρ αἰνῶς

414 ἴδησθα **d o**   415 ἔργον τε ἔπος τε **b**, cf. β 304   416 αὖθι]
κὰδ Eust. 1502. 16: κὰδ δ᾽ ἐχέμεν Bentl.   419 πιεζεῖν Apio (περισπᾷ),
cf. μ 164, 174, 196   420 αὐτὸς Ar. vulg.: αὖτις **a b g i**   ἀμείβηται
i R⁷ U⁸ Eust.   421 ἴδησθε Ν Ο U⁵ U⁸ : ἴδηαι cet.   432 om.
a b c g i j k   435 εὐρέι κόλπῳ **d l q**: εὐρέα πόντον **e** L⁵   438 δια-
γνά(μ)ψασ᾽ **a d** al. L⁴, Ap. lex. in v.   441 ἔνθα κεν **f k o** (αἱ πλείους
sch.): κεῖθι δὴ (δ᾽ ἄρ᾽) cet.

4. ΟΔΥΣΣΕΙΑΣ Δ

φωκάων ἀλιοτρεφέων ὀλοώτατος ὀδμή.
τίς γάρ κ' εἰναλίῳ παρὰ κήτεϊ κοιμηθείη;
ἀλλ' αὐτὴ ἐσάωσε καὶ ἐφράσατο μέγ' ὄνειαρ·
ἀμβροσίην ὑπὸ ῥῖνα ἑκάστῳ θῆκε φέρουσα   445
ἡδὺ μάλα πνείουσαν, ὄλεσσε δὲ κήτεος ὀδμήν.
πᾶσαν δ' ἠοίην μένομεν τετληότι θυμῷ·
φῶκαι δ' ἐξ ἁλὸς ἦλθον ἀολλέες. αἱ μὲν ἔπειτα
ἑξῆς εὐνάζοντο παρὰ ῥηγμῖνι θαλάσσης·
ἔνδιος δ' ὁ γέρων ἦλθ' ἐξ ἁλός, εὗρε δὲ φώκας   450
ζατρεφέας, πάσας δ' ἄρ' ἐπῴχετο, λέκτο δ' ἀριθμόν·
ἐν δ' ἡμέας πρώτους λέγε κήτεσιν, οὐδέ τι θυμῷ
ὠΐσθη δόλον εἶναι· ἔπειτα δὲ λέκτο καὶ αὐτός.
ἡμεῖς δὲ ἰάχοντες ἐπεσσύμεθ', ἀμφὶ δὲ χεῖρας
βάλλομεν· οὐδ' ὁ γέρων δολίης ἐπελήθετο τέχνης,   455
ἀλλ' ἦ τοι πρώτιστα λέων γένετ' ἠϋγένειος,
αὐτὰρ ἔπειτα δράκων καὶ πάρδαλις ἠδὲ μέγας σῦς·
γίγνετο δ' ὑγρὸν ὕδωρ καὶ δένδρεον ὑψιπέτηλον·
ἡμεῖς δ' ἀστεμφέως ἔχομεν τετληότι θυμῷ.
ἀλλ' ὅτε δή ῥ' ἀνίαζ' ὁ γέρων ὀλοφώϊα εἰδώς,   460
καὶ τότε δή με ἔπεσσιν ἀνειρόμενος προσέειπε·
τίς νύ τοι, Ἀτρέος υἱέ, θεῶν συμφράσσατο βουλάς,
ὄφρα μ' ἔλοις ἀέκοντα λοχησάμενος; τέο σε χρή;
ὡς ἔφατ', αὐτὰρ ἐγώ μιν ἀμειβόμενος προσέειπον·
οἶσθα, γέρον, τί με ταῦτα παρατροπέων ἀγορεύεις;   465
ὡς δὴ δήθ' ἐνὶ νήσῳ ἐρύκομαι, οὐδέ τι τέκμωρ
εὑρέμεναι δύναμαι, μινύθει δέ μοι ἔνδοθεν ἦτορ.
ἀλλὰ σύ πέρ μοι εἰπέ, θεοὶ δέ τε πάντα ἴσασιν,
ὅς τίς μ' ἀθανάτων πεδάᾳ καὶ ἔδησε κελεύθου,

450 ἔνδειος a M³ P¹ P⁶ R⁵ Ap. lex. in v. γρ. εὔδιος Mon., cf. Λ 726
454 δ' αἴψ' ἰάχοντες o p   457 πόρδαλις b M² Ap. lex. in v. :
ἡ μὲν πάρδαλις διφορεῖται Eust., cf. N 103 al., h. Aphr. 71, Strab. 619,
Apio ap. Apoll. lex. in v.   461 ἀμειβόμενος d g i j l: ἀνειρόμενος
vulg. (ἡ γραφὴ schol. H³), cf. 631   462 βουλὴν d f i l q
465 ἐρεείνεις Ar. a c e k   466 πόντῳ o L⁴   467 ἔνδοθι a c Mon.
468 ἔειπε R⁵, γρ. H³, cf. 379   469 κελεύθους q H³ uv., M³ R² :
κέλευθον e L⁵, cf. 380

69

νόστον θ', ὡς ἐπὶ πόντον ἐλεύσομαι ἰχθυόεντα.   470
ὣς ἐφάμην, ὁ δέ μ' αὐτίκ' ἀμειβόμενος προσέειπεν·
ἀλλὰ μάλ' ὤφελλες Διί τ' ἄλλοισίν τε θεοῖσι
ῥέξας ἱερὰ κάλ' ἀναβαινέμεν, ὄφρα τάχιστα
σὴν ἐς πατρίδ' ἵκοιο πλέων ἐπὶ οἴνοπα πόντον.
οὐ γάρ τοι πρὶν μοῖρα φίλους ἰδέειν καὶ ἱκέσθαι   475
οἶκον ἐϋκτίμενον καὶ σὴν ἐς πατρίδα γαῖαν,
πρίν γ' ὅτ' ἂν Αἰγύπτοιο, διιπετέος ποταμοῖο,
αὖτις ὕδωρ ἔλθῃς ῥέξῃς θ' ἱερὰς ἑκατόμβας
ἀθανάτοισι θεοῖσι, τοὶ οὐρανὸν εὐρὺν ἔχουσι·
καὶ τότε τοι δώσουσιν ὁδὸν θεοί, ἣν σὺ μενοινᾷς.   480
ὣς ἔφατ', αὐτὰρ ἐμοί γε κατεκλάσθη φίλον ἦτορ,
οὕνεκά μ' αὖτις ἄνωγεν ἐπ' ἠεροειδέα πόντον
Αἰγυπτόνδ' ἰέναι, δολιχὴν ὁδὸν ἀργαλέην τε.
ἀλλὰ καὶ ὣς μιν ἔπεσσιν ἀμειβόμενος προσέειπον·
ταῦτα μὲν οὕτω δὴ τελέω, γέρον, ὡς σὺ κελεύεις.   485
ἀλλ' ἄγε μοι τόδε εἰπὲ καὶ ἀτρεκέως κατάλεξον,
ἢ πάντες σὺν νηυσὶν ἀπήμονες ἦλθον Ἀχαιοί,
οὓς Νέστωρ καὶ ἐγὼ λίπομεν Τροίηθεν ἰόντες,
ἠέ τις ὤλετ' ὀλέθρῳ ἀδευκέϊ ἧς ἐπὶ νηός,
ἠὲ φίλων ἐν χερσίν, ἐπεὶ πόλεμον τολύπευσεν.   490
ὣς ἐφάμην, ὁ δέ μ' αὐτίκ' ἀμειβόμενος προσέειπεν·
Ἀτρείδη, τί με ταῦτα διείρεαι; οὐδέ τί σε χρὴ
ἴδμεναι, οὐδὲ δαῆναι ἐμὸν νόον· οὐδέ σέ φημι
δὴν ἄκλαυτον ἔσεσθαι, ἐπεί κ' εὖ πάντα πύθηαι.
πολλοὶ μὲν γὰρ τῶν γε δάμεν, πολλοὶ δὲ λίποντο·   495
ἀρχοὶ δ' αὖ δύο μοῦνοι Ἀχαιῶν χαλκοχιτώνων
ἐν νόστῳ ἀπόλοντο· μάχῃ δέ τε καὶ σὺ παρῆσθα.
εἷς δ' ἔτι που ζωὸς κατερύκεται εὐρέϊ πόντῳ.

475 τ' ἰδέειν codd., τ' om. Porph. qu. Il. 213, 10 Bentley
476 οἶκον ἐς ὑψόροφον b Mon. R¹¹   477 διιπετέος Zenodotus
(Zenodorus schol. M³)   484 μιν ἔπεσσιν] μύθοισιν a b g j o L⁴
487 ἤ j H³ Pal. T : εἰ cet., cf. 28, 646   491 αὖτις e f i   493 οὐδέ σ'
ὅΐω b Mon. R¹¹   495 δάμεν Ar. L⁴ P⁷ T : θάνον cet. (αἱ κοινότεραι)
497 νόστῳ δὴ d L⁸   παρῆες g j   498 om. Zen.

Αἴας μὲν μετὰ νηυσὶ δάμη δολιχηρέτμοισι·
Γυρῇσίν μιν πρῶτα Ποσειδάων ἐπέλασσε   500
πέτρῃσιν μεγάλῃσι, καὶ ἐξεσάωσε θαλάσσης·
καί νύ κεν ἔκφυγε κῆρα, καὶ ἐχθόμενός περ Ἀθήνῃ,
εἰ μὴ ὑπερφίαλον ἔπος ἔκβαλε καὶ μέγ' ἀάσθη·
φῆ ῥ' ἀέκητι θεῶν φυγέειν μέγα λαῖτμα θαλάσσης.
τοῦ δὲ Ποσειδάων μεγάλ' ἔκλυεν αὐδήσαντος·   505
αὐτίκ' ἔπειτα τρίαιναν ἑλὼν χερσὶ στιβαρῇσιν
ἤλασε Γυραίην πέτρην, ἀπὸ δ' ἔσχισεν αὐτήν·
καὶ τὸ μὲν αὐτόθι μεῖνε, τὸ δὲ τρύφος ἔμπεσε πόντῳ,
τῷ ῥ' Αἴας τὸ πρῶτον ἐφεζόμενος μέγ' ἀάσθη·
τὸν δ' ἐφόρει κατὰ πόντον ἀπείρονα κυμαίνοντα.   510
ὣς ὁ μὲν ἔνθ' ἀπόλωλεν, ἐπεὶ πίεν ἁλμυρὸν ὕδωρ.
σὸς δέ που ἔκφυγε κῆρας ἀδελφεὸς ἠδ' ὑπάλυξεν
ἐν νηυσὶ γλαφυρῇσι· σάωσε δὲ πότνια Ἥρη.
ἀλλ' ὅτε δὴ τάχ' ἔμελλε Μαλειάων ὄρος αἰπὺ
ἵξεσθαι, τότε δή μιν ἀναρπάξασα θύελλα   515
πόντον ἐπ' ἰχθυόεντα φέρεν βαρέα στενάχοντα,
ἀγροῦ ἐπ' ἐσχατιήν, ὅθι δώματα ναῖε Θυέστης
τὸ πρίν, ἀτὰρ τότ' ἔναιε Θυεστιάδης Αἴγισθος.
ἀλλ' ὅτε δὴ καὶ κεῖθεν ἐφαίνετο νόστος ἀπήμων,
ἂψ δὲ θεοὶ οὖρον στρέψαν, καὶ οἴκαδ' ἵκοντο,   520
ἦ τοι ὁ μὲν χαίρων ἐπεβήσετο πατρίδος αἴης,
καὶ κύνει ἁπτόμενος ἣν πατρίδα· πολλὰ δ' ἀπ' αὐτοῦ
δάκρυα θερμὰ χέοντ', ἐπεὶ ἀσπασίως ἴδε γαῖαν.
τὸν δ' ἄρ' ἀπὸ σκοπιῆς εἶδε σκοπός, ὅν ῥα καθεῖσεν
Αἴγισθος δολόμητις ἄγων, ὑπὸ δ' ἔσχετο μισθὸν   525
χρυσοῦ δοιὰ τάλαντα· φύλασσε δ' ὅ γ' εἰς ἐνιαυτόν,
μή ἑ λάθοι παριών, μνήσαιτο δὲ θούριδος ἀλκῆς.

500 μιν a c d j l: μὲν cet.   ἐδάμασσε R⁷, γρ. H³ Pal.   508 ἔμβαλε
L⁴   511 ἐν οὐδεμιᾷ ἐφέρετο. καὶ λίαν γάρ ἐστιν εὐτελής· θαυμάσαιμεν
δ' ἂν πῶς παρέλαθε τὸν Ἀρίσταρχον ὀβελίσαι αὐτόν schol.   516 βαρέα]
μεγάλα a f c j L⁸ P¹: μεγάλως d   517 ἐσχατιῆς b c d k
517, 518 perperam post 520 transposuit Bothe

βῆ δ' ἴμεν ἀγγελέων πρὸς δώματα ποιμένι λαῶν.
αὐτίκα δ' Αἴγισθος δολίην ἐφράσσατο τέχνην·
κρινάμενος κατὰ δῆμον ἐείκοσι φῶτας ἀρίστους   530
εἷσε λόχον, ἑτέρωθι δ' ἀνώγει δαῖτα πένεσθαι.
αὐτὰρ ὁ βῆ καλέων 'Αγαμέμνονα, ποιμένα λαῶν,
ἵπποισιν καὶ ὄχεσφιν, ἀεικέα μερμηρίζων.
τὸν δ' οὐ εἰδότ' ὄλεθρον ἀνήγαγε, καὶ κατέπεφνε
δειπνίσσας, ὥς τίς τε κατέκτανε βοῦν ἐπὶ φάτνῃ.   535
οὐδέ τις 'Ατρείδεω ἑτάρων λίπεθ' οἵ οἱ ἕποντο,
οὐδέ τις Αἰγίσθου, ἀλλ' ἔκταθεν ἐν μεγάροισιν.
ὣς ἔφατ', αὐτὰρ ἐμοί γε κατεκλάσθη φίλον ἦτορ,
κλαῖον δ' ἐν ψαμάθοισι καθήμενος, οὐδέ νύ μοι κῆρ
ἤθελ' ἔτι ζώειν καὶ ὁρᾶν φάος ἠελίοιο.   540
αὐτὰρ ἐπεὶ κλαίων τε κυλινδόμενός τε κορέσθην,
δὴ τότε με προσέειπε γέρων ἅλιος νημερτής·
μηκέτι, 'Ατρέος υἱέ, πολὺν χρόνον ἀσκελὲς οὕτω
κλαῖ', ἐπεὶ οὐκ ἄνυσίν τινα δήομεν· ἀλλὰ τάχιστα
πείρα ὅπως κεν δὴ σὴν πατρίδα γαῖαν ἵκηαι.   545
ἢ γάρ μιν ζωόν γε κιχήσεαι, ἤ κεν 'Ορέστης
κτεῖνεν ὑποφθάμενος· σὺ δέ κεν τάφου ἀντιβολήσαις.
ὣς ἔφατ', αὐτὰρ ἐμοὶ κραδίη καὶ θυμὸς ἀγήνωρ
αὖτις ἐνὶ στήθεσσι καὶ ἀχνυμένῳ περ ἰάνθη·
καί μιν φωνήσας ἔπεα πτερόεντα προσηύδων.   550
τούτους μὲν δὴ οἶδα· σὺ δὲ τρίτον ἄνδρ' ὀνόμαζε,
ὅς τις ἔτι ζωὸς κατερύκεται εὐρέϊ πόντῳ
ἠὲ θανών· ἐθέλω δὲ καὶ ἀχνύμενός περ ἀκοῦσαι.
ὣς ἐφάμην, ὁ δέ μ' αὐτίκ' ἀμειβόμενος προσέειπεν·
υἱὸς Λαέρτεω, 'Ιθάκῃ ἔνι οἰκία ναίων·   555
τὸν ἴδον ἐν νήσῳ θαλερὸν κατὰ δάκρυ χέοντα,
νύμφης ἐν μεγάροισι Καλυψοῦς, ἥ μιν ἀνάγκῃ

534 οὐκ codd. em. Bentley   535 ὥς εἴγε g   538 κατέκλασε
R⁷, γρ. H³   539 οὐδέ μοι ἦτορ a c g   543 οὕτω f g i j k o Pal.:
αἰεὶ vulg. (= α 68)   545 βαρυτόνως καὶ χωρὶς τοῦ ῖ sch.: πειρᾶν d r
553 ἐν πάσαις ἠθετεῖτο sch.   556 τὸν δ' codd. em. Bentl.

ἴσχει· ὁ δ' οὐ δύναται ἣν πατρίδα γαῖαν ἱκέσθαι·
οὐ γάρ οἱ πάρα νῆες ἐπήρετμοι καὶ ἑταῖροι,
οἵ κέν μιν πέμποιεν ἐπ' εὐρέα νῶτα θαλάσσης.   560
σοὶ δ' οὐ θέσφατόν ἐστι, διοτρεφὲς ὦ Μενέλαε,
Ἄργει ἐν ἱπποβότῳ θανέειν καὶ πότμον ἐπισπεῖν,
ἀλλά σ' ἐς Ἠλύσιον πεδίον καὶ πείρατα γαίης
ἀθάνατοι πέμψουσιν, ὅθι ξανθὸς Ῥαδάμανθυς,
τῇ περ ῥηΐστη βιοτὴ πέλει ἀνθρώποισιν·   565
οὐ νιφετός, οὔτ' ἂρ χειμὼν πολὺς οὔτε ποτ' ὄμβρος,
ἀλλ' αἰεὶ Ζεφύροιο λιγὺ πνείοντος ἀήτας
Ὠκεανὸς ἀνίησιν ἀναψύχειν ἀνθρώπους,
οὕνεκ' ἔχεις Ἑλένην καί σφιν γαμβρὸς Διός ἐσσι.
ὣς εἰπὼν ὑπὸ πόντον ἐδύσετο κυμαίνοντα,   570
αὐτὰρ ἐγὼν ἐπὶ νῆας ἅμ' ἀντιθέοις ἑτάροισιν
ἤϊα, πολλὰ δέ μοι κραδίη πόρφυρε κιόντι.
αὐτὰρ ἐπεί ῥ' ἐπὶ νῆα κατήλθομεν ἠδὲ θάλασσαν,
δόρπον θ' ὁπλισάμεσθ', ἐπί τ' ἤλυθεν ἀμβροσίη νύξ,
δὴ τότε κοιμήθημεν ἐπὶ ῥηγμῖνι θαλάσσης.   575
ἦμος δ' ἠριγένεια φάνη ῥοδοδάκτυλος Ἠώς,
νῆας μὲν πάμπρωτον ἐρύσσαμεν εἰς ἅλα δῖαν,
ἐν δ' ἱστοὺς τιθέμεσθα καὶ ἱστία νηυσὶν ἐΐσῃς·
ἂν δὲ καὶ αὐτοὶ βάντες ἐπὶ κληῖσι καθῖζον·
ἑξῆς δ' ἑζόμενοι πολιὴν ἅλα τύπτον ἐρετμοῖς.   580
ἂψ δ' εἰς Αἰγύπτοιο, διιπετέος ποταμοῖο,
στῆσα νέας, καὶ ἔρεξα τεληέσσας ἑκατόμβας.
αὐτὰρ ἐπεὶ κατέπαυσα θεῶν χόλον αἰὲν ἐόντων,
χεῦ' Ἀγαμέμνονι τύμβον, ἵν' ἄσβεστον κλέος εἴη.
ταῦτα τελευτήσας νεόμην, δίδοσαν δέ μοι οὖρον   585

563 σκοπητέον εἰ μὴ ὁ τοιοῦτος τοῦ Ἀπίωνος λόγος [ab ἰλύς derivantis]
διὰ τοῦ ῑ γράφει τὴν τοῦ Ἠλυσίου ἄρχουσαν Eust.   567 λίγα Strabo
29   πνείοντος e q (διὰ τοῦ ο schol.) Apollodor. ap. Porph. ap. Stob.
Ecl. i. 49 = 1020, sch. Eur. Phoen. 211 (cod. unus): πνείοντας cet.:
διαπνείουσιν ἀῆται Ar. Probl. 943 b 23 (fort. om. 568)   569 ἐν ἐνίοις
οὐ φέρεται ὁ στίχος schol.   φίλος pro Διός quidam   573 κατήλυθον
f k Pal.   574 ὦπλ. H³ L⁸ al.   578 ἔῃσιν p H³ corr.   νηὸς
ἐΐσης g j L⁴ : νηὶ μελαίνῃ b   579 ἂν a b d f k : ἐν cet.

ἀθάνατοι, τοί μ' ὦκα φίλην ἐς πατρίδ' ἔπεμψαν.
ἀλλ' ἄγε νῦν ἐπίμεινον ἐνὶ μεγάροισιν ἐμοῖσιν,
ὄφρα κεν ἑνδεκάτη τε δυωδεκάτη τε γένηται·
καὶ τότε σ' εὖ πέμψω, δώσω δέ τοι ἀγλαὰ δῶρα
τρεῖς ἵππους καὶ δίφρον ἐΰξοον· αὐτὰρ ἔπειτα   590
δώσω καλὸν ἄλεισον, ἵνα σπένδῃσθα θεοῖσιν
ἀθανάτοις ἐμέθεν μεμνημένος ἤματα πάντα."
    Τὸν δ' αὖ Τηλέμαχος πεπνυμένος ἀντίον ηὔδα·
" Ἀτρεΐδη, μὴ δή με πολὺν χρόνον ἐνθάδ' ἔρυκε.
καὶ γάρ κ' εἰς ἐνιαυτὸν ἐγὼ παρὰ σοί γ' ἀνεχοίμην   595
ἥμενος, οὐδέ με οἴκου ἕλοι πόθος οὐδὲ τοκήων·
αἰνῶς γὰρ μύθοισιν ἔπεσσί τε σοῖσιν ἀκούων
τέρπομαι. ἀλλ' ἤδη μοι ἀνιάζουσιν ἑταῖροι
ἐν Πύλῳ ἠγαθέῃ· σὺ δέ με χρόνον ἐνθάδ' ἐρύκεις.
δῶρον δ' ὅττι κέ μοι δοίης, κειμήλιον ἔστω·   600
ἵππους δ' εἰς Ἰθάκην οὐκ ἄξομαι, ἀλλὰ σοὶ αὐτῷ
ἐνθάδε λείψω ἄγαλμα· σὺ γὰρ πεδίοιο ἀνάσσεις
εὐρέος, ᾧ ἔνι μὲν λωτὸς πολύς, ἐν δὲ κύπειρον
πυροί τε ζειαί τε ἰδ' εὐρυφυὲς κρῖ λευκόν.
ἐν δ' Ἰθάκῃ οὔτ' ἀρ δρόμοι εὐρέες οὔτε τι λειμών·   605
αἰγίβοτος, καὶ μᾶλλον ἐπήρατος ἱπποβότοιο.
οὐ γάρ τις νήσων ἱππήλατος οὐδ' εὐλείμων,
αἵ θ' ἁλὶ κεκλίαται· Ἰθάκη δέ τε καὶ περὶ πασέων."
    Ὣς φάτο, μείδησεν δὲ βοὴν ἀγαθὸς Μενέλαος,
χειρί τέ μιν κατέρεξεν ἔπος τ' ἔφατ' ἔκ τ' ὀνόμαζεν·   610
" Αἵματός εἰς ἀγαθοῖο, φίλον τέκος, οἷ' ἀγορεύεις·
τοιγὰρ ἐγώ τοι ταῦτα μεταστήσω· δύναμαι γάρ.
δώρων δ' ὅσσ' ἐν ἐμῷ οἴκῳ κειμήλια κεῖται,

596 κέ με codd. em. Bentley   598 a οὓς λέλοιπα μετὰ νηὸς παρὰ
νέστορι δίω pro versu hab. p, R⁷ U¹ (om. δίω), marg. H³ Pal.
599 μεⁱ κε Ar.   ἐρύκοις H³ U⁸   604 τε καὶ a e H³ : τε ἠδ'
g k O U⁷   606 αἰγίβοτον — ἐπήρατον Ar.   607 εὐδείελος Strabo
454, cf. ν 234   609 γρ. γήθησε H³   611 ὀλοοῖο Crates
613 δῶρον Br L⁴ Pal. R¹⁷, M² R¹⁰ uv., R² R⁵ ss. Eust. (δύναται διχῶς
γράφεσθαι· ἢ γὰρ δώσω δῶρον, ἢ δώσω τῶν δώρων)

δώσω ὅ κάλλιστον καὶ τιμηέστατόν ἐστι.
δώσω τοι κρητῆρα τετυγμένον· ἀργύρεος δὲ   615
ἔστιν ἅπας, χρυσῷ δ' ἐπὶ χείλεα κεκράανται·
ἔργον δ' Ἡφαίστοιο· πόρεν δέ ἑ Φαίδιμος ἥρως,
Σιδονίων βασιλεύς, ὅθ' ἑὸς δόμος ἀμφεκάλυψε
κεῖσέ με νοστήσαντα· τεῒν δ' ἐθέλω τόδ' ὀπάσσαι."
    Ὣς οἱ μὲν τοιαῦτα πρὸς ἀλλήλους ἀγόρευον,   620
δαιτυμόνες δ' ἐς δώματ' ἴσαν θείου βασιλῆος.
οἱ δ' ἦγον μὲν μῆλα, φέρον δ' εὐήνορα οἶνον·
σῖτον δέ σφ' ἄλοχοι καλλικρήδεμνοι ἔπεμπον.
ὣς οἱ μὲν περὶ δεῖπνον ἐνὶ μεγάροισι πένοντο,
μνηστῆρες δὲ πάροιθεν Ὀδυσσῆος μεγάροιο   625
δίσκοισιν τέρποντο καὶ αἰγανέῃσιν ἱέντες,
ἐν τυκτῷ δαπέδῳ, ὅθι περ πάρος, ὕβριν ἔχοντες.
Ἀντίνοος δὲ καθῆστο καὶ Εὐρύμαχος θεοειδής,
ἀρχοὶ μνηστήρων, ἀρετῇ δ' ἔσαν ἔξοχ' ἄριστοι.
τοῖς δ' υἱὸς Φρονίοιο Νοήμων ἐγγύθεν ἐλθὼν   630
Ἀντίνοον μύθοισιν ἀνειρόμενος προσέειπεν·
    "'Ἀντίνο', ἦ ῥά τι ἴδμεν ἐνὶ φρεσίν, ἦε καὶ οὐκί,
ὁππότε Τηλέμαχος νεῖτ' ἐκ Πύλου ἠμαθόεντος;
νῆά μοι οἴχετ' ἄγων· ἐμὲ δὲ χρεὼ γίγνεται αὐτῆς
Ἤλιδ' ἐς εὐρύχορον διαβήμεναι, ἔνθα μοι ἵπποι   635
δώδεκα θήλειαι, ὑπὸ δ' ἡμίονοι ταλαεργοὶ
ἀδμῆτες· τῶν κέν τιν' ἐλασσάμενος δαμασαίμην."
    Ὣς ἔφαθ', οἱ δ' ἀνὰ θυμὸν ἐθάμβεον· οὐ γὰρ ἔφαντο
ἐς Πύλον οἴχεσθαι Νηλήϊον, ἀλλά που αὐτοῦ
ἀγρῶν ἢ μήλοισι παρέμμεναι ἠὲ συβώτῃ.   640
    Τὸν δ' αὖτ' Ἀντίνοος προσέφη, Εὐπείθεος υἱός·
"νημερτές μοι ἔνισπε, πότ' ᾤχετο καὶ τίνες αὐτῷ

618 ὅθ' ἑὸς codd. : ὃ τεὸς Ar. (καὶ τὰ ὑπομνήματα schol.): οτ' εος cod. A
Ap. Dysc. pron. 106. 15 : ὅτε ὃς Buttmann, cf. ο 118   621 δ' ἀνὰ
cefik Pal.   623 ἔπεμπον a c i L⁴ : ἔνεικαν cet.   627 ἔχοντες Ar.,
γρ. p : ἔχεσκον cet.   631 ἀμειβόμενος g j L⁴, cf. 461   635 εὔιππον
γρ. Mon.   641 ἀπαμείβετο φώνησέν τε, ἐν ἄλλῳ H³ Pal.

κοῦροι ἕποντ'; Ἰθάκης ἐξαίρετοι, ἢ ἐοὶ αὐτοῦ
θῆτές τε δμῶές τε; δύναιτό κε καὶ τὸ τελέσσαι.
καί μοι τοῦτ' ἀγόρευσον ἐτήτυμον, ὄφρ' ἐὺ εἰδῶ,   645
ἢ σε βίῃ ἀέκοντος ἀπηύρα νῆα μέλαιναν,
ἠὲ ἑκών οἱ δῶκας, ἐπεὶ προσπτύξατο μύθῳ."

Τὸν δ' υἱὸς Φρονίοιο Νοήμων ἀντίον ηὔδα·
" αὐτὸς ἑκών οἱ δῶκα· τί κεν ῥέξειε καὶ ἄλλος,
ὁππότ' ἀνὴρ τοιοῦτος, ἔχων μελεδήματα θυμῷ,   650
αἰτίζῃ; χαλεπόν κεν ἀνήνασθαι δόσιν εἴη.
κοῦροι δ' οἳ κατὰ δῆμον ἀριστεύουσι μεθ' ἡμέας,
οἵ οἱ ἕποντ'· ἐν δ' ἀρχὸν ἐγὼ βαίνοντ' ἐνόησα
Μέντορα, ἠὲ θεόν, τῷ δ' αὐτῷ πάντα ἐῴκει.
ἀλλὰ τὸ θαυμάζω· ἴδον ἐνθάδε Μέντορα δῖον   655
χθιζὸν ὑπηοῖον. τότε δ' ἔμβη νηὶ Πύλονδε."

Ὣς ἄρα φωνήσας ἀπέβη πρὸς δώματα πατρός,
τοῖσιν δ' ἀμφοτέροισιν ἀγάσσατο θυμὸς ἀγήνωρ.
μνηστῆρας δ' ἄμυδις κάθισαν καὶ παῦσαν ἀέθλων.
τοῖσιν δ' Ἀντίνοος μετέφη, Εὐπείθεος υἱός,   660
ἀχνύμενος· μένεος δὲ μέγα φρένες ἀμφιμέλαιναι
πίμπλαντ', ὄσσε δέ οἱ πυρὶ λαμπετόωντι ἐΐκτην·

"Ὢ πόποι, ἢ μέγα ἔργον ὑπερφιάλως ἐτελέσθη
Τηλεμάχῳ ὁδὸς ἥδε· φάμεν δέ οἱ οὐ τελέεσθαι.
ἐκ τοσσῶνδ' ἀέκητι νέος πάϊς οἴχεται αὔτως   665
νῆα ἐρυσσάμενος, κρίνας τ' ἀνὰ δῆμον ἀρίστους.
ἄρξει καὶ προτέρω κακὸν ἔμμεναι· ἀλλά οἱ αὐτῷ
Ζεὺς ὀλέσειε βίην, πρὶν ἥβης μέτρον ἱκέσθαι.
ἀλλ' ἄγ' ἐμοὶ δότε νῆα θοὴν καὶ εἴκοσ' ἑταίρους,
ὄφρα μιν αὐτὸν ἰόντα λοχήσομαι ἠδὲ φυλάξω   670

646 ἤ] εἴ ο L⁸ M⁴, γρ. p, cf. 28, 487   ἀπηύρατο ed. pr. γρ. H¹
649 ἑκών] ἐγώ Bentley cl. β 133   τό κεν g   654 ἤίθεον e h o
Mon. R¹¹   659 μνηστῆρας i k Pal. leg. schol. : μνηστῆρες cet.
661, 662 ἐκ τῆς Ἰλιάδος [Α 103, 104] μετηνέχθησαν οὐ δεόντως οἱ στίχοι
schol.   664 δέ μιν R⁵, quidam ant. (κακῶς)   666 ἑταίρους g j,
cf. 278   668 ἥβης μέτρον ἱκέσθαι Ar. a c d f l L⁴ : ἡμῖν πῆμα
γενέσθαι cet. (αἱ κοινότεραι) : φυτεῦσαι M² R⁵ Eust., cf. ρ 597

ἐν πορθμῷ Ἰθάκης τε Σάμοιό τε παιπαλοέσσης,
ὡς ἂν ἐπισμυγερῶς ναυτίλλεται εἵνεκα πατρός."

Ὣς ἔφαθ', οἱ δ' ἄρα πάντες ἐπήνεον ἠδ' ἐκέλευον·
αὐτίκ' ἔπειτ' ἀνστάντες ἔβαν δόμον εἰς Ὀδυσῆος.

Οὐδ' ἄρα Πηνελόπεια πολὺν χρόνον ἦεν ἄπυστος   675
μύθων, οὓς μνηστῆρες ἐνὶ φρεσὶ βυσσοδόμευον·
κῆρυξ γάρ οἱ εἶπε Μέδων, ὃς ἐπεύθετο βουλὰς
αὐλῆς ἐκτὸς ἐών· οἱ δ' ἔνδοθι μῆτιν ὕφαινον.
βῆ δ' ἴμεν ἀγγελέων διὰ δώματα Πηνελοπείῃ·
τὸν δὲ κατ' οὐδοῦ βάντα προσηύδα Πηνελόπεια·   680

"Κῆρυξ, τίπτε δέ σε πρόεσαν μνηστῆρες ἀγαυοί;
ἦ εἰπέμεναι δμῳῇσιν Ὀδυσσῆος θείοιο
ἔργων παύσασθαι, σφίσι δ' αὐτοῖς δαῖτα πένεσθαι;
μὴ μνηστεύσαντες μηδ' ἄλλοθ' ὁμιλήσαντες
ὕστατα καὶ πύματα νῦν ἐνθάδε δειπνήσειαν·   685
οἳ θάμ' ἀγειρόμενοι βίοτον κατακείρετε πολλόν,
κτῆσιν Τηλεμάχοιο δαΐφρονος· οὐδέ τι πατρῶν
ὑμετέρων τὸ πρόσθεν ἀκούετε, παῖδες ἐόντες,
οἷος Ὀδυσσεὺς ἔσκε μεθ' ὑμετέροισι τοκεῦσιν,
οὔτε τινὰ ῥέξας ἐξαίσιον οὔτε τι εἰπὼν   690
ἐν δήμῳ· ἥ τ' ἐστὶ δίκη θείων βασιλήων·
ἄλλον κ' ἐχθαίρῃσι βροτῶν, ἄλλον κε φιλοίη.
κεῖνος δ' οὔ ποτε πάμπαν ἀτάσθαλον ἄνδρα ἐώργει.
ἀλλ' ὁ μὲν ὑμέτερος θυμὸς καὶ ἀεικέα ἔργα
φαίνεται, οὐδέ τίς ἐστι χάρις μετόπισθ' εὐεργέων."   695

Τὴν δ' αὖτε προσέειπε Μέδων, πεπνυμένα εἰδώς·
" αἲ γὰρ δή, βασίλεια, τόδε πλεῖστον κακὸν εἴη.
ἀλλὰ πολὺ μεῖζόν τε καὶ ἀργαλεώτερον ἄλλο
μνηστῆρες φράζονται, ὃ μὴ τελέσειε Κρονίων·

672 ἐπιμογερῶς R⁵ uv.: ἐπισμογερῶς V³   677 ἔειπε codd., cf.
379   679 διὰ k Pal. P⁷ R¹¹ T : πρὸς vulg.   682 ἢ om. Long.
de subl. 27   686 διχῶς, οἵ θ' ἅμα καὶ οἳ θάμα, ὃ καὶ ἄμεινον schol.
utrumque codd.   688 τῶν πρόσθεν Long. l. c.   690 ῥέξας κακὸν
ἔξετον Stob. Ecl. iv. 7. 8   691 ἢ e q R⁵ U⁸ : ἢ cet., cf. γ 45

Τηλέμαχον μεμάασι κατακτάμεν ὀξέϊ χαλκῷ   700
οἴκαδε νισόμενον· ὁ δ' ἔβη μετὰ πατρὸς ἀκουὴν
ἐς Πύλον ἠγαθέην ἠδ' ἐς Λακεδαίμονα δῖαν."
  Ὣς φάτο, τῆς δ' αὐτοῦ λύτο γούνατα καὶ φίλον ἦτορ,
δὴν δέ μιν ἀμφασίη ἐπέων λάβε· τὼ δέ οἱ ὄσσε
δακρυόφι πλῆσθεν, θαλερὴ δέ οἱ ἔσχετο φωνή.   705
ὀψὲ δὲ δή μιν ἔπεσσιν ἀμειβομένη προσέειπε·
  " Κῆρυξ, τίπτε δέ μοι πάϊς οἴχεται; οὐδέ τί μιν χρεὼ
νηῶν ὠκυπόρων ἐπιβαινέμεν, αἵ θ' ἁλὸς ἵπποι
ἀνδράσι γίγνονται, περόωσι δὲ πουλὺν ἐφ' ὑγρήν.
ἦ ἵνα μηδ' ὄνομ' αὐτοῦ ἐν ἀνθρώποισι λίπηται; "   710
  Τὴν δ' ἠμείβετ' ἔπειτα Μέδων πεπνυμένα εἰδώς·
  " οὐ οἶδ' ἤ τίς μιν θεὸς ὤρορεν, ἦε καὶ αὐτοῦ
θυμὸς ἐφωρμήθη ἵμεν ἐς Πύλον, ὄφρα πύθηται
πατρὸς ἑοῦ ἢ νόστον ἢ ὅν τινα πότμον ἐπέσπεν."
  Ὣς ἄρα φωνήσας ἀπέβη κατὰ δῶμ' Ὀδυσῆος.   715
τὴν δ' ἄχος ἀμφεχύθη θυμοφθόρον, οὐδ' ἄρ' ἔτ' ἔτλη
δίφρῳ ἐφέζεσθαι πολλῶν κατὰ οἶκον ἐόντων,
ἀλλ' ἄρ' ἐπ' οὐδοῦ ἷζε πολυκμήτου θαλάμοιο
οἴκτρ' ὀλοφυρομένη· περὶ δὲ δμωαὶ μινύριζον
πᾶσαι, ὅσαι κατὰ δώματ' ἔσαν νέαι ἠδὲ παλαιαί.   720
τῆς δ' ἀδινὸν γοόωσα μετηύδα Πηνελόπεια·
  " Κλῦτε, φίλαι· πέρι γάρ μοι Ὀλύμπιος ἄλγε' ἔδωκεν
ἐκ πασέων, ὅσσαι μοι ὁμοῦ τράφεν ἠδ' ἐγένοντο,
ἣ πρὶν μὲν πόσιν ἐσθλὸν ἀπώλεσα θυμολέοντα,
παντοίῃς ἀρετῇσι κεκασμένον ἐν Δαναοῖσιν,   725
ἐσθλόν, τοῦ κλέος εὐρὺ καθ' Ἑλλάδα καὶ μέσον Ἄργος.
νῦν αὖ παῖδ' ἀγαπητὸν ἀνηρείψαντο θύελλαι

702 ἠμαθίην Rhianus   705 ἔσκετο Ar., L⁵, Br interl., Pal. corr.
(αἱ Ἀριστάρχου ἔσκετο ἀντὶ τοῦ ἐγένετο· γέλοιοι γάρ εἰσιν οἱ γράφοντες
ἔσχετο), cf. 270 η 156. legitne θαλερὴ Ar.?   706 μιν] ἐ Bentley
   707 ἠέ τι d   χρεὼν p   710 πέληται R⁹   712 οὐκ codd.,
cf. 534   ἤ Ar. H³: ἤν U⁸: εἰ vulg., cf. 28   715 κατὰ] πρὸς q Ho
O R¹⁷   722 ὀλύμπιοι—ἔδωκαν codd. plerique   726 περιττὸς ὁ
στίχος sch. (= 816)   727 ἀνηρείψαντο θύελλαι vulg. (ἡ χαριεστέρα
τῶν Ἀριστάρχου καὶ ἄλλαι πολλαὶ οὕτως), ἄελλαι d: ἀποκτεῖναι μεμάασιν
fp H³ M² M³ P⁷ Eust. (= ε 18)

ἀκλέα ἐκ μεγάρων, οὐδ' ὁρμηθέντος ἄκουσα.
σχέτλιαι, οὐδ' ὑμεῖς περ ἐνὶ φρεσὶ θέσθε ἑκάστη
ἐκ λεχέων μ' ἀνεγεῖραι, ἐπιστάμεναι σάφα θυμῷ,   730
ὁππότε κεῖνος ἔβη κοίλην ἐπὶ νῆα μέλαιναν.
εἰ γὰρ ἐγὼ πυθόμην ταύτην ὁδὸν ὁρμαίνοντα,
τῷ κε μάλ' ἤ κέν μεῖνε, καὶ ἐσσύμενός περ ὁδοῖο,
ἤ κέ με τεθνηυῖαν ἐνὶ μεγάροισιν ἔλειπεν.
ἀλλά τις ὀτρηρῶς Δολίον καλέσειε γέροντα,   735
δμῶ' ἐμόν, ὅν μοι δῶκε πατὴρ ἔτι δεῦρο κιούσῃ,
καί μοι κῆπον ἔχει πολυδένδρεον, ὄφρα τάχιστα
Λαέρτῃ τάδε πάντα παρεζόμενος καταλέξῃ,
εἰ δή πού τινα κεῖνος ἐνὶ φρεσὶ μῆτιν ὑφήνας
ἐξελθὼν λαοῖσιν ὀδύρεται, οἳ μεμάασιν   740
ὃν καὶ Ὀδυσσῆος φθῖσαι γόνον ἀντιθέοιο."

   Τὴν δ' αὖτε προσέειπε φίλη τροφὸς Εὐρύκλεια·
" νύμφα φίλη, σὺ μὲν ἄρ με κατάκτανε νηλέϊ χαλκῷ,
ἢ ἔα ἐν μεγάρῳ· μῦθον δέ τοι οὐκ ἐπικεύσω·
ᾔδε' ἐγὼ τάδε πάντα, πόρον δέ οἱ ὅσσ' ἐκέλευε,   745
σῖτον καὶ μέθυ ἡδύ· ἐμεῦ δ' ἕλετο μέγαν ὅρκον
μὴ πρὶν σοὶ ἐρέειν, πρὶν δωδεκάτην γε γενέσθαι
ἢ σ' αὐτὴν ποθέσαι καὶ ἀφορμηθέντος ἀκοῦσαι,
ὡς ἂν μὴ κλαίουσα κατὰ χρόα καλὸν ἰάπτῃς.
ἀλλ' ὑδρηναμένη, καθαρὰ χροῒ εἵμαθ' ἑλοῦσα,   750
εἰς ὑπερῷ' ἀναβᾶσα σὺν ἀμφιπόλοισι γυναιξὶν
εὔχε' Ἀθηναίῃ κούρῃ Διὸς αἰγιόχοιο·
ἣ γάρ κέν μιν ἔπειτα καὶ ἐκ θανάτοιο σαώσαι.
μηδὲ γέροντα κάκου κεκακωμένον· οὐ γὰρ ὀίω
πάγχυ θεοῖς μακάρεσσι γονὴν Ἀρκεισιάδαο   755
ἐχθέσθ', ἀλλ' ἔτι πού τις ἐπέσσεται ὅς κεν ἔχῃσι

---

730 σάφα] μάλα d H³   732 ὁρμηθέντα quidam (κακῶς)
733 ἔμεινε codd.   734 τεθνηυῖαν L⁸ T : -κυῖαν cet.   736 δῶκε
codd. plerique : ἔδωκε cet.   741 δόμον R¹¹, γρ. U⁵   742 φίλη
τροφὸς c g j L⁴ Pal., γρ. p : περίφρων cet.   744 ἤ quidam, H³ corr.
      753 om. R⁹   755 ἀρκεσσιάδαο d L⁴ : λαερτιάδαο R¹⁷

δώματά θ' ὑψερεφέα καὶ ἀπόπροθι πίονας ἀγρούς."

῾Ως φάτο, τῆς δ' εὔνησε γόον, σχέθε δ' ὄσσε γόοιο.
ἡ δ' ὑδρηναμένη, καθαρὰ χροῒ εἵμαθ' ἑλοῦσα,
εἰς ὑπερῷ' ἀνέβαινε σὺν ἀμφιπόλοισι γυναιξίν,   760
ἐν δ' ἔθετ' οὐλοχύτας κανέῳ, ἠρᾶτο δ' Ἀθήνῃ·
" Κλῦθί μευ, αἰγιόχοιο Διὸς τέκος, Ἀτρυτώνη,
εἴ ποτέ τοι πολύμητις ἐνὶ μεγάροισιν Ὀδυσσεὺς
ἢ βοὸς ἢ ὄιος κατὰ πίονα μηρία κῆε,
τῶν νῦν μοι μνῆσαι, καί μοι φίλον υἷα σάωσον,   765
μνηστῆρας δ' ἀπάλαλκε κακῶς ὑπερηνορέοντας."

῾Ως εἰποῦσ' ὀλόλυξε, θεὰ δέ οἱ ἔκλυεν ἀρῆς.
μνηστῆρες δ' ὁμάδησαν ἀνὰ μέγαρα σκιόεντα·
ὧδε δέ τις εἴπεσκε νέων ὑπερηνορεόντων·
"῾Η μάλα δὴ γάμον ἄμμι πολυμνήστη βασίλεια   770
ἀρτύει, οὐδέ τι οἶδεν ὅ οἱ φόνος υἷι τέτυκται."

῾Ως ἄρα τις εἴπεσκε, τὰ δ' οὐ ἴσαν ὡς ἐτέτυκτο.
τοῖσιν δ' Ἀντίνοος ἀγορήσατο καὶ μετέειπε·
" Δαιμόνιοι, μύθους μὲν ὑπερφιάλους ἀλέασθε
πάντας ὁμῶς, μή πού τις ἐπαγγείλῃσι καὶ εἴσω.   775
ἀλλ' ἄγε σιγῇ τοῖον ἀναστάντες τελέωμεν
μῦθον, ὃ δὴ καὶ πᾶσιν ἐνὶ φρεσὶν ἤραρεν ἡμῖν."

῾Ως εἰπὼν ἐκρίνατ' ἐείκοσι φῶτας ἀρίστους,
βὰν δ' ἰέναι ἐπὶ νῆα θοὴν καὶ θῖνα θαλάσσης.
νῆα μὲν οὖν πάμπρωτον ἁλὸς βένθοσδε ἔρυσσαν,   780
ἐν δ' ἱστόν τε τίθεντο καὶ ἱστία νηὶ μελαίνῃ,
ἠρτύναντο δ' ἐρετμὰ τροποῖς ἐν δερματίνοισι
πάντα κατὰ μοῖραν· ἀνά θ' ἱστία λευκὰ πέτασσαν·
τεύχεα δέ σφιν ἔνεικαν ὑπέρθυμοι θεράποντες.

758 σχέτο g j, cf. τ 361   762 μεν d C Pal. : μοι cet., cf. ζ 324
764 cf. γ 9   767 αὐδῆς d, γρ. R¹⁷   771 ἀρτύνει k Eust.
772 οὐκ codd., cf. 534   775 πάντες O, quod coni. Bentley et
Nitzsch.   πού] πως q r : πω M¹ P¹ P⁴ U⁴   ἀπαγγείλειε Ho L² O P² R¹⁷
777 εὔαδεν, γρ. H³ Pal.   78ο οὖν] ἀρ q L⁴ P⁷ T   783 περιττὸς
δοκεῖ οὗτος ὁ στίχος schol., om. a k q H³ Pal. Eust. (= θ 54 al.)
784 sign. omissionis (⸓) praef. L⁴   σφιν ἔνεικαν g P⁷ U⁷ : σφ'
ἤνεικαν cet.

ὑψοῦ δ' ἐν νοτίῳ τήν γ' ὅρμισαν, ἐκ δ' ἔβαν αὐτοί·   785
ἔνθα δὲ δόρπον ἕλοντο, μένον δ' ἐπὶ ἕσπερον ἐλθεῖν.

'Η δ' ὑπερωίῳ αὖθι περίφρων Πηνελόπεια
κεῖτ' ἄρ' ἄσιτος, ἄπαστος ἐδητύος ἠδὲ ποτῆτος,
ὁρμαίνουσ' ἤ οἱ θάνατον φύγοι υἱὸς ἀμύμων,
ἤ ὅ γ' ὑπὸ μνηστῆρσιν ὑπερφιάλοισι δαμείη.   790
ὅσσα δὲ μερμήριξε λέων ἀνδρῶν ἐν ὁμίλῳ
δείσας, ὁππότε μιν δόλιον περὶ κύκλον ἄγωσι,
τόσσα μιν ὁρμαίνουσαν ἐπήλυθε νήδυμος ὕπνος·
εὗδε δ' ἀνακλινθεῖσα, λύθεν δέ οἱ ἅψεα πάντα.

Ἔνθ' αὖτ' ἄλλ' ἐνόησε θεὰ γλαυκῶπις Ἀθήνη·   795
εἴδωλον ποίησε, δέμας δ' ἤικτο γυναικί,
Ἰφθίμῃ, κούρῃ μεγαλήτορος Ἰκαρίοιο,
τὴν Εὔμηλος ὄπυιε, Φερῇς ἔνι οἰκία ναίων.
πέμπε δέ μιν πρὸς δώματ' Ὀδυσσῆος θείοιο,
ἧος Πηνελόπειαν ὀδυρομένην, γοόωσαν,   800
παύσειε κλαυθμοῖο γόοιό τε δακρυόεντος.
ἐς θάλαμον δ' εἰσῆλθε παρὰ κληῖδος ἱμάντα,
στῆ δ' ἄρ' ὑπὲρ κεφαλῆς, καί μιν πρὸς μῦθον ἔειπεν·

" Εὕδεις, Πηνελόπεια, φίλον τετιημένη ἦτορ;
οὐ μέν σ' οὐδὲ ἐῶσι θεοὶ ῥεῖα ζώοντες   805
κλαίειν οὐδ' ἀκάχησθαι, ἐπεί ῥ' ἔτι νόστιμός ἐστι
σὸς πάϊς· οὐ μὲν γάρ τι θεοῖς ἀλιτήμενός ἐστι."

Τὴν δ' ἠμείβετ' ἔπειτα περίφρων Πηνελόπεια,
ἡδὺ μάλα κνώσσουσ' ἐν ὀνειρείῃσι πύλῃσιν·

" Τίπτε, κασιγνήτη, δεῦρ' ἤλυθες; οὔ τι πάρος γε   810
πωλέαι, ἐπεὶ μάλα πολλὸν ἀπόπροθι δώματα ναίεις·
καί με κέλεαι παύσασθαι ὀϊζύος ἠδ' ὀδυνάων
πολλέων, αἵ μ' ἐρέθουσι κατὰ φρένα καὶ κατὰ θυμόν,

785 εἰνοδίῳ Aristoph. (ἐννοδίῳ schol. Pal. νοδίῳ schol. θ 55) ὅρμ. P³
sch. Τ Ξ 77 : ὅρμ. cet. 787 ὑπερῴ ἀναβᾶσα e i L⁵ U⁸ 788 ἄσιτος]
ἄναυδος Rhianus, γρ. H¹ ποτοῖο f, cf. ε 201 793 ἐπέλλαβε P⁷,
cf. κ 31 ἥδυμος Pal. corr. 796 a καλῇ τε μεγάλῃ τε καὶ ἀγλαὰ
ἔργ' εἰδυίη (= ν 289) add. Pal. R⁵ V³ 800 εἴπως a f g i o : ὅππως
 d l q κατα θυμον p³⁰ ss., cf. ν 379 806 νηπ[ιο]s p³⁰ 807 θεὸν
Eust., R⁵ uv.

ἢ πρὶν μὲν πόσιν ἐσθλὸν ἀπώλεσα θυμολέοντα,
παντοίης ἀρετῇσι κεκασμένον ἐν Δαναοῖσιν,   815
ἐσθλόν, τοῦ κλέος εὐρὺ καθ᾽ Ἑλλάδα καὶ μέσον Ἄργος.
νῦν αὖ παῖς ἀγαπητὸς ἔβη κοίλης ἐπὶ νηός,
νήπιος, οὔτε πόνων εὖ εἰδὼς οὔτ᾽ ἀγοράων.
τοῦ δὴ ἐγὼ καὶ μᾶλλον ὀδύρομαι ἤ περ ἐκείνοι.
τοῦ δ᾽ ἀμφιτρομέω καὶ δείδια μή τι πάθῃσιν,   820
ἢ ὅ γε τῶν ἐνὶ δήμῳ, ἵν᾽ οἴχεται, ἢ ἐνὶ πόντῳ·
δυσμενέες γὰρ πολλοὶ ἐπ᾽ αὐτῷ μηχανόωνται,
ἱέμενοι κτεῖναι, πρὶν πατρίδα γαῖαν ἱκέσθαι."
    Τὴν δ᾽ ἀπαμειβόμενον προσέφη εἴδωλον ἀμαυρόν·
"θάρσει, μηδέ τι πάγχυ μετὰ φρεσὶ δείδιθι λίην·   825
τοίη γάρ οἱ πομπὸς ἅμ᾽ ἔρχεται, ἥν τε καὶ ἄλλοι
ἀνέρες ἠρήσαντο παρεστάμεναι, δύναται γάρ,
Παλλὰς Ἀθηναίη· σὲ δ᾽ ὀδυρομένην ἐλεαίρει·
ἣ νῦν με προέηκε τεῒν τάδε μυθήσασθαι."
    Τὴν δ᾽ αὖτε προσέειπε περίφρων Πηνελόπεια·   830
"εἰ μὲν δὴ θεός ἐσσι, θεοῖό τε ἔκλυες αὐδῆς,
εἰ δ᾽ ἄγε μοι καὶ κεῖνον ὀϊζυρὸν κατάλεξον,
ἤ που ἔτι ζώει καὶ ὁρᾷ φάος ἠελίοιο,
ἦ ἤδη τέθνηκε καὶ εἰν Ἀίδαο δόμοισι."
    Τὴν δ᾽ ἀπαμειβόμενον προσέφη εἴδωλον ἀμαυρόν·   835
"οὐ μέν τοι κεῖνόν γε διηνεκέως ἀγορεύσω,
ζώει ὅ γ᾽ ἦ τέθνηκε· κακὸν δ᾽ ἀνεμώλια βάζειν."
    Ὣς εἰπὸν σταθμοῖο παρὰ κληῒδα λιάσθη
ἐς πνοιὰς ἀνέμων· ἡ δ᾽ ἐξ ὕπνου ἀνόρουσε
κούρη Ἰκαρίοιο· φίλον δέ οἱ ἦτορ ἰάνθη,   840
ὥς οἱ ἐναργὲς ὄνειρον ἐπέσσυτο νυκτὸς ἀμολγῷ.
    Μνηστῆρες δ᾽ ἀναβάντες ἐπέπλεον ὑγρὰ κέλευθα,
Τηλεμάχῳ φόνον αἰπὺν ἐνὶ φρεσὶν ὁρμαίνοντες.

816 περιττὸς ὁ στίχος de eodem vers. schol. 726   821 τῷ
dhlq   826 ἕσπεται bdfkoq: ἕσπετο U⁸: ἕσσεται C P²
831 αὐδήν bdklq   833 ἦ] εἴ codd., cf. 28   839 ἀνέμου t
L⁶ Pal.

ἔστι δέ τις νῆσος μέσσῃ ἁλὶ πετρήεσσα,
μεσσηγὺς Ἰθάκης τε Σάμοιό τε παιπαλοέσσης,   845
Ἀστερίς, οὐ μεγάλη· λιμένες δ' ἔνι ναύλοχοι αὐτῇ
ἀμφίδυμοι· τῇ τόν γε μέσον λοχόωντες Ἀχαιοί.

845 om. (ex homoeoteleuto) s U⁸ Strab. 59 (hab. Steph. Byz. in v.
Ἀστερία)

Ἠὼς δ' ἐκ λεχέων παρ' ἀγαυοῦ Τιθωνοῖο
ὄρνυθ', ἵν' ἀθανάτοισι φόως φέροι ἠδὲ βροτοῖσιν·
οἱ δὲ θεοὶ θῶκόνδε καθίζανον, ἐν δ' ἄρα τοῖσι
Ζεὺς ὑψιβρεμέτης, οὗ τε κράτος ἐστὶ μέγιστον.
τοῖσι δ' Ἀθηναίη λέγε κήδεα πόλλ' Ὀδυσῆος   5
μνησαμένη· μέλε γάρ οἱ ἐὼν ἐν δώμασι νύμφης·
  "Ζεῦ πάτερ ἠδ' ἄλλοι μάκαρες θεοὶ αἰὲν ἐόντες,
μή τις ἔτι πρόφρων ἀγανὸς καὶ ἤπιος ἔστω
σκηπτοῦχος βασιλεύς, μηδὲ φρεσὶν αἴσιμα εἰδώς,
ἀλλ' αἰεὶ χαλεπός τ' εἴη καὶ αἴσυλα ῥέζοι·   10
ὡς οὔ τις μέμνηται Ὀδυσσῆος θείοιο
λαῶν οἷσιν ἄνασσε, πατὴρ δ' ὡς ἤπιος ἦεν.
ἀλλ' ὁ μὲν ἐν νήσῳ κεῖται κρατέρ' ἄλγεα πάσχων,
νύμφης ἐν μεγάροισι Καλυψοῦς, ἥ.μιν ἀνάγκῃ
ἴσχει· ὁ δ' οὐ δύναται ἣν πατρίδα γαῖαν ἱκέσθαι·   15
οὐ γάρ οἱ πάρα νῆες ἐπήρετμοι καὶ ἑταῖροι,
οἵ κέν μιν πέμποιεν ἐπ' εὐρέα νῶτα θαλάσσης.
νῦν αὖ παῖδ' ἀγαπητὸν ἀποκτεῖναι μεμάασιν
οἴκαδε νισόμενον· ὁ δ' ἔβη μετὰ πατρὸς ἀκουὴν
ἐς Πύλον ἠγαθέην ἠδ' ἐς Λακεδαίμονα δῖαν."   20
  Τὴν δ' ἀπαμειβόμενος προσέφη νεφεληγερέτα Ζεύς·
"τέκνον ἐμόν, ποῖόν σε ἔπος φύγεν ἕρκος ὀδόντων·
οὐ γάρ δὴ τοῦτον μὲν ἐβούλευσας νόον αὐτή,
ὡς ἦ τοι κείνους Ὀδυσεὺς ἀποτίσεται ἐλθών;
Τηλέμαχον δὲ σὺ πέμψον ἐπισταμένως, δύνασαι γάρ,   25

  Καλυψοῦς ἄντρον Aelianus   2 ὄρν. codd.   7 ἐκ τῆς ἐν Ἰλιάδι
Νέστορος εὐχῆς μετατέθειται schol. (?)   8 ειη p³⁰, cf. ξ 152
13 κεῖται] μιμνει p³⁰   οἰκειότερον ἐν Ἰλιάδι κεῖται περὶ φιλοκτήτου
(Β 721) νῦν δὲ ἔδει τετιμημένος ἦτορ εἶναι schol.   14 ον (? οὔ) μιν p³⁰
  17 τεοάσειεν d γρ. R¹⁷, cf. ξ 297   21 δημειβετ ε]πειτα πατηρ
ανωρων ιε θεωντε p³⁰   24 a οισιν ενι μεγαρ]οις η αμφαδοι η
[ε κρ]υφ[η]δ[ον p³⁰, cf. α 295 λ 119

ὥς κε μάλ' ἀσκηθὴς ἣν πατρίδα γαῖαν ἵκηται,
μνηστῆρες δ' ἐν νηῒ παλιμπετὲς ἀπονέωνται."
  ᾿Η ῥα, καὶ ῾Ερμείαν, υἱὸν φίλον, ἀντίον ηὔδα·
"῾Ερμεία· σὺ γὰρ αὖτε τά τ' ἄλλα περ ἄγγελός ἐσσι·
νύμφῃ ἐϋπλοκάμῳ εἰπεῖν νημερτέα βουλήν,   30
νόστον ᾿Οδυσσῆος ταλασίφρονος, ὥς κε νέηται
οὔτε θεῶν πομπῇ οὔτε θνητῶν ἀνθρώπων·
ἀλλ' ὅ γ' ἐπὶ σχεδίης πολυδέσμου πήματα πάσχων
ἤματι εἰκοστῷ Σχερίην ἐρίβωλον ἵκοιτο,
Φαιήκων ἐς γαῖαν, οἳ ἀγχίθεοι γεγάασιν,   35
οἵ κέν μιν περὶ κῆρι θεὸν ὣς τιμήσουσι,
πέμψουσιν δ' ἐν νηῒ φίλην ἐς πατρίδα γαῖαν,
χαλκόν τε χρυσόν τε ἅλις ἐσθῆτά τε δόντες,
πόλλ', ὅσ' ἂν οὐδέ ποτε Τροίης ἐξήρατ' ᾿Οδυσσεύς,
εἴ περ ἀπήμων ἦλθε, λαχὼν ἀπὸ ληΐδος αἶσαν.   40
ὣς γάρ οἱ μοῖρ' ἐστὶ φίλους ἰδέειν καὶ ἱκέσθαι
οἶκον ἐς ὑψόροφον καὶ ἑὴν ἐς πατρίδα γαῖαν."
  ῝Ως ἔφατ', οὐδ' ἀπίθησε διάκτορος ἀργειφόντης.
αὐτίκ' ἔπειθ' ὑπὸ ποσσὶν ἐδήσατο καλὰ πέδιλα,
ἀμβρόσια χρύσεια, τά μιν φέρον ἠμὲν ἐφ' ὑγρὴν   45
ἠδ' ἐπ' ἀπείρονα γαῖαν ἅμα πνοιῆς ἀνέμοιο.
εἵλετο δὲ ῥάβδον, τῇ τ' ἀνδρῶν ὄμματα θέλγει
ὧν ἐθέλει, τοὺς δ' αὖτε καὶ ὑπνώοντας ἐγείρει.
τὴν μετὰ χερσὶν ἔχων πέτετο κρατὺς ἀργειφόντης.
Πιερίην δ' ἐπιβὰς ἐξ αἰθέρος ἔμπεσε πόντῳ·   50
σεύατ' ἔπειτ' ἐπὶ κῦμα λάρῳ ὄρνιθι ἐοικώς,
ὅς τε κατὰ δεινοὺς κόλπους ἁλὸς ἀτρυγέτοιο

26 ἀσκηθεὶς **a p q** H³ Pal., cf. sim. 144, 168, ι 79 λ 535 ξ 255
27 a [. . . .] ῥὴ προ[**p**³⁰   29 [υιεφι]λερμει[a **p**³⁰ : v. om. **d**   32 [ ]ω[ν
π]ομ[πηι. .] π(seu η)ε θε[. . **p**³⁰   32 a]ασ(? τ)εμ[φ. ο]υδει **p**³⁰, cf. Hes.
Theog. 812   32 b]τε θοω[.]σι φιλ[**p**⁵ᵛ   34 κ' εἰκοστῷ vulg. κ' om.
d, expunxit U⁷ Eust. (χωρὶς τοῦ κε αἱ κοινότεραι) Bentley   γ' **p**
38 χρυσόν τε χαλκόν τε L⁸, cf. X 340 al.   39 ποτ' ἐκ **e i** R⁵, cf. O 124.
187 al.   40 a ου [γαρ οι μοιρ εστι δομ]ων ἀποτηλε λᾶσθα[ι **p**³⁰ (sc.
αλαλησθαι), cf. γ 313   41 αλ[λ ετι πολλα παθοντα φιλ. κτλ.] **p**³⁰
τ' ἰδέειν codd.   42 ἦν **g** L⁵ R³ U⁸   44 γρ. καδ' H¹ V² (sc. αὐ-
τίκα καδδ')   47 οὐδέν φασιν ὄφελος ἐνθάδε ῥάβδου ὥσπερ ἐν ᾿Ιλιάδι
(Ω 445) schol.   48 ἐθέλῃ **i** U⁵ (αἱ κοιναὶ διὰ τοῦ ῆ ἐθέλη schol.
Ω 344)   50 ἀναγκαῖον τὸ ἔπος schol.   πειεριης **p**³⁰   52 ος τ ενι
κολπο[ισιν δει]νης **p**³⁰

5. ΟΔΥΣΣΕΙΑΣ Ε

ἰχθῦς ἀγρώσσων πυκινὰ πτερὰ δεύεται ἄλμῃ·
τῷ ἴκελος πολέεσσιν ὀχήσατο κύμασιν Ἑρμῆς.
ἀλλ' ὅτε δὴ τὴν νῆσον ἀφίκετο τηλόθ' ἐοῦσαν,   55
ἔνθ' ἐκ πόντου βὰς ἰοειδέος ἤπειρόνδε
ἤϊεν, ὄφρα μέγα σπέος ἵκετο, τῷ ἔνι νύμφη
ναῖεν ἐϋπλόκαμος· τὴν δ' ἔνδοθι τέτμεν ἐοῦσαν.
πῦρ μὲν ἐπ' ἐσχαρόφιν μέγα καίετο, τηλόθι δ' ὀδμὴ
κέδρου τ' εὐκεάτοιο θύου τ' ἀνὰ νῆσον ὀδώδει   60
δαιομένων· ἡ δ' ἔνδον ἀοιδιάουσ' ὀπὶ καλῇ
ἱστὸν ἐποιχομένη χρυσείη κερκίδ' ὕφαινεν.
ὕλη δὲ σπέος ἀμφὶ πεφύκει τηλεθόωσα,
κλήθρη τ' αἴγειρός τε καὶ εὐώδης κυπάρισσος.
ἔνθα δέ τ' ὄρνιθες τανυσίπτεροι εὐνάζοντο,   65
σκῶπές τ' ἴρηκές τε τανύγλωσσοί τε κορῶναι
εἰνάλιαι, τῇσίν τε θαλάσσια ἔργα μέμηλεν.
ἡ δ' αὐτοῦ τετάνυστο περὶ σπείους γλαφυροῖο
ἡμερὶς ἡβώωσα, τεθήλει δὲ σταφυλῇσι·
κρῆναι δ' ἑξείης πίσυρες ῥέον ὕδατι λευκῷ,   70
πλησίαι ἀλλήλων τετραμμέναι ἄλλυδις ἄλλη.
ἀμφὶ δὲ λειμῶνες μαλακοὶ ἴου ἠδὲ σελίνου
θήλεον· ἔνθα κ' ἔπειτα καὶ ἀθάνατός περ ἐπελθὼν
θηήσαιτο ἰδὼν καὶ τερφθείη φρεσὶν ᾗσιν.
ἔνθα στὰς θηεῖτο διάκτορος ἀργειφόντης.   75
αὐτὰρ ἐπεὶ δὴ πάντα ἑῷ θηήσατο θυμῷ,
αὐτίκ' ἄρ' εἰς εὐρὺ σπέος ἤλυθεν· οὐδέ μιν ἄντην
ἠγνοίησεν ἰδοῦσα Καλυψώ, δῖα θεάων,
οὐ γάρ τ' ἀγνῶτες θεοὶ ἀλλήλοισι πέλονται

53 ιχθ[υ]ας p³⁰   54 προσέθηκέ τις οὐ δεόντως τὸν στίχον schol.
(ὀβελίζουσι ἤτοι ἀθετοῦσι Eust.)   58 δεινὴ θεὸς αὐδήεσσα Macrob. v.
12. 8 (= κ 136)   59 δαίετο e f j k Pal., cf. I 212 Υ 317 Φ 343, 376
ita i p s L⁵   τηλόσε cet.   60 ἀπὸ (ὑπὸ) καλὸν Macrob. iii. 19. 5
      ὀρώρει g k p³⁰   61 νύμφη δὲ ἐυπλοκαμοῦσα Καλυψώ, γρ. p
H³ Pal.   66 κῶπες Aristot. ap. Ael. H. N. xv. 28, Alex. Mynd. ap.
Ath. 391 C   68 ἐν δ' αὐτοῦ f Br γρ. O, coni. Ernesti   72 μαλακοῖ
quidam (τινὲς δὲ περισπῶσιν ἵν' ᾖ κατὰ συναλοιφήν)   ἴου] σίου L⁵,
Ptol. Euergetes ap. Athen. 61 C, schol. Theocr. v. 125 (λειμῶνος μαλακοῦ
νία) : θρύου R¹¹ (gl. ῥηγάνου)

ἀθάνατοι, οὐδ' εἴ τις ἀπόπροθι δώματα ναίει.   80
οὐδ' ἄρ' Ὀδυσσῆα μεγαλήτορα ἔνδον ἔτετμεν,
ἀλλ' ὅ γ' ἐπ' ἀκτῆς κλαῖε καθήμενος, ἔνθα πάρος περ,
δάκρυσι καὶ στοναχῇσι καὶ ἄλγεσι θυμὸν ἐρέχθων.
πόντον ἐπ' ἀτρύγετον δερκέσκετο δάκρυα λείβων.
Ἑρμείαν δ' ἐρέεινε Καλυψώ, δῖα θεάων,   85
ἐν θρόνῳ ἱδρύσασα φαεινῷ σιγαλόεντι·

"Τίπτε μοι, Ἑρμεία χρυσόρραπι, εἰλήλουθας
αἰδοῖός τε φίλος τε; πάρος γε μὲν οὔ τι θαμίζεις.
αὔδα ὅ τι φρονέεις· τελέσαι δέ με θυμὸς ἄνωγεν,
εἰ δύναμαι τελέσαι γε καὶ εἰ τετελεσμένον ἐστίν.   90
ἀλλ' ἕπεο προτέρω, ἵνα τοι πὰρ ξείνια θείω."

Ὣς ἄρα φωνήσασα θεὰ παρέθηκε τράπεζαν
ἀμβροσίης πλήσασα, κέρασσε δὲ νέκταρ ἐρυθρόν.
αὐτὰρ ὁ πῖνε καὶ ἦσθε διάκτορος ἀργειφόντης.
αὐτὰρ ἐπεὶ δείπνησε καὶ ἤραρε θυμὸν ἐδωδῇ,   95
καὶ τότε δή μιν ἔπεσσιν ἀμειβόμενος προσέειπεν·

"Εἰρωτᾷς μ' ἐλθόντα θεὰ θεόν· αὐτὰρ ἐγώ τοι
νημερτέως τὸν μῦθον ἐνισπήσω· κέλεαι γάρ.
Ζεὺς ἐμέ γ' ἠνώγει δεῦρ' ἐλθέμεν οὐκ ἐθέλοντα·
τίς δ' ἂν ἑκὼν τοσσόνδε διαδράμοι ἁλμυρὸν ὕδωρ   100
ἄσπετον; οὐδέ τις ἄγχι βροτῶν πόλις, οἵ τε θεοῖσιν
ἱερά τε ῥέζουσι καὶ ἐξαίτους ἑκατόμβας.
ἀλλὰ μάλ' οὔ πως ἔστι Διὸς νόον αἰγιόχοιο
οὔτε παρεξελθεῖν ἄλλον θεὸν οὔθ' ἁλιῶσαι.
φησί τοι ἄνδρα παρεῖναι ὀϊζυρώτατον ἄλλων,   105
τῶν ἀνδρῶν οἳ ἄστυ πέρι Πριάμοιο μάχοντο

80 ἥτις Ar.   82 πάρος γε g i k U⁸ Eust.   83 στεναχῇσιν
Aristoph. R¹¹   ἐρίχθων Apio in E. M. 371. 28 (qui leg. et ἐριχθομενην
Ψ 317) : ὀρεχθῶν schol. Ap. Rhod. i. 275, cf. Ψ 30   84 ὁ στίχος οὗτος
περιττός schol. (= 158)   δερκέσκετο b g l L⁴ U⁵ (H¹ L⁵ ss., p corr.) :
δερδέσκετο cet.   91 om. a c b k L⁸ U⁵ (= Σ 387)   94, 95 εὐτελεῖς . . .
οἱ στίχοι schol.   95 a-d add. uv. p³⁰. alloquitur Merc. Calypso. con-
spiciuntur 95 b χρυσορρα]πι δ' [ωτορ εαων 95 d ηδε [περησας   96 μιν]
ἐ Bentley, ut δ 706   97 ἔγωγε g   98 νημερτέα f   102 ἱρά, om.
τε d R³ R⁶ R⁸   104 a]ος πλεξειν τι λα[(?) p³⁰   105-11 περιττοὶ
οἱ στίχοι . . . οἱ δὲ τελευταῖοι ἐκ τῶν μετὰ ταῦτα εἰσὶ μετενηνεγμένοι
(133, 4), schol.   106 a]στυ μεγα πριαμ[οιο p³⁰

εἰνάετες, δεκάτῳ δὲ πόλιν πέρσαντες ἔβησαν
οἴκαδ'· ἀτὰρ ἐν νόστῳ Ἀθηναίην ἀλίτοντο,
ἣ σφιν ἐπῶρσ' ἄνεμόν τε κακὸν καὶ κύματα μακρά.
ἔνθ' ἄλλοι μὲν πάντες ἀπέφθιθεν ἐσθλοὶ ἑταῖροι,   110
τὸν δ' ἄρα δεῦρ' ἄνεμός τε φέρων καὶ κῦμα πέλασσε.
τὸν νῦν σ' ἠνώγειν ἀποπεμπέμεν ὅττι τάχιστα·
οὐ γάρ οἱ τῇδ' αἶσα φίλων ἀπονόσφιν ὀλέσθαι,
ἀλλ' ἔτι οἱ μοῖρ' ἐστὶ φίλους ἰδέειν καὶ ἱκέσθαι
οἶκον ἐς ὑψόροφον καὶ ἑὴν ἐς πατρίδα γαῖαν."   115

   Ὣς φάτο, ῥίγησεν δὲ Καλυψώ, δῖα θεάων,
καί μιν φωνήσασ' ἔπεα πτερόεντα προσηύδα·

   "Σχέτλιοί ἐστε, θεοί, ζηλήμονες ἔξοχον ἄλλων,
οἵ τε θεαῖς ἀγάασθε παρ' ἀνδράσιν εὐνάζεσθαι
ἀμφαδίην, ἤν τίς τε φίλον ποιήσετ' ἀκοίτην.   120
ὣς μὲν ὅτ' Ὠρίων' ἕλετο ῥοδοδάκτυλος Ἠώς,
τόφρα οἱ ἠγάασθε θεοὶ ῥεῖα ζώοντες,
ἧος ἐν Ὀρτυγίῃ χρυσόθρονος Ἄρτεμις ἁγνὴ
οἷς ἀγανοῖς βελέεσσιν ἐποιχομένη κατέπεφνεν.
ὣς δ' ὁπότ' Ἰασίωνι ἐϋπλόκαμος Δημήτηρ,   125
ᾧ θυμῷ εἴξασα, μίγη φιλότητι καὶ εὐνῇ
νειῷ ἔνι τριπόλῳ· οὐδὲ δὴν ἦεν ἄπυστος
Ζεύς, ὅς μιν κατέπεφνε βαλὼν ἀργῆτι κεραυνῷ.
ὣς δ' αὖ νῦν μοι ἄγασθε, θεοί, βροτὸν ἄνδρα παρεῖναι.
τὸν μὲν ἐγὼν ἐσάωσα περὶ τρόπιος βεβαῶτα   130
οἶον, ἐπεί οἱ νῆα θοὴν ἀργῆτι κεραυνῷ
Ζεὺς ἔλσας ἐκέασσε μέσῳ ἐνὶ οἴνοπι πόντῳ.

108 ανιο]ντες αθηναιη[p³⁰   versibus 109–111 et 113 obelos
praef. p²⁹, versui 110 et asteriscum, cf. 133, 4   110 ἀπέφθιθον
a b f i j o p²⁹ p³⁰ M³ U⁸ Eust., cf. 133   111] ανεμος τε κακος και [p³⁰
111 a]ος μετ[α κ]υμασι νυκτος [αμολγω p³⁰   112 ἠνώγειν
Ar. (Ζ 170) d : ἠνώγει cet.   αψ[ιθακηνδε p³⁰   114 τ' ἰδέειν codd.
em. Bent., cf. η 76   118 δηλήμονες P², γρ. M³ (ἢ δηλήμονες
βλαπτικοί sch.)   119 θεὰς f l q   εὐνάασθαι o : εὐνηθῆναι E. M.
166. 45   120 ἤν τις e f k o : ἤτις cet. : εἴ R⁴, K O corr., cf. 80
123, 124 τινὲς ἀθετοῦσι τοὺς στίχους schol.   123 ἕως μιν codd. em.
Nauck   ἁγνῇ Apio, H² U¹   124 ἀγανοῖσι βέλεσσιν d i o, cf.
γ 280   127 τριπύλῳ quidam (οὐκ εὖ)   129 ἀγάασθε a b j (δύνατον δὲ
καὶ ὡς ἢ[γάασθε] sch. sc. = 122)   130 περιτρόπιον g m   132 ἔλσας
b h i ἐλάσας Zen. vulg., cf. η 250

ἔνθ' ἄλλοι μὲν πάντες ἀπέφθιθεν ἐσθλοὶ ἑταῖροι,
τὸν δ' ἄρα δεῦρ' ἄνεμός τε φέρων καὶ κῦμα πέλασσε.
τὸν μὲν ἐγὼ φίλεόν τε καὶ ἔτρεφον, ἠδὲ ἔφασκον   135
θήσειν ἀθάνατον καὶ ἀγήρων ἤματα πάντα.
ἀλλ' ἐπεὶ οὔ πως ἔστι Διὸς νόον αἰγιόχοιο
οὔτε παρεξελθεῖν ἄλλον θεὸν οὔθ' ἁλιῶσαι,
ἐρρέτω, εἴ μιν κεῖνος ἐποτρύνει καὶ ἀνώγει,
πόντον ἐπ' ἀτρύγετον. πέμψω δέ μιν οὔ πῃ ἐγώ γε·   140
οὐ γάρ μοι πάρα νῆες ἐπήρετμοι καὶ ἑταῖροι,
οἵ κέν μιν πέμποιεν ἐπ' εὐρέα νῶτα θαλάσσης.
αὐτάρ οἱ πρόφρων ὑποθήσομαι, οὐδ' ἐπικεύσω,
ὥς κε μάλ' ἀσκηθὴς ἣν πατρίδα γαῖαν ἵκηται."

Τὴν δ' αὖτε προσέειπε διάκτορος ἐργειφόντης·   145
" οὕτω νῦν ἀπόπεμπε, Διὸς δ' ἐποπίζεο μῆνιν,
μή πώς τοι μετόπισθε κοτεσσάμενος χαλεπήνῃ."

Ὥς ἄρα φωνήσας ἀπέβη κρατὺς ἀργειφόντης·
ἡ δ' ἐπ' Ὀδυσσῆα μεγαλήτορα πότνια νύμφη
ἤϊ', ἐπεὶ δὴ Ζηνὸς ἐπέκλυεν ἀγγελιάων.   150
τὸν δ' ἄρ' ἐπ' ἀκτῆς εὗρε καθήμενον· οὐδέ ποτ' ὄσσε
δακρυόφιν τέρσοντο, κατείβετο δὲ γλυκὺς αἰὼν
νόστον ὀδυρομένῳ, ἐπεὶ οὐκέτι ἥνδανε νύμφη.
ἀλλ' ἦ τοι νύκτας μὲν ἰαύεσκεν καὶ ἀνάγκῃ
ἐν σπέσσι γλαφυροῖσι παρ' οὐκ ἐθέλων ἐθελούσῃ·   155
ἤματα δ' ἀμ πέτρῃσι καὶ ἠϊόνεσσι καθίζων
δάκρυσι καὶ στοναχῇσι καὶ ἄλγεσι θυμὸν ἐρέχθων
πόντον ἐπ' ἀτρύγετον δερκέσκετο δάκρυα λείβων·
ἀγχοῦ δ' ἱσταμένη προσεφώνεε δῖα θεάων·

" Κάμμορε, μή μοι ἔτ' ἐνθάδ' ὀδύρεο, μηδέ τοι αἰὼν   160
φθινέτω· ἤδη γάρ σε μάλα πρόφρασσ' ἀποπέμψω.

133 de ἀπέφθιθεν cf. 110   135 φιλέεσκον (? ἰδ') L⁸ Mon.,
H¹ ss. :] δ εφιλε[ο]ν Ⴒ³⁰   136 ἀγήρων Ar. P⁵ : ἀγήρῳ f : ἀγήραον
cet., cf. B 447 al.   144 ἀσκηθεὶς b e V⁴   150 ἦεν g k   156 ἀμ
Ar. ἐν codd.   157 om. a c i j L⁴ Ma Pal., uncino singulo not.
R⁸ (= 83)   158 de δερκέσκετο cf. 84

ἀλλ' ἄγε δούρατα μακρὰ ταμὼν ἁρμόζεο χαλκῷ
εὐρεῖαν σχεδίην· ἀτὰρ ἴκρια πῆξαι ἐπ' αὐτῆς
ὑψοῦ, ὥς σε φέρῃσιν ἐπ' ἠεροειδέα πόντον.
αὐτὰρ ἐγὼ σῖτον καὶ ὕδωρ καὶ οἶνον ἐρυθρὸν   165
ἐνθήσω μενοεικέ', ἅ κέν τοι λιμὸν ἐρύκοι,
εἵματά τ' ἀμφιέσω, πέμψω δέ τοι οὖρον ὄπισθεν,
ὥς κε μάλ' ἀσκηθὴς σὴν πατρίδα γαῖαν ἵκηαι,
αἴ κε θεοί γ' ἐθέλωσι, τοὶ οὐρανὸν εὐρὺν ἔχουσιν,
οἵ μευ φέρτεροί εἰσι νοῆσαί τε κρῆναί τε."   170
    Ὣς φάτο, ῥίγησεν δὲ πολύτλας δῖος Ὀδυσσεύς,
καί μιν φωνήσας ἔπεα πτερόεντα προσηύδα·
    "Ἄλλο τι δὴ σύ, θεά, τόδε μήδεαι οὐδέ τι πομπήν,
ἥ με κέλεαι σχεδίῃ περάαν μέγα λαῖτμα θαλάσσης,
δεινόν τ' ἀργαλέον τε· τὸ δ' οὐδ' ἐπὶ νῆες ἐῖσαι   175
ὠκύποροι περόωσιν, ἀγαλλόμεναι Διὸς οὔρῳ.
οὐδ' ἂν ἐγὼν ἀέκητι σέθεν σχεδίης ἐπιβαίην,
εἰ μή μοι τλαίης γε, θεά, μέγαν ὅρκον ὀμόσσαι
μή τί μοι αὐτῷ πῆμα κακὸν βουλευσέμεν ἄλλο."
    Ὣς φάτο, μείδησεν δὲ Καλυψώ, δῖα θεάων,   180
χειρί τέ μιν κατέρεξεν ἔπος τ' ἔφατ' ἔκ τ' ὀνόμαζεν·
    "Ἦ δὴ ἀλιτρός γ' ἐσσὶ καὶ οὐκ ἀποφώλια εἰδώς,
οἷον δὴ τὸν μῦθον ἐπεφράσθης ἀγορεῦσαι.
ἴστω νῦν τόδε γαῖα καὶ οὐρανὸς εὐρὺς ὕπερθε
καὶ τὸ κατειβόμενον Στυγὸς ὕδωρ, ὅς τε μέγιστος   185
ὅρκος δεινότατός τε πέλει μακάρεσσι θεοῖσι,
μή τί σοι αὐτῷ πῆμα κακὸν βουλευσέμεν ἄλλο.
ἀλλὰ τὰ μὲν νοέω καὶ φράσσομαι, ἅσσ' ἂν ἐμοί περ
αὐτῇ μηδοίμην, ὅτε με χρειὼ τόσον ἵκοι·
καὶ γὰρ ἐμοὶ νόος ἐστὶν ἐναίσιμος, οὐδέ μοι αὐτῇ   190

163 ἐν δ' ἴκρια a c   ἐν αὐτῇ a c   168 ἵκοιο Aristoph , Eust. :
ἵκηαι in ras. M³   170 κρῆναι b d f i j L⁴: κρῖναι cet.   173 ἄλλο τι
ὑπὰρ σὺ δὲ θεὰ R⁵   179 ἄλλοις Aristoph. : ἄλλω U⁸   183 a θαρσει
μ[ηδετι ταρβει p³⁰   183 b εκπ . λε (? ἔκπλεε) θε[ων πομπη p³⁰
185 ὕδατος v. l. ap. Aristophanem (πρὸς ὃ ἐσημειοῦτο)   189 χρεὼ d
ἵκοιτο d l C

θυμὸς ἐνὶ στήθεσσι σιδήρεος, ἀλλ' ἐλεήμων."

"Ὣς ἄρα φωνήσασ' ἡγήσατο δῖα θεάων
καρπαλίμως· ὁ δ' ἔπειτα μετ' ἴχνια βαῖνε θεοῖο.
ἷξον δὲ σπεῖος γλαφυρὸν θεὸς ἠδὲ καὶ ἀνήρ,
καί ῥ' ὁ μὲν ἔνθα καθέζετ' ἐπὶ θρόνου ἔνθεν ἀνέστη   195
Ἑρμείας, νύμφη δ' ἐτίθει πάρα πᾶσαν ἐδωδήν,
ἔσθειν καὶ πίνειν, οἷα βροτοὶ ἄνδρες ἔδουσιν·
αὐτὴ δ' ἀντίον ἷζεν Ὀδυσσῆος θείοιο,
τῇ δὲ παρ' ἀμβροσίην δμῳαὶ καὶ νέκταρ ἔθηκαν.
οἱ δ' ἐπ' ὀνείαθ' ἑτοῖμα προκείμενα χεῖρας ἴαλλον.   200
αὐτὰρ ἐπεὶ τάρπησαν ἐδητύος ἠδὲ ποτῆτος,
τοῖς ἄρα μύθων ἦρχε Καλυψώ, δῖα θεάων·

"Διογενὲς Λαερτιάδη, πολυμήχαν' Ὀδυσσεῦ,
οὕτω δὴ οἶκόνδε φίλην ἐς πατρίδα γαῖαν
αὐτίκα νῦν ἐθέλεις ἰέναι; σὺ δὲ χαῖρε καὶ ἔμπης.   205
εἴ γε μὲν εἰδείης σῇσι φρεσὶν ὅσσα τοι αἶσα
κήδε' ἀναπλῆσαι, πρὶν πατρίδα γαῖαν ἱκέσθαι,
ἐνθάδε κ' αὖθι μένων σὺν ἐμοὶ τόδε δῶμα φυλάσσοις
ἀθάνατός τ' εἴης, ἱμειρόμενός περ ἰδέσθαι
σὴν ἄλοχον, τῆς αἰὲν ἐέλδεαι ἤματα πάντα.   210
οὐ μέν θην κείνης γε χερείων εὔχομαι εἶναι,
οὐ δέμας οὐδὲ φυήν, ἐπεὶ οὔ πως οὐδὲ ἔοικε
θνητὰς ἀθανάτῃσι δέμας καὶ εἶδος ἐρίζειν."

Τὴν δ' ἀπαμειβόμενος προσέφη πολύμητις Ὀδυσσεύς·
"πότνα θεά, μή μοι τόδε χώεο· οἶδα καὶ αὐτὸς   215
πάντα μάλ', οὕνεκα σεῖο περίφρων Πηνελόπεια
εἶδος ἀκιδνοτέρη μέγεθός τ' εἰσάντα ἰδέσθαι·
ἡ μὲν γὰρ βροτός ἐστι, σὺ δ' ἀθάνατος καὶ ἀγήρως.
ἀλλὰ καὶ ὣς ἐθέλω καὶ ἐέλδομαι ἤματα πάντα

195 ἔνθα καθῆστο g   201 ποτοῖο Z, cf. δ 788   204 a δάκρυσι
καὶ στοναχῇσι καὶ ἄλγεσι θυμὸν ἐρέχθων f (= 83, 157)   205 ἱεμέναι
                    ἱμέναι
(= ἱέναι) d l   207 ἀνατλῆναι H³, Pal. mg., cf. 302: -τλῆσαι Ho:
-πρῆσαι C   208 φυλάσσων j s (-ειν Ma), v. l. V³   209 et
220 ἱκέσθαι Bentl., cf. α 21 β 152   215 ταδε p³⁰   217 εἰς ὦπα R⁵
Eust. (αἱ κοινότεραι)

οἴκαδέ τ' ἐλθέμεναι καὶ νόστιμον ἦμαρ ἰδέσθαι.   220
εἰ δ' αὖ τις ῥαίῃσι θεῶν ἐνὶ οἴνοπι πόντῳ,
τλήσομαι ἐν στήθεσσιν ἔχων ταλαπενθέα θυμόν·
ἤδη γὰρ μάλα πολλὰ πάθον καὶ πολλὰ μόγησα
κύμασι καὶ πολέμῳ· μετὰ καὶ τόδε τοῖσι γενέσθω."

῾Ως ἔφατ', ἤέλιος δ' ἄρ' ἔδυ καὶ ἐπὶ κνέφας ἦλθεν·   225
ἐλθόντες δ' ἄρα τώ γε μυχῷ σπείους γλαφυροῖο
τερπέσθην φιλότητι, παρ' ἀλλήλοισι μένοντες.

῏Ημος δ' ἠριγένεια φάνη ῥοδοδάκτυλος Ἠώς,
αὐτίχ' ὁ μὲν χλαῖνάν τε χιτῶνά τε ἔννυτ' Ὀδυσσεύς,
αὐτὴ δ' ἀργύφεον φᾶρος μέγα ἔννυτο νύμφη,   230
λεπτὸν καὶ χαρίεν, περὶ δὲ ζώνην βάλετ' ἰξυῖ
καλὴν χρυσείην, κεφαλῇ δ' ἐφύπερθε καλύπτρην·
καὶ τότ' Ὀδυσσῆϊ μεγαλήτορι μήδετο πομπήν.
δῶκέν οἱ πέλεκυν μέγαν, ἄρμενον ἐν παλάμῃσι,
χάλκεον, ἀμφοτέρωθεν ἀκαχμένον· αὐτὰρ ἐν αὐτῷ   235
στειλειὸν περικαλλὲς ἐλάϊνον, εὖ ἐναρηρός·
δῶκε δ' ἔπειτα σκέπαρνον ἐΰξοον· ἄρχε δ' ὁδοῖο
νήσου ἐπ' ἐσχατιῆς, ὅθι δένδρεα μακρὰ πεφύκει,
κλήθρη τ' αἴγειρός τ', ἐλάτη τ' ἦν οὐρανομήκης,
αὖα πάλαι, περίκηλα, τά οἱ πλώοιεν ἐλαφρῶς.   240
αὐτὰρ ἐπεὶ δὴ δεῖξ' ὅθι δένδρεα μακρὰ πεφύκει,
ἡ μὲν ἔβη πρὸς δῶμα Καλυψώ, δῖα θεάων,
αὐτὰρ ὁ τάμνετο δοῦρα· θοῶς δέ οἱ ἤνυτο ἔργον.
εἴκοσι δ' ἔκβαλε πάντα, πελέκκησεν δ' ἄρα χαλκῷ,
ξέσσε δ' ἐπισταμένως καὶ ἐπὶ στάθμην ἴθυνεν.   245
τόφρα δ' ἔνεικε τέρετρα Καλυψώ, δῖα θεάων·
τέτρηνεν δ' ἄρα πάντα καὶ ἥρμοσεν ἀλλήλοισι,

220 ἐλέσθαι f   221 θεὸς ij   μ' ἐνὶ e   222 ταλασίφρονα L⁴
223 ita Ar. I 492 : πόλλ' ἔπ. καὶ πόλλ' ἐμ. codd.   224 γενέσθαι
g Ma P²   228 sq. Τὰ περὶ τὴν σχεδίαν Aelian.   230 ἀργύρεον
e g L⁵, cf. κ 543, Ap. Rhod. iv. 474   232 ἐφύπερθε Ar. ej: ἐπέθηκε
cet. (αἱ εἰκαιότεραι): ἐῦ[p³⁰   232 a κρηδεμνωι δ εφυπερθε καλυ[ψατο δια
θεαων, cf. Ξ 184   232 b καλω νηγ[ατεωι] το ρα οι τεθυ[ωμενον ηεν
p³⁰, cf. Ξ 172   233 αυ[ταρ] οδ. p³⁰   235 ἐπ' bfgik: v. om. q
236 στε[ιλειον χ]αλεπον μα[λα τιμιον ευ εναρηρος p³⁰   ἐπαρηρός o P⁷
237 ἦρχε codd.   238 ἐσχατιήν edjl   240 περὶ κῆλα
Chrysippus U² : πέρι d   242 πότνια νύμφη e k o   245 ξύσε f P⁶
247, 248 Ἀριστοφάνης τὸ αὐτὸ ᾤετο περιέχειν ἄμφω· διὸ τῷ μὲν
σίγμα, τῷ δὲ ἀντίσιγμα ἐπιτίθησιν sch.   247 om. H¹

γόμφοισιν δ' ἄρα τήν γε καὶ ἁρμονίῃσιν ἄρασσεν.
ὅσσον τίς τ' ἔδαφος νηὸς τορνώσεται ἀνὴρ
φορτίδος εὐρείης, εὖ εἰδὼς τεκτοσυνάων,   250
τόσσον ἔπ' εὐρεῖαν σχεδίην ποιήσατ' Ὀδυσσεύς.
ἴκρια δὲ στήσας, ἀραρὼν θαμέσι σταμίνεσσι,
ποίει· ἀτὰρ μακρῇσιν ἐπηγκενίδεσσι τελεύτα.
ἐν δ' ἱστὸν ποίει καὶ ἐπίκριον ἄρμενον αὐτῷ·
πρὸς δ' ἄρα πηδάλιον ποιήσατο, ὄφρ' ἰθύνοι.   255
φράξε δέ μιν ῥίπεσσι διαμπερὲς οἰσυΐνῃσι
κύματος εἶλαρ ἔμεν· πολλὴν δ' ἐπεχεύατο ὕλην.
τόφρα δὲ φάρε' ἔνεικε Καλυψώ, δῖα θεάων,
ἱστία ποιήσασθαι· ὁ δ' εὖ τεχνήσατο καὶ τά.
ἐν δ' ὑπέρας τε κάλους τε πόδας τ' ἐνέδησεν ἐν αὐτῇ,   260
μοχλοῖσιν δ' ἄρα τήν γε κατείρυσεν εἰς ἅλα δῖαν.

Τέτρατον ἦμαρ ἔην, καὶ τῷ τετέλεστο ἅπαντα·
τῷ δ' ἄρα πέμπτῳ πέμπ' ἀπὸ νήσου δῖα Καλυψώ,
εἵματά τ' ἀμφιέσασα θυώδεα καὶ λούσασα.
ἐν δέ οἱ ἀσκὸν ἔθηκε θεὰ μέλανος οἴνοιο   265
τὸν ἕτερον, ἕτερον δ' ὕδατος μέγαν, ἐν δὲ καὶ ἦα
κωρύκῳ· ἐν δέ οἱ ὄψα τίθει μενοεικέα πολλά·
οὖρον δὲ προέηκεν ἀπήμονά τε λιαρόν τε.
γηθόσυνος δ' οὔρῳ πέτασ' ἱστία δῖος Ὀδυσσεύς.
αὐτὰρ ὁ πηδαλίῳ ἰθύνετο τεχνηέντως   270
ἥμενος· οὐδέ οἱ ὕπνος ἐπὶ βλεφάροισιν ἔπιπτε
Πληϊάδας τ' ἐσορῶντι καὶ ὀψὲ δύοντα Βοώτην
Ἄρκτον θ', ἣν καὶ ἄμαξαν ἐπίκλησιν καλέουσιν,
ἥ τ' αὐτοῦ στρέφεται καί τ' Ὠρίωνα δοκεύει,

248 ἄρηρεν h, γρ. d Eust. Ap. lex in Ἀρμονιάων et in v.: ἄραρεν
o p   251 τορνώσατ' quidam (ex 249)   252 [και καλη]ν αυτην
[αραρων p³⁰   253 ἐπητανίδεσσι Rhianus   254 post 257 pos.
p³⁰   254 τε τιθει p³⁰   255 [κ]αδ δαρα p³⁰   258 φαρη p³⁰
259 a [π]ρος δαρα ικριοφιν[p³⁰   260 ἐπ' j k L⁸   αὐτῆς k L⁸
    262 ἕβδομον Clem. Alex. Strom. v. 14. 108 (Eus. Praep. Ev.
xiii. 12)   263 sq. Ὀδυσσέως ἀνάπλους παρὰ Καλυψοῦς Paus. vii. 3. 7
    264 εὐώδεα Plut. de vit. aer. alien. 831 D   καὶ λούσασα] σιγα-
λόεντα Macrob. iii. 19. 5   272 ἐσορῶντι (codd.) et ἐσορῶντα (Paus.
viii. 3. 7) Ar. διχῶς: τε ὁρῶντι o : θ' ὁρῶντι schol. Θ 93 : θ' ὁρῶντι c

οἵη δ' ἄμμορός ἐστι λοετρῶν Ὠκεανοῖο· 275
τὴν γὰρ δή μιν ἄνωγε Καλυψώ, δῖα θεάων,
ποντοπορευέμεναι ἐπ' ἀριστερὰ χειρὸς ἔχοντα.
ἑπτὰ δὲ καὶ δέκα μὲν πλέεν ἤματα ποντοπορεύων,
ὀκτωκαιδεκάτῃ δ' ἐφάνη ὄρεα σκιόεντα
γαίης Φαιήκων, ὅθι τ' ἄγχιστον πέλεν αὐτῷ· 280
εἴσατο δ' ὡς ὅτε ῥινὸν ἐν ἠεροειδέϊ πόντῳ.

Τὸν δ' ἐξ Αἰθιόπων ἀνιὼν κρείων ἐνοσίχθων
τηλόθεν ἐκ Σολύμων ὀρέων ἴδεν· εἴσατο γάρ οἱ
πόντον ἐπιπλώων· ὁ δ' ἐχώσατο κηρόθι μᾶλλον,
κινήσας δὲ κάρη προτὶ ὃν μυθήσατο θυμόν· 285
"Ὢ πόποι, ἦ μάλα δὴ μετεβούλευσαν θεοὶ ἄλλως
ἀμφ' Ὀδυσῆϊ ἐμεῖο μετ' Αἰθιόπεσσιν ἐόντος,
καὶ δὴ Φαιήκων γαίης σχεδόν, ἔνθα οἱ αἶσα
ἐκφυγέειν μέγα πεῖραρ ὀϊζύος, ἥ μιν ἱκάνει·
ἀλλ' ἔτι μέν μίν φημι ἅδην ἐλάαν κακότητος." 290

Ὣς εἰπὼν σύναγεν νεφέλας, ἐτάραξε δὲ πόντον
χερσὶ τρίαιναν ἑλών· πάσας δ' ὀρόθυνεν ἀέλλας
παντοίων ἀνέμων, σὺν δὲ νεφέεσσι κάλυψε
γαῖαν ὁμοῦ καὶ πόντον· ὀρώρει δ' οὐρανόθεν νύξ.
σὺν δ' Εὖρός τε Νότος τ' ἔπεσον Ζέφυρός τε δυσαὴς 295
καὶ Βορέης αἰθρηγενέτης, μέγα κῦμα κυλίνδων.
καὶ τότ' Ὀδυσσῆος λύτο γούνατα καὶ φίλον ἦτορ,
ὀχθήσας δ' ἄρα εἶπε πρὸς ὃν μεγαλήτορα θυμόν·
"Ὢ μοι ἐγὼ δειλός, τί νύ μοι μήκιστα γένηται;
δείδω μὴ δὴ πάντα θεὰ νημερτέα εἶπεν, 300
ἥ μ' ἔφατ' ἐν πόντῳ, πρὶν πατρίδα γαῖαν ἱκέσθαι,

277 νηὸς γρ. H³ Pal. U⁵   281 ὅτ' ἐρινὸν Ar. M³ R⁶ : ἐρινὸς q
R² : ὡς ὅτε ῥινὸς d P¹ : ἐρινεὸς γρ. R¹⁷ : ῥίον γρ. R¹⁰ ut coni. Faesi
284 ἐπιπλώων d j l r C : -είων vulg.   289 πεῖρας d o : πεῖρας P⁷,
O uv.   290 καὶ ἐπὶ τοῦ Ποσειδῶνος ... διὰ τῶν δύο ᾱᾱ παρέκειτο
ἐάαν, schol. N 315   295 πέσε d g j k   296 αἰθριγενέτης Mon.
M³ M⁴ P³ R² : αἰθρηγενέης Rhianus Aristoph., cf. O 171   κῦμα] πῆμα o
299 μήχιστα quidam (διὰ τοῦ χ̄)   300 μή μοι f k U⁵   εἶπεν
g P⁷, L⁸ P¹ V⁵ U⁽⁶⁾ ss. Pal. corr. : εἴπῃ cet.

ἄλγε' ἀναπλήσειν· τὰ δὲ δὴ νῦν πάντα τελεῖται,
οἵοισιν νεφέεσσι περιστέφει οὐρανὸν εὐρὺν
Ζεύς, ἐτάραξε δὲ πόντον, ἐπισπέρχουσι δ' ἄελλαι
παντοίων ἀνέμων· νῦν μοι σῶς αἰπὺς ὄλεθρος.   305
τρισμάκαρες Δαναοὶ καὶ τετράκις οἳ τότ' ὄλοντο
Τροίῃ ἐν εὐρείῃ, χάριν Ἀτρείδῃσι φέροντες.
ὡς δὴ ἐγώ γ' ὄφελον θανέειν καὶ πότμον ἐπισπεῖν
ἤματι τῷ ὅτε μοι πλεῖστοι χαλκήρεα δοῦρα
Τρῶες ἐπέρριψαν περὶ Πηλείωνι θανόντι.   310
τῷ κ' ἔλαχον κτερέων, καί μευ κλέος ἦγον Ἀχαιοί·
νῦν δέ με λευγαλέῳ θανάτῳ εἵμαρτο ἁλῶναι."

    Ὣς ἄρα μιν εἰπόντ' ἔλασεν μέγα κῦμα κατ' ἄκρης,
δεινὸν ἐπεσσύμενον, περὶ δὲ σχεδίην ἐλέλιξε.
τῆλε δ' ἀπὸ σχεδίης αὐτὸς πέσε, πηδάλιον δὲ   315
ἐκ χειρῶν προέηκε· μέσον δέ οἱ ἱστὸν ἔαξε
δεινὴ μισγομένων ἀνέμων ἐλθοῦσα θύελλα,
τηλοῦ δὲ σπεῖρον καὶ ἐπίκριον ἔμπεσε πόντῳ.
τὸν δ' ἄρ' ὑπόβρυχα θῆκε πολὺν χρόνον, οὐδ' ἐδυνάσθη
αἶψα μάλ' ἀνσχεθέειν μεγάλου ὑπὸ κύματος ὁρμῆς·   320
εἵματα γάρ ῥ' ἐβάρυνε, τά οἱ πόρε δῖα Καλυψώ.
ὀψὲ δὲ δή ῥ' ἀνέδυ, στόματος δ' ἐξέπτυσεν ἅλμην
πικρήν, ἥ οἱ πολλὴ ἀπὸ κρατὸς κελάρυζεν.
ἀλλ' οὐδ' ὣς σχεδίης ἐπελήθετο, τειρόμενός περ,
ἀλλὰ μεθορμηθεὶς ἐνὶ κύμασιν ἐλλάβετ' αὐτῆς,   325
ἐν μέσσῃ δὲ καθῖζε τέλος θανάτου ἀλεείνων.
τὴν δ' ἐφόρει μέγα κῦμα κατὰ ρόον ἔνθα καὶ ἔνθα.
ὡς δ' ὅτ' ὀπωρινὸς Βορέης φορέῃσιν ἀκάνθας
ἂμ πεδίον, πυκιναὶ δὲ πρὸς ἀλλήλῃσιν ἔχονται,
ὣς τὴν ἂμ πέλαγος ἄνεμοι φέρον ἔνθα καὶ ἔνθα·   330

---

302 ἀνατλήσειν f Pal. ss., cf. 207   308 ὥς] καὶ b e i L⁴ L⁸ U⁸
310 δαμέντι s L⁴ R⁵, cf. P 538   312 ὀλέσθαι Dem. Ixion (ἀλέσθαι
cod.)   314 ἐπισσύμενον Ar. (διὰ τοῦ i): ἐπασσύμενον o U⁷, cf. 431
    315 αὐτὸν βάλε Rhianus, cf. δ 508   317 τινὲς οὕτως, σὺν τῇ
δίνῃ τῶν ὑδάτων κτλ. schol. γρ. δίνⁿ H³ M² : δεινῇ H²

ἄλλοτε μέν τε Νότος Βορέῃ προβάλεσκε φέρεσθαι,
ἄλλοτε δ' αὖτ' Εὖρος Ζεφύρῳ εἴξασκε διώκειν.

Τὸν δὲ ἴδεν Κάδμου θυγάτηρ, καλλίσφυρος Ἰνώ,
Λευκοθέη, ἣ πρὶν μὲν ἔην βροτὸς αὐδήεσσα,
νῦν δ' ἁλὸς ἐν πελάγεσσι θεῶν ἐξ ἔμμορε τιμῆς.   335
ἥ ῥ' Ὀδυσῆ' ἐλέησεν ἀλώμενον, ἄλγε' ἔχοντα·
αἰθυίῃ δ' εἰκυῖα ποτῇ ἀνεδύσετο λίμνης,
ἷζε δ' ἐπὶ σχεδίης καί μιν πρὸς μῦθον ἔειπε·

"Κάμμορε, τίπτε τοι ὧδε Ποσειδάων ἐνοσίχθων
ὠδύσατ' ἐκπάγλως, ὅτι τοι κακὰ πολλὰ φυτεύει;   340
οὐ μὲν δή σε καταφθίσει, μάλα περ μενεαίνων.
ἀλλὰ μάλ' ὧδ' ἔρξαι, δοκέεις δέ μοι οὐκ ἀπινύσσειν·
εἵματα ταῦτ' ἀποδὺς σχεδίην ἀνέμοισι φέρεσθαι
κάλλιπ', ἀτὰρ χείρεσσι νέων ἐπιμαίεο νόστου
γαίης Φαιήκων, ὅθι τοι μοῖρ' ἐστὶν ἀλύξαι.   345
τῇ δέ, τόδε κρήδεμνον ὑπὸ στέρνοιο τάνυσσαι
ἄμβροτον· οὐδέ τί τοι παθέειν δέος οὐδ' ἀπολέσθαι.
αὐτὰρ ἐπὴν χείρεσσιν ἐφάψεαι ἠπείροιο,
ἂψ ἀπολυσάμενος βαλέειν εἰς οἴνοπα πόντον
πολλὸν ἀπ' ἠπείρου, αὐτὸς δ' ἀπονόσφι τραπέσθαι."   350

Ὣς ἄρα φωνήσασα θεὰ κρήδεμνον ἔδωκεν,
αὐτὴ δ' ἂψ ἐς πόντον ἐδύσετο κυμαίνοντα
αἰθυίῃ εἰκυῖα· μέλαν δέ ἑ κῦμα κάλυψεν.
αὐτὰρ ὁ μερμήριξε πολύτλας δῖος Ὀδυσσεύς,
ὀχθήσας δ' ἄρα εἶπε πρὸς ὃν μεγαλήτορα θυμόν·   355

331 προέηκε O, Plut. vit. Hom. ii. 109: προσέηκε et ἐπέεικε (sic)
scholl. 295   334 αὐδήσασα o : οὐδήεσσα Aristoteles (ἐπὶ δὲ τῆς Ἰνοῦς
οὐδήεσσα μεταγράφει ποτὲ μὲν εἰς τὸ αὐλήεσσα, schol.), Chamaeleon,
cf. κ 136   337 οὐκ ἐφέρετο ἐν τοῖς πλείοσι. Ἀρίσταρχος δὲ περὶ
μὲν τῆς ἀθετήσεως διστάζει, γράφει δὲ διὰ τοῦ ῡ ὑπεδύσατο· ἐν δέ τισιν
ἀνεδύσατο (ut codd.). cf. 352   ποτῇ] ποτὴν f g j : ποτῇ H² (ποτὶ a) :
γρ. καὶ ποτήν, πτῆσιν, ἄμεινον δὲ χωρὶς τοῦ ῡ ἐν δοτικῇ schol. testatur
et nominativum Eust. (ἤγουν πετασθεῖσα) 338 πολυδέσμου εἶπέ τε
μῦθον U⁸, cf. 33 η 264   342 ἔρδειν d al.   ἀπινύσκειν Aristoph.,
cf. O 10 : ἀπίνυτος R¹⁷   346 στέρνοιο (codd.) et στέρνοισι (g i k r)
Ar. διχῶς: -οισι Timon fr. 16. 1   349 ἀπολυσάμενος e g Mon. Pal. :
ἀποδυσ- cet.   ἐπὶ b   351 om. g

5. ΟΔΥΣΣΕΙΑΣ Ε

"῎Ω μοι ἐγώ, μή τίς μοι ὑφαίνησιν δόλον αὖτε
ἀθανάτων, ὅ τέ με σχεδίης ἀποβῆναι ἀνώγει.
ἀλλὰ μάλ᾿ οὔ πω πείσομ᾿, ἐπεὶ ἑκὰς ὀφθαλμοῖσι
γαῖαν ἐγὼν ἰδόμην, ὅθι μοι φάτο φύξιμον εἶναι.
ἀλλὰ μάλ᾿ ὧδ᾿ ἔρξω, δοκέει δέ μοι εἶναι ἄριστον·   360
ὄφρ᾿ ἂν μέν κεν δούρατ᾿ ἐν ἁρμονίῃσιν ἀρήρῃ,
τόφρ᾿ αὐτοῦ μενέω καὶ τλήσομαι ἄλγεα πάσχων·
αὐτὰρ ἐπὴν δή μοι σχεδίην διὰ κῦμα τινάξῃ,
νήξομ᾿, ἐπεὶ οὐ μέν τι πάρα προνοῆσαι ἄμεινον."

῞Ηος ὁ ταῦθ᾿ ὥρμαινε κατὰ φρένα καὶ κατὰ θυμόν,   365
ὦρσε δ᾿ ἐπὶ μέγα κῦμα Ποσειδάων ἐνοσίχθων,
δεινόν τ᾿ ἀργαλέον τε, κατηρεφές, ἤλασε δ᾿ αὐτόν.
ὡς δ᾿ ἄνεμος ζαὴς ἠΐων θημῶνα τινάξῃ
καρφαλέων, τὰ μὲν ἄρ τε διεσκέδασ᾿ ἄλλυδις ἄλλῃ,
ὡς τῆς δούρατα μακρὰ διεσκέδασ᾿. αὐτὰρ Ὀδυσσεὺς   370
ἀμφ᾿ ἑνὶ δούρατι βαῖνε, κέληθ᾿ ὡς ἵππον ἐλαύνων,
εἵματα δ᾿ ἐξαπέδυνε, τά οἱ πόρε δῖα Καλυψώ.
αὐτίκα δὲ κρήδεμνον ὑπὸ στέρνοιο τάνυσσεν,
αὐτὸς δὲ πρηνὴς ἁλὶ κάππεσε, χεῖρε πετάσσας,
νηχέμεναι μεμαώς· ἴδε δὲ κρείων ἐνοσίχθων,   375
κινήσας δὲ κάρη προτὶ ὃν μυθήσατο θυμόν·

"Οὕτω νῦν κακὰ πολλὰ παθὼν ἀλόω κατὰ πόντον,
εἰς ὅ κεν ἀνθρώποισι διοτρεφέεσσι μιγήῃς·
ἀλλ᾿ οὐδ᾿ ὥς σε ἔολπα ὀνόσσεσθαι κακότητος."

῝Ως ἄρα φωνήσας ἵμασεν καλλίτριχας ἵππους,   380
ἵκετο δ᾿ εἰς Αἰγάς, ὅθι οἱ κλυτὰ δώματ᾿ ἔασιν.

Αὐτὰρ Ἀθηναίη, κούρη Διός, ἄλλ᾿ ἐνόησεν·
ἦ τοι τῶν ἄλλων ἀνέμων κατέδησε κελεύθους,
παύσασθαι δ᾿ ἐκέλευσε καὶ εὐνηθῆναι ἅπαντας·

356 ἄλλον fi : ἄλλος q s ut coni. Bentley   365 δῖος ὀδυσσεύς
b e g i j k s   366 δ᾿ om. s U² U⁸ Eust.   369 ἄλλῃ] ἄλλα f k s
372 om. k L⁸   373 στέρνοισι d i k l r, cf. 346   378 ἀνθρώποισι]
φαιήκεσσι d j l γρ. M²   μιγείης codd. (σαπήῃ Ar. T 27)   379 κακό-
τητα d g j l Mon.   382 κούρη e f g i j L⁴ : θυγάτηρ cet.

5. ΟΔΥΣΣΕΙΑΣ Ε

ὦρσε δ' ἐπὶ κραιπνὸν Βορέην, πρὸ δὲ κύματ' ἔαξεν,   385
ἧος ὁ Φαιήκεσσι φιληρέτμοισι μιγείη
διογενὴς Ὀδυσεὺς θάνατον καὶ κῆρας ἀλύξας.
  Ἔνθα δύω νύκτας δύο τ' ἤματα κύματι πηγῷ
πλάζετο, πολλὰ δέ οἱ κραδίη προτιόσσετ' ὄλεθρον.
ἀλλ' ὅτε δὴ τρίτον ἦμαρ ἐϋπλόκαμος τέλεσ' Ἠώς,   390
καὶ τότ' ἔπειτ' ἄνεμος μὲν ἐπαύσατο ἠδὲ γαλήνη
ἔπλετο νηνεμίη, ὁ δ' ἄρα σχεδὸν εἴσιδε γαῖαν
ὀξὺ μάλα προϊδών, μεγάλου ὑπὸ κύματος ἀρθείς.
ὡς δ' ὅτ' ἂν ἀσπάσιος βίοτος παίδεσσι φανήῃ
πατρός, ὃς ἐν νούσῳ κεῖται κρατέρ' ἄλγεα πάσχων,   395
δηρὸν τηκόμενος, στυγερὸς δέ οἱ ἔχραε δαίμων,
ἀσπάσιον δ' ἄρα τόν γε θεοὶ κακότητος ἔλυσαν,
ὣς Ὀδυσῆ' ἀσπαστὸν ἐείσατο γαῖα καὶ ὕλη,
νῆχε δ' ἐπειγόμενος ποσὶν ἠπείρου ἐπιβῆναι.
ἀλλ' ὅτε τόσσον ἀπῆν ὅσσον τε γέγωνε βοήσας,   400
καὶ δὴ δοῦπον ἄκουσε ποτὶ σπιλάδεσσι θαλάσσης·
ῥόχθει γὰρ μέγα κῦμα ποτὶ ξερὸν ἠπείροιο
δεινὸν ἐρευγόμενον, εἴλυτο δὲ πάνθ' ἁλὸς ἄχνῃ·
οὐ γὰρ ἔσαν λιμένες νηῶν ὀχοί, οὐδ' ἐπιωγαί,
ἀλλ' ἀκταὶ προβλῆτες ἔσαν σπιλάδες τε πάγοι τε·   405
καὶ τότ' Ὀδυσσῆος λύτο γούνατα καὶ φίλον ἦτορ,
ὀχθήσας δ' ἄρα εἶπε πρὸς ὃν μεγαλήτορα θυμόν·
  "Ὤ μοι, ἐπεὶ δὴ γαῖαν ἀελπέα δῶκεν ἰδέσθαι
Ζεύς, καὶ δὴ τόδε λαῖτμα διατμήξας ἐτέλεσσα,
ἔκβασις οὔ πῃ φαίνεθ' ἁλὸς πολιοῖο θύραζε·   410

385 τερπνὸν pro κραιπνὸν C   ἔαγεν quidam (μεταγράφουσιν):
ἔταξεν Br: ἄξεν Plut. vit. Hom. ii. 109, schol. 295   386 ὅπ(π)ως
quidam: εἰσόκε R⁵ U¹: ἕως ὅγε (ὡς L⁴ T, ὅτε R¹⁰, ὅδε C) vulg. corr.
Lachmann   391 ἢ δὲ Ar. (ἄρθρον δεχόμενος τὸ ἢ) b al.: ἠδὲ cet.,
cf. μ 168   393 ὑπὸ] ἐπὶ Rhianus, Aristoph.   394 φανήῃ Ar.
(X 73) Eust. (τινὰ τῶν ἀντιγράφων ἐν δυσὶν ἦτα): φανείη codd.
397 v. om. U⁵, ἀσπασίως k p L⁸   402 v. om. Pal.   δὲ μέγα R¹, Ap.
lex. in Ῥοχθεῖ, E. M. 705. 29: δ' ἄρ C   ποτὶ περὶ P⁷   404 ὄχοι
codd. em. Postgate, cf. lemma schol. V, Orph. Arg. 1200   408 ἱκέσθαι
b, cf. α 21 κ 175   409 λαῖτμα] κῦμα d l m   ἐτέλεσσα a b f g i k:
ἐπέρασσα vulg.: ἐπέρησα P⁷ U¹ ed. pr.

98

ἔκτοσθεν μὲν γὰρ πάγοι ὀξέες, ἀμφὶ δὲ κῦμα
βέβρυχεν ῥόθιον, λισσὴ δ' ἀναδέδρομε πέτρη,
ἀγχιβαθὴς δὲ θάλασσα, καὶ οὔ πως ἔστι πόδεσσι
στήμεναι ἀμφοτέροισι καὶ ἐκφυγέειν κακότητα·
μή πώς μ' ἐκβαίνοντα βάλῃ λίθακι ποτὶ πέτρῃ   415
κῦμα μέγ' ἀρπάξαν· μελέῃ δέ μοι ἔσσεται ὁρμή.
εἰ δέ κ' ἔτι προτέρω παρανήξομαι, ἤν που ἐφεύρω
ἠϊόνας τε παραπλῆγας λιμένας τε θαλάσσης,
δείδω μή μ' ἐξαῦτις ἀναρπάξασα θύελλα
πόντον ἐπ' ἰχθυόεντα φέρῃ βαρέα στενάχοντα,   420
ἠέ τί μοι καὶ κῆτος ἐπισσεύῃ μέγα δαίμων
ἐξ ἁλός, οἷά τε πολλὰ τρέφει κλυτὸς Ἀμφιτρίτη·
οἶδα γὰρ ὥς μοι ὀδώδυσται κλυτὸς ἐννοσίγαιος."

  Ἧος ὁ ταῦθ' ὅρμαινε κατὰ φρένα καὶ κατὰ θυμόν,
τόφρα δέ μιν μέγα κῦμα φέρε τρηχεῖαν ἐπ' ἀκτήν.   425
ἔνθα κ' ἀπὸ ῥινοὺς δρύφθη, σὺν δ' ὀστέ' ἀράχθη,
εἰ μὴ ἐπὶ φρεσὶ θῆκε θεὰ γλαυκῶπις Ἀθήνη·
ἀμφοτέρῃσι δὲ χερσὶν ἐπεσσύμενος λάβε πέτρης,
τῆς ἔχετο στενάχων, ἧος μέγα κῦμα παρῆλθε.
καὶ τὸ μὲν ὣς ὑπάλυξε, παλιρρόθιον δέ μιν αὖτις   430
πλῆξεν ἐπεσσύμενον, τηλοῦ δέ μιν ἔμβαλε πόντῳ.
ὡς δ' ὅτε πουλύποδος θαλάμης ἐξελκομένοιο
πρὸς κοτυληδονόφιν πυκιναὶ λάιγγες ἔχονται,
ὣς τοῦ πρὸς πέτρῃσι θρασειάων ἀπὸ χειρῶν
ῥινοὶ ἀπέδρυφθεν· τὸν δὲ μέγα κῦμα κάλυψεν.   435
ἔνθα κε δὴ δύστηνος ὑπὲρ μόρον ὤλετ' Ὀδυσσεύς,
εἰ μὴ ἐπιφροσύνην δῶκε γλαυκῶπις Ἀθήνη.
κύματος ἐξαναδύς, τά τ' ἐρεύγεται ἤπειρόνδε,
νῆχε παρέξ, ἐς γαῖαν ὁρώμενος, εἴ που ἐφεύροι

  412 ἀναδέδραμε g Pal.   422 εἰν ἁλί Ar. teste schol., at idem
ἡ διπλῆ . . . ὅτι ἐν θαλάττῃ ὢν λέγει ἐξ ἁλός. hoc codd.   424 ὅρμ.
codd.   426 ῥινός τ' f: ῥινούς τε (τ') vulg. : τε om. Wolf: τε δρύφῃ
L⁷ U⁷, quod coni. Kayser, cf. 435   σύν τ' vulg. : σὺν δ' d f g i k
431 ἀπεσσύμενον Dem. Ixion, cf. 314   435 ἀπέδρυφεν d L⁸ P¹ U⁵:
ἀπόδρυφεν j   437 ἐπὶ φρεσὶ θῆκε [θεὰ] h γρ. H³ Pal. = 427

ἠϊόνας τε παραπλῆγας λιμένας τε θαλάσσης.   440
ἀλλ' ὅτε δὴ ποταμοῖο κατὰ στόμα καλλιρόοιο
ἷξε νέων, τῇ δή οἱ ἐείσατο χῶρος ἄριστος,
λεῖος πετράων, καὶ ἐπὶ σκέπας ἦν ἀνέμοιο.
ἔγνω δὲ προρέοντα καὶ εὔξατο ὃν κατὰ θυμόν·
" Κλῦθι, ἄναξ, ὅτις ἐσσί· πολύλλιστον δέ σ' ἱκάνω
φεύγων ἐκ πόντοιο Ποσειδάωνος ἐνιπάς.   446
αἰδοῖος μέν τ' ἐστὶ καὶ ἀθανάτοισι θεοῖσιν
ἀνδρῶν ὅς τις ἵκηται ἀλώμενος, ὡς καὶ ἐγὼ νῦν
σόν τε ῥόον σά τε γούναθ' ἱκάνω πολλὰ μογήσας.
ἀλλ' ἐλέαιρε, ἄναξ· ἱκέτης δέ τοι εὔχομαι εἶναι."   450
Ὣς φάθ', ὁ δ' αὐτίκα παῦσεν ἑὸν ῥόον, ἔσχε δὲ κῦμα,
πρόσθε δέ οἱ ποίησε γαλήνην, τὸν δ' ἐσάωσεν
ἐς ποταμοῦ προχοάς· ὁ δ' ἄρ' ἄμφω γούνατ' ἔκαμψε
χεῖράς τε στιβαράς· ἁλὶ γὰρ δέδμητο φίλον κῆρ.
ᾤδεε δὲ χρόα πάντα, θάλασσα δὲ κήκιε πολλὴ   455
ἂν στόμα τε ῥῖνάς θ'· ὁ δ' ἄρ' ἄπνευστος καὶ ἄναυδος
κεῖτ' ὀλιγηπελέων, κάματος δέ μιν αἰνὸς ἵκανεν.
ἀλλ' ὅτε δή ῥ' ἔμπνυτο καὶ ἐς φρένα θυμὸς ἀγέρθη,
καὶ τότε δὴ κρήδεμνον ἀπὸ ἕο λῦσε θεοῖο.
καὶ τὸ μὲν ἐς ποταμὸν ἁλιμυρήεντα μεθῆκεν,   460
ἂψ δ' ἔφερεν μέγα κῦμα κατὰ ῥόον, αἶψα δ' ἄρ' Ἰνὼ
δέξατο χερσὶ φίλῃσιν· ὁ δ' ἐκ ποταμοῖο λιασθεὶς
σχοίνῳ ὑπεκλίνθη, κύσε δὲ ζείδωρον ἄρουραν·
ὀχθήσας δ' ἄρα εἶπε πρὸς ὃν μεγαλήτορα θυμόν·
" Ὤ μοι ἐγώ, τί πάθω; τί νύ μοι μήκιστα γένηται;
εἰ μέν κ' ἐν ποταμῷ δυσκηδέα νύκτα φυλάσσω,   466
μή μ' ἄμυδις στίβῃ τε κακὴ καὶ θῆλυς ἐέρση
ἐξ ὀλιγηπελίης δαμάσῃ κεκαφηότα θυμόν·

445 πολύλλιστος g j k r s Eust. : πολύκλυστος f : πολὺ κάλλιστον R¹⁰,
cf. h. Apoll. 347   455 ὤδει q : ὦδ' ἐς χρόα πάντα γρ. Br : ὤδησ'
ὄγκῳ quidam   456 ἀνάπνευστος f U⁸   ἄναυδος] ἄνανδρος s :
ἄγευστος L⁴   458 ἔμπνυτο Ar., Pal. corr. P⁷ (εῖμπ·) : ἄμπ. cet.
459 ἕο Zen. vulg. (ἕω P² R¹¹ U⁸) : ἔθεν v. l. ant. (ἡ κοινή), cf. η 217
Β 239 Τ 384   466 φυλάσσω Ar. : φυλάξω codd.

αὔρη δ' ἐκ ποταμοῦ ψυχρὴ πνέει ἠῶθι πρό.
εἰ δέ κεν ἐς κλιτὺν ἀναβὰς καὶ δάσκιον ὕλην   470
θάμνοις ἐν πυκινοῖσι καταδράθω, εἴ με μεθήῃ
ῥῖγος καὶ κάματος, γλυκερὸς δέ μοι ὕπνος ἐπέλθῃ,
δείδω μὴ θήρεσσιν ἕλωρ καὶ κύρμα γένωμαι."
    ῍Ως ἄρα οἱ φρονέοντι δοάσσατο κέρδιον εἶναι·
βῆ ῥ' ἴμεν εἰς ὕλην· τὴν δὲ σχεδὸν ὕδατος εὗρεν   475
ἐν περιφαινομένῳ· δοιοὺς δ' ἄρ' ὑπήλυθε θάμνους
ἐξ ὁμόθεν πεφυῶτας· ὁ μὲν φυλίης, ὁ δ' ἐλαίης.
τοὺς μὲν ἄρ' οὔτ' ἀνέμων διάη μένος ὑγρὸν ἀέντων,
οὔτε ποτ' ἠέλιος φαέθων ἀκτῖσιν ἔβαλλεν,
οὔτ' ὄμβρος περάασκε διαμπερές· ὣς ἄρα πυκνοὶ   480
ἀλλήλοισιν ἔφυν ἐπαμοιβαδίς· οὓς ὑπ' Ὀδυσσεὺς
δύσετ'. ἄφαρ δ' εὐνὴν ἐπαμήσατο χερσὶ φίλῃσιν
εὐρεῖαν· φύλλων γὰρ ἔην χύσις ἤλιθα πολλή,
ὅσσον τ' ἠὲ δύω ἠὲ τρεῖς ἄνδρας ἔρυσθαι
ὥρῃ χειμερίῃ, εἰ καὶ μάλα περ χαλεπαίνοι.   485
τὴν μὲν ἰδὼν γήθησε πολύτλας δῖος Ὀδυσσεύς,
ἐν δ' ἄρα μέσσῃ λέκτο, χύσιν δ' ἐπεχεύατο φύλλων.
ὡς δ' ὅτε τις δαλὸν σποδιῇ ἐνέκρυψε μελαίνῃ
ἀγροῦ ἐπ' ἐσχατιῆς, ᾧ μὴ πάρα γείτονες ἄλλοι,
σπέρμα πυρὸς σώζων, ἵνα μή ποθεν ἄλλοθεν αὔῃ,   490
ὣς Ὀδυσεὺς φύλλοισι καλύψατο· τῷ δ' ἄρ' Ἀθήνη
ὕπνον ἐπ' ὄμμασι χεῦ', ἵνα μιν παύσειε τάχιστα
δυσπονέος καμάτοιο, φίλα βλέφαρ' ἀμφικαλύψας.

469 om. C   πνέει] πέλει d f r U⁸ schol. Ap. Rhod. iv. 111
471 μεθείη codd., cf. 394   472 πυκινὸς f   473 δείδια e J L²
(Aristoph. Ξ 44)   477 ἐν τοῖς ὑπομνήμασι γεγαῶτας schol.
φυλίης] πτελέης γρ. O   478 διάη a b L⁸ : διάει vulg.   479 ποτ']
μὲν d : μὴν o m P¹ : μιν j : οὔτ' αὖ R¹   481 ἐπαμοιβαδόν Herod.
Δ 222   482 δὲ ὕλην f, γρ. Br U⁸, Eust.   489 ἐσχατιῆς M² U¹ :
ἐσχατιῇ o L⁴, cf. ι 182   490 αὔῃ Dem. Ixion : αὔοι codd.

ΟΔΥΣΣΕΙΑΣ Ζ

Ὣς ὁ μὲν ἔνθα καθεῦδε πολύτλας δῖος Ὀδυσσεὺς
ὕπνῳ καὶ καμάτῳ ἀρημένος· αὐτὰρ Ἀθήνη
βῆ ῥ' ἐς Φαιήκων ἀνδρῶν δῆμόν τε πόλιν τε,
οἳ πρὶν μέν ποτε ναῖον ἐν εὐρυχόρῳ Ὑπερείῃ,
ἀγχοῦ Κυκλώπων, ἀνδρῶν ὑπερηνορεόντων,   5
οἵ σφεας σινέσκοντο, βίηφι δὲ φέρτεροι ἦσαν.
ἔνθεν ἀναστήσας ἄγε Ναυσίθοος θεοειδής,
εἷσεν δὲ Σχερίῃ, ἑκὰς ἀνδρῶν ἀλφηστάων,
ἀμφὶ δὲ τεῖχος ἔλασσε πόλει, καὶ ἐδείματο οἴκους,
καὶ νηοὺς ποίησε θεῶν, καὶ ἐδάσσατ' ἀρούρας.   10
ἀλλ' ὁ μὲν ἤδη κηρὶ δαμεὶς Ἄϊδόσδε βεβήκει,
Ἀλκίνοος δὲ τότ' ἄρχε, θεῶν ἄπο μήδεα εἰδώς·
τοῦ μὲν ἔβη πρὸς δῶμα θεὰ γλαυκῶπις Ἀθήνη,
νόστον Ὀδυσσῆϊ μεγαλήτορι μητιόωσα.
βῆ δ' ἴμεν ἐς θάλαμον πολυδαίδαλον, ᾧ ἔνι κούρη   15
κοιμᾶτ' ἀθανάτῃσι φυὴν καὶ εἶδος ὁμοίη,
Ναυσικάα, θυγάτηρ μεγαλήτορος Ἀλκινόοιο,
πὰρ δὲ δύ' ἀμφίπολοι, Χαρίτων ἄπο κάλλος ἔχουσαι,
σταθμοῖϊν ἑκάτερθε· θύραι δ' ἐπέκειντο φαειναί.
ἡ δ' ἀνέμου ὡς πνοιὴ ἐπέσσυτο δέμνια κούρης,   20
στῆ δ' ἄρ' ὑπὲρ κεφαλῆς, καί μιν πρὸς μῦθον ἔειπεν,
εἰδομένη κούρῃ ναυσικλειτοῖο Δύμαντος,
ἥ οἱ ὁμηλικίη μὲν ἔην, κεχάριστο δὲ θυμῷ.

1 καθεῦδε M² M³ P⁶ R² U³ Zen. (si scholiastis fides: leg. ἐκάθευδ'
A 611): κάθευδε cet. (κάθευδε U¹ U⁵)   2 βεβαρημένος k, cf. τ 122
(v. l.)   8 δὲ Σχερίῃ Ar. L⁴ R¹⁰ T : δ' ἐν cet. : δ' ἐς Σχερίην Ap. lex. in
Εἷσεν   ἄλλων bjlm L⁴ L⁸ Plut. de exil. 603 B Ap. lex. l. c. Porph.
qu. Od. 80 : ἀλλήλων ἀριστάων Et. Gud. in Ἔσσην   10 θεοῖς
Rhianus   12 ἦρχε codd.   21 om. L⁴   22 ναυσικλειτοῦ ὀδύμαντος
o, γρ. ναυσικλειτοῖ᾽ ὀδύμαντος H¹ : ναυσικλειτοῖ quidam (ὡς Καλυψοῖ)

τῇ μιν ἐεισαμένη προσέφη γλαυκῶπις Ἀθήνη·

"Ναυσικάα, τί νύ σ᾽ ὧδε μεθήμονα γείνατο μήτηρ;   25
εἵματα μέν τοι κεῖται ἀκηδέα σιγαλόεντα,
σοὶ δὲ γάμος σχεδόν ἐστιν, ἵνα χρὴ καλὰ μὲν αὐτὴν
ἕννυσθαι, τὰ δὲ τοῖσι παρασχεῖν οἵ κέ σ᾽ ἄγωνται.
ἐκ γάρ τοι τούτων φάτις ἀνθρώπους ἀναβαίνει
ἐσθλή, χαίρουσιν δὲ πατὴρ καὶ πότνια μήτηρ.   30
ἀλλ᾽ ἴομεν πλυνέουσαι ἅμ᾽ ἠοῖ φαινομένηφι·
καί τοι ἐγὼ συνέριθος ἅμ᾽ ἕψομαι, ὄφρα τάχιστα
ἐντύνεαι, ἐπεὶ οὔ τοι ἔτι δὴν παρθένος ἔσσεαι·
ἤδη γάρ σε μνῶνται ἀριστῆες κατὰ δῆμον
πάντων Φαιήκων, ὅθι τοι γένος ἐστὶ καὶ αὐτῇ.   35
ἀλλ᾽ ἄγ᾽ ἐπότρυνον πατέρα κλυτὸν ἠῶθι πρὸ
ἡμιόνους καὶ ἄμαξαν ἐφοπλίσαι, ἥ κεν ἄγῃσι
ζῶστρά τε καὶ πέπλους καὶ ῥήγεα σιγαλόεντα.
καὶ δὲ σοὶ ὧδ᾽ αὐτῇ πολὺ κάλλιον ἠὲ πόδεσσιν
ἔρχεσθαι· πολλὸν γὰρ ἀπὸ πλυνοί εἰσι πόληος."   40

Ἡ μὲν ἄρ᾽ ὣς εἰποῦσ᾽ ἀπέβη γλαυκῶπις Ἀθήνη
Οὔλυμπόνδ᾽, ὅθι φασὶ θεῶν ἕδος ἀσφαλὲς αἰεὶ
ἔμμεναι· οὔτ᾽ ἀνέμοισι τινάσσεται οὔτε ποτ᾽ ὄμβρῳ
δεύεται οὔτε χιὼν ἐπιπίλναται, ἀλλὰ μάλ᾽ αἴθρη
πέπταται ἀνέφελος, λευκὴ δ᾽ ἐπιδέδρομεν αἴγλη·   45
τῷ ἔνι τέρπονται μάκαρες θεοὶ ἤματα πάντα.
ἔνθ᾽ ἀπέβη γλαυκῶπις, ἐπεὶ διεπέφραδε κούρῃ.

Αὐτίκα δ᾽ Ἠὼς ἦλθεν ἐΰθρονος, ἥ μιν ἔγειρε
Ναυσικάαν εὔπεπλον· ἄφαρ δ᾽ ἀπεθαύμασ᾽ ὄνειρον,

                                                        ὅπου
24 ἐεϊδομένη **b e i o** L⁴   27 ἵν᾽ ὅπου (= ἵνα) **g**   29 φάτις]
χάρις Callistratus (μεταποιῆσαι δέ φησι τὸν Ἀριστοφάνην φάτις)
ἀνθρώπων **q** L⁴ R² U⁸, marg H³ Pal., ·οις L⁵ Pal. corr.   33 ἀρτύνεαι
R⁵   34 ἀνὰ **d l** V⁴   35 φαιήκων πάντων P²   ἐσσὶ **a b p**
H³ L¹   αὐτῆ **a f p** O   38 ζώνας **r** : ζώστρας **p**   42 ἔμμεναι
ἐσθλὸν Herod. de fig. 57. 20 (Rhet. gr. viii. 601)   44 ἐπικίδναται
Plutarch. ap. Stob. Ecl. Phys. i. 22. 2 (= 494) Herod. l.c.   αἰθὴρ
Rhianus   45 ἀναδέδρομεν Aristot. de mundo 400 A 11   46 τῆ
Rhianus   47 πάντα **b** H³, cf. ρ 590

βῆ δ' ἴμεναι διὰ δώμαθ', ἵν' ἀγγείλειε τοκεῦσι,   50
πατρὶ φίλῳ καὶ μητρί· κιχήσατο δ' ἔνδον ἐόντας·
ἡ μὲν ἐπ' ἐσχάρῃ ἧστο σὺν ἀμφιπόλοισι γυναιξίν,
ἠλάκατα στρωφῶσ' ἁλιπόρφυρα· τῷ δὲ θύραζε
ἐρχομένῳ ξύμβλητο μετὰ κλειτοὺς βασιλῆας
ἐς βουλήν, ἵνα μιν κάλεον Φαίηκες ἀγαυοί.   55
ἡ δὲ μάλ' ἄγχι στᾶσα φίλον πατέρα προσέειπε·
    " Πάππα φίλ', οὐκ ἂν δή μοι ἐφοπλίσσειας ἀπήνην
ὑψηλὴν εὔκυκλον, ἵνα κλυτὰ εἵματ' ἄγωμαι
ἐς ποταμὸν πλυνέουσα, τά μοι ῥερυπωμένα κεῖται;
καὶ δὲ σοὶ αὐτῷ ἔοικε μετὰ πρώτοισιν ἐόντα   60
βουλὰς βουλεύειν καθαρὰ χροΐ εἵματ' ἔχοντα.
πέντε δέ τοι φίλοι υἷες ἐνὶ μεγάροις γεγάασιν,
οἱ δύ' ὀπυίοντες, τρεῖς δ' ἠίθεοι θαλέθοντες·
οἱ δ' αἰεὶ ἐθέλουσι νεόπλυτα εἵματ' ἔχοντες
ἐς χορὸν ἔρχεσθαι· τὰ δ' ἐμῇ φρενὶ πάντα μέμηλεν."   65
    Ὣς ἔφατ'· αἴδετο γὰρ θαλερὸν γάμον ἐξονομῆναι
πατρὶ φίλῳ· ὁ δὲ πάντα νόει καὶ ἀμείβετο μύθῳ·
    " Οὔτε τοι ἡμιόνων φθονέω, τέκος, οὔτε τευ ἄλλου.
ἔρχευ· ἀτάρ τοι δμῶες ἐφοπλίσσουσιν ἀπήνην
ὑψηλὴν εὔκυκλον, ὑπερτερίῃ ἀραρυῖαν."   70
    Ὣς εἰπὼν δμώεσσιν ἐκέκλετο, τοὶ δ' ἐπίθοντο.
οἱ μὲν ἄρ' ἐκτὸς ἄμαξαν ἐΰτροχον ἡμιονείην
ὅπλεον, ἡμιόνους θ' ὕπαγον ζεῦξάν θ' ὑπ' ἀπήνῃ·
κούρη δ' ἐκ θαλάμοιο φέρεν ἐσθῆτα φαεινήν.
καὶ τὴν μὲν κατέθηκεν ἐϋξέστῳ ἐπ' ἀπήνῃ,   75
μήτηρ δ' ἐν κίστῃ ἐτίθει μενοεικέ' ἐδωδὴν
παντοίην, ἐν δ' ὄψα τίθει, ἐν δ' οἶνον ἔχευεν
ἀσκῷ ἐν αἰγείῳ· κούρη δ' ἐπεβήσετ' ἀπήνης.

50 ἴμεναι a b H³ U⁸ : ἰέναι cet.   κατὰ p   54 ἐπικουρους h,
cf. P 212   57 ἐφοπλίσσειαν g Rhianus, -εν P⁵   60 ἐόντα
a b c f g j Eust. : ἐόντι cet., γρ. Eust.   61 ἔχοντι f m p L⁸ P¹
63 θαλέοντες d L⁵   73 ὅπλεον codd. plerique, cf. Θ 55   ἀπήνην
b H³ J K P¹   74 κοῦροι—φέρον Aristophanes, O (-δ̈ι)   75 κατέ-
θηκαν Aristoph., c L⁴ T W   ἐϋξέστη f s P⁶ R¹ : ἐυξέστου ἐπ' ἀπήνης
L⁴ U⁸   ὑπ' e r al.

δῶκεν δὲ χρυσέῃ ἐν ληκύθῳ ὑγρὸν ἔλαιον,
ἧος χυτλώσαιτο σὺν ἀμφιπόλοισι γυναιξίν.   80
ἡ δ' ἔλαβεν μάστιγα καὶ ἡνία σιγαλόεντα,
μάστιξεν δ' ἐλάαν· καναχὴ δ' ἦν ἡμιόνοιϊν·
αἱ δ' ἄμοτον τανύοντο, φέρον δ' ἐσθῆτα καὶ αὐτήν,
οὐκ οἴην, ἅμα τῇ γε καὶ ἀμφίπολοι κίον ἄλλαι.

Αἱ δ' ὅτε δὴ ποταμοῖο ῥόον περικαλλέ' ἵκοντο,   85
ἔνθ' ἦ τοι πλυνοὶ ἦσαν ἐπηετανοί, πολὺ δ' ὕδωρ
καλὸν ὑπεκπρορέει μάλα περ ῥυπόωντα καθῆραι,
ἔνθ' αἵ γ' ἡμιόνους μὲν ὑπεκπροέλυσαν ἀπήνης.
καὶ τὰς μὲν σεῦαν ποταμὸν πάρα δινήεντα
τρώγειν ἄγρωστιν μελιηδέα· ταὶ δ' ἀπ' ἀπήνης   90
εἵματα χερσὶν ἕλοντο καὶ ἐσφόρεον μέλαν ὕδωρ,
στεῖβον δ' ἐν βόθροισι θοῶς ἔριδα προφέρουσαι.
αὐτὰρ ἐπεὶ πλῦνάν τε κάθηράν τε ῥύπα πάντα,
ἐξείης πέτασαν παρὰ θῖν' ἁλός, ἧχι μάλιστα
λάϊγγας ποτὶ χέρσον ἀποπλύνεσκε θάλασσα.   95
αἱ δὲ λοεσσάμεναι καὶ χρισάμεναι λίπ' ἐλαίῳ
δεῖπνον ἔπειθ' εἵλοντο παρ' ὄχθῃσιν ποταμοῖο,
εἵματα δ' ἠελίοιο μένον τερσήμεναι αὐγῇ.
αὐτὰρ ἐπεὶ σίτου τάρφθεν δμῳαί τε καὶ αὐτή,
σφαίρῃ ταί γ' ἄρα παῖζον, ἀπὸ κρήδεμνα βαλοῦσαι·   100
τῇσι δὲ Ναυσικάα λευκώλενος ἄρχετο μολπῆς.
οἵη δ' Ἄρτεμις εἶσι κατ' οὔρεα ἰοχέαιρα,
ἡ κατὰ Τηΰγετον περιμήκετον ἢ Ἐρύμανθον,
τερπομένη κάπροισι καὶ ὠκείῃς ἐλάφοισι·
τῇ δέ θ' ἅμα νύμφαι, κοῦραι Διὸς αἰγιόχοιο,   105

85 ἀλλ' ὅτε ο L⁴ U¹   87 ὑπεκπροθέει f M² P⁴ R⁴   ῥυπόεντα g,
γρ. H³, cf. ν 435 ω 227   88 om. m H²   89 τοὺς g C V⁴ Eust.
95 ἀποπλύνεσκε ο L⁴ : ἀποπτύεσκε f g i k s, cf. Δ 426   100 ταὶ δ'
e H¹ ss. (πᾶσαι διὰ τοῦ δ schol.) : ταί τ' cet.   101 ἤρξατο d l :
ἤρχετο cet. : ἤρχετ' ἀοιδῆς U¹   102 γρ. ἢ ἀντὶ τοῦ ὥσπερ δέ schol.
U⁵ ap. Ludw. (sc. οἴ[η]· ἢ δ' ?), οἵη U⁵, ἵη M⁴   οὔρεα d U⁽⁶⁾ (γρ.
οὔρεα ὅπερ ἄμεινον schol.) : οὔρεος cet.   105 κοῦραι νύμφαι
d f l L⁴

ἀγρονόμοι παίζουσι· γέγηθε δέ τε φρένα Λητώ·
πασάων δ' ὑπὲρ ἥ γε κάρη ἔχει ἠδὲ μέτωπα,
ῥεῖά τ' ἀριγνώτη πέλεται, καλαὶ δέ τε πᾶσαι·
ὣς ἥ γ' ἀμφιπόλοισι μετέπρεπε παρθένος ἀδμής.

Ἀλλ' ὅτε δὴ ἄρ' ἔμελλε πάλιν οἶκόνδε νέεσθαι   110
ζεύξασ' ἡμιόνους πτύξασά τε εἵματα καλά,
ἔνθ' αὖτ' ἄλλ' ἐνόησε θεὰ γλαυκῶπις Ἀθήνη,
ὡς Ὀδυσεὺς ἔγροιτο, ἴδοι τ' εὐώπιδα κούρην,
ἥ οἱ Φαιήκων ἀνδρῶν πόλιν ἡγήσαιτο.
σφαῖραν ἔπειτ' ἔρριψε μετ' ἀμφίπολον βασίλεια·   115
ἀμφιπόλου μὲν ἅμαρτε, βαθείῃ δ' ἔμβαλε δίνῃ,
αἱ δ' ἐπὶ μακρὸν ἄυσαν. ὁ δ' ἔγρετο δῖος Ὀδυσσεύς,
ἑζόμενος δ' ὥρμαινε κατὰ φρένα καὶ κατὰ θυμόν·
"Ὤ μοι ἐγώ, τέων αὖτε βροτῶν ἐς γαῖαν ἱκάνω;
ἦ ῥ' οἵ γ' ὑβρισταί τε καὶ ἄγριοι οὐδὲ δίκαιοι,   120
ἦε φιλόξεινοι, καί σφιν νόος ἐστὶ θεουδής;
ὥς τέ με κουράων ἀμφήλυθε θῆλυς ἀυτή,
νυμφάων, αἳ ἔχουσ' ὀρέων αἰπεινὰ κάρηνα
καὶ πηγὰς ποταμῶν καὶ πίσεα ποιήεντα.
ἦ νύ που ἀνθρώπων εἰμὶ σχεδὸν αὐδηέντων;   125
ἀλλ' ἄγ', ἐγὼν αὐτὸς πειρήσομαι ἠδὲ ἴδωμαι."

Ὣς εἰπὼν θάμνων ὑπεδύσετο δῖος Ὀδυσσεύς,
ἐκ πυκινῆς δ' ὕλης πτόρθον κλάσε χειρὶ παχείῃ
φύλλων, ὡς ῥύσαιτο περὶ χροῒ μήδεα φωτός.
βῆ δ' ἴμεν ὥς τε λέων ὀρεσίτροφος, ἀλκὶ πεποιθώς,   130
ὅς τ' εἶσ' ὑόμενος καὶ ἀήμενος, ἐν δέ οἱ ὄσσε
δαίεται· αὐτὰρ ὁ βουσὶ μετέρχεται ἠὲ ὀίεσσιν

106 ἀγρομέναι s : -νη V⁵, Ma ss.   δέ om. d f l   τε om. b C Gell.
ix. 9. 12   δ' ἄρα Ap. lex. in Ἀγρονόμοι, cf. Θ 559   ἀγρόμεναι
παίζουσιν ἀνὰ δρία παιπαλόεντα Megaclides   108 τ' Ar. (καὶ σχεδὸν
πᾶσαι) : δ' codd.   109 ἀγνή f s P⁶, γρ. U⁵, Macrob. v. 4. 10
115 σφαῖραν] πάλλαν Dionysodorus (Aristarcheus schol. B 111, an
geometres?) ap. Eust., cf. Hesych. in Πάλλα, Pherecydes fr. 101
116 ἔμπεσε g P⁷, cf. ε 315   λίμνῃ Ap. lex. in v.   118 ὥρμαινε
codd. praeter Mon., cf. K 359   122 ἀυτμή g fort. C, H³ corr.,
v. l. Pal. cit Ap. lex. in Ἀμφήλυθε : ἀοιδή R⁵   126 ἄγε τῶν b : ἰὼν
H¹ ss.   132 ὁ om. Rhian.   ἐπέρχεται γρ. Eust., cf. Ω 82

ἠὲ μετ' ἀγροτέρας ἐλάφους· κέλεται δέ ἑ γαστὴρ
μήλων πειρήσοντα καὶ ἐς πυκινὸν δόμον ἐλθεῖν·
ὣς Ὀδυσεὺς κούρῃσιν ἐϋπλοκάμοισιν ἔμελλε   135
μίξεσθαι, γυμνός περ ἐών· χρειὼ γὰρ ἵκανε.
σμερδαλέος δ' αὐτῇσι φάνη κεκακωμένος ἅλμῃ,
τρέσσαν δ' ἄλλυδις ἄλλη ἐπ' ἠιόνας προὐχούσας·
οἴη δ' Ἀλκινόου θυγάτηρ μένε· τῇ γὰρ Ἀθήνη
θάρσος ἐνὶ φρεσὶ θῆκε καὶ ἐκ δέος εἵλετο γυίων.   140
στῆ δ' ἄντα σχομένη· ὁ δὲ μερμήριξεν Ὀδυσσεύς,
ἢ γούνων λίσσοιτο λαβὼν εὐώπιδα κούρην,
ἦ αὔτως ἐπέεσσιν ἀποσταδὰ μειλιχίοισι
λίσσοιτ', εἰ δείξειε πόλιν καὶ εἵματα δοίη.
ὣς ἄρα οἱ φρονέοντι δοάσσατο κέρδιον εἶναι,   145
λίσσεσθαι ἐπέεσσιν ἀποσταδὰ μειλιχίοισι,
μή οἱ γοῦνα λαβόντι χολώσαιτο φρένα κούρη.
αὐτίκα μειλίχιον καὶ κερδαλέον φάτο μῦθον·
   "Γουνοῦμαί σε, ἄνασσα· θεός νύ τις ἦ βροτός ἐσσι;
εἰ μέν τις θεός ἐσσι, τοὶ οὐρανὸν εὐρὺν ἔχουσιν,   150
Ἀρτέμιδί σε ἐγώ γε, Διὸς κούρῃ μεγάλοιο,
εἶδός τε μέγεθός τε φυήν τ' ἄγχιστα ἐΐσκω·
εἰ δέ τίς ἐσσι βροτῶν, τοὶ ἐπὶ χθονὶ ναιετάουσι,
τρισμάκαρες μὲν σοί γε πατὴρ καὶ πότνια μήτηρ,
τρισμάκαρες δὲ κασίγνητοι· μάλα πού σφισι θυμὸς   155
αἰὲν ἐϋφροσύνῃσιν ἰαίνεται εἵνεκα σεῖο,
λευσσόντων τοιόνδε θάλος χορὸν εἰσοιχνεῦσαν.
κεῖνος δ' αὖ περὶ κῆρι μακάρτατος ἔξοχον ἄλλων,
ὅς κέ σ' ἐέδνοισι βρίσας οἶκόνδ' ἀγάγηται.
οὐ γάρ πω τοιοῦτον ἐγὼ ἴδον ὀφθαλμοῖσιν,   160

137 ἀργαλέος Zen. (κακῶς) : λευγαλέος alii (κακῶς)   138 ἄλλῃ
uv. ant.   προχοούσας L⁸, γρ. H¹   144 περιττὸς ὁ στίχος ... καὶ
Ἀθηνοκλῆς δὲ ὑποπτεύεται τὸν στίχον schol.   149 τις] τοι d f
152 εἰσάντα f i P⁶, γρ. U⁵   153 εἰ δ' αὖ γε βροτός ἐσσι τοὶ ἀρούρης
καρπὸν ἔδουσι a b H³ Mon. : εἰ δ' αὖ γε βροτῶν γρ. p (= Ζ 142)
156 αἰὲν ἐν U⁸, γρ. schol. (κακῶς)   159 σε ἐέδνοισι k r s L⁸ M³
160 τοιοῦτον ἐγὼν ἴδον g j : τοιοῦτον ἴδον (εἶδον) βροτόν cet.

οὔτ' ἄνδρ' οὔτε γυναῖκα· σέβας μ' ἔχει εἰσορόωντα.
Δήλῳ δή ποτε τοῖον 'Απόλλωνος παρὰ βωμῷ
φοίνικος νέον ἔρνος ἀνερχόμενον ἐνόησα·
ἦλθον γὰρ καὶ κεῖσε, πολὺς δέ μοι ἕσπετο λαὸς
τὴν ὁδὸν ᾗ δὴ μέλλεν ἐμοὶ κακὰ κήδε' ἔσεσθαι.   165
ὣς δ' αὔτως καὶ κεῖνο ἰδὼν ἐτεθήπεα θυμῷ
δήν, ἐπεὶ οὔ πω τοῖον ἀνήλυθεν ἐκ δόρυ γαίης,
ὡς σέ, γύναι, ἄγαμαί τε τέθηπά τε δείδιά τ' αἰνῶς
γούνων ἅψασθαι· χαλεπὸν δέ με πένθος ἱκάνει.
χθιζὸς ἐεικοστῷ φύγον ἤματι οἴνοπα πόντον·   170
τόφρα δέ μ' αἰεὶ κῦμ' ἐφόρει κραιπναί τε θύελλαι
νήσου ἀπ' 'Ωγυγίης· νῦν δ' ἐνθάδε κάββαλε δαίμων,
ὄφρα τί που καὶ τῇδε πάθω κακόν· οὐ γὰρ ὀίω
παύσεσθ', ἀλλ' ἔτι πολλὰ θεοὶ τελέουσι πάροιθεν.
ἀλλά, ἄνασσ', ἐλέαιρε· σὲ γὰρ κακὰ πολλὰ μογήσας   175
ἐς πρώτην ἱκόμην, τῶν δ' ἄλλων οὔ τινα οἶδα
ἀνθρώπων, οἳ τήνδε πόλιν καὶ γαῖαν ἔχουσιν.
ἄστυ δέ μοι δεῖξον, δὸς δὲ ῥάκος ἀμφιβαλέσθαι,
εἴ τί που εἴλυμα σπείρων ἔχες ἐνθάδ' ἰοῦσα.
σοὶ δὲ θεοὶ τόσα δοῖεν ὅσα φρεσὶ σῇσι μενοινᾷς,   180
ἄνδρα τε καὶ οἶκον καὶ ὁμοφροσύνην ὀπάσειαν
ἐσθλήν· οὐ μὲν γὰρ τοῦ γε κρεῖσσον καὶ ἄρειον,
ἢ ὅθ' ὁμοφρονέοντε νοήμασιν οἶκον ἔχητον
ἀνὴρ ἠδὲ γυνή· πόλλ' ἄλγεα δυσμενέεσσι,
χάρματα δ' εὐμενέτῃσι· μάλιστα δέ τ' ἔκλυον αὐτοί."   185
    Τὸν δ' αὖ Ναυσικάα λευκώλενος ἀντίον ηὔδα·
" ξεῖν', ἐπεὶ οὔτε κακῷ οὔτ' ἄφρονι φωτὶ ἔοικας,
Ζεὺς δ' αὐτὸς νέμει ὄλβον 'Ολύμπιος ἀνθρώποισιν,
ἐσθλοῖς ἠδὲ κακοῖσιν, ὅπως ἐθέλησιν, ἑκάστῳ·

162 βωμῷ] βωμὸν U⁸, Iulian. 351 D, ναῷ Plut. de soll. an. 983 E,
cf. h. Apoll. 293   164 ἔπλετο d l   165 ᾗ j o C L⁴ L⁸ al.
ἔμελλεν J K Eust. : μέλλεν Ar. codd.   171 μ' αἰεὶ] μὲ μέγα f i
    180 ᾗσι k : τῇσι q   183 οἰκί' Hierocles de Matrim. ap. Stob.
Ecl. iv. 22. 24   187 ὦ ξέν' Plut. de profect. in virt. 82 E   187 a οὐλέ
τε καὶ μέγα χαῖρε θεοὶ δέ τοι ὄλβια δοῖεν Plut. l. c. (= ω 402)

καί που σοὶ τάδ' ἔδωκε, σὲ δὲ χρὴ τετλάμεν ἔμπης.   190
νῦν δ', ἐπεὶ ἡμετέρην τε πόλιν καὶ γαῖαν ἱκάνεις,
οὔτ' οὖν ἐσθῆτος δευήσεαι οὔτε τευ ἄλλου,
ὧν ἐπέοιχ' ἱκέτην ταλαπείριον ἀντιάσαντα.
ἄστυ δέ τοι δείξω, ἐρέω δέ τοι οὔνομα λαῶν.
Φαίηκες μὲν τήνδε πόλιν καὶ γαῖαν ἔχουσιν,   195
εἰμὶ δ' ἐγὼ θυγάτηρ μεγαλήτορος Ἀλκινόοιο,
τοῦ δ' ἐκ Φαιήκων ἔχεται κάρτος τε βίη τε."
   Ἦ ῥα, καὶ ἀμφιπόλοισιν ἐϋπλοκάμοισι κέλευσε·
" στῆτέ μοι, ἀμφίπολοι· πόσε φεύγετε φῶτα ἰδοῦσαι;
ἦ μή πού τινα δυσμενέων φάσθ' ἔμμεναι ἀνδρῶν;   200
οὐκ ἔσθ' οὗτος ἀνὴρ διερὸς βροτὸς οὐδὲ γένηται,
ὅς κεν Φαιήκων ἀνδρῶν ἐς γαῖαν ἵκηται
δηϊοτῆτα φέρων· μάλα γὰρ φίλοι ἀθανάτοισιν.
οἰκέομεν δ' ἀπάνευθε πολυκλύστῳ ἐνὶ πόντῳ,
ἔσχατοι, οὐδέ τις ἄμμι βροτῶν ἐπιμίσγεται ἄλλος.   205
ἀλλ' ὅδε τις δύστηνος ἀλώμενος ἐνθάδ' ἱκάνει,
τὸν νῦν χρὴ κομέειν· πρὸς γὰρ Διός εἰσιν ἅπαντες
ξεῖνοί τε πτωχοί τε, δόσις δ' ὀλίγη τε φίλη τε.
ἀλλὰ δότ', ἀμφίπολοι, ξείνῳ βρῶσίν τε πόσιν τε,
λούσατέ τ' ἐν ποταμῷ, ὅθ' ἐπὶ σκέπας ἔστ' ἀνέμοιο."   210
   Ὣς ἔφαθ', αἱ δ' ἔσταν τε καὶ ἀλλήλῃσι κέλευσαν,
κὰδ δ' ἄρ' Ὀδυσσῆ' εἷσαν ἐπὶ σκέπας, ὡς ἐκέλευσε
Ναυσικάα, θυγάτηρ μεγαλήτορος Ἀλκινόοιο·
πὰρ δ' ἄρα οἱ φᾶρός τε χιτῶνά τε εἵματ' ἔθηκαν,
δῶκαν δὲ χρυσέῃ ἐν ληκύθῳ ὑγρὸν ἔλαιον,   215
ἤνωγον δ' ἄρα μιν λοῦσθαι ποταμοῖο ῥοῇσι.
δή ῥα τότ' ἀμφιπόλοισι μετηύδα δῖος Ὀδυσσεύς·
" 'Ἀμφίπολοι, στῆθ' οὕτω ἀπόπροθεν, ὄφρ' ἐγὼ αὐτὸς
ἅλμην ὤμοϊν ἀπολούσομαι, ἀμφὶ δ' ἐλαίῳ

201 δ' ἱερὸς o : δνερὸς Callistratus P⁶ ss.   205 βροτὸς L⁴ L⁸
ed. pr.   207 τῷ μιν Callistratus : τῷ f P⁶   208 πτωχοί τε
ξεῖνοί τε Iulian. 291 B   209 a ἀλλ' ἄγε οἱ δότε φάρος ἐϋπλυνὲς ἠδὲ
χιτῶνα U¹ (= θ 392)   210 ὅθ'] ἵν' c k   212 ὀδυσσῆ g j, -ῆα
c L⁴ : ὀδυσσέα cet.   213 om. k   216 λοῦσαι j U¹   217 θεῖος s

χρίσομαι· ἦ γὰρ δηρὸν ἀπὸ χροός ἐστιν ἀλοιφή. 220
ἄντην δ' οὐκ ἂν ἐγώ γε λοέσσομαι· αἰδέομαι γὰρ
γυμνοῦσθαι κούρῃσιν ἐϋπλοκάμοισι μετελθών."
    ‛Ὡς ἔφαθ', αἱ δ' ἀπάνευθεν ἴσαν, εἶπον δ' ἄρα κούρῃ.
αὐτὰρ ὁ ἐκ ποταμοῦ χρόα νίζετο δῖος Ὀδυσσεὺς
ἅλμην, ἥ οἱ νῶτα καὶ εὐρέας ἄμπεχεν ὤμους· 225
ἐκ κεφαλῆς δ' ἔσμηχεν ἁλὸς χνόον ἀτρυγέτοιο.
αὐτὰρ ἐπεὶ δὴ πάντα λοέσσατο καὶ λίπ' ἄλειψεν,
ἀμφὶ δὲ εἵματα ἕσσαθ' ἅ οἱ πόρε παρθένος ἀδμής,
τὸν μὲν Ἀθηναίη θῆκεν, Διὸς ἐκγεγαυῖα,
μείζονά τ' εἰσιδέειν καὶ πάσσονα, κὰδ δὲ κάρητος 230
οὔλας ἧκε κόμας, ὑακινθίνῳ ἄνθει ὁμοίας.
ὡς δ' ὅτε τις χρυσὸν περιχεύεται ἀργύρῳ ἀνὴρ
ἴδρις, ὃν Ἥφαιστος δέδαεν καὶ Παλλὰς Ἀθήνη
τέχνην παντοίην, χαρίεντα δὲ ἔργα τελείει,
ὣς ἄρα τῷ κατέχευε χάριν κεφαλῇ τε καὶ ὤμοις. 235
ἕζετ' ἔπειτ' ἀπάνευθε κιὼν ἐπὶ θῖνα θαλάσσης,
κάλλεϊ καὶ χάρισι στίλβων· θηεῖτο δὲ κούρη.
δή ῥα τότ' ἀμφιπόλοισιν ἐϋπλοκάμοισι μετηύδα·
    "Κλῦτέ μευ, ἀμφίπολοι λευκώλενοι, ὄφρα τι εἴπω.
οὐ πάντων ἀέκητι θεῶν, οἳ Ὄλυμπον ἔχουσι, 240
Φαίηκεσσ' ὅδ' ἀνὴρ ἐπιμίσγεται ἀντιθέοισι·
πρόσθεν μὲν γὰρ δή μοι ἀεικέλιος δέατ' εἶναι,
νῦν δὲ θεοῖσιν ἔοικε, τοὶ οὐρανὸν εὐρὺν ἔχουσιν.
αἲ γὰρ ἐμοὶ τοιόσδε πόσις κεκλημένος εἴη
ἐνθάδε ναιετάων, καί οἱ ἅδοι αὐτόθι μίμνειν. 245
ἀλλὰ δότ', ἀμφίπολοι, ξείνῳ βρῶσίν τε πόσιν τε."
    ‛Ὡς ἔφαθ', αἱ δ' ἄρα τῆς μάλα μὲν κλύον ἠδ' ἐπίθοντο,
πὰρ δ' ἄρ' Ὀδυσσῆϊ ἔθεσαν βρῶσίν τε πόσιν τε.

222 ἐπελθών h Eust. 1554. 57   224–316 om. Pal. V[1]   230 τ' ἐσι-
δέειν Bentl.   232 περιχεύῃ k   239 μευ H² P⁷ R⁵ (οὕτως, sch.):
μοι cet., cf. 324 ο 172   241 ἐπιμίξεται k H² R¹⁰ U²: ἐπιμίσγεται cet.
    242 δέατ' L⁸   244, 245 ἄμφω μὲν ἀθετεῖ Ἀρίσταρχος, διστάζει δὲ
περὶ τοῦ πρώτου schol.   244 ἐμεῦ Plut. aud. poet. 27 B   τοιήσδε
Ho   245 αὐτόθι] ἐνθάδε â1

ἦ τοι ὁ πῖνε καὶ ἦσθε πολύτλας δῖος Ὀδυσσεὺς
ἁρπαλέως· δηρὸν γὰρ ἐδητύος ἦεν ἄπαστος.　　　　250

　　Αὐτὰρ Ναυσικάα λευκώλενος ἄλλ᾽ ἐνόησεν·
εἵματ᾽ ἄρα πτύξασα τίθει καλῆς ἐπ᾽ ἀπήνης,
ζεῦξεν δ᾽ ἡμιόνους κρατερώνυχας, ἂν δ᾽ ἔβη αὐτή.
ὄτρυνεν δ᾽ Ὀδυσῆα, ἔπος τ᾽ ἔφατ᾽ ἔκ τ᾽ ὀνόμαζεν·

　　"Ὄρσεο δὴ νῦν, ξεῖνε, πόλινδ᾽ ἴμεν, ὄφρα σε πέμψω
πατρὸς ἐμοῦ πρὸς δῶμα δαΐφρονος, ἔνθα σέ φημι　　256
πάντων Φαιήκων εἰδησέμεν ὅσσοι ἄριστοι.
ἀλλὰ μάλ᾽ ὧδ᾽ ἔρδειν· δοκέεις δέ μοι οὐκ ἀπινύσσειν·
ὄφρ᾽ ἂν μέν κ᾽ ἀγροὺς ἴομεν καὶ ἔργ᾽ ἀνθρώπων,
τόφρα σὺν ἀμφιπόλοισι μεθ᾽ ἡμιόνους καὶ ἄμαξαν　　260
καρπαλίμως ἔρχεσθαι· ἐγὼ δ᾽ ὁδὸν ἡγεμονεύσω.
αὐτὰρ ἐπὴν πόλιος ἐπιβήομεν ἣν πέρι πύργος
ὑψηλός, καλὸς δὲ λιμὴν ἑκάτερθε πόληος,
λεπτὴ δ᾽ εἰσίθμη· νῆες δ᾽ ὁδὸν ἀμφιέλισσαι
εἰρύαται· πᾶσιν γὰρ ἐπίστιόν ἐστιν ἑκάστῳ.　　265
ἔνθα δέ τέ σφ᾽ ἀγορή, καλὸν Ποσιδήϊον ἀμφίς,
ῥυτοῖσιν λάεσσι κατωρυχέεσσ᾽ ἀραρυῖα.
ἔνθα δὲ νηῶν ὅπλα μελαινάων ἀλέγουσι,
πείσματα καὶ σπεῖρα, καὶ ἀποξύνουσιν ἐρετμά.
οὐ γὰρ Φαιήκεσσι μέλει βιὸς οὐδὲ φαρέτρη,　　270
ἀλλ᾽ ἱστοὶ καὶ ἐρετμὰ νεῶν καὶ νῆες ἐῖσαι,
ᾗσιν ἀγαλλόμενοι πολιὴν περόωσι θάλασσαν·
τῶν ἀλεείνω φῆμιν ἀδευκέα, μή τις ὀπίσσω
μωμεύῃ· μάλα δ᾽ εἰσὶν ὑπερφίαλοι κατὰ δῆμον·
καί νύ τις ὧδ᾽ εἴπῃσι κακώτερος ἀντιβολήσας·　　275

　　253 ζεῦξε δ᾽ ὑφ᾽ a c d f j k l : ἐφ᾽ P² R¹⁰　　254 ὤτρυνεν codd.
255 δὴ νῦν a i : νῦν δὴ H³ L⁸ P⁷ : δὴ om. d : νῦν ὦ vulg.　　256 ἐν
πᾶσι φέρεται ἐμοῦ (codd.) ἀλλ᾽ οὐκ ἐμεῦ. ὅμως ἐπί τινων ὁ Ζηνόδοτος ἐπὶ
τὸ χεῖρον μετατίθησι schol., cf. Χ 454 al.　　262 ἐπιβήσομεν e L⁵ P⁶ P⁷
R¹ R¹¹ : -ήσομαι M² Mon. U² U⁸ : ἐπιβείομεν cet. praeter L⁸ K R¹⁰ :
ἐπιάγωμαι V⁵　　264 εἰσίσθμη Aristoph. (σὺν τῷ σ̄). H³ corr.
269 σπεῖρα b c d f i L⁴ L⁸ Eust. : σπεῖρας j v. l. ap. Eust. : σπείρας
vulg.　　275–288 ἀθετοῦνται στίχοι ιδ᾽ ἕως ἀνδράσι μίσγηται (288)
schol., uncino singulo circumscr. p

" τίς δ' ὅδε Ναυσικάᾳ ἕπεται καλός τε μέγας τε
ξεῖνος; ποῦ δέ μιν εὗρε; πόσις νύ οἱ ἔσσεται αὐτῇ.
ἦ τινά που πλαγχθέντα κομίσσατο ἧς ἀπὸ νηὸς
ἀνδρῶν τηλεδαπῶν, ἐπεὶ οὔ τινες ἐγγύθεν εἰσίν·
ἤ τίς οἱ εὐξαμένῃ πολυάρητος θεὸς ἦλθεν   280
οὐρανόθεν καταβάς, ἕξει δέ μιν ἤματα πάντα.
βέλτερον, εἰ καὐτή περ ἐποιχομένη πόσιν εὗρεν
ἄλλοθεν· ἦ γὰρ τούσδε γ' ἀτιμάζει κατὰ δῆμον
Φαίηκας, τοί μιν μνῶνται πολέες τε καὶ ἐσθλοί."
ὣς ἐρέουσιν, ἐμοὶ δέ κ' ὀνείδεα ταῦτα γένοιτο.   285
καὶ δ' ἄλλῃ νεμεσῶ, ἥ τις τοιαῦτά γε ῥέζοι,
ἥ τ' ἀέκητι φίλων πατρὸς καὶ μητρὸς ἐόντων
ἀνδράσι μίσγηται πρίν γ' ἀμφάδιον γάμον ἐλθεῖν.
ξεῖνε, σὺ δ' ὦκ' ἐμέθεν ξυνίει ἔπος, ὄφρα τάχιστα
πομπῆς καὶ νόστοιο τύχῃς παρὰ πατρὸς ἐμοῖο.   290
δήεις ἀγλαὸν ἄλσος Ἀθήνης ἄγχι κελεύθου
αἰγείρων· ἐν δὲ κρήνη νάει, ἀμφὶ δὲ λειμών.
ἔνθα δὲ πατρὸς ἐμοῦ τέμενος τεθαλυῖά τ' ἀλωή,
τόσσον ἀπὸ πτόλιος ὅσσον τε γέγωνε βοήσας·
ἔνθα καθεζόμενος μεῖναι χρόνον, εἰς ὅ κεν ἡμεῖς   295
ἄστυνδε ἔλθωμεν καὶ ἱκώμεθα δώματα πατρός.
αὐτὰρ ἐπὴν ἡμέας ἔλπῃ ποτὶ δώματ' ἀφῖχθαι,
καὶ τότε Φαιήκων ἴμεν ἐς πόλιν ἠδ' ἐρέεσθαι
δώματα πατρὸς ἐμοῦ μεγαλήτορος Ἀλκινόοιο.
ῥεῖα δ' ἀρίγνωτ' ἐστὶ καὶ ἂν πάϊς ἡγήσαιτο   300
νήπιος· οὐ μὲν γάρ τι ἐοικότα τοῖσι τέτυκται
δώματα Φαιήκων, οἷος δόμος Ἀλκινόοιο
ἥρως. ἀλλ' ὁπότ' ἄν σε δόμοι κεκύθωσι καὶ αὐλή,

286 ἄλλῃ b g i j s L⁴ : ἄλλην cet.   287 ψιλωτέον τὸ ἥτ', ἵν' ἦ
. . . καὶ ἀέκητι Ἀρίσταρχος schol., legisse ἠδ' Ar. coni. Buttmann
288 αμφαδινον ꝓ⁶   289 ὦκ' Ar. : ὧδ' codd., cf. ρ 329   290 ἐμεῖο
Zen. a e i ꝓ⁶   291 δήεις γρ. p (αἱ χαριέστεραι schol.) : δήομεν cet.
θαλάσσης c R⁴   292 ἐν] ἐκ e H³ L⁸ ed. pr.   296 ἄστυ
διέλθωμεν a ꝓ⁶ M⁴   297 δώματα ἴχθαι Aristoph.   298 ἠδὲ ἔρεσθαι
ꝓ⁶ L⁴   303 ἥρως codd. (ἥρω H¹ Ho O, ἥρωᾳ R¹⁰) : pro vocativo hab.
schol., cf. δ 423 : ἥρωος Barnes   κεύθωσι ꝓ Ox. 1395 Z

6. ΟΔΥΣΣΕΙΑΣ Ζ

ὦκα μάλα μεγάροιο διελθέμεν, ὄφρ' ἂν ἵκηαι
μητέρ' ἐμήν· ἡ δ' ἧσται ἐπ' ἐσχάρῃ ἐν πυρὸς αὐγῇ,　305
ἠλάκατα στρωφῶσ' ἁλιπόρφυρα, θαῦμα ἰδέσθαι,
κίονι κεκλιμένη· δμῳαὶ δέ οἱ ἥατ' ὄπισθεν.
ἔνθα δὲ πατρὸς ἐμοῖο θρόνος ποτικέκλιται αὐτῇ,
τῷ ὅ γε οἰνοποτάζει ἐφήμενος ἀθάνατος ὥς.
τὸν παραμειψάμενος μητρὸς ποτὶ γούνασι χεῖρας　310
βάλλειν ἡμετέρης, ἵνα νόστιμον ἦμαρ ἴδηαι
χαίρων καρπαλίμως, εἰ καὶ μάλα τηλόθεν ἐσσί.
εἴ κέν τοι κείνη γε φίλα φρονέῃσ' ἐνὶ θυμῷ,
ἐλπωρή τοι ἔπειτα φίλους ἰδέειν καὶ ἱκέσθαι
οἶκον ἐϋκτίμενον καὶ σὴν ἐς πατρίδα γαῖαν."　315
  Ὣς ἄρα φωνήσασ' ἵμασεν μάστιγι φαεινῇ
ἡμιόνους· αἱ δ' ὦκα λίπον ποταμοῖο ῥέεθρα.
αἱ δ' εὖ μὲν τρώχων, εὖ δὲ πλίσσοντο πόδεσσιν.
ἡ δὲ μάλ' ἡνιόχευεν, ὅπως ἅμ' ἑποίατο πεζοὶ
ἀμφίπολοί τ' Ὀδυσεύς τε· νόῳ δ' ἐπέβαλλεν ἱμάσθλην.　320
δύσετό τ' ἠέλιος, καὶ τοὶ κλυτὸν ἄλσος ἵκοντο
ἱρὸν Ἀθηναίης, ἵν' ἄρ' ἕζετο δῖος Ὀδυσσεύς.
  αὐτίκ' ἔπειτ' ἠρᾶτο Διὸς κούρῃ μεγάλοιο·
  " Κλῦθί μευ, αἰγιόχοιο Διὸς τέκος, Ἀτρυτώνη·
νῦν δή πέρ μευ ἄκουσον, ἐπεὶ πάρος οὔ ποτ' ἄκουσας　325
ῥαιομένου, ὅτε μ' ἔρραιε κλυτὸς ἐννοσίγαιος.
δός μ' ἐς Φαίηκας φίλον ἐλθεῖν ἠδ' ἐλεεινόν."
  Ὣς ἔφατ' εὐχόμενος, τοῦ δ' ἔκλυε Παλλὰς Ἀθήνη·
αὐτῷ δ' οὔ πω φαίνετ' ἐναντίη· αἴδετο γάρ ῥα
πατροκασίγνητον· ὁ δ' ἐπιζαφελῶς μενέαινεν　330
ἀντιθέῳ Ὀδυσῆϊ πάρος ἣν γαῖαν ἱκέσθαι.

304 μάλα μεγ. a c k L⁸ : μάλ' ἐκ cet. : ὦκα δ' ἄρ' ἐκ O　　308 αὐτῇ
a g i s L⁴ Pal. v. l. ap. Eust. : αὐγῇ cet.　　310 ποτὶ L⁴ P⁷ U¹ ed. pr. :
περὶ cet.　　313-315 om. a g i j k (= η 75-77)　　314 τ' ἰδέειν
codd. em. Bentley　　318 (ἐ)πλήσσοντο d l L⁸ : ὁπλίσσοντο f i j L⁴
Ʋ⁸　　324 μευ r J K U¹ ss. : μοι cet., cf. 239 δ 762　　328 ου δε κλυε
Ʋ⁸　　329 ἄζετο a k U⁸ Tzetzes Alleg. ζ 185, cf. Ξ 261

ᾺὩς ὁ μὲν ἔνθ' ἠρᾶτο πολύτλας δῖος Ὀδυσσεύς,
κούρην δὲ προτὶ ἄστυ φέρεν μένος ἡμιόνοιϊν.
ἡ δ' ὅτε δὴ οὗ πατρὸς ἀγακλυτὰ δώμαθ' ἵκανε,
στῆσεν ἄρ' ἐν προθύροισι, κασίγνητοι δέ μιν ἀμφὶς
ἵσταντ' ἀθανάτοις ἐναλίγκιοι, οἵ ῥ' ὑπ' ἀπήνης   5
ἡμιόνους ἔλυον ἐσθῆτά τε ἔσφερον εἴσω.
αὐτὴ δ' ἐς θάλαμον ἐὸν ἤϊε· δαῖε δέ οἱ πῦρ
γρηῢς Ἀπειραίη, θαλαμηπόλος Εὐρυμέδουσα,
τήν ποτ' Ἀπείρηθεν νέες ἤγαγον ἀμφιέλισσαι·
Ἀλκινόῳ δ' αὐτὴν γέρας ἔξελον, οὕνεκα πᾶσι   10
Φαιήκεσσιν ἄνασσε, θεοῦ δ' ὣς δῆμος ἄκουεν·
ἣ τρέφε Ναυσικάαν λευκώλενον ἐν μεγάροισιν.
ἥ οἱ πῦρ ἀνέκαιε καὶ εἴσω δόρπον ἐκόσμει.

Καὶ τότ' Ὀδυσσεὺς ὦρτο πόλινδ' ἴμεν· ἀμφὶ δ' Ἀθήνη
πολλὴν ἠέρα χεῦε φίλα φρονέουσ' Ὀδυσῆϊ,   15
μή τις Φαιήκων μεγαθύμων ἀντιβολήσας
κερτομέοι ἐπέεσσι καὶ ἐξερέοιθ' ὅτις εἴη.
ἀλλ' ὅτε δὴ ἄρ' ἔμελλε πόλιν δύσεσθαι ἐραννήν,
ἔνθα οἱ ἀντεβόλησε θεὰ γλαυκῶπις Ἀθήνη
παρθενικῇ ἐϊκυῖα νεήνιδι, κάλπιν ἐχούσῃ.   20
στῆ δὲ πρόσθ' αὐτοῦ· ὁ δ' ἀνείρετο δῖος Ὀδυσσεύς·

"Ὦ τέκος, οὐκ ἄν μοι δόμον ἀνέρος ἡγήσαιο
Ἀλκινόου, ὃς τοῖσδε μετ' ἀνθρώποισιν ἀνάσσει;
καὶ γὰρ ἐγὼ ξεῖνος ταλαπείριος ἐνθάδ' ἱκάνω
τηλόθεν ἐξ ἀπίης γαίης· τῷ οὔ τινα οἶδα   25
ἀνθρώπων, οἳ τήνδε πόλιν καὶ ἔργα νέμονται."

5 om. L⁴   13 πυρὰν ἔκαιε ʀ, cf. ι 251, h. Dem. 248, 287, Herod. ii.
39, vit. Hom. Suid. 115   14 ἀμφὶ δ' a κ o U⁸, Macrob. v. 4. 8,
Tzetzes Alleg. η 11 : αὐτὰρ cet. (αὐτῷ R¹¹ : -οῖς Ma)   17 τ' ἐπέεσσι
codd. em. Bentley   22 ᾗ ῥά [νύ] μοι Aristoph.   26 γαῖαν
ἔχουσι b d g l

Τὸν δ' αὖτε προσέειπε θεὰ γλαυκῶπις Ἀθήνη·
"τοιγὰρ ἐγώ τοι, ξεῖνε πάτερ, δόμον ὅν με κελεύεις
δείξω, ἐπεί μοι πατρὸς ἀμύμονος ἐγγύθι ναίει.
ἀλλ' ἴθι σιγῇ τοῖον, ἐγὼ δ' ὁδὸν ἡγεμονεύσω,   30
μηδέ τιν' ἀνθρώπων προτιόσσεο μηδ' ἐρέεινε.
οὐ γὰρ ξείνους οἵδε μάλ' ἀνθρώπους ἀνέχονται,
οὐδ' ἀγαπαζόμενοι φιλέουσ' ὅς κ' ἄλλοθεν ἔλθῃ.
νηυσὶ θοῇσιν τοί γε πεποιθότες ὠκείῃσι
λαῖτμα μέγ' ἐκπερόωσιν, ἐπεί σφισι δῶκ' ἐνοσίχθων·   35
τῶν νέες ὠκεῖαι ὡς εἰ πτερὸν ἠὲ νόημα."
    Ὣς ἄρα φωνήσασ' ἡγήσατο Παλλὰς Ἀθήνη
καρπαλίμως· ὁ δ' ἔπειτα μετ' ἴχνια βαῖνε θεοῖο.
τὸν δ' ἄρα Φαίηκες ναυσικλυτοὶ οὐκ ἐνόησαν
ἐρχόμενον κατὰ ἄστυ διὰ σφέας· οὐ γὰρ Ἀθήνη   40
εἴα ἐϋπλόκαμος, δεινὴ θεός, ἥ ῥά οἱ ἀχλὺν
θεσπεσίην κατέχευε φίλα φρονέουσ' ἐνὶ θυμῷ.
θαύμαζεν δ' Ὀδυσεὺς λιμένας καὶ νῆας ἐΐσας,
αὐτῶν θ' ἡρώων ἀγορὰς καὶ τείχεα μακρὰ
ὑψηλά, σκολόπεσσιν ἀρηρότα, θαῦμα ἰδέσθαι.   45
ἀλλ' ὅτε δὴ βασιλῆος ἀγακλυτὰ δώμαθ' ἵκοντο,
τοῖσι δὲ μύθων ἄρχε θεὰ γλαυκῶπις Ἀθήνη·
"Οὗτος δή τοι, ξεῖνε πάτερ, δόμος, ὅν με κελεύεις
πεφραδέμεν· δήεις δὲ διοτρεφέας βασιλῆας
δαίτην δαινυμένους· σὺ δ' ἔσω κίε μηδέ τι θυμῷ   50
τάρβει· θαρσαλέος γὰρ ἀνὴρ ἐν πᾶσιν ἀμείνων
ἔργοισιν τελέθει, εἰ καί ποθεν ἄλλοθεν ἔλθοι.
δέσποιναν μὲν πρῶτα κιχήσεαι ἐν μεγάροισιν·
Ἀρήτη δ' ὄνομ' ἐστὶν ἐπώνυμον, ἐκ δὲ τοκήων
τῶν αὐτῶν οἵ περ τέκον Ἀλκίνοον βασιλῆα.   55

33 ὅτε κέν τις ἵκηται schol. ν 119   35 μετεκπερόωσιν L⁸ :
διεκπερόωσιν R⁹ : διετεκπ- q   δῶκε κρονίων P⁷ ed. pr., γρ. m R⁴
41 ἤ σφισιν Zen. (οὐκ εὖ)   45 σκοπέλοισιν b : σκοπέλεσσιν f
    47 ἦρχε codd.   52 ποθεν] μάλα P⁵, γρ. p : μάλα τηλόθεν P¹
R⁷ U⁷ : μάλα τηλόθεν ἄλλοθεν b

Ναυσίθοον μὲν πρῶτα Ποσειδάων ἐνοσίχθων
γείνατο καὶ Περίβοια, γυναικῶν εἶδος ἀρίστη,
ὁπλοτάτη θυγάτηρ μεγαλήτορος Εὐρυμέδοντος,
ὅς ποθ' ὑπερθύμοισι Γιγάντεσσιν βασίλευεν.
ἀλλ' ὁ μὲν ὤλεσε λαὸν ἀτάσθαλον, ὤλετο δ' αὐτός,   60
τῇ δὲ Ποσειδάων ἐμίγη, καὶ ἐγείνατο παῖδα
Ναυσίθοον μεγάθυμον, ὃς ἐν Φαίηξιν ἄνασσε·
Ναυσίθοος δ' ἔτεκεν Ῥηξήνορά τ' Ἀλκίνοόν τε.
τὸν μὲν ἄκουρον ἐόντα βάλ' ἀργυρότοξος Ἀπόλλων
νυμφίον ἐν μεγάρῳ, μίαν οἴην παῖδα λιπόντα   65
Ἀρήτην· τὴν δ' Ἀλκίνοος ποιήσατ' ἄκοιτιν,
καί μιν ἔτισ' ὡς οὔ τις ἐπὶ χθονὶ τίεται ἄλλη,
ὅσσαι νῦν γε γυναῖκες ὑπ' ἀνδράσιν οἶκον ἔχουσιν.
ὣς κείνη περὶ κῆρι τετίμηταί τε καὶ ἔστιν
ἔκ τε φίλων παίδων ἔκ τ' αὐτοῦ Ἀλκινόοιο   70
καὶ λαῶν, οἵ μίν ῥα θεὸν ὣς εἰσορόωντες
δειδέχαται μύθοισιν, ὅτε στείχῃσ' ἀνὰ ἄστυ.
οὐ μὲν γάρ τι νόου γε καὶ αὐτὴ δεύεται ἐσθλοῦ·
οἷσίν τ' εὖ φρονέῃσι καὶ ἀνδράσι νείκεα λύει.
εἴ κέν τοι κείνη γε φίλα φρονέῃσ' ἐνὶ θυμῷ,   75
ἐλπωρή τοι ἔπειτα φίλους ἰδέειν καὶ ἱκέσθαι
οἶκον ἐς ὑψόροφον καὶ σὴν ἐς πατρίδα γαῖαν."
    Ὣς ἄρα φωνήσασ' ἀπέβη γλαυκῶπις Ἀθήνη
πόντον ἐπ' ἀτρύγετον, λίπε δὲ Σχερίην ἐρατεινήν,
ἵκετο δ' ἐς Μαραθῶνα καὶ εὐρυάγυιαν Ἀθήνην,   80
δῦνε δ' Ἐρεχθῆος πυκινὸν δόμον. αὐτὰρ Ὀδυσσεὺς
Ἀλκινόου πρὸς δώματ' ἴε κλυτά· πολλὰ δέ οἱ κῆρ

67 ἐπιχθονίων Ap. lex. in Μιν.   τίετ' H³ R¹¹ U¹   74 ῆσι τ'
i m q L¹ R² (αἱ χαριέστεραι)   λύειν s   φέρεται δὲ καὶ τρίτη γραφὴ
αὕτη, ῆσιν εὐφροσύνησιν Eust.   75 μέν pro κέν f m q U⁸ Eust.   76 τ'
ἰδέειν vulg. : δ' 𝔭²⁶ : τ' om. d M³ R² R⁸ Bentley   79, 80 ὑποπτεύεται
ὁ τόπος, ὡς καὶ Χαῖρίς φησιν ἐν διορθωτικοῖς schol. : νόθοι audiunt et ap.
Tzetz. Alleg. η 38 (οὕτω τοὺς δύο στίχους μοι τοὺς μέσους ὀβελίσας, νόθοι
καὶ γάρ εἰσι, γράψον ὡς καὶ αὐτὸς νῦν γράφω), 80 om. M¹   79 ἐρίβωλον
γρ. L⁴, leg. Eust.   80 εὐρυχόρους ἐς Ἀθήνας Herod. vit. Hom. c. 28

ὅρμαιν' ἱσταμένῳ, πρὶν χάλκεον οὐδὸν ἱκέσθαι.
ὥς τε γὰρ ἠελίου αἴγλη πέλεν ἠὲ σελήνης
δῶμα καθ' ὑψερεφὲς μεγαλήτορος Ἀλκινόοιο.   85
χάλκεοι μὲν γὰρ τοῖχοι ἐληλέατ' ἔνθα καὶ ἔνθα,
ἐς μυχὸν ἐξ οὐδοῦ, περὶ δὲ θριγκὸς κυάνοιο·
χρύσειαι δὲ θύραι πυκινὸν δόμον ἐντὸς ἔεργον·
ἀργύρεοι σταθμοὶ δ' ἐν χαλκέῳ ἔστασαν οὐδῷ,
ἀργύρεον δ' ἐφ' ὑπερθύριον, χρυσέη δὲ κορώνη.   90
χρύσειοι δ' ἑκάτερθε καὶ ἀργύρεοι κύνες ἦσαν,
οὓς Ἥφαιστος τεῦξεν ἰδυίῃσι πραπίδεσσι
δῶμα φυλασσέμεναι μεγαλήτορος Ἀλκινόοιο,
ἀθανάτους ὄντας καὶ ἀγήρως ἤματα πάντα.
ἐν δὲ θρόνοι περὶ τοῖχον ἐρηρέδατ' ἔνθα καὶ ἔνθα,   95
ἐς μυχὸν ἐξ οὐδοῖο διαμπερές, ἔνθ' ἐνὶ πέπλοι
λεπτοὶ ἐΰννητοι βεβλήατο, ἔργα γυναικῶν.
ἔνθα δὲ Φαιήκων ἡγήτορες ἑδριόωντο
πίνοντες καὶ ἔδοντες· ἐπηετανὸν γὰρ ἔχεσκον.
χρύσειοι δ' ἄρα κοῦροι ἐϋδμήτων ἐπὶ βωμῶν   100
ἔστασαν αἰθομένας δαΐδας μετὰ χερσὶν ἔχοντες,
φαίνοντες νύκτας κατὰ δώματα δαιτυμόνεσσι.
πεντήκοντα δέ οἱ δμῳαὶ κατὰ δῶμα γυναῖκες
αἱ μὲν ἀλετρεύουσι μύλης ἔπι μήλοπα καρπόν,
αἱ δ' ἱστοὺς ὑφόωσι καὶ ἠλάκατα στρωφῶσιν   105
ἥμεναι, οἷά τε φύλλα μακεδνῆς αἰγείροιο·
καιροσέων δ' ὀθονέων ἀπολείβεται ὑγρὸν ἔλαιον.
ὅσσον Φαίηκες περὶ πάντων ἴδριες ἀνδρῶν
νῆα θοὴν ἐνὶ πόντῳ ἐλαυνέμεν, ὣς δὲ γυναῖκες
ἱστῶν τεχνῆσσαι· πέρι γάρ σφισι δῶκεν Ἀθήνη   110

---

83 ὅρμ. codd.   86 ἐληλέατ' b Buttmann : ceterae lectt. (ἐληλέδατ' vulg., ἐληλάδατ' i, p²⁶ ss. uv., ἐληλάδετ' e, ἐρηρέδατ' f g j Eust.) e verss. 95, 113 ortae ; cf. et ἀκηχέδατ' P 637 Ψ 284, Herod. ii. 75   89 ἀργύρεοι δὲ σταθμοὶ codd., em. Bentl. : σταθμοὶ δ' ἀργ. Barnes   95 -ραδατ' p²⁶· ἐληλέδατ' L⁴ Pal. T, γρ. P³ : ἐληλάδατ' V¹   100 βωμῶν] πύργων b : βουνῶν quidam (κακῶς): ἐϋδμήτῳ ἐπὶ βωμῷ E.M. 81. 16   103 δ' ἔσαν δμῳαὶ e f h i s   104 ἀληθεύουσι R¹⁰ marg.   110 ἱστῶν b e H³ L⁴ R⁴ : ἱστὸν cet.

ἔργα τ᾽ ἐπίστασθαι περικαλλέα καὶ φρένας ἐσθλάς.
ἔκτοσθεν δ᾽ αὐλῆς μέγας ὄρχατος ἄγχι θυράων
τετράγυος· περὶ δ᾽ ἕρκος ἐλήλαται ἀμφοτέρωθεν.
ἔνθα δὲ δένδρεα μακρὰ πεφύκασι τηλεθόωντα,
ὄγχναι καὶ ῥοιαὶ καὶ μηλέαι ἀγλαόκαρποι   115
συκέαι τε γλυκεραὶ καὶ ἐλαῖαι τηλεθόωσαι.
τάων οὔ ποτε καρπὸς ἀπόλλυται οὐδ᾽ ἀπολείπει
χείματος οὐδὲ θέρευς, ἐπετήσιος· ἀλλὰ μάλ᾽ αἰεί
Ζεφυρίη πνείουσα τὰ μὲν φύει, ἄλλα δὲ πέσσει.
ὄγχνη ἐπ᾽ ὄγχνῃ γηράσκει, μῆλον δ᾽ ἐπὶ μήλῳ,   120
αὐτὰρ ἐπὶ σταφυλῇ σταφυλή, σῦκον δ᾽ ἐπὶ σύκῳ.
ἔνθα δέ οἱ πολύκαρπος ἀλωὴ ἐρρίζωται,
τῆς ἕτερον μὲν θειλόπεδον λευρῷ ἐνὶ χώρῳ
τέρσεται ἠελίῳ, ἑτέρας δ᾽ ἄρα τε τρυγόωσιν,
ἄλλας δὲ τραπέουσι· πάροιθε δέ τ᾽ ὄμφακές εἰσιν   125
ἄνθος ἀφιεῖσαι, ἕτεραι δ᾽ ὑποπερκάζουσιν.
ἔνθα δὲ κοσμηταὶ πρασιαὶ παρὰ νείατον ὄρχον
παντοῖαι πεφύασιν, ἐπηετανὸν γανόωσαι·
ἐν δὲ δύω κρῆναι ἡ μέν τ᾽ ἀνὰ κῆπον ἅπαντα
σκίδναται, ἡ δ᾽ ἑτέρωθεν ὑπ᾽ αὐλῆς οὐδὸν ἵησι   130
πρὸς δόμον ὑψηλόν, ὅθεν ὑδρεύοντο πολῖται.
τοῖ᾽ ἄρ᾽ ἐν Ἀλκινόοιο θεῶν ἔσαν ἀγλαὰ δῶρα.

Ἔνθα στὰς θηεῖτο πολύτλας δῖος Ὀδυσσεύς.
αὐτὰρ ἐπεὶ δὴ πάντα ἑῷ θηήσατο θυμῷ,
καρπαλίμως ὑπὲρ οὐδὸν ἐβήσετο δώματος εἴσω.   135
εὗρε δὲ Φαιήκων ἡγήτορας ἠδὲ μέδοντας
σπένδοντας δεπάεσσιν ἐϋσκόπῳ ἀργειφόντῃ,
ᾧ πυμάτῳ σπένδεσκον, ὅτε μνησαίατο κοίτου.

113 ἐρειρέδατ᾽ a H³   114 μακρὰ] καλὰ k p C L⁸ Athen. 25 A
πεφύκασι Herod. π. διχρ. 16. 28 L., -κει codd.   τηλεθάοντα c l L⁴
al.: -όεντα a e   116 τηλεθάωσαι q L² M² : -έωσαι Pal.   117 ἐπι-
λείπει a c L⁴ P⁷ : ἀπολήγει b d j l   119 πέσσει] πέμπει g
120 ὄγχνην f R¹⁰   μῆλον pro μήλῳ b L⁴ R¹⁰   120–121 μῆλον
. . . σταφυλή om. Ael. V. H. iii. 26, Athen. 25 A Diog. Laert. v. 1.
9, Ammonius vit. Arist. p. 11 ed. Didot   125 πατέουσι marg. N

αὐτὰρ ὁ βῆ διὰ δῶμα πολύτλας δῖος Ὀδυσσεύς
πολλὴν ἠέρ᾽ ἔχων, ἥν οἱ περίχευεν Ἀθήνη,   140
ὄφρ᾽ ἵκετ᾽ Ἀρήτην τε καὶ Ἀλκίνοον βασιλῆα.
ἀμφὶ δ᾽ ἄρ᾽ Ἀρήτης βάλε γούνασι χεῖρας Ὀδυσσεύς,
καὶ τότε δή ῥ᾽ αὐτοῖο πάλιν χύτο θέσφατος ἀήρ.
οἱ δ᾽ ἄνεῳ ἐγένοντο δόμον κάτα φῶτα ἰδόντες,
θαύμαζον δ᾽ ὁρόωντες· ὁ δὲ λιτάνευεν Ὀδυσσεύς·   145
" Ἀρήτη, θύγατερ Ῥηξήνορος ἀντιθέοιο,
σόν τε πόσιν σά τε γούναθ᾽ ἱκάνω πολλὰ μογήσας,
τούσδε. τε δαιτυμόνας, τοῖσιν θεοὶ ὄλβια δοῖεν
ζωέμεναι, καὶ παισὶν ἐπιτρέψειεν ἕκαστος
κτήματ᾽ ἐνὶ μεγάροισι γέρας θ᾽ ὅ τι δῆμος ἔδωκεν.   150
αὐτὰρ ἐμοὶ πομπὴν ὀτρύνετε πατρίδ᾽ ἱκέσθαι
θᾶσσον, ἐπεὶ δὴ δηθὰ φίλων ἄπο πήματα πάσχω."
Ὣς εἰπὼν κατ᾽ ἄρ᾽ ἕζετ᾽ ἐπ᾽ ἐσχάρῃ ἐν κονίῃσι
πὰρ πυρί· οἱ δ᾽ ἄρα πάντες ἀκὴν ἐγένοντο σιωπῇ.
ὀψὲ δὲ δὴ μετέειπε γέρων ἥρως Ἐχένηος,   155
ὃς δὴ Φαιήκων ἀνδρῶν προγενέστερος ἦεν
καὶ μύθοισι κέκαστο, παλαιά τε πολλά τε εἰδώς·
ὅ σφιν ἐϋφρονέων ἀγορήσατο καὶ μετέειπεν·
" Ἀλκίνο᾽, οὐ μέν τοι τόδε κάλλιον οὐδὲ ἔοικε,
ξεῖνον μὲν χαμαὶ ἧσθαι ἐπ᾽ ἐσχάρῃ ἐν κονίῃσιν·   160
οἵδε δὲ σὸν μῦθον ποτιδέγμενοι ἰσχανόωνται.
ἀλλ᾽ ἄγε δὴ ξεῖνον μὲν ἐπὶ θρόνου ἀργυροήλου
εἷσον ἀναστήσας, σὺ δὲ κηρύκεσσι κέλευσον
οἶνον ἐπικρῆσαι, ἵνα καὶ Διὶ τερπικεραύνῳ
σπείσομεν, ὅς θ᾽ ἱκέτῃσιν ἅμ᾽ αἰδοίοισιν ὀπηδεῖ·   165
δόρπον δὲ ξείνῳ ταμίη δότω ἔνδον ἐόντων."
Αὐτὰρ ἐπεὶ τό γ᾽ ἄκουσ᾽ ἱερὸν μένος Ἀλκινόοιο,
χειρὸς ἑλὼν Ὀδυσῆα δαΐφρονα ποικιλομήτην
ὦρσεν ἀπ᾽ ἐσχαρόφιν καὶ ἐπὶ θρόνου εἷσε φαεινοῦ,

149 ἐπιτρέψειεν Ar. vulg. : -αν H³ Z ed. pr. : -στρέψειεν j M³ U⁵
152 δηρὰ d : δηρὸν m P⁶ R²   156 ἔσκεν c uv. (ἔσχεν R⁷, ἦεν
ın ras. H³)   161 om. L⁴   166 δεῖπνον djklm

υἱὸν ἀναστήσας ἀγαπήνορα Λαοδάμαντα,   170
ὅς οἱ πλησίον ἷζε, μάλιστα δέ μιν φιλέεσκε.
χέρνιβα δ' ἀμφίπολος προχόῳ ἐπέχευε φέρουσα
καλῇ χρυσείῃ, ὑπὲρ ἀργυρέοιο λέβητος,
νίψασθαι· παρὰ δὲ ξεστὴν ἐτάνυσσε τράπεζαν.
σῖτον δ' αἰδοίη ταμίη παρέθηκε φέρουσα,   175
εἴδατα πόλλ' ἐπιθεῖσα, χαριζομένη παρεόντων.
αὐτὰρ ὁ πῖνε καὶ ἦσθε πολύτλας δῖος Ὀδυσσεύς·
καὶ τότε κήρυκα προσέφη μένος Ἀλκινόοιο·
" Ποντόνοε, κρητῆρα κερασσάμενος μέθυ νεῖμον
πᾶσιν ἀνὰ μέγαρον, ἵνα καὶ Διὶ τερπικεραύνῳ   180
σπείσομεν, ὅς θ' ἱκέτῃσιν ἅμ' αἰδοίοισιν ὀπηδεῖ."
Ὣς φάτο, Ποντόνοος δὲ μελίφρονα οἶνον ἐκίρνα,
νώμησεν δ' ἄρα πᾶσιν ἐπαρξάμενος δεπάεσσιν.
αὐτὰρ ἐπεὶ σπεῖσάν τ' ἔπιόν θ' ὅσον ἤθελε θυμός,
τοῖσιν δ' Ἀλκίνοος ἀγορήσατο καὶ μετέειπε·   185
" Κέκλυτε, Φαιήκων ἡγήτορες ἠδὲ μέδοντες,
ὄφρ' εἴπω τά με θυμὸς ἐνὶ στήθεσσι κελεύει.
νῦν μὲν δαισάμενοι κατακείετε οἴκαδ' ἰόντες·
ἠῶθεν δὲ γέροντας ἐπὶ πλέονας καλέσαντες
ξεῖνον ἐνὶ μεγάροις ξεινίσσομεν ἠδὲ θεοῖσιν   190
ῥέξομεν ἱερὰ καλά, ἔπειτα δὲ καὶ περὶ πομπῆς
μνησόμεθ', ὥς χ' ὁ ξεῖνος ἄνευθε πόνου καὶ ἀνίης
πομπῇ ὑφ' ἡμετέρῃ ἣν πατρίδα γαῖαν ἵκηται
χαίρων καρπαλίμως, εἰ καὶ μάλα τηλόθεν ἐστί,
μηδέ τι μεσσηγύς γε κακὸν καὶ πῆμα πάθῃσι   195
πρίν γε τὸν ἧς γαίης ἐπιβήμεναι· ἔνθα δ' ἔπειτα
πείσεται ἅσσα οἱ αἶσα κατὰ Κλῶθές τε βαρεῖαι
γεινομένῳ νήσαντο λίνῳ, ὅτε μιν τέκε μήτηρ.

170 λαομέδοντα e f g s L⁴ Plut. quaest. conv. 617 B, cf. θ 117 O 516
174 ἀθετεῖται τὸ ἔπος schol.   πὰρ a   177 a αὐτὰρ ἐπεὶ
δείπνησε καὶ ἤραρε θυμὸν ἐδωδῇ U¹ U⁵ (ut vidit Ludw.) U⁸ (= ε 95)
184 cf. γ 342   192 φρασσόμεθ', γρ. U⁵   197 κατάκλωθοί
τε q Mon. : κατακλώσθεσθε R¹⁴ : κατακλώθῃσι βαρεῖα cit. Eust. (κατά
τινα τῶν ἀντιγράφων), omisso uv. 198

εἰ δέ τις ἀθανάτων γε κατ' οὐρανοῦ εἰλήλουθεν,
ἄλλο τι δὴ τόδ' ἔπειτα θεοὶ περιμηχανόωνται.   200
αἰεὶ γὰρ τὸ πάρος γε θεοὶ φαίνονται ἐναργεῖς
ἡμῖν, εὖτ' ἔρδωμεν ἀγακλειτὰς ἑκατόμβας,
δαίνυνταί τε παρ' ἄμμι καθήμενοι ἔνθα περ ἡμεῖς.
εἰ δ' ἄρα τις καὶ μοῦνος ἰὼν ξύμβληται ὁδίτης,
οὔ τι κατακρύπτουσιν, ἐπεί σφισιν ἐγγύθεν εἰμέν,   205
ὥς περ Κύκλωπές τε καὶ ἄγρια φῦλα Γιγάντων."

Τὸν δ' ἀπαμειβόμενος προσέφη πολύμητις Ὀδυσσεύς·
" Ἀλκίνο', ἄλλο τί τοι μελέτω φρεσίν· οὐ γὰρ ἐγώ γε
ἀθανάτοισιν ἔοικα, τοὶ οὐρανὸν εὐρὺν ἔχουσιν,
οὐ δέμας οὐδὲ φυήν, ἀλλὰ θνητοῖσι βροτοῖσιν·   210
οὕς τινας ὑμεῖς ἴστε μάλιστ' ὀχέοντας ὀϊζὺν
ἀνθρώπων, τοῖσίν κεν ἐν ἄλγεσιν ἰσωσαίμην.
καὶ δ' ἔτι κεν καὶ πλείον' ἐγὼ κακὰ μυθησαίμην,
ὅσσα γε δὴ ξύμπαντα θεῶν ἰότητι μόγησα.
ἀλλ' ἐμὲ μὲν δορπῆσαι ἐάσατε κηδόμενόν περ·   215
οὐ γάρ τι στυγερῇ ἐπὶ γαστέρι κύντερον ἄλλο
ἔπλετο, ἥ τ' ἐκέλευσεν ἕο μνήσασθαι ἀνάγκῃ
καὶ μάλα τειρόμενον καὶ ἐνὶ φρεσὶ πένθος ἔχοντα,
ὡς καὶ ἐγὼ πένθος μὲν ἔχω φρεσίν, ἡ δὲ μάλ' αἰεὶ
ἐσθέμεναι κέλεται καὶ πιυέμεν, ἐκ δέ με πάντων   220
ληθάνει ὅσσ' ἔπαθον, καὶ ἐνιπλησθῆναι ἀνώγει.
ὑμεῖς δ' ὀτρύνεσθαι ἅμ' ἠοῖ φαινομένηφιν,
ὥς κ' ἐμὲ τὸν δύστηνον ἐμῆς ἐπιβήσετε πάτρης,
καί περ πολλὰ παθόντα· ἰδόντα με καὶ λίποι αἰὼν
κτῆσιν ἐμὴν δμῶάς τε καὶ ὑψερεφὲς μέγα δῶμα."   225

199 οὐρανὸν Ar. d C U⁸   203 a ἀργαλέος γάρ τ' ἐστὶ θεὸς βροτῷ
ἀνδρὶ δαμῆναι add. T (= δ 397)   204 ἰὼν f L⁴ Pal P⁷ U⁸ : ἐὼν
cet.   213 πλεῖον L⁷ L⁸ P⁵, L⁴ m. 2 : πλείω k : μᾶλλον e f s Pal. Eust.
215 ἔν τισι δειπνῆσαι sch. : μολπῆσαι Pal.   217 ἕο Zen. vulg. :
ἕω U⁷ : -ε in ras. R¹⁰, cf. ε 459   221 λανθάνει d   ἐνιπλησθῆναι Ar.
(ἐμπ- codd.) f i, Ath. 412 C : ἐνιπλήσασθαι vulg.   222 ὀτρύνεσθε
Zen. vulg. : -θαι R⁴ R¹¹ U⁵ uv.   225 v. om. R⁹ : ἄμεινον ἂν ἔσχε
πατρίδ' ἐμὴν ἄλοχόν τε (= Ε 213) sch. textum (= τ 526) tuetur Pius :
διχῶς δμωάς τε καὶ δμῶας (codd.) sch. illud U⁸

ᵂς ἔφαθ', οἱ δ' ἄρα πάντες ἐπήνεον ἠδ' ἐκέλευον
πεμπέμεναι τὸν ξεῖνον, ἐπεὶ κατὰ μοῖραν ἔειπεν.
αὐτὰρ ἐπεὶ σπεῖσάν τ' ἔπιόν θ' ὅσον ἤθελε θυμός,
οἱ μὲν κακκείοντες ἔβαν οἶκόνδε ἕκαστος,
αὐτὰρ ὁ ἐν μεγάρῳ ὑπελείπετο δῖος Ὀδυσσεύς,   230
πὰρ δέ οἱ Ἀρήτη τε καὶ Ἀλκίνοος θεοειδὴς
ἥσθην· ἀμφίπολοι δ' ἀπεκόσμεον ἔντεα δαιτός.
τοῖσιν δ' Ἀρήτη λευκώλενος ἄρχετο μύθων·
ἔγνω γὰρ φᾶρός τε χιτῶνά τε εἵματ' ἰδοῦσα
καλά, τά ῥ' αὐτὴ τεῦξε σὺν ἀμφιπόλοισι γυναιξί·   235
καί μιν φωνήσασ' ἔπεα πτερόεντα προσηύδα·

"Ξεῖνε, τὸ μέν σε πρῶτον ἐγὼν εἰρήσομαι αὐτή·
τίς πόθεν εἰς ἀνδρῶν; τίς τοι τάδε εἵματ' ἔδωκεν;
οὐ δὴ φὴς ἐπὶ πόντον ἀλώμενος ἐνθάδ' ἱκέσθαι;"

Τὴν δ' ἀπαμειβόμενος προσέφη πολύμητις Ὀδυσσεύς·
"ἀργαλέον, βασίλεια, διηνεκέως ἀγορεῦσαι   241
κήδε', ἐπεί μοι πολλὰ δόσαν θεοὶ οὐρανίωνες·
τοῦτο δέ τοι ἐρέω ὅ μ' ἀνείρεαι ἠδὲ μεταλλᾷς.
Ὠγυγίη τις νῆσος ἀπόπροθεν εἰν ἁλὶ κεῖται,
ἔνθα μὲν Ἄτλαντος θυγάτηρ, δολόεσσα Καλυψώ,   245
ναίει ἐϋπλόκαμος, δεινὴ θεός· οὐδέ τις αὐτῇ
μίσγεται οὔτε θεῶν οὔτε θνητῶν ἀνθρώπων.
ἀλλ' ἐμὲ τὸν δύστηνον ἐφέστιον ἤγαγε δαίμων
οἶον, ἐπεί μοι νῆα θοὴν ἀργῆτι κεραυνῷ
Ζεὺς ἔλσας ἐκέασσε μέσῳ ἐνὶ οἴνοπι πόντῳ.   250
ἔνθ' ἄλλοι μὲν πάντες ἀπέφθιθεν ἐσθλοὶ ἑταῖροι,
αὐτὰρ ἐγὼ τρόπιν ἀγκὰς ἑλὼν νεὸς ἀμφιελίσσης
ἐννῆμαρ φερόμην· δεκάτῃ δέ με νυκτὶ μελαίνῃ
νῆσον ἐς Ὠγυγίην πέλασαν θεοί, ἔνθα Καλυψὼ

228 v. γ 342   233 ἤρχετο codd.   239 φὴς vulg. (ὀξύνεται
Herod.) : φῆς ei Eust. : φῆς R¹¹ T (ἔνιοι ap. schol.)   250 ἔλσας
bfi L⁴ M⁵ U⁸ : ἐλάσας cet., cf. ε 132   251-258 ἀθετοῦνται στίχοι
η' schol., obelos appinxit U⁵   251 ἀπέφθιθεν d L⁴ L⁸ : -ον cet., cf.
ε 110, 133   253 δέ νυ H² : δ' ἐν H³ m. 2

ναίει ἐϋπλόκαμος, δεινὴ θεός, ἥ με λαβοῦσα   255
ἐνδυκέως ἐφίλει τε καὶ ἔτρεφεν ἠδὲ ἔφασκε
θήσειν ἀθάνατον καὶ ἀγήρων ἤματα πάντα·
ἀλλ' ἐμὸν οὔ ποτε θυμὸν ἐνὶ στήθεσσιν ἔπειθεν.
ἔνθα μὲν ἑπτάετες μένον ἔμπεδον, εἵματα δ' αἰεὶ
δάκρυσι δεύεσκον, τά μοι ἄμβροτα δῶκε Καλυψώ·   260
ἀλλ' ὅτε δὴ ὄγδοόν μοι ἐπιπλόμενον ἔτος ἦλθε,
καὶ τότε δή μ' ἐκέλευσεν ἐποτρύνουσα νέεσθαι
Ζηνὸς ὑπ' ἀγγελίης, ἢ καὶ νόος ἐτράπετ' αὐτῆς.
πέμπε δ' ἐπὶ σχεδίης πολυδέσμου, πολλὰ δ' ἔδωκε,
σῖτον καὶ μέθυ ἡδύ, καὶ ἄμβροτα εἵματα ἕσσεν,   265
οὖρον δὲ προέηκεν ἀπήμονά τε λιαρόν τε.
ἑπτὰ δὲ καὶ δέκα μὲν πλέον ἤματα ποντοπορεύων,
ὀκτωκαιδεκάτῃ δ' ἐφάνη ὄρεα σκιόεντα
γαίης ὑμετέρης, γήθησε δέ μοι φίλον ἦτορ
δυσμόρῳ· ἦ γὰρ μέλλον ἔτι ξυνέσεσθαι ὀϊζυῖ   270
πολλῇ, τήν μοι ἐπῶρσε Ποσειδάων ἐνοσίχθων,
ὅς μοι ἐφορμήσας ἀνέμους κατέδησε κελεύθου,
ὤρινεν δὲ θάλασσαν ἀθέσφατον, οὐδέ τι κῦμα
εἴα ἐπὶ σχεδίης ἀδινὰ στενάχοντα φέρεσθαι.
τὴν μὲν ἔπειτα θύελλα διεσκέδασ'· αὐτὰρ ἐγώ γε   275
νηχόμενος τόδε λαῖτμα διέτμαγον, ὄφρα με γαίῃ
ὑμετέρῃ ἐπέλασσε φέρων ἄνεμός τε καὶ ὕδωρ.
ἔνθα κέ μ' ἐκβαίνοντα βιήσατο κῦμ' ἐπὶ χέρσου,
πέτρῃς πρὸς μεγάλῃσι βαλὸν καὶ ἀτερπέϊ χώρῳ·
ἀλλ' ἀναχασσάμενος νῆχον πάλιν, ἧος ἐπῆλθον   280
ἐς ποταμόν, τῇ δή μοι ἐείσατο χῶρος ἄριστος,
λεῖος πετράων, καὶ ἐπὶ σκέπας ἦν ἀνέμοιο.
ἐκ δ' ἔπεσον θυμηγερέων, ἐπὶ δ' ἀμβροσίη νὺξ

255 ναίει c e i k Pal.: ναῖεν cet.   257 ἀγήραον codd., cf. ε 136
ψ 336   259 ἔμπεδα Bentley   261 ὀγδόατόν Bentley
263 ἢ (ἦ, ἥ) a e J M³   269 ἡμετέρης c e r C M³ Mon.: φαιήκων b
270 μέλλον g: ἔμελλον cet., cf. ζ 165   ξυνέεσθαι a d j k l
272 κελεύθους g Pal. P⁷ U⁸ Eust.: κέλευθα a c d e j l: κέλευθον i k o r:
κελεύθου L⁴, cf. δ 380   283 ἐν δ' a H³

ἤλυθ'· ἐγὼ δ' ἀπάνευθε διιπετέος ποταμοῖο
ἐκβὰς ἐν θάμνοισι κατέδραθον, ἀμφὶ δὲ φύλλα   285
ἠφυσάμην· ὕπνον δὲ θεὸς κατ' ἀπείρονα χεῦεν.
ἔνθα μὲν ἐν φύλλοισι, φίλον τετιημένος ἦτορ,
εὗδον παννύχιος καὶ ἐπ' ἠῶ καὶ μέσον ἦμαρ·
δείλετό τ' ἠέλιος, καί με γλυκὺς ὕπνος ἀνῆκεν.
ἀμφιπόλους δ' ἐπὶ θινὶ τεῆς ἐνόησα θυγατρὸς   290
παιζούσας, ἐν δ' αὐτὴ ἔην ἐϊκυῖα θεῇσι.
τὴν ἱκέτευσ'· ἡ δ' οὔ τι νοήματος ἤμβροτεν ἐσθλοῦ,
ὡς οὐκ ἂν ἔλποιο νεώτερον ἀντιάσαντα
ἐρξέμεν· αἰεὶ γάρ τε νεώτεροι ἀφραδέουσιν.
ἥ μοι σῖτον δῶκεν ἅλις ἠδ' αἴθοπα οἶνον,   295
καὶ λοῦσ' ἐν ποταμῷ, καί μοι τάδε εἵματ' ἔδωκε.
ταῦτά τοι ἀχνύμενός περ ἀληθείην κατέλεξα."
    Τὸν δ' αὖτ' Ἀλκίνοος ἀπαμείβετο φώνησέν τε·
" ξεῖν', ἦ τοι μὲν τοῦτό γ' ἐναίσιμον οὐκ ἐνόησε
παῖς ἐμή, οὕνεκά σ' οὔ τι μετ' ἀμφιπόλοισι γυναιξὶν   300
ἦγεν ἐς ἡμέτερον· σὺ δ' ἄρα πρώτην ἱκέτευσας."
    Τὸν δ' ἀπαμειβόμενος προσέφη πολύμητις Ὀδυσσεύς·
" ἥρως, μή μοι τοὔνεκ' ἀμύμονα νείκεε κούρην·
ἡ μὲν γάρ μ' ἐκέλευε σὺν ἀμφιπόλοισιν ἕπεσθαι·
ἀλλ' ἐγὼ οὐκ ἔθελον δείσας αἰσχυνόμενός τε,   305
μή πως καὶ σοὶ θυμὸς ἐπισκύσσαιτο ἰδόντι·
δύσζηλοι γάρ τ' εἰμὲν ἐπὶ χθονὶ φῦλ' ἀνθρώπων."
    Τὸν δ' αὖτ' Ἀλκίνοος ἀπαμείβετο φώνησέν τε·
" ξεῖν', οὔ μοι τοιοῦτον ἐνὶ στήθεσσι φίλον κῆρ
μαψιδίως κεχολῶσθαι· ἀμείνω δ' αἴσιμα πάντα.   310
αἲ γάρ, Ζεῦ τε πάτερ καὶ Ἀθηναίη καὶ Ἄπολλον,

289 δείλετο Ar., leg. Eust. 1579. 12, 1580. 15, 17 R³ ss. et marg.,
M⁴ m. rec. : δύσετο cet.   293 ἔλποιτο b d f s C H³   294 ἐρξέ-
μεναι g   296 λοῦσεν ποταμῷ L⁵ M² P⁵ R¹ schol. E 905   298 πρὸς
ἀμείβετο b   300 σὺν b d j l q   301 ἡμέτερον codd. : ἡμετέρου Ar.
(schol. οὕτως), cf. β 55   306 ἐπισκύζοιτο i k P² Eust.   309 οὐ μὲν
d m: μέν τοι P⁶   φίλον κῆρ] νόημα γρ. H³ Pal.   311–316 τοὺς ἐξ
Ἀρίσταρχος διστάζει Ὁμήρου εἶναι· εἰ δὲ καὶ Ὁμηρικοί, εἰκότως αὐτοὺς
περιαιρεθῆναί φησι schol.

τοῖος ἐὼν οἷός ἐσσι, τά τε φρονέων ἅ τ' ἐγώ περ,
παῖδά τ' ἐμὴν ἐχέμεν καὶ ἐμὸς γαμβρὸς καλέεσθαι
αὖθι μένων· οἶκον δέ κ' ἐγὼ καὶ κτήματα δοίην,
εἴ κ' ἐθέλων γε μένοις· ἀέκοντα δέ σ' οὔ τις ἐρύξει   315
Φαιήκων· μὴ τοῦτο φίλον Διὶ πατρὶ γένοιτο.
πομπὴν δ' ἐς τόδ' ἐγὼ τεκμαίρομαι, ὄφρ' ἐῢ εἰδῇς,
αὔριον ἔς· τῆμος δὲ σὺ μὲν δεδμημένος ὕπνῳ
λέξεαι, οἱ δ' ἐλόωσι γαλήνην, ὄφρ' ἂν ἵκηαι
πατρίδα σὴν καὶ δῶμα, καὶ εἴ πού τοι φίλον ἐστίν,   320
εἴ περ καὶ μάλα πολλὸν ἑκαστέρω ἔστ' Εὐβοίης,
τήν περ τηλοτάτω φάσ' ἔμμεναι οἵ μιν ἴδοντο
λαῶν ἡμετέρων, ὅτε τε ξανθὸν Ῥαδάμανθυν
ἦγον ἐποψόμενον Τιτυόν, Γαιήϊον υἱόν.
καὶ μὲν οἱ ἔνθ' ἦλθον, καὶ ἄτερ καμάτοιο τέλεσσαν   325
ἤματι τῷ αὐτῷ καὶ ἀπήνυσαν οἴκαδ' ὀπίσσω.
εἰδήσεις δὲ καὶ αὐτὸς ἐνὶ φρεσὶν ὅσσον ἄρισται
νῆες ἐμαὶ καὶ κοῦροι ἀναρρίπτειν ἅλα πηδῷ."

    Ὣς φάτο, γήθησεν δὲ πολύτλας δῖος Ὀδυσσεύς,
εὐχόμενος δ' ἄρα εἶπεν ἔπος τ' ἔφατ' ἔκ τ' ὀνόμαζε·   330
    "Ζεῦ πάτερ, αἴθ' ὅσα εἶπε τελευτήσειεν ἅπαντα
Ἀλκίνοος· τοῦ μέν κεν ἐπὶ ζείδωρον ἄρουραν
ἄσβεστον κλέος εἴη, ἐγὼ δέ κε πατρίδ' ἱκοίμην."

    Ὣς οἱ μὲν τοιαῦτα πρὸς ἀλλήλους ἀγόρευον,
κέκλετο δ' Ἀρήτη λευκώλενος ἀμφιπόλοισι   335
δέμνι' ὑπ' αἰθούσῃ θέμεναι καὶ ῥήγεα καλὰ
πορφύρε' ἐμβαλέειν, στορέσαι τ' ἐφύπερθε τάπητας
χλαίνας τ' ἐνθέμεναι οὔλας καθύπερθεν ἕσασθαι.

314 δέ κ' ἐμὸν e J   317 ἐς τότ' dl: τό γ' h: τὸν b   319 ἐλάωσι
quidam   321 signum (praef. U⁴ fort. pro dipla   322 τὴν
γὰρ a k o p L⁴: που C   323 ἡμετέρων προγόνων sch. ν 119
324 ἐσοψόμενον a H³: ἤγαγον ὀψόμενον Strab. 423   325 κόμισσαν
U⁸ W   326 ἀπήγαγον b d i k l γρ. Eust.   328 ἀναρριπτεῖν d g
(περισπωμένως schol., γρ. Eust.), cf. δ 419 ν 78   330 εὐχόμενος a
H³ Pal. U⁴: εὐξάμενος cet.   πρὸς ὃν μεγαλήτορα θυμόν b d l m s, γρ.
L², mg. U⁷: ἰδὼν εἰς οὐρανὸν εὐρύν e   335 ἐν μεγάροισι b

αἱ δ' ἴσαν ἐκ μεγάροιο δάος μετὰ χερσὶν ἔχουσαι·
αὐτὰρ ἐπεὶ στόρεσαν πυκινὸν λέχος ἐγκονέουσαι,   340
ὄτρυνον Ὀδυσῆα παριστάμεναι ἐπέεσσιν·
"῎Ορσο κέων, ὦ ξεῖνε· πεποίηται δέ τοι εὐνή."
ὣς φάν· τῷ δ' ἀσπαστὸν ἐείσατο κοιμηθῆναι.
ὣς ὁ μὲν ἔνθα καθεῦδε πολύτλας δῖος Ὀδυσσεὺς
τρητοῖς ἐν λεχέεσσιν ὑπ' αἰθούσῃ ἐριδούπῳ·   345
Ἀλκίνοος δ' ἄρα λέκτο μυχῷ δόμου ὑψηλοῖο,
πὰρ δὲ γυνὴ δέσποινα λέχος πόρσυνε καὶ εὐνήν.

339 δάδας d : δάας ς. cf. δ 300   341 ὄτρ(ύτρ)υνον g P⁵ P⁷ R¹⁰ :
ὄτρ(ύτρ)υνον δ' vulg. : ὄτρ(ύτρ)υναν δ' a i p, cf. H 420   342 ὄρσεο
j H³ R⁹ W : ὦρσο d O R¹⁴   347 πόρσαινε Ar., γρ. U⁵, cf. Γ 411

126

ΟΔΥΣΣΕΙΑΣ Θ

Ἦμος δ' ἠριγένεια φάνη ῥοδοδάκτυλος Ἠώς,
ὄρνυτ' ἄρ' ἐξ εὐνῆς ἱερὸν μένος Ἀλκινόοιο,
ἂν δ' ἄρα διογενὴς ὦρτο πτολίπορθος Ὀδυσσεύς.
τοῖσιν δ' ἡγεμόνευ' ἱερὸν μένος Ἀλκινόοιο
Φαιήκων ἀγορήνδ', ἥ σφιν παρὰ νηυσὶ τέτυκτο.   5
ἐλθόντες δὲ καθῖζον ἐπὶ ξεστοῖσι λίθοισι
πλησίον· ἡ δ' ἀνὰ ἄστυ μετῴχετο Παλλὰς Ἀθήνη,
εἰδομένη κήρυκι δαΐφρονος Ἀλκινόοιο,
νόστον Ὀδυσσῆϊ μεγαλήτορι μητιόωσα,
καί ῥα ἑκάστῳ φωτὶ παρισταμένη φάτο μῦθον·   10
   " Δεῦτ' ἄγε, Φαιήκων ἡγήτορες ἠδὲ μέδοντες,
εἰς ἀγορὴν ἰέναι, ὄφρα ξείνοιο πύθησθε,
ὃς νέον Ἀλκινόοιο δαΐφρονος ἵκετο δῶμα
πόντον ἐπιπλαγχθείς, δέμας ἀθανάτοισιν ὁμοῖος."
   Ὣς εἰποῦσ' ὄτρυνε μένος καὶ θυμὸν ἑκάστου.   15
καρπαλίμως δ' ἔμπληντο βροτῶν ἀγοραί τε καὶ ἕδραι
ἀγρομένων· πολλοὶ δ' ἄρα θηήσαντο ἰδόντες
υἱὸν Λαέρταο δαΐφρονα. τῷ δ' ἄρ' Ἀθήνη
θεσπεσίην κατέχευε χάριν κεφαλῇ τε καὶ ὤμοις,
καί μιν μακρότερον καὶ πάσσονα θῆκεν ἰδέσθαι,   20
ὥς κεν Φαιήκεσσι φίλος πάντεσσι γένοιτο
δεινός τ' αἰδοῖός τε, καὶ ἐκτελέσειεν ἀέθλους
πολλούς, τοὺς Φαίηκες ἐπειρήσαντ' Ὀδυσῆος.
αὐτὰρ ἐπεί ῥ' ἤγερθεν ὁμηγερέες τ' ἐγένοντο,
τοῖσιν δ' Ἀλκίνοος ἀγορήσατο καὶ μετέειπε·   25
   " Κέκλυτε, Φαιήκων ἡγήτορες ἠδὲ μέδοντες,

2 ὤρνυτ' codd., cf. β 2   15 ὄτρ. H³ : ὤτρ. cet.   18 γὰρ Ma.
νο. V⁴   22, 23 ath. Zen.

ὄφρ' εἴπω τά με θυμὸς ἐνὶ στήθεσσι κελεύει.
ξεῖνος ὅδ', οὐκ οἶδ' ὅς τις, ἀλώμενος ἵκετ' ἐμὸν δῶ,
ἠὲ πρὸς ἠοίων ἢ ἑσπερίων ἀνθρώπων·
πομπὴν δ' ὀτρύνει, καὶ λίσσεται ἔμπεδον εἶναι.   30
ἡμεῖς δ', ὡς τὸ πάρος περ, ἐποτρυνώμεθα πομπήν.
οὐδὲ γὰρ οὐδέ τις ἄλλος, ὅτις κ' ἐμὰ δώμαθ' ἵκηται,
ἐνθάδ' ὀδυρόμενος δηρὸν μένει εἵνεκα πομπῆς.
ἀλλ' ἄγε νῆα μέλαιναν ἐρύσσομεν εἰς ἅλα δῖαν
πρωτόπλοον, κούρω δὲ δύω καὶ πεντήκοντα   35
κρινάσθων κατὰ δῆμον, ὅσοι πάρος εἰσὶν ἄριστοι.
δησάμενοι δ' εὖ πάντες ἐπὶ κληῖσιν ἐρετμὰ
ἔκβητ'· αὐτὰρ ἔπειτα θοὴν ἀλεγύνετε δαῖτα
ἡμέτερόνδ' ἐλθόντες· ἐγὼ δ' εὖ πᾶσι παρέξω.
κούροισιν μὲν ταῦτ' ἐπιτέλλομαι· αὐτὰρ οἱ ἄλλοι   40
σκηπτοῦχοι βασιλῆες ἐμὰ πρὸς δώματα καλὰ
ἔρχεσθ', ὄφρα ξεῖνον ἐνὶ μεγάροισι φιλέωμεν·
μηδέ τις ἀρνείσθω· καλέσασθε δὲ θεῖον ἀοιδόν,
Δημόδοκον· τῷ γάρ ῥα θεὸς πέρι δῶκεν ἀοιδὴν
τέρπειν, ὅππη θυμὸς ἐποτρύνῃσιν ἀείδειν."   45
    Ὣς ἄρα φωνήσας ἡγήσατο, τοὶ δ' ἅμ' ἕποντο
σκηπτοῦχοι· κῆρυξ δὲ μετῴχετο θεῖον ἀοιδόν.
κούρω δὲ κρινθέντε δύω καὶ πεντήκοντα
βήτην, ὡς ἐκέλευσ', ἐπὶ θῖν' ἁλὸς ἀτρυγέτοιο.
αὐτὰρ ἐπεί ῥ' ἐπὶ νῆα κατήλυθον ἠδὲ θάλασσαν,   50
νῆα μὲν οἵ γε μέλαιναν ἁλὸς βένθοσδε ἔρυσσαν,
ἐν δ' ἱστόν τ' ἐτίθεντο καὶ ἱστία νηῒ μελαίνῃ,
ἠρτύναντο δ' ἐρετμὰ τροποῖς ἐν δερματίνοισι,
πάντα κατὰ μοῖραν· ἀνὰ δ' ἱστία λευκὰ πέτασσαν.
ὑψοῦ δ' ἐν νοτίῳ τήν γ' ὥρμισαν· αὐτὰρ ἔπειτα   55

27 om. q L⁴ T Pal. m. 2   36 ἦσαν e k   45 τερπνὴν o L⁴
M⁽³⁾ R² U¹ U⁸ leg. Eust.   49 ἱερὸν μένος ἀλκινόοιο, γρ.   U⁵
54 ἀνὰ] κατὰ i P⁵: παρὰ c k o C Pal.   πέτασσαν d l L⁸ P⁶ P⁷ U⁷ U⁸:
τάνυσσαν cet.   55 νοδίῳ Aristoph., cf. δ 785   ὅρμισαν v. δ 785   ἐκ
δ' ἔβαν αὐτοὶ d P¹ (= Γ 113)

βάν ῥ' ἴμεν Ἀλκινόοιο δαΐφρονος ἐς μέγα δῶμα.
πλῆντο δ' ἄρ' αἴθουσαί τε καὶ ἕρκεα καὶ δόμοι ἀνδρῶν
ἀγρομένων· πολλοὶ δ' ἄρ' ἔσαν νέοι ἠδὲ παλαιοί.
τοῖσιν δ' Ἀλκίνοος δυοκαίδεκα μῆλ' ἱέρευσεν,
ὀκτὼ δ' ἀργιόδοντας ὗας, δύο δ' εἰλίποδας βοῦς·   60
τοὺς δέρον ἀμφί θ' ἕπον, τετύκοντό τε δαῖτ' ἐρατεινήν.

Κῆρυξ δ' ἐγγύθεν ἦλθεν ἄγων ἐρίηρον ἀοιδόν,
τὸν πέρι Μοῦσ' ἐφίλησε, δίδου δ' ἀγαθόν τε κακόν τε·
ὀφθαλμῶν μὲν ἄμερσε, δίδου δ' ἡδεῖαν ἀοιδήν,
τῷ δ' ἄρα Ποντόνοος θῆκε θρόνον ἀργυρόηλον   65
μέσσῳ δαιτυμόνων, πρὸς κίονα μακρὸν ἐρείσας.
κὰδ' δ' ἐκ πασσαλόφι κρέμασεν φόρμιγγα λίγειαν
αὐτοῦ ὑπὲρ κεφαλῆς καὶ ἐπέφραδε χερσὶν ἑλέσθαι
κῆρυξ· πὰρ δ' ἐτίθει κάνεον καλήν τε τράπεζαν,
πὰρ δὲ δέπας οἴνοιο, πιεῖν ὅτε θυμὸς ἀνώγοι.   70
οἱ δ' ἐπ' ὀνείαθ' ἑτοῖμα προκείμενα χεῖρας ἴαλλον.
αὐτὰρ ἐπεὶ πόσιος καὶ ἐδητύος ἐξ ἔρον ἕντο,
Μοῦσ' ἄρ' ἀοιδὸν ἀνῆκεν ἀειδέμεναι κλέα ἀνδρῶν,
οἴμης τῆς τότ' ἄρα κλέος οὐρανὸν εὐρὺν ἵκανε,
νεῖκος Ὀδυσσῆος καὶ Πηλεΐδεω Ἀχιλῆος,   75
ὥς ποτε δηρίσαντο θεῶν ἐν δαιτὶ θαλείῃ
ἐκπάγλοις ἐπέεσσιν, ἄναξ δ' ἀνδρῶν Ἀγαμέμνων
χαῖρε νόῳ, ὅ τ' ἄριστοι Ἀχαιῶν δηριόωντο.
ὣς γάρ οἱ χρείων μυθήσατο Φοῖβος Ἀπόλλων
Πυθοῖ ἐν ἠγαθέῃ, ὅθ' ὑπέρβη λάϊνον οὐδὸν   80
χρησόμενος· τότε γάρ ῥα κυλίνδετο πήματος ἀρχὴ
Τρωσί τε καὶ Δαναοῖσι Διὸς μεγάλου διὰ βουλάς.

Ταῦτ' ἄρ' ἀοιδὸς ἄειδε περικλυτός· αὐτὰρ Ὀδυσσεὺς

58 om. **a b d g i** L⁴   62 ἦλθε φέρων **e k**   62 a δημόδοκον
λιγύφωνον ἐόντα θεῖον ἀοιδόν add. Pal. m. 2   63 μοῖσ'] μοῖρ' M⁽³⁾ et
schol.   64 ὀφθαλμὼ **d** : -ὸν R¹⁰   67 κρέμασεν] δῆσεν Aristoph.
(φόρμιγγι schol.), cf. 105   73 ὀπὶ καλῇ L⁴, cf. A 604 al.   74 οἴμη
Pal. coni. Bentley : οἴμⱬηε (sic) U⁸   75 ἄνακτος Strabo 417
76–77 θεῶν . . . ἐπέεσσιν vid. om. Strab. 417   81, 82 ἐν ἐνίαις τῶν
ἐκδόσεων οὐκ ἐφέροντο· διὸ ἀθετοῦνται schol.

πορφύρεον μέγα φᾶρος ἑλὼν χερσὶ στιβαρῇσι
κὰκ κεφαλῆς εἴρυσσε, κάλυψε δὲ καλὰ πρόσωπα·   85
αἴδετο γὰρ Φαίηκας ὑπ' ὀφρύσι δάκρυα λείβων.
ἦ τοι ὅτε λήξειεν ἀείδων θεῖος ἀοιδός,
δάκρυ' ὀμορξάμενος κεφαλῆς ἄπο φᾶρος ἕλεσκε
καὶ δέπας ἀμφικύπελλον ἑλὼν σπείσασκε θεοῖσιν·
αὐτὰρ ὅτ' ἂψ ἄρχοιτο καὶ ὀτρύνειαν ἀείδειν   90
Φαιή<ων οἱ ἄριστοι, ἐπεὶ τέρποντ' ἐπέεσσιν,
ἂψ Ὀδυσεὺς κατὰ κρᾶτα καλυψάμενος γοάασκεν.
ἔνθ' ἄλλους μὲν πάντας ἐλάνθανε δάκρυα λείβων,
Ἀλκίνοος δέ μιν οἶος ἐπεφράσατ' ἠδ' ἐνόησεν
ἥμενος ἄγχ' αὐτοῦ, βαρὺ δὲ στενάχοντος ἄκουσεν.   95
αἶψα δὲ Φαιήκεσσι φιληρέτμοισι μετηύδα·
"Κέκλυτε, Φαιήκων ἡγήτορες ἠδὲ μέδοντες·
ἤδη μὲν δαιτὸς κεκορήμεθα θυμὸν ἐΐσης
φόρμιγγός θ', ἣ δαιτὶ συνήορός ἐστι θαλείῃ·
νῦν δ' ἐξέλθωμεν καὶ ἀέθλων πειρηθέωμεν   100
πάντων, ὥς χ' ὁ ξεῖνος ἐνίσπῃ οἷσι φίλοισιν,
οἴκαδε νοστήσας, ὅσσον περιγιγνόμεθ' ἄλλων
πύξ τε παλαισμοσύνῃ τε καὶ ἅλμασιν ἠδὲ πόδεσσιν."
Ὣς ἄρα φωνήσας ἡγήσατο, τοὶ δ' ἅμ' ἕποντο.
κὰδ δ' ἐκ πασσαλόφι κρέμασεν φόρμιγγα λίγειαν,   105
Δημοδόκου δ' ἕλε χεῖρα καὶ ἔξαγεν ἐκ μεγάροιο
κῆρυξ· ἄρχε δὲ τῷ αὐτὴν ὁδὸν ἥν περ οἱ ἄλλοι
Φαιήκων οἱ ἄριστοι, ἀέθλια θαυμανέοντες.
βὰν δ' ἴμεν εἰς ἀγορήν, ἅμα δ' ἕσπετο πουλὺς ὅμιλος,
μυρίοι· ἂν δ' ἵσταντο νέοι πολλοί τε καὶ ἐσθλοί.   110

87 δῖος d P¹ V⁴   92 αἴψ' Aristoph., cf. Η 272 β 292 ι 485 κ 244,
263. 405 : ἀψ δ' ι L⁴ P⁶ P⁷   93 εἴβων U⁸, leg. Eust.   98 θυμὸν κεκ.
δωιτὸς quidam ant. ej   99 θαλείης a Pal. : ἑταίρη γρ. Eust. (τινα
τῶν ἀντιγράφων), cf. ρ 271. h. Herm. 31   1c3 παλαιμοσύνη Ar. sec.
Eust. (δίχα τοῦ σ) j H³ L⁴ Pal.. cf. 126: παλαισμοσύνησι Ο   105 οὕτως
αἱ Ἀριστάρχου schol. (κρέμασεν), cf. 67   106 om. Pal., post 110
pos. U⁵   107 ἦρχε codd.   108 θαῦμα νέοντες a a. quidam ap.
Eust. (ἐν δυσὶ μέρεσι λόγου): θαυμασέοντες k   109 ἐπὶ δ' d

ὦρτο μὲν Ἀκρόνεώς τε καὶ Ὠκύαλος καὶ Ἐλατρεὺς
Ναυτεύς τε Πρυμνεύς τε καὶ Ἀγχίαλος καὶ Ἐρετμεὺς
Ποντεύς τε Πρωρεύς τε, Θόων Ἀναβησίνεώς τε
Ἀμφίαλός θ', υἱὸς Πολυνήου Τεκτονίδαο·
ἂν δὲ καὶ Εὐρύαλος, βροτολοιγῷ ἶσος Ἄρηϊ,   115
Ναυβολίδης, ὃς ἄριστος ἔην εἶδός τε δέμας τε
πάντων Φαιήκων μετ' ἀμύμονα Λαοδάμαντα.
ἂν δ' ἔσταν τρεῖς παῖδες ἀμύμονος Ἀλκινόοιο,
Λαοδάμας θ' Ἅλιός τε καὶ ἀντίθεος Κλυτόνηος·
οἱ δ' ἦ τοι πρῶτον μὲν ἐπειρήσαντο πόδεσσι.   120
τοῖσι δ' ἀπὸ νύσσης τέτατο δρόμος· οἱ δ' ἅμα πάντες
καρπαλίμως ἐπέτοντο κονίοντες πεδίοιο.
τῶν δὲ θέειν ὄχ' ἄριστος ἔην Κλυτόνηος ἀμύμων·
ὅσσον τ' ἐν νειῷ οὖρον πέλει ἡμιόνοιϊν,
τόσσον ὑπεκπροθέων λαοὺς ἵκεθ', οἱ δ' ἐλίποντο.   125
οἱ δὲ παλαιμοσύνης ἀλεγεινῆς πειρήσαντο·
τῇ δ' αὖτ' Εὐρύαλος ἀπεκαίνυτο πάντας ἀρίστους.
ἅλματι δ' Ἀμφίαλος πάντων προφερέστατος ἦεν·
δίσκῳ δ' αὖ πάντων πολὺ φέρτατος ἦεν Ἐλατρεύς,
πὺξ δ' αὖ Λαοδάμας, ἀγαθὸς πάϊς Ἀλκινόοιο.   130
αὐτὰρ ἐπεὶ δὴ πάντες ἐτέρφθησαν φρέν' ἀέθλοις,
τοῖς ἄρα Λαοδάμας μετέφη, πάϊς Ἀλκινόοιο·
"Δεῦτε, φίλοι, τὸν ξεῖνον ἐρώμεθα εἴ τιν' ἄεθλον
οἶδέ τε καὶ δεδάηκε· φυήν γε μὲν οὐ κακός ἐστι,
μηρούς τε κνήμας τε καὶ ἄμφω χεῖρας ὕπερθεν   135
αὐχένα τε στιβαρὸν μέγα τε σθένος· οὐδέ τι ἥβης
δεύεται, ἀλλὰ κακοῖσι συνέρρηκται πολέεσσιν.
οὐ γὰρ ἐγώ γέ τί φημι κακώτερον ἄλλο θαλάσσης
ἄνδρα γε συγχεῦαι, εἰ καὶ μάλα καρτερὸς εἴη."

113 πρωτεύς g j ed. pr.   114 πολυνήδου j : πολυμήλου An. Ox
i. 411. 6   116 θ' ὃς praeter e R¹¹ codd.   117 λαομέδοντα e
L², cf. η 170   126 παλαιμοσύνης H³ P· Pal· R⁴ : παλαισμ. cet.. cí
103   129 προφερέστατος a d r L⁵ (ex 128)   133 ἀέθλων g   138 οὐ
μὲν γάρ τί που ἐστὶ κακώτερον Stob. Ecl. iv. 17. 1

Τὸν δ' αὖτ' Εὐρύαλος ἀπαμείβετο φώνησέν τε·   140
" Λαοδάμα, μάλα τοῦτο ἔπος κατὰ μοῖραν ἔειπες.
αὐτὸς νῦν προκάλεσσαι ἰὼν καὶ πέφραδε μῦθον."
   Αὐτὰρ ἐπεὶ τό γ' ἄκουσ' ἀγαθὸς πάϊς Ἀλκινόοιο,
στῆ ῥ' ἐς μέσσον ἰὼν καὶ Ὀδυσσῆα προσέειπε·
" Δεῦρ' ἄγε καὶ σύ, ξεῖνε πάτερ, πείρησαι ἀέθλων,   145
εἴ τινά που δεδάηκας· ἔοικε δέ σ' ἴδμεν ἀέθλους.
οὐ μὲν γὰρ μεῖζον κλέος ἀνέρος ὄφρα κεν ᾖσιν
ἢ ὅ τι ποσσίν τε ῥέξῃ καὶ χερσὶν ἑῇσιν.
ἀλλ' ἄγε πείρησαι, σκέδασον δ' ἀπὸ κήδεα θυμοῦ·
σοὶ δ' ὁδὸς οὐκέτι δηρὸν ἀπέσσεται, ἀλλά τοι ἤδη   150
νηῦς τε κατείρυσται καὶ ἐπαρτέες εἰσὶν ἑταῖροι."
   Τὸν δ' ἀπαμειβόμενος προσέφη πολύμητις Ὀδυσσεύς·
" Λαοδάμα, τί με ταῦτα κελεύετε κερτομέοντες;
κήδεά μοι καὶ μᾶλλον ἐνὶ φρεσὶν ἤ περ ἄεθλοι,
ὃς πρὶν μὲν μάλα πολλὰ πάθον καὶ πολλὰ μόγησα,   155
νῦν δὲ μεθ' ὑμετέρῃ ἀγορῇ νόστοιο χατίζων
ἧμαι, λισσόμενος βασιλῆά τε πάντα τε δῆμον."
   Τὸν δ' αὖτ' Εὐρύαλος ἀπαμείβετο νείκεσέ τ' ἄντην·
" οὐ γάρ σ' οὐδέ, ξεῖνε, δαήμονι φωτὶ ἐΐσκω
ἄθλων, οἷά τε πολλὰ μετ' ἀνθρώποισι πέλονται,   160
ἀλλὰ τῷ ὅς θ' ἅμα νηὶ πολυκληῖδι θαμίζων,
ἀρχὸς ναυτάων οἵ τε πρηκτῆρες ἔασι,
φόρτου τε μνήμων καὶ ἐπίσκοπος ᾖσιν ὁδαίων
κερδέων θ' ἁρπαλέων· οὐδ' ἀθλητῆρι ἔοικας."
   Τὸν δ' ἄρ' ὑπόδρα ἰδὼν προσέφη πολύμητις Ὀδυσσεύς·
" ξεῖν', οὐ καλὸν ἔειπες· ἀτασθάλῳ ἀνδρὶ ἔοικας.   166

142 οὔτε Ἀρίσταρχος οὔτε Ἀριστοφάνης οὔτε Ζηνόδοτος ἐπίστανται
τοῦτον τὸν στίχον.—οὗτος ὁ στίχος ἐν ταῖς Ἀρισταρχείαις οὐ φέρεται
schol.   ἰὼν] εἰδὼς Br   144 βῆ J K, γρ. U⁵, ss. L²   153 Λαοδάμα]
ν add. C m. rec., cf. schol. M 231 Σ 285, ubi Zen. et Chamaeleo
Πουλυδάμαν   154 ἐνὶ] ἐπὶ q L⁴   ἄεθλοι] ἀοιδαί Ath. 181 F
158 φώνησέν τε U⁵, γρ. U²   161 θαμὰ εἰqs P⁵: μάλα L⁴   163 ἐπί-
στροφος Aristoph. (σημειοῦται)   ὁδαίων] ἑταίρων L⁴ U¹ Herod. ad
Κ 38   166 καλῶς εἶπες P³ : καλῶς d M³ Pⁱ

οὕτως οὐ πάντεσσι θεοὶ χαρίεντα διδοῦσιν
ἀνδράσιν, οὔτε φυὴν οὔτ᾽ ἄρ φρένας οὔτ᾽ ἀγορητύν.
ἄλλος μὲν γὰρ εἶδος ἀκιδνότερος πέλει ἀνήρ,
ἀλλὰ θεὸς μορφὴν ἔπεσι στέφει, οἱ δέ τ᾽ ἐς αὐτὸν   170
τερπόμενοι λεύσσουσιν· ὁ δ᾽ ἀσφαλέως ἀγορεύει
αἰδοῖ μειλιχίῃ, μετὰ δὲ πρέπει ἀγρομένοισιν,
ἐρχόμενον δ᾽ ἀνὰ ἄστυ θεὸν ὡς εἰσορόωσιν.
ἄλλος δ᾽ αὖ εἶδος μὲν ἀλίγκιος ἀθανάτοισιν,
ἀλλ᾽ οὔ οἱ χάρις ἀμφιπεριστέφεται ἐπέεσσιν,   175
ὡς καὶ σοὶ εἶδος μὲν ἀριπρεπές, οὐδέ κεν ἄλλως
οὐδὲ θεὸς τεύξειε, νόον δ᾽ ἀποφώλιός ἐσσι.
ὤρινάς μοι θυμὸν ἐνὶ στήθεσσι φίλοισιν
εἰπὼν οὐ κατὰ κόσμον· ἐγὼ δ᾽ οὐ νῆϊς ἀέθλων,
ὡς σύ γε μυθεῖαι, ἀλλ᾽ ἐν πρώτοισιν ὀΐω   180
ἔμμεναι, ὄφρ᾽ ἥβῃ τε πεποίθεα χερσί τ᾽ ἐμῇσι.
νῦν δ᾽ ἔχομαι κακότητι καὶ ἄλγεσι· πολλὰ γὰρ ἔτλην,
ἀνδρῶν τε πτολέμους ἀλεγεινά τε κύματα πείρων.
ἀλλὰ καὶ ὡς κακὰ πολλὰ παθὼν πειρήσομ᾽ ἀέθλων·
θυμοδακὴς γὰρ μῦθος· ἐπότρυνας δέ με εἰπών."   185
    Ἦ ῥα καὶ αὐτῷ φάρει ἀναΐξας λάβε δίσκον
μείζονα καὶ πάχετον, στιβαρώτερον οὐκ ὀλίγον περ
ἢ οἵῳ Φαίηκες ἐδίσκεον ἀλλήλοισι.
τόν ῥα περιστρέψας ἧκε στιβαρῆς ἀπὸ χειρός,
βόμβησεν δὲ λίθος· κατὰ δ᾽ ἔπτηξαν ποτὶ γαίῃ   190
Φαίηκες δολιχήρετμοι, ναυσίκλυτοι ἄνδρες,
λᾶος ὑπὸ ῥιπῆς· ὁ δ᾽ ὑπέρπτατο σήματα πάντων
ῥίμφα θέων ἀπὸ χειρός· ἔθηκε δὲ τέρματ᾽ Ἀθήνη
ἀνδρὶ δέμας ἐϊκυῖα, ἔπος τ᾽ ἔφατ᾽ ἔκ τ᾽ ὀνόμαζε·
    " Καί κ᾽ ἀλαός τοι, ξεῖνε, διακρίνειε τὸ σῆμα   195

169 τ᾽ εἶδος codd. em. Bentley   174 αὖ L⁸: αὐτ᾽ cet., cf. δ 130
176 ἄλλος a P¹, fort. Pal.   182 ἄχομαι R¹⁰, Et. Flor. ap.
Miller, Mél. 57 (ἄχθομαι), v. om. R⁶   185 ἐπότρ. codd.   186 λάβε]
ἔλε k   187 περ e j k leg. Eust.: τε cet. (γε o)   192 ὑπὸ j H³ L⁴
L⁸ Pal. R⁴ U⁸: ὑπαὶ cet.: ὑπέρβαλε schol. Ψ 843   βήματα J, quidam
ant.   πάντα d H³ L⁸ Ma Pal.

ἀμφαφόων· ἐπεὶ οὔ τι μεμιγμένον ἐστὶν ὁμίλῳ,
ἀλλὰ πολὺ πρῶτον· σὺ δὲ θάρσει τόνδε γ' ἄεθλον·
οὔ τις Φαιήκων τόδε γ' ἵξεται οὐδ' ὑπερήσει."

    *Ὣς φάτο, γήθησεν δὲ πολύτλας δῖος Ὀδυσσεύς,
χαίρων οὕνεχ' ἑταῖρον ἐνηέα λεῦσσ' ἐν ἀγῶνι.   200
καὶ τότε κουφότερον μετεφώνεε Φαιήκεσσι·
    "Τοῦτον νῦν ἀφίκεσθε, νέοι· τάχα δ' ὕστερον ἄλλον
ἥσειν ἢ τοσσοῦτον ὀΐομαι ἢ ἔτι μᾶσσον.
τῶν δ' ἄλλων ὅτινα κραδίη θυμός τε κελεύει,
δεῦρ' ἄγε πειρηθήτω, ἐπεί μ' ἐχολώσατε λίην,   205
ἢ πὺξ ἠὲ πάλῃ ἢ καὶ ποσίν, οὔ τι μεγαίρω,
πάντων Φαιήκων πλήν γ' αὐτοῦ Λαοδάμαντος.
ξεῖνος γάρ μοι ὅδ' ἐστί· τίς ἂν φιλέοντι μάχοιτο;
ἄφρων δὴ κεῖνός γε καὶ οὐτιδανὸς πέλει ἀνήρ,
ὅς τις ξεινοδόκῳ ἔριδα προφέρηται ἀέθλων   210
δήμῳ ἐν ἀλλοδαπῷ· ἔο δ' αὐτοῦ πάντα κολούει.
τῶν δ' ἄλλων οὔ πέρ τιν' ἀναίνομαι οὐδ' ἀθερίζω,
ἀλλ' ἐθέλω ἴδμεν καὶ πειρηθήμεναι ἄντην.
πάντα γὰρ οὐ κακός εἰμι, μετ' ἀνδράσιν ὅσσοι ἄεθλοι.
εὖ μὲν τόξον οἶδα ἐΰξοον ἀμφαφάασθαι·   215
πρῶτός κ' ἄνδρα βάλοιμι ὀϊστεύσας ἐν ὁμίλῳ
ἀνδρῶν δυσμενέων, εἰ καὶ μάλα πολλοὶ ἑταῖροι
ἄγχι παρασταῖεν καὶ τοξαζοίατο φωτῶν.
οἶος δή με Φιλοκτήτης ἀπεκαίνυτο τόξῳ
δήμῳ ἔνι Τρώων, ὅτε τοξαζοίμεθ' Ἀχαιοί.   220
τῶν δ' ἄλλων ἐμέ φημι πολὺ προφερέστερον εἶναι,
ὅσσοι νῦν βροτοί εἰσιν ἐπὶ χθονὶ σῖτον ἔδοντες.
ἀνδράσι δὲ προτέροισιν ἐριζέμεν οὐκ ἐθελήσω,

198 τόδε γ' Ar. (?, ἀρίων schol. U⁵, cf. 98 ι331) : τόδ' H³ R⁴ : τόνῦ'
P¹ P Et Flor. l. c. 148 : τόν γ' vulg., τῶν γ' R¹⁰ T U⁵   201 μετεφώνει
e g i L⁴   202 ἐφίκεσθε W, γρ. P³, R¹⁰ ss., γρ. Eust. Porph. quaest.
Il. 3ι4, 24   203 μᾶλλον C P³ : μεῖζον R¹⁰ m. r.   206 πάλην
k R¹⁰ T   ἠὲ ποσὶν R³ U⁵   210 προφέρῃσι βαρεῖαν Iulianus 96 B
214 οἷσιν k   ἀέθλων L⁸ H³ uv.   215 ἀμφ οἶδα M³
220 ὅθι a k Pal. R⁷ U¹ U⁷   223 οὔτι θελήσω d C M³ P¹

οὔθ' Ἡρακλῆϊ οὔτ' Εὐρύτῳ Οἰχαλιῆϊ,
οἵ ῥα καὶ ἀθανάτοισιν ἐρίζεσκον περὶ τόξων.   225
τῷ ῥα καὶ αἶψ' ἔθανεν μέγας Εὔρυτος, οὐδ' ἐπὶ γῆρας
ἵκετ' ἐνὶ μεγάροισι· χολωσάμενος γὰρ Ἀπόλλων
ἔκτανεν, οὕνεκά μιν προκαλίζετο τοξάζεσθαι.
δουρὶ δ' ἀκοντίζω ὅσον οὐκ ἄλλος τις ὀϊστῷ.
οἴοισιν δείδοικα ποσὶν μή τίς με παρέλθῃ   230
Φαιήκων· λίην γὰρ ἀεικελίως ἐδαμάσθην
κύμασιν ἐν πολλοῖς, ἐπεὶ οὐ κομιδὴ κατὰ νῆα
ἦεν ἐπηετανός· τῷ μοι φίλα γυῖα λέλυνται."
    Ὣς ἔφαθ', οἱ δ' ἄρα πάντες ἀκὴν ἐγένοντο σιωπῇ·
Ἀλκίνοος δέ μιν οἶος ἀμειβόμενος προσέειπε·   235
    "Ξεῖν', ἐπεὶ οὐκ ἀχάριστα μεθ' ἡμῖν ταῦτ' ἀγορεύεις,
ἀλλ' ἐθέλεις ἀρετὴν σὴν φαινέμεν, ἥ τοι ὀπηδεῖ,
χωόμενος ὅτι σ' οὗτος ἀνὴρ ἐν ἀγῶνι παραστὰς
νείκεσεν, ὡς ἂν σὴν ἀρετὴν βροτὸς οὔ τις ὄνοιτο
ὅς τις ἐπίσταιτο ᾗσι φρεσὶν ἄρτια βάζειν·   240
ἀλλ' ἄγε νῦν ἐμέθεν ξυνίει ἔπος, ὄφρα καὶ ἄλλῳ
εἴπῃς ἡρώων, ὅτε κεν σοῖς ἐν μεγάροισι
δαινύῃ παρὰ σῇ τ' ἀλόχῳ καὶ σοῖσι τέκεσσιν,
ἡμετέρης ἀρετῆς μεμνημένος, οἷα καὶ ἡμῖν
Ζεὺς ἐπὶ ἔργα τίθησι διαμπερὲς ἐξέτι πατρῶν.   245
οὐ γὰρ πυγμάχοι εἰμὲν ἀμύμονες οὐδὲ παλαισταί,
ἀλλὰ ποσὶ κραιπνῶς θέομεν καὶ νηυσὶν ἄριστοι,
αἰεὶ δ' ἡμῖν δαίς τε φίλη κίθαρίς τε χοροί τε
εἵματά τ' ἐξημοιβὰ λοετρά τε θερμὰ καὶ εὐναί.
ἀλλ' ἄγε, Φαιήκων βητάρμονες ὅσσοι ἄριστοι,   250
παίσατε, ὥς χ' ὁ ξεῖνος ἐνίσπῃ οἷσι φίλοισιν,
οἴκαδε νοστήσας, ὅσσον περιγιγνόμεθ' ἄλλων

226 οὐδέ τι **k** P⁵ U¹   233 ἐπηετανή U⁸ : -όν Herod. ii. 836. 5
Lenz.   γυῖα] γοῦνα **k s**   240 φρεσὶν ᾗσιν **a** H³ J K Pal. : ᾗσιν
ἐνὶ U⁸ : ᾗσιν καὶ N   241 ἄλλοις U¹, H³ ss.. γρ. Pal.   242 οἷς **f i**
    244 οια και ημεις 𝔭²⁷   246 ἐσμὲν **k s** Eust.   250 δεῦτ' ἄγε
Strabo 473   251 παίσατον Zen. (οὐ κακῶς) : παίξατε L⁸ M³

ναυτιλίη καὶ ποσσὶ καὶ ὀρχηστυῖ καὶ ἀοιδῇ.
Δημοδόκῳ δέ τις αἶψα κιὼν φόρμιγγα λίγειαν
οἰσέτω, ἥ που κεῖται ἐν ἡμετέροισι δόμοισιν." 255
῝Ως ἔφατ᾽ Ἀλκίνοος θεοείκελος, ὦρτο δὲ κῆρυξ
οἴσων φόρμιγγα γλαφυρὴν δόμου ἐκ βασιλῆος.
αἰσυμνῆται δὲ κριτοὶ ἐννέα πάντες ἀνέσταν
δήμιοι, οἳ κατ᾽ ἀγῶνας ἐῢ πρήσσεσκον ἕκαστα,
λείηναν δὲ χορόν, καλὸν δ᾽ εὔρυναν ἀγῶνα. 260
κῆρυξ δ᾽ ἐγγύθεν ἦλθε φέρων φόρμιγγα λίγειαν
Δημοδόκῳ· ὁ δ᾽ ἔπειτα κί᾽ ἐς μέσον· ἀμφὶ δὲ κοῦροι
πρωθῆβαι ἵσταντο, δαήμονες ὀρχηθμοῖο,
πέπληγον δὲ χορὸν θεῖον ποσίν. αὐτὰρ Ὀδυσσεὺς
μαρμαρυγὰς θηεῖτο ποδῶν, θαύμαζε δὲ θυμῷ. 265
Αὐτὰρ ὁ φορμίζων ἀνεβάλλετο καλὸν ἀείδειν
ἀμφ᾽ Ἄρεος φιλότητος ἐϋστεφάνου τ᾽ Ἀφροδίτης,
ὡς τὰ πρῶτα μίγησαν ἐν Ἡφαίστοιο δόμοισι
λάθρη· πολλὰ δ᾽ ἔδωκε, λέχος δ᾽ ᾔσχυνε καὶ εὐνὴν
Ἡφαίστοιο ἄνακτος· ἄφαρ δέ οἱ ἄγγελος ἦλθεν 270
Ἥλιος, ὅ σφ᾽ ἐνόησε μιγαζομένους φιλότητι.
Ἥφαιστος δ᾽ ὡς οὖν θυμαλγέα μῦθον ἄκουσε,
βῆ ῥ᾽ ἴμεν ἐς χαλκεῶνα, κακὰ φρεσὶ βυσσοδομεύων,
ἐν δ᾽ ἔθετ᾽ ἀκμοθέτῳ μέγαν ἄκμονα, κόπτε δὲ δεσμοὺς
ἀρρήκτους ἀλύτους, ὄφρ᾽ ἔμπεδον αὖθι μένοιεν. 275
αὐτὰρ ἐπεὶ δὴ τεῦξε δόλον κεχολωμένος Ἄρει,
βῆ ῥ᾽ ἴμεν ἐς θάλαμον, ὅθι οἱ φίλα δέμνι᾽ ἔκειτο,
ἀμφὶ δ᾽ ἄρ᾽ ἑρμῖσιν χέε δέσματα κύκλῳ ἀπάντη·
πολλὰ δὲ καὶ καθύπερθε μελαθρόφιν ἐξεκέχυντο,
ἠΰτ᾽ ἀράχνια λεπτά, τά γ᾽ οὔ κέ τις οὐδὲ ἴδοιτο, 280
οὐδὲ θεῶν μακάρων· πέρι γὰρ δολόεντα τέτυκτο.

257 γλαφυρὸν j : λιγυρὴν P⁷, L⁸ m. r. 259 ἀγῶνα a g H³ L⁴
Pal. R¹⁰ U² 266 sq. schol. Aristoph. Pac. 778 σημειοῦται ταῦτα
[sc. Pac. 778 sq.] ὁ Μόχθος πρὸς τοὺς ἀθετοῦντας τὴν ἐν Ὀδυσσεία
Ἄρεως καὶ Ἀφροδίτης μοιχείαν 267 φιλότητα Athen. 192 D
(φιλότητος unus cod.) Ho

αὐτὰρ ἐπεὶ δὴ πάντα δόλον περὶ δέμνια χεῦεν,
εἴσατ' ἴμεν ἐς Λῆμνον, ἐϋκτίμενον πτολίεθρον,
ἥ οἱ γαιάων πολὺ φιλτάτη ἐστὶν ἁπασέων.
οὐδ' ἀλαοσκοπιὴν εἶχε χρυσήνιος Ἄρης,   285
ὡς ἴδεν Ἥφαιστον κλυτοτέχνην νόσφι κιόντα·
βῆ δ' ἴμεναι πρὸς δῶμα περικλυτοῦ Ἡφαίστοιο,
ἰσχανόων φιλότητος ἐϋστεφάνου Κυθερείης.
ἡ δὲ νέον παρὰ πατρὸς ἐρισθενέος Κρονίωνος
ἐρχομένη κατ' ἄρ' ἔζεθ'· ὁ δ' εἴσω δώματος ᾔει,   290
ἔν τ' ἄρα οἱ φῦ χειρὶ ἔπος τ' ἔφατ' ἔκ τ' ὀνόμαζε·
  " Δεῦρο, φίλη, λέκτρονδε τραπείομεν εὐνηθέντες·
οὐ γὰρ ἔθ' Ἥφαιστος μεταδήμιος, ἀλλά που ἤδη
οἴχεται ἐς Λῆμνον μετὰ Σίντιας ἀγριοφώνους."
  Ὣς φάτο, τῇ δ' ἀσπαστὸν ἐείσατο κοιμηθῆναι.   295
τὼ δ' ἐς δέμνια βάντε κατέδραθον· ἀμφὶ δὲ δεσμοὶ
τεχνήεντες ἔχυντο πολύφρονος Ἡφαίστοιο,
οὐδέ τι κινῆσαι μελέων ἦν οὐδ' ἀναεῖραι.
καὶ τότε δὴ γίγνωσκον, ὅ τ' οὐκέτι φυκτὰ πέλοντο.
ἀγχίμολον δέ σφ' ἦλθε περικλυτὸς ἀμφιγυήεις,   300
αὖτις ὑποστρέψας, πρὶν Λήμνου γαῖαν ἱκέσθαι·
Ἥλιος γάρ οἱ σκοπιὴν ἔχεν εἶπέ τε μῦθον.
βῆ δ' ἴμεναι πρὸς δῶμα, φίλον τετιημένος ἦτορ·
ἔστη δ' ἐν προθύροισι, χόλος δέ μιν ἄγριος ᾕρει·
σμερδαλέον δ' ἐβόησε, γέγωνέ τε πᾶσι θεοῖσι·   305
  " Ζεῦ πάτερ ἠδ' ἄλλοι μάκαρες θεοὶ αἰὲν ἐόντες,
δεῦθ', ἵνα ἔργα γελαστὰ καὶ οὐκ ἐπιεκτὰ ἴδησθε,
ὡς ἐμὲ χωλὸν ἐόντα Διὸς θυγάτηρ Ἀφροδίτη
αἰὲν ἀτιμάζει, φιλέει δ' ἀΐδηλον Ἄρηα,
οὕνεχ' ὁ μὲν καλός τε καὶ ἀρτίπος, αὐτὰρ ἐγώ γε   310

284 ἔσκεν e f i j k : ἔπλετο q L⁴, γρ. p   286 νόσφιν ἐόντα L⁸
287 ἰέναι k s Eust.   288 ἰχανόων j formam testatur Choerobosc.
Orthogr. (An. Ox. ii. 222. 6), cf. Ψ 300   ἀφροδίτης L⁴ R¹⁰ U¹, γρ.
Pal.   292 γύναι a d H³ Pal. P¹   299 πέλοιτο (codd. πέλοι) Rhianus
   303 hab. d j r C P⁷ R⁷ al. : om. cet. (= β 298)   307 ἔργ' ἀγέλαστα
Ap. lex. in Ἀγέλαστα, γρ. Eust., interpr. schol.   ἴδητε a d j k P¹

ἠπεδανὸς γενόμην· ἀτὰρ οὔ τί μοι αἴτιος ἄλλος,
ἀλλὰ τοκῆε δύω, τὼ μὴ γείνασθαι ὄφελλον.
ἀλλ' ὄψεσθ', ἵνα τώ γε καθεύδετον ἐν φιλότητι,
εἰς ἐμὰ δέμνια βάντες· ἐγὼ δ' ὁρόων ἀκάχημαι.
οὐ μέν σφεας ἔτ' ἔολπα μίννυνθά γε κείεμεν οὕτω,   315
καὶ μάλα περ φιλέοντε· τάχ' οὐκ ἐθελήσετον ἄμφω
εὕδειν· ἀλλά σφωε δόλος καὶ δεσμὸς ἐρύξει,
εἰς ὅ κέ μοι μάλα πάντα πατὴρ ἀποδῷσιν ἔεδνα,
ὅσσα οἱ ἐγγυάλιξα κυνώπιδος εἵνεκα κούρης,
οὕνεκά οἱ καλὴ θυγάτηρ, ἀτὰρ οὐκ ἐχέθυμος."   320
    Ὥς ἔφαθ', οἱ δ' ἀγέροντο θεοὶ ποτὶ χαλκοβατὲς δῶ·
ἦλθε Ποσειδάων γαιήοχος, ἦλθ' ἐριούνης
Ἑρμείας, ἦλθεν δὲ ἄναξ ἑκάεργος Ἀπόλλων.
θηλύτεραι δὲ θεαὶ μένον αἰδοῖ οἴκοι ἑκάστη.
ἔσταν δ' ἐν προθύροισι θεοί, δωτῆρες ἑάων·   325
ἄσβεστος δ' ἄρ' ἐνῶρτο γέλως μακάρεσσι θεοῖσι
τέχνας εἰσορόωσι πολύφρονος Ἡφαίστοιο.
ὧδε δέ τις εἴπεσκεν ἰδὼν ἐς πλησίον ἄλλον·
    "Οὐκ ἀρετᾷ κακὰ ἔργα· κιχάνει τοι βραδὺς ὠκύν,
ὡς καὶ νῦν Ἥφαιστος ἐὼν βραδὺς εἷλεν Ἄρηα,   330
ὠκύτατόν περ ἐόντα θεῶν οἳ Ὄλυμπον ἔχουσι
χωλὸς ἐὼν τέχνῃσι· τὸ καὶ μοιχάγρι' ὀφέλλει."
    Ὥς οἱ μὲν τοιαῦτα πρὸς ἀλλήλους ἀγόρευον·
Ἑρμῆν δὲ προσέειπεν ἄναξ Διὸς υἱὸς Ἀπόλλων·
    "Ἑρμεία, Διὸς υἱέ, διάκτορε, δῶτορ ἑάων,   335
ἦ ῥά κεν ἐν δεσμοῖς ἐθέλοις κρατεροῖσι πιεσθεὶς
εὕδειν ἐν λέκτροισι παρὰ χρυσέῃ Ἀφροδίτῃ;"
    Τὸν δ' ἠμείβετ' ἔπειτα διάκτορος ἀργειφόντης·
"αἲ γὰρ τοῦτο γένοιτο, ἄναξ ἑκατηβόλ' Ἄπολλον.

312 ὄφειλον a coni. Nauck   315 κεισέμεν fi L⁸   318 ἀποδῶσιν
de L⁴ Eust. : ἀποδώσει cet.   321 ποτι] κατὰ L⁴ R⁰ T U²
324 θεοὶ H³ Pal.   325 εἰνὶ θύρῃσι a H³ M³ Pal. P¹ : ἐν γε θύρῃσι d :
δ' ἐν προθύροισι cet., cf. κ 220   329 ἀρετὰ a k L² M³ O P² Elias in
Ar. Cat. c. 8 (p. 225) interpr. schol. : ἀρετῇ R¹¹   332 ζωάγρι' Ath.
511 C   333–342 ἐν ἐνίοις ἀντιγράφοις οἱ δέκα στίχοι οὐ φέρονται
διὰ τὸ ἀπρέπειαν ἐμφαίνειν schol.

δεσμοὶ μὲν τρὶς τόσσοι ἀπείρονες ἀμφὶς ἔχοιεν,   340
ὑμεῖς δ' εἰσορόωτε θεοὶ πᾶσαί τε θέαιναι,
αὐτὰρ ἐγὼν εὕδοιμι παρὰ χρυσέῃ Ἀφροδίτῃ."

    Ὣς ἔφατ', ἐν δὲ γέλως ὦρτ' ἀθανάτοισι θεοῖσιν.
οὐδὲ Ποσειδάωνα γέλως ἔχε, λίσσετο δ' αἰεὶ
Ἥφαιστον κλυτοεργὸν ὅπως λύσειεν Ἄρηα·   345
καί μιν φωνήσας ἔπεα πτερόεντα προσηύδα·

    " Λῦσον· ἐγὼ δέ τοι αὐτὸν ὑπίσχομαι, ὡς σὺ κελεύεις,
τίσειν αἴσιμα πάντα μετ' ἀθανάτοισι θεοῖσι·"

    Τὸν δ' αὖτε προσέειπε περικλυτὸς ἀμφιγυήεις·
" μή με, Ποσείδαον γαιήοχε, ταῦτα κέλευε·   350
δειλαί τοι δειλῶν γε καὶ ἐγγύαι ἐγγυάασθαι.
πῶς ἂν ἐγώ σε δέοιμι μετ' ἀθανάτοισι θεοῖσιν,
εἴ κεν Ἄρης οἴχοιτο χρέος καὶ δεσμὸν ἀλύξας;"

    Τὸν δ' αὖτε προσέειπε Ποσειδάων ἐνοσίχθων·
"Ἥφαιστ', εἴ περ γάρ κεν Ἄρης χρεῖος ὑπαλύξας   355
οἴχηται φεύγων, αὐτός τοι ἐγὼ τάδε τίσω."

    Τὸν δ' ἠμείβετ' ἔπειτα περικλυτὸς ἀμφιγυήεις·
" οὐκ ἔστ' οὐδὲ ἔοικε τεὸν ἔπος ἀρνήσασθαι."

    Ὣς εἰπὼν δεσμὸν ἀνίει μένος Ἡφαίστοιο.
τὼ δ' ἐπεὶ ἐκ δεσμοῖο λύθεν, κρατεροῦ περ ἐόντος,   360
αὐτίκ' ἀναΐξαντε ὁ μὲν Θρήκηνδε βεβήκει,
ἡ δ' ἄρα Κύπρον ἵκανε φιλομμειδὴς Ἀφροδίτη,
ἐς Πάφον, ἔνθα τέ οἱ τέμενος βωμός τε θυήεις.
ἔνθα δέ μιν Χάριτες λοῦσαν καὶ χρῖσαν ἐλαίῳ
ἀμβρότῳ, οἷα θεοὺς ἐπενήνοθεν αἰὲν ἐόντας,   365
ἀμφὶ δὲ εἵματα ἕσσαν ἐπήρατα, θαῦμα ἰδέσθαι.

    Ταῦτ' ἄρ' ἀοιδὸς ἄειδε περικλυτός· αὐτὰρ Ὀδυσσεὺς
τέρπετ' ἐνὶ φρεσὶν ᾗσιν ἀκούων ἠδὲ καὶ ἄλλοι

340 ἀμφὶς] ἐντὸς a d M³ Pal. P¹   341 εἰσορόοιτε d e f
343 μακάρεσσι R¹⁰ U', γρ. H³   351 γε om. P⁶ R¹¹   352 σε
φέριστε μετ' ἀθ. δέοιμι f i   πῶς ἂν [σ'] εὐθύνοιμι Ar. sec. schol. et E. M.
256. 24   353 χρέως f j L⁸ T U⁸   355 χρείως vulg. (Ar. γ 367) :
χρεῖος a d e U⁸   ἀπαλύξας a   359 ita Ar. f C K L⁴ P¹ : δεσμῶν
cet.   362 ἵκανε] δ' ἧκε f (ἷκε W)   363 τε οἱ P⁶ Z : δέ οἱ cet.

Φαίηκες δολιχήρετμοι, ναυσίκλυτοι ἄνδρες.

Ἀλκίνοος δ᾽ Ἅλιον καὶ Λαοδάμαντα κέλευσε   370
μουνὰξ ὀρχήσασθαι, ἐπεί σφισιν οὔ τις ἔριζεν.
οἱ δ᾽ ἐπεὶ οὖν σφαῖραν καλὴν μετὰ χερσὶν ἕλοντο,
πορφυρέην, τήν σφιν Πόλυβος ποίησε δαΐφρων,
τὴν ἕτερος ῥίπτασκε ποτὶ νέφεα σκιόεντα
ἰδνωθεὶς ὀπίσω· ὁ δ᾽ ἀπὸ χθονὸς ὑψόσ᾽ ἀερθεὶς   375
ῥηϊδίως μεθέλεσκε, πάρος ποσὶν οὖδας ἱκέσθαι.
αὐτὰρ ἐπεὶ δὴ σφαίρῃ ἀν᾽ ἰθὺν πειρήσαντο,
ὀρχείσθην δὴ ἔπειτα ποτὶ χθονὶ πουλυβοτείρῃ
ταρφέ᾽ ἀμειβομένω· κοῦροι δ᾽ ἐπελήκεον ἄλλοι
ἑσταότες κατ᾽ ἀγῶνα, πολὺς δ᾽ ὑπὸ κόμπος ὀρώρει.   380
δὴ τότ᾽ ἄρ᾽ Ἀλκίνοον προσεφώνεε δῖος Ὀδυσσεύς·

" Ἀλκίνοε κρεῖον, πάντων ἀριδείκετε λαῶν,
ἠμὲν ἀπείλησας βητάρμονας εἶναι ἀρίστους,
ἠδ᾽ ἄρ᾽ ἑτοῖμα τέτυκτο· σέβας μ᾽ ἔχει εἰσορόωντα."

Ὣς φάτο, γήθησεν δ᾽ ἱερὸν μένος Ἀλκινόοιο.   385
αἶψα δὲ Φαιήκεσσι φιληρέτμοισι μετηύδα·

" Κέκλυτε, Φαιήκων ἡγήτορες ἠδὲ μέδοντες·
ὁ ξεῖνος μάλα μοι δοκέει πεπνυμένος εἶναι.
ἀλλ᾽ ἄγε οἱ δῶμεν ξεινήϊον, ὡς ἐπιεικές.
δώδεκα γὰρ κατὰ δῆμον ἀριπρεπέες βασιλῆες   390
ἀρχοὶ κραίνουσι, τρισκαιδέκατος δ᾽ ἐγὼ αὐτός·
τῶν οἱ ἕκαστος φᾶρος ἐϋπλυνὲς ἠδὲ χιτῶνα
καὶ χρυσοῖο τάλαντον ἐνείκατε τιμήεντος.
αἶψα δὲ πάντα φέρωμεν ἀολλέα, ὄφρ᾽ ἐνὶ χερσὶ
ξεῖνος ἔχων ἐπὶ δόρπον ἴῃ χαίρων ἐνὶ θυμῷ.   395
Εὐρύαλος δέ ἑ αὐτὸν ἀρεσσάσθω ἐπέεσσι

372 ἕλοντο] ἔχοντες **fg**   378 ὀρχείσθην codd. praeter **eg** C P⁷
U⁷ (ὠρ.), cf. **h** Apoll. 196   380 ἑσταότες seu -ῶτες vulg.:
ἐπτεῶτες Ar. Ω 701 : ἑστάντες P⁴, U⁷ corr.   δοῦπος **koq** v.l. ap.
Eust.   382 λαῶν] ἀνδρῶν U³, E.M. 142. 36   391 κρίνουσι
R¹⁰ T Plut. vit. Hom. ii. 182   392 φᾶρος ἕκαστος J ed. pr.
394 φερώμεθ᾽ **e**   ἀολλέες **egi** ed. pr.   396 ἓ αὐτὸν Ar. Herod.
dq: δέ μιν **k** M(³) U² : ἑαυτὸν vulg.

καὶ δώρῳ, ἐπεὶ οὔ τι ἔπος κατὰ μοῖραν ἔειπεν."

Ὣς ἔφαθ', οἱ δ' ἄρα πάντες ἐπήνεον ἠδ' ἐκέλευον,
δῶρα δ' ἄρ' οἰσέμεναι πρόεσαν κήρυκα ἕκαστος.
τὸν δ' αὖτ' Εὐρύαλος ἀπαμείβετο φώνησέν τε·   400
" 'Αλκίνοε κρεῖον, πάντων ἀριδείκετε λαῶν,
τοιγὰρ ἐγὼ τὸν ξεῖνον ἀρέσσομαι, ὡς σὺ κελεύεις.
δώσω οἱ τόδ' ἄορ παγχάλκεον, ᾧ ἔπι κώπη
ἀργυρέη, κολεὸν δὲ νεοπρίστου ἐλέφαντος
ἀμφιδεδίνηται· πολέος δέ οἱ ἄξιον ἔσται."   405
Ὣς εἰπὼν ἐν χερσὶ τίθει ξίφος ἀργυρόηλον,
καί μιν φωνήσας ἔπεα πτερόεντα προσηύδα·
" Χαῖρε, πάτερ ὦ ξεῖνε· ἔπος δ' εἴ πέρ τι βέβακται
δεινόν, ἄφαρ τὸ φέροιεν ἀναρπάξασαι ἄελλαι.
σοὶ δὲ θεοὶ ἄλοχόν τ' ἰδέειν καὶ πατρίδ' ἱκέσθαι   410
δοῖεν, ἐπεὶ δὴ δηθὰ φίλων ἄπο πήματα πάσχεις."
Τὸν δ' ἀπαμειβόμενος προσέφη πολύμητις Ὀδυσσεύς·
" καὶ σύ, φίλος, μάλα χαῖρε, θεοὶ δέ τοι ὄλβια δοῖεν,
μηδέ τί τοι ξίφεός γε ποθὴ μετόπισθε γένοιτο
τούτου, ὃ δή μοι δῶκας, ἀρεσσάμενος ἐπέεσσιν."   415
Ἦ ῥα καὶ ἀμφ' ὤμοισι θέτο ξίφος ἀργυρόηλον.
δύσετό τ' ἠέλιος, καὶ τῷ κλυτὰ δῶρα παρῆεν·
καὶ τά γ' ἐς 'Αλκινόοιο φέρον κήρυκες ἀγαυοί·
δεξάμενοι δ' ἄρα παῖδες ἀμύμονος 'Αλκινόοιο
μητρὶ παρ' αἰδοίῃ ἔθεσαν περικαλλέα δῶρα.   420
τοῖσιν δ' ἡγεμόνευ' ἱερὸν μένος 'Αλκινόοιο,
ἐλθόντες δὲ καθῖζον ἐν ὑψηλοῖσι θρόνοισι.
δή ῥα τότ' 'Αρήτην προσέφη μένος 'Αλκινόοιο·
" Δεῦρο, γύναι, φέρε χηλὸν ἀριπρεπέ', ἥ τις ἀρίστη·
ἐν δ' αὐτῇ θὲς φᾶρος ἐϋπλυνὲς ἠδὲ χιτῶνα.   425

401 κρείων **ajkp** H³ Pal.   404 κολεὸς **g** R³, γρ. **e** L² R¹⁷:
κουλεὸν R¹¹   408 λέλεκται Plut. quaest. Plat. 1010 B   410 τ'
ἰδέειν codd. em. Bentley, et sic ubique   412 ἠμείβετ' ἔπειτα
πολύτλας δῖος 'Οδ. **o** L⁴ M⁽³⁾ T U¹   419 ἀμύμονες L⁸, P⁵ ss.
422 δόμοισι **q** L⁴ M⁽³⁾ T   425 αὐτῇ **q** P³ P⁵ T U³ U⁸: αὐτῇ cet.
φᾶρος θὲς Z, cf. 392

ἀμφὶ δέ οἱ πυρὶ χαλκὸν ἰήνατε, θέρμετε δ' ὕδωρ,
ὄφρα λοεσσάμενός τε ἰδών τ' εὖ κείμενα πάντα
δῶρα, τά οἱ Φαίηκες ἀμύμονες ἐνθάδ' ἔνεικαν,
δαιτί τε τέρπηται καὶ ἀοιδῆς ὕμνον ἀκούων.
καί οἱ ἐγὼ τόδ' ἄλεισον ἐμὸν περικαλλὲς ὀπάσσω,   430
χρύσεον, ὄφρ' ἐμέθεν μεμνημένος ἤματα πάντα
σπένδῃ ἐνὶ μεγάρῳ Διί τ' ἄλλοισίν τε θεοῖσιν."
ᾩς ἔφατ', Ἀρήτη δὲ μετὰ δμωῇσιν ἔειπεν
ἀμφὶ πυρὶ στῆσαι τρίποδα μέγαν ὅττι τάχιστα.
αἱ δὲ λοετροχόον τρίποδ' ἔστασαν ἐν πυρὶ κηλέῳ,   435
ἐν δ' ἄρ' ὕδωρ ἔχεαν, ὑπὸ δὲ ξύλα δαῖον ἑλοῦσαι.
γάστρην μὲν τρίποδος πῦρ ἄμφεπε, θέρμετο δ' ὕδωρ.
τόφρα δ' ἄρ' Ἀρήτη ξείνῳ περικαλλέα χηλὸν
ἐξέφερεν θαλάμοιο, τίθει δ' ἐνὶ κάλλιμα δῶρα,
ἐσθῆτα χρυσόν τε, τά οἱ Φαίηκες ἔδωκαν·   440
ἐν δ' αὐτὴ φᾶρος θῆκεν καλόν τε χιτῶνα,
καί μιν φωνήσασ' ἔπεα πτερόεντα προσηύδα·
"Αὐτὸς νῦν ἴδε πῶμα, θοῶς δ' ἐπὶ δεσμὸν ἴηλον,
μή τίς τοι καθ' ὁδὸν δηλήσεται, ὁππότ' ἂν αὖτε
εὕδῃσθα γλυκὺν ὕπνον ἰὼν ἐν νηὶ μελαίνῃ."   445
Αὐτὰρ ἐπεὶ τό γ' ἄκουσε πολύτλας δῖος Ὀδυσσεύς,
αὐτίκ' ἐπήρτυε πῶμα, θοῶς δ' ἐπὶ δεσμὸν ἴηλε
ποικίλον, ὅν ποτέ μιν δέδαε φρεσὶ πότνια Κίρκη,
αὐτόθιον δ' ἄρα μιν ταμίη λούσασθαι ἀνώγει
ἔς ῥ' ἀσάμινθον βάνθ'· ὁ δ' ἄρ' ἀσπασίως ἴδε θυμῷ   450
θερμὰ λοέτρ', ἐπεὶ οὔ τι κομιζόμενός γε θάμιζεν,
ἐπεὶ δὴ λίπε δῶμα Καλυψοῦς ἠϋκόμοιο·
τόφρα δέ οἱ κομιδή γε θεῷ ὡς ἔμπεδος ἦεν.

426-429 post 432 transp. R¹ U⁵   430-432 om. U⁸ Z
432 μεγάροις a s : -οισι d   435, 436 om. Pal.   435 στῆσαν
τρίποδ' Ho N (ut coni. Grashof) : ἵστασαν codd. praeter K, cf. γ 182
σ 307   436 ἔχεαν j V⁴ Pal. m. rec., L⁷ marg. : ἔχεον q L⁴ U⁵ U⁸
al. : χεῦαν s K corr. leg. Eust. : ἔχευαν vulg.   437 γάστριν p
440 om. P¹   441 αὐτὴ c d g j L⁴ Pal. : αὐτῇ cet.   444 μεῦ'
f k p q : καθ' cet.   αυτός ǝ al.   451 κακιζόμενος Ap. lex. in v.
θάμιζεν   453 θεῶν s

τὸν δ' ἐπεὶ οὖν δμῳαὶ λοῦσαν καὶ χρῖσαν ἐλαίῳ,
ἀμφὶ δέ μιν χλαῖναν καλὴν βάλον ἠδὲ χιτῶνα,   455
ἔκ ῥ' ἀσαμίνθου βὰς ἄνδρας μέτα οἰνοποτῆρας
ἤϊε· Ναυσικάα δὲ θεῶν ἄπο κάλλος ἔχουσα
στῆ ῥα παρὰ σταθμὸν τέγεος πύκα ποιητοῖο,
θαύμαζεν δ' Ὀδυσῆα ἐν ὀφθαλμοῖσιν ὁρῶσα,
καί μιν φωνήσασ' ἔπεα πτερόεντα προσηύδα·   460
   "Χαῖρε, ξεῖν', ἵνα καί ποτ' ἐὼν ἐν πατρίδι γαίῃ
μνήσῃ ἐμεῖ', ὅτι μοι πρώτῃ ζωάγρι' ὀφέλλεις."
   Τὴν δ' ἀπαμειβόμενος προσέφη πολύμητις Ὀδυσσεύς·
"Ναυσικάα, θύγατερ μεγαλήτορος Ἀλκινόοιο,
οὕτω νῦν Ζεὺς θείη, ἐρίγδουπος πόσις Ἥρης,   465
οἴκαδέ τ' ἐλθέμεναι καὶ νόστιμον ἦμαρ ἰδέσθαι·
τῷ κέν τοι καὶ κεῖθι θεῷ ὣς εὐχετοῴμην
αἰεὶ ἤματα πάντα· σὺ γάρ μ' ἐβιώσαο, κούρη."
   Ἦ ῥα καὶ ἐς θρόνον ἷζε παρ' Ἀλκίνοον βασιλῆα.
οἱ δ' ἤδη μοίρας τ' ἔνεμον κερόωντό τε οἶνον.   470
κῆρυξ δ' ἐγγύθεν ἦλθεν ἄγων ἐρίηρον ἀοιδόν,
Δημόδοκον λαοῖσι τετιμένον· εἷσε δ' ἄρ' αὐτὸν
μέσσῳ δαιτυμόνων, πρὸς κίονα μακρὸν ἐρείσας.
δὴ τότε κήρυκα προσέφη πολύμητις Ὀδυσσεύς,
νώτου ἀποπροταμών, ἐπὶ δὲ πλεῖον ἐλέλειπτο,   475
ἀργιόδοντος ὑός, θαλερὴ δ' ἦν ἀμφὶς ἀλοιφή·
   "Κῆρυξ, τῇ δή, τοῦτο πόρε κρέας, ὄφρα φάγῃσι,
Δημοδόκῳ, καί μιν προσπτύξομαι, ἀχνύμενός περ.
πᾶσι γὰρ ἀνθρώποισιν ἐπιχθονίοισιν ἀοιδοὶ
τιμῆς ἔμμοροί εἰσι καὶ αἰδοῦς, οὕνεκ' ἄρα σφέας   480
οἴμας Μοῦσ' ἐδίδαξε, φίλησε δὲ φῦλον ἀοιδῶν."
   Ὣς ἄρ' ἔφη, κῆρυξ δὲ φέρων ἐν χερσὶν ἔθηκεν
ἥρῳ Δημοδόκῳ· ὁ δ' ἐδέξατο, χαῖρε δὲ θυμῷ.

---

459 ἐπεὶ ἴδεν ὀφθαλμοῖσιν Pal. marg.   462 ἐμεῦ P³, ut Bekker:
ἐμεῖ seu ἐμοῖ cet.   464 v. om. R⁹   θυγάτηρ g i j k p L⁴ Pal.
468 με βιόσσαο j H³ L⁴ Ap. lex. in v. : μ' ἐβίωσας R¹¹ Z
475 νώτου] αὐτοῦ d

οἱ δ' ἐπ' ὀνείαθ' ἑτοῖμα προκείμενα χεῖρας ἴαλλον.
αὐτὰρ ἐπεὶ πόσιος καὶ ἐδητύος ἐξ ἔρον ἕντο,   485
δὴ τότε Δημόδοκον προσέφη πολύμητις Ὀδυσσεύς·
   " Δημόδοκ', ἔξοχα δή σε βροτῶν αἰνίζομ' ἁπάντων·
ἢ σέ γε Μοῦσ' ἐδίδαξε, Διὸς πάϊς, ἢ σέ γ' Ἀπόλλων.
λίην γὰρ κατὰ κόσμον Ἀχαιῶν οἶτον ἀείδεις,
ὅσσ' ἔρξαν τ' ἔπαθόν τε καὶ ὅσσ' ἐμόγησαν Ἀχαιοί,   490
ὥς τέ που ἢ αὐτὸς παρεὼν ἢ ἄλλου ἀκούσας.
ἀλλ' ἄγε δὴ μετάβηθι καὶ ἵππου κόσμον ἄεισον
δουρατέου, τὸν Ἐπειὸς ἐποίησεν σὺν Ἀθήνῃ,
ὅν ποτ' ἐς ἀκρόπολιν δόλον ἤγαγε δῖος Ὀδυσσεύς,
ἀνδρῶν ἐμπλήσας οἳ Ἴλιον ἐξαλάπαξαν.   495
αἴ κεν δή μοι ταῦτα κατὰ μοῖραν καταλέξῃς,
αὐτίκ' ἐγὼ πᾶσιν μυθήσομαι ἀνθρώποισιν
ὡς ἄρα τοι πρόφρων θεὸς ὤπασε θέσπιν ἀοιδήν."

   Ὣς φάθ', ὁ δ' ὁρμηθεὶς θεοῦ ἄρχετο, φαῖνε δ' ἀοιδήν,
ἔνθεν ἑλὼν ὡς οἱ μὲν ἐϋσσέλμων ἐπὶ νηῶν   500
βάντες ἀπέπλειον, πῦρ ἐν κλισίῃσι βαλόντες,
Ἀργεῖοι, τοὶ δ' ἤδη ἀγακλυτὸν ἀμφ' Ὀδυσῆα
ἥατ' ἐνὶ Τρώων ἀγορῇ κεκαλυμμένοι ἵππῳ·
αὐτοὶ γάρ μιν Τρῶες ἐς ἀκρόπολιν ἐρύσαντο.
ὣς ὁ μὲν ἑστήκει, τοὶ δ' ἄκριτα πόλλ' ἀγόρευον   505
ἥμενοι ἀμφ' αὐτόν· τρίχα δέ σφισιν ἥνδανε βουλή,
ἠὲ διαπλῆξαι κοῖλον δόρυ νηλέϊ χαλκῷ,
ἢ κατὰ πετράων βαλέειν ἐρύσαντας ἐπ' ἄκρης,
ἢ ἐάαν μέγ' ἄγαλμα θεῶν θελκτήριον εἶναι,
τῇ περ δὴ καὶ ἔπειτα τελευτήσεσθαι ἔμελλεν·   510

491 ἤ] γρ. καὶ ᾖ . . . ἀντὶ τοῦ καθά schol.   περ ἐὼν g L⁴   492 ἄειδε
Ap. lex. in Ἄειδε   494 δόλῳ Aristoph. Ar. ₫   495 οἵ ῥ' codd.
   499 ἤρξατο o L⁴ P⁶ T U¹: ἤρχετο cet.   501 a ἢ κατὰ πετράων
βαλέειν ἐρύσαντας ἐπ' ἄκρας hab. q U⁷, γρ. H¹, om. cet. (ἀρ . . . γὸς marg.
U¹) = 508   506 ἄγχ' αὐτῶν ₫: ἄγχ' αἰτοῦ a H³ L² Pal., γρ. R¹⁷
   507 διαπλῆξαι Ar.: διατμῆξαι codd., cf. κ 440   508 ἄκρης
e f j k q Macrob. vi. 5. 4 leg. Eust.   509 ἢ ἐάαν ₫ Macrob. l. c.: ἠὲ
ἐᾶν vulg.   510 om. R⁷

αἶσα γὰρ ἦν ἀπολέσθαι, ἐπὴν πόλις ἀμφικαλύψῃ
δουράτεον μέγαν ἵππον, ὅθ᾽ ἥατο πάντες ἄριστοι
Ἀργείων Τρώεσσι φόνον καὶ κῆρα φέροντες.
ἤειδεν δ᾽ ὡς ἄστυ διέπραθον υἷες Ἀχαιῶν
ἱππόθεν ἐκχύμενοι, κοῖλον λόχον ἐκπρολιπόντες.   515
ἄλλον δ᾽ ἄλλῃ ἄειδε πόλιν κεραϊζέμεν αἰπήν,
αὐτὰρ Ὀδυσσῆα προτὶ δώματα Δηϊφόβοιο
βήμεναι, ἠΰτ᾽ Ἄρηα, σὺν ἀντιθέῳ Μενελάῳ.
κεῖθι δὴ αἰνότατον πόλεμον φάτο τολμήσαντα
νικῆσαι καὶ ἔπειτα διὰ μεγάθυμον Ἀθήνην.   520
    Ταῦτ᾽ ἄρ᾽ ἀοιδὸς ἄειδε περικλυτός· αὐτὰρ Ὀδυσσεὺς
τήκετο, δάκρυ δ᾽ ἔδευεν ὑπὸ βλεφάροισι παρειάς.
ὡς δὲ γυνὴ κλαίῃσι φίλον πόσιν ἀμφιπεσοῦσα,
ὅς τε ἑῆς πρόσθεν πόλιος λαῶν τε πέσῃσιν,
ἄστεϊ καὶ τεκέεσσιν ἀμύνων νηλεὲς ἦμαρ·   525
ἡ μὲν τὸν θνῄσκοντα καὶ ἀσπαίροντα ἰδοῦσα
ἀμφ᾽ αὐτῷ χυμένη λίγα κωκύει· οἱ δέ τ᾽ ὄπισθε
κόπτοντες δούρεσσι μετάφρενον ἠδὲ καὶ ὤμους
εἴρερον εἰσανάγουσι, πόνον τ᾽ ἐχέμεν καὶ ὀϊζύν·
τῆς δ᾽ ἐλεεινοτάτῳ ἄχεϊ φθινύθουσι παρειαί·   530
ὣς Ὀδυσεὺς ἐλεεινὸν ὑπ᾽ ὀφρύσι δάκρυον εἶβεν.
ἔνθ᾽ ἄλλους μὲν πάντας ἐλάνθανε δάκρυα λείβων,
Ἀλκίνοος δέ μιν οἶος ἐπεφράσατ᾽ ἠδ᾽ ἐνόησεν,
ἥμενος ἄγχ᾽ αὐτοῦ, βαρὺ δὲ στενάχοντος ἄκουσεν.
αἶψα δὲ Φαιήκεσσι φιληρέτμοισι μετηύδα·   535
    "Κέκλυτε, Φαιήκων ἡγήτορες ἠδὲ μέδοντες,
Δημόδοκος δ᾽ ἤδη σχεθέτω φόρμιγγα λίγειαν·
οὐ γάρ πως πάντεσσι χαριζόμενος τάδ᾽ ἀείδει.
ἐξ οὗ δορπέομέν τε καὶ ὤρορε θεῖος ἀοιδός,

513 ἀργείων j k q : ἀργεῖοι cet.   524 πρόσθεν a b d H³ P¹ : προ-
πάροιθε cet.   525 ἄστει καὶ ὤρεσσιν Callistratus   526 ita Pal.
Z ut Bentl.: ἀσπαίροντ᾽ ἐσιδοῦσα codd. (ἐπιδοῦσα L⁵)   529 ἵρερον
Ap. lex. in lemm. (γρ. δὲ καὶ διὰ τοῦ ε καὶ διὰ τοῦ ι) : invenitur et in
littera Ει   539 ὤρετο z o

ἐκ τοῦδ' οὔ πω παύσατ' ὀϊζυροῖο γόοιο   540
ὁ ξεῖνος· μάλα πού μιν ἄχος φρένας ἀμφιβέβηκεν.
ἀλλ' ἄγ' ὁ μὲν σχεθέτω, ἵν' ὁμῶς τερπώμεθα πάντες
ξεινοδόκοι καὶ ξεῖνος, ἐπεὶ πολὺ κάλλιον οὕτως·
εἵνεκα γὰρ ξείνοιο τάδ' αἰδοίοιο τέτυκται,
πομπὴ καὶ φίλα δῶρα, τά οἱ δίδομεν φιλέοντες.   545
ἀντὶ κασιγνήτου ξεῖνός θ' ἱκέτης τε τέτυκται
ἀνέρι, ὅς τ' ὀλίγον περ ἐπιψαύῃ πραπίδεσσι.
τῷ νῦν μηδὲ σὺ κεῦθε νοήμασι κερδαλέοισιν
ὅττι κέ σ' εἴρωμαι· φάσθαι δέ σε κάλλιόν ἐστιν.
εἴπ' ὄνομ' ὅττι σε κεῖθι κάλεον μήτηρ τε πατήρ τε, 550
ἄλλοι θ' οἳ κατὰ ἄστυ καὶ οἳ περιναιετάουσιν.
οὐ μὲν γάρ τις πάμπαν ἀνώνυμός ἐστ' ἀνθρώπων,
οὐ κακὸς οὐδὲ μὲν ἐσθλός, ἐπὴν τὰ πρῶτα γένηται,
ἀλλ' ἐπὶ πᾶσι τίθενται, ἐπεί κε τέκωσι, τοκῆες.
εἰπὲ δέ μοι γαῖάν τε τεὴν δῆμόν τε πόλιν τε,   555
ὄφρα σε τῇ πέμπωσι τιτυσκόμεναι φρεσὶ νῆες.
οὐ γὰρ Φαιήκεσσι κυβερνητῆρες ἔασιν,
οὐδέ τι πηδάλι' ἐστί, τά τ' ἄλλαι νῆες ἔχουσιν·
ἀλλ' αὐταὶ ἴσασι νοήματα καὶ φρένας ἀνδρῶν,
καὶ πάντων ἴσασι πόλιας καὶ πίονας ἀγροὺς   560
ἀνθρώπων, καὶ λαῖτμα τάχισθ' ἁλὸς ἐκπερόωσιν
ἠέρι καὶ νεφέλῃ κεκαλυμμέναι· οὐδέ ποτέ σφιν
οὔτε τι πημανθῆναι ἔπι δέος οὔτ' ἀπολέσθαι.
ἀλλὰ τόδ' ὥς ποτε πατρὸς ἐγὼν εἰπόντος ἄκουσα
Ναυσιθόου, ὃς ἔφασκε Ποσειδάων' ἀγάσεσθαι   565
ἡμῖν, οὕνεκα πομποὶ ἀπήμονές εἰμεν ἁπάντων.
φῆ ποτὲ Φαιήκων ἀνδρῶν εὐεργέα νῆα

541 μέγα ej   556 πέμψωσι a L⁴ L⁸ Pal.   564–571 ἀθετοῦνται·
ὁ κειότερον γὰρ ἐν τοῖς ἑξῆς [ν 173 sqq.] schol. σημείωσαι δὲ καὶ ὅτι
ἐνταῦθα μὲν τὸ κατὰ τὸν χρησμὸν χωρίον ὀβελίσκους ἔχει μετὰ ἀστερίσκων
Eust. (cf. 1627. 39, 1803. 4. 1853. 1): ad vs. 564, 565, 566, 567
asteriscos circumpunctos et obelos app. U⁵, ad 564–571 ast. circump.
H¹ m. 2 (fort. ex Eust.)   565 ita Ar. L⁴ P⁵ R⁷ V⁷, Br ss. : -ασθαι
vulg.   566 ἀμύμονές d P¹   567 περικαλλέα efik

ἐκ πομπῆς ἀνιοῦσαν ἐν ἠεροειδέϊ πόντῳ
ῥαίσεσθαι, μέγα δ' ἧμιν ὄρος πόλει ἀμφικαλύψειν.
ὣς ἀγόρευ' ὁ γέρων· τὰ δέ κεν θεὸς ἢ τελέσειεν,   570
ἤ κ' ἀτέλεστ' εἴη, ὥς οἱ φίλον ἔπλετο θυμῷ.
ἀλλ' ἄγε μοι τόδε εἰπὲ καὶ ἀτρεκέως κατάλεξον,
ὅππῃ ἀπεπλάγχθης τε καὶ ἅς τινας ἵκεο χώρας
ἀνθρώπων, αὐτούς τε πόλιάς τ' εὖ ναιεταούσας,
ἠμὲν ὅσοι χαλεποί τε καὶ ἄγριοι οὐδὲ δίκαιοι,   575
οἵ τε φιλόξεινοι καί σφιν νόος ἐστὶ θεουδής.
εἰπὲ δ' ὅ τι κλαίεις καὶ ὀδύρεαι ἔνδοθι θυμῷ
Ἀργείων Δαναῶν ἰδὲ Ἰλίου οἶτον ἀκούων.
τὸν δὲ θεοὶ μὲν τεῦξαν, ἐπεκλώσαντο δ' ὄλεθρον
ἀνθρώποις, ἵνα ᾖσι καὶ ἐσσομένοισιν ἀοιδή.   580
ἦ τίς τοι καὶ πηὸς ἀπέφθιτο Ἰλιόθι πρὸ
ἐσθλὸς ἐών, γαμβρὸς ἢ πενθερός, οἵ τε μάλιστα
κήδιστοι τελέθουσι μεθ' αἷμά τε καὶ γένος αὐτῶν;
ἦ τίς που καὶ ἑταῖρος ἀνὴρ κεχαρισμένα εἰδώς,
ἐσθλός; ἐπεὶ οὐ μέν τι κασιγνήτοιο χερείων   585
γίγνεται ὅς κεν ἑταῖρος ἐὼν πεπνυμένα εἰδῇ."

569 ῥαίσεσθαι i Pᵒ R¹⁷ U² : -ασθαι R¹⁰ : ῥαισέμεναι cet.   571 τὸ
εἴη ἀντὶ τοῦ ἐάσει schol. : ἐάῃ Bentley : ἐάοι Nauck   574 πόλιάς
e q L⁴ T W : -εις cet.   νιιετάοντας C P⁵ U⁷   578 ἠδ' codd. em.
Bentley : ἢ Pal.   580 ἀνθρώποισιν ἅπασι καὶ ἐσσομένοισιν ἀοιδήν g
581 ἀπώλετο g P⁷ U⁷   583 κηδεστοὶ s   ἀνδρῶν a e f g i k
584 τίς που a d g j H³ : πού τις cet.

Τὸν δ' ἀπαμειβόμενος προσέφη πολύμητις Ὀδυσσεύς·
" Ἀλκίνοε κρεῖον, πάντων ἀριδείκετε λαῶν,
ἦ τοι μὲν τόδε καλὸν ἀκουέμεν ἐστὶν ἀοιδοῦ
τοιοῦδ' οἷος ὅδ' ἐστί, θεοῖς ἐναλίγκιος αὐδήν.
οὐ γὰρ ἐγώ γέ τί φημι τέλος χαριέστερον εἶναι   5
ἢ ὅτ' ἐϋφροσύνη μὲν ἔχῃ κατὰ δῆμον ἅπαντα,
δαιτυμόνες δ' ἀνὰ δώματ' ἀκουάζωνται ἀοιδοῦ
ἥμενοι ἑξείης, παρὰ δὲ πλήθωσι τράπεζαι
σίτου καὶ κρειῶν, μέθυ δ' ἐκ κρητῆρος ἀφύσσων
οἰνοχόος φορέῃσι καὶ ἐγχείῃ δεπάεσσι·   10
τοῦτό τί μοι κάλλιστον ἐνὶ φρεσὶν εἴδεται εἶναι.
σοὶ δ' ἐμὰ κήδεα θυμὸς ἐπετράπετο στονόεντα
εἴρεσθ', ὄφρ' ἔτι μᾶλλον ὀδυρόμενος στεναχίζω·
τί πρῶτόν τοι ἔπειτα, τί δ' ὑστάτιον καταλέξω;
κήδε' ἐπεί μοι πολλὰ δόσαν θεοὶ οὐρανίωνες.   15
νῦν δ' ὄνομα πρῶτον μυθήσομαι, ὄφρα καὶ ὑμεῖς
εἴδετ', ἐγὼ δ' ἂν ἔπειτα φυγὼν ὕπο νηλεὲς ἦμαρ
ὑμῖν ξεῖνος ἔω καὶ ἀπόπροθι δώματα ναίων.
εἴμ' Ὀδυσεὺς Λαερτιάδης, ὃς πᾶσι δόλοισιν
ἀνθρώποισι μέλω, καί μευ κλέος οὐρανὸν ἵκει.   20
ναιετάω δ' Ἰθάκην εὐδείελον· ἐν δ' ὄρος αὐτῇ,
Νήριτον εἰνοσίφυλλον ἀριπρεπές· ἀμφὶ δὲ νῆσοι

Ἀλκίνου ἀπόλογοι. Κυκλώπεια Aelianus   4 αυδη lapis ap. Strab.
648, cf. α 371   5–8 damn. nonnulli ap. sch. om. M⁴ qui in summa
pagina add. una cum uncino simplici (non vero obelis): in R⁸ uncinus
fort. obscuratus est   6 ἢ ὅταν k L⁸ K R¹ R⁸ T: ὁππόταν Certamen
79   κακότητος ἀπούσης Eratosth. ap. Ath. 16 D (γεγράφθαι φησίν),
ἁπάσης cit. Eust.   9 δὲ κρητῆρος f i j k   10 παρέχῃσι Ath. 513 B:
προχέῃσι Max. Tyr. vii. 3   14 εἴπω ἔπειτα d: τὶ εἴπω ἔπειτα Br P¹
(τοι) Ü⁷ corr.: ἔπειτα om. q (γρ. εἴπω R¹⁷ marg. R¹⁰)   20 ἥκει a c d
     22 νήιον Crates, Philox., cf. α 186 γ 81. Νήιον· ὄρος Ἰθάκης, ἀφ' οὗ
κατὰ Κράτητα αἱ Νηιάδες Steph. Byz.: Νήριτον ἢ Νήιον Ἰθακήσιον ὄρος
Eust. 1738. 58

πολλαὶ ναιετάουσι μάλα σχεδὸν ἀλλήλῃσι,
Δουλίχιόν τε Σάμη τε καὶ ὑλήεσσα Ζάκυνθος.
αὐτὴ δὲ χθαμαλὴ πανυπερτάτη εἰν ἁλὶ κεῖται   25
πρὸς ζόφον, αἱ δέ τ' ἄνευθε πρὸς ἠῶ τ' ἠέλιόν τε,
τρηχεῖ', ἀλλ' ἀγαθὴ κουροτρόφος· οὔ τοι ἐγώ γε
ἧς γαίης δύναμαι γλυκερώτερον ἄλλο ἰδέσθαι.
ἦ μέν μ' αὐτόθ' ἔρυκε Καλυψώ, δῖα θεάων,
ἐν σπέσσι γλαφυροῖσι, λιλαιομένη πόσιν εἶναι·   30
ὣς δ' αὔτως Κίρκη κατερήτυεν ἐν μεγάροισιν
Αἰαίη δολόεσσα, λιλαιομένη πόσιν εἶναι.
ἀλλ' ἐμὸν οὔ ποτε θυμὸν ἐνὶ στήθεσσιν ἔπειθεν.
ὡς οὐδὲν γλύκιον ἧς πατρίδος οὐδὲ τοκήων
γίγνεται, εἴ περ καί τις ἀπόπροθι πίονα οἶκον   35
γαίῃ ἐν ἀλλοδαπῇ ναίει ἀπάνευθε τοκήων.
εἰ δ' ἄγε τοι καὶ νόστον ἐμὸν πολυκηδέ' ἐνίσπω,
ὅν μοι Ζεὺς ἐφέηκεν ἀπὸ Τροίηθεν ἰόντι.

   Ἰλιόθεν με φέρων ἄνεμος Κικόνεσσι πέλασσεν,
Ἰσμάρῳ· ἔνθα δ' ἐγὼ πόλιν ἔπραθον, ὤλεσα δ' αὐτούς·   40
ἐκ πόλιος δ' ἀλόχους καὶ κτήματα πολλὰ λαβόντες
δασσάμεθ', ὡς μή τίς μοι ἀτεμβόμενος κίοι ἴσης.
ἔνθ' ἦ τοι μὲν ἐγὼ διερῷ ποδὶ φευγέμεν ἡμέας
ἠνώγεα, τοὶ δὲ μέγα νήπιοι οὐκ ἐπίθοντο.
ἔνθα δὲ πολλὸν μὲν μέθυ πίνετο, πολλὰ δὲ μῆλα   45
ἔσφαζον παρὰ θῖνα καὶ εἰλίποδας ἕλικας βοῦς.
τόφρα δ' ἄρ' οἰχόμενοι Κίκονες Κικόνεσσι γεγώνευν,
οἵ σφιν γείτονες ἦσαν ἅμα πλέονες καὶ ἀρείους,
ἤπειρον ναίοντες, ἐπιστάμενοι μὲν ἀφ' ἵππων
ἀνδράσι μάρνασθαι καὶ ὅθι χρὴ πεζὸν ἐόντα.   50
ἦλθον ἔπειθ' ὅσα φύλλα καὶ ἄνθεα γίγνεται ὥρῃ,

24 σάμος k, cf. Apollodorum ad α 246 π 249   30 hab. o Br
C P¹ U⁴, marg. R⁴ R⁸ R¹¹, post 33 hab. M⁴   31 ὡσαύτως f g k M²
33 ἔπειθον b d f P¹ ed. pr.   33, 33 a (= 30), 34 uncino
circumscr. M⁴ (voluit utique 34–36)   37 ἐνίψω f i k p, cf. π 417
48 ἦσαν] ἔσσαν O P¹ U⁴   51 ὥρῃ] ἦρος j T U², R¹⁰ ss., fort. U³,
Eust., cf. Z 148 ἔαρος δ' ἐπιγίγνεται ὥρῃ

9. ΟΔΥΣΣΕΙΑΣ Ι

ἠέριοι· τότε δή ῥα κακὴ Διὸς αἶσα παρέστη
ἡμῖν αἰνομόροισιν, ἵν' ἄλγεα πολλὰ πάθοιμεν.
στησάμενοι δ' ἐμάχοντο μάχην παρὰ νηυσὶ θοῇσι,
βάλλον δ' ἀλλήλους χαλκήρεσιν ἐγχείῃσιν.   55
ὄφρα μὲν ἠὼς ἦν καὶ ἀέξετο ἱερὸν ἦμαρ,
τόφρα δ' ἀλεξόμενοι μένομεν πλέονάς περ ἐόντας·
ἦμος δ' ἠέλιος μετενίσσετο βουλυτόνδε,
καὶ τότε δὴ Κίκονες κλῖναν δαμάσαντες Ἀχαιούς.
ἓξ δ' ἀφ' ἑκάστης νηὸς ἐϋκνήμιδες ἑταῖροι   60
ὤλονθ'· οἱ δ' ἄλλοι φύγομεν θάνατόν τε μόρον τε.

Ἔνθεν δὲ προτέρω πλέομεν ἀκαχήμενοι ἦτορ,
ἄσμενοι ἐκ θανάτοιο, φίλους ὀλέσαντες ἑταίρους.
οὐδ' ἄρα μοι προτέρω νῆες κίον ἀμφιέλισσαι,
πρίν τινα τῶν δειλῶν ἑτάρων τρὶς ἕκαστον ἀῦσαι,   65
οἳ θάνον ἐν πεδίῳ Κικόνων ὕπο δῃωθέντες.
νηυσὶ δ' ἐπῶρσ' ἄνεμον Βορέην νεφεληγερέτα Ζεὺς
λαίλαπι θεσπεσίῃ, σὺν δὲ νεφέεσσι κάλυψε
γαῖαν ὁμοῦ καὶ πόντον· ὀρώρει δ' οὐρανόθεν νύξ.
αἱ μὲν ἔπειτ' ἐφέροντ' ἐπικάρσιαι, ἱστία δέ σφιν   70
τριχθά τε καὶ τετραχθὰ διέσχισεν ἲς ἀνέμοιο.
καὶ τὰ μὲν ἐς νῆας κάθεμεν, δείσαντες ὄλεθρον,
αὐτὰς δ' ἐσσυμένως προερέσσαμεν ἤπειρόνδε.
ἔνθα δύω νύκτας δύο τ' ἤματα συνεχὲς αἰεὶ
κείμεθ', ὁμοῦ καμάτῳ τε καὶ ἄλγεσι θυμὸν ἔδοντες.   75
ἀλλ' ὅτε δὴ τρίτον ἦμαρ ἐϋπλόκαμος τέλεσ' ἠώς,
ἱστοὺς στησάμενοι ἀνά θ' ἱστία λεύκ' ἐρύσαντες
ἥμεθα· τὰς δ' ἄνεμός τε κυβερνῆταί τ' ἴθυνον.
καί νύ κεν ἀσκηθὴς ἱκόμην ἐς πατρίδα γαῖαν,
ἀλλά με κῦμα ῥόος τε περιγνάμπτοντα Μάλειαν   80
καὶ Βορέης ἀπέωσε, παρέπλαγξεν δὲ Κυθήρων.

60 ἐμοὶ ἐρίηρες ἑταῖροι, γρ. U⁵   63 δαμάσαντες Br U¹   73 πρυ-
ερέσσαμεν Ar d l: προερύσσαμεν cet., cf. ν 279 ο 497   74 συννεχὲς
J P³ (ἐτόλμησ᾽ ἔν τινες . . . διπλῶσαι τὸ ἀμετάβολον Eust.)   79 ἀσκηθεὶς,
cf. ε 26   81 κυθήροις a

Ἔνθεν δ' ἐννῆμαρ φερόμην ὀλοοῖς ἀνέμοισι
πόντον ἐπ' ἰχθυόεντα· ἀτὰρ δεκάτῃ ἐπέβημεν
γαίης Λωτοφάγων, οἵ τ' ἄνθινον εἶδαρ ἔδουσιν.
ἔνθα δ' ἐπ' ἠπείρου βῆμεν καὶ ἀφυσσάμεθ' ὕδωρ,   85
αἶψα δὲ δεῖπνον ἕλοντο θοῆς παρὰ νηυσὶν ἑταῖροι.
αὐτὰρ ἐπεὶ σίτοιό τ' ἐπασσάμεθ' ἠδὲ ποτῆτος,
δὴ τότ' ἐγὼν ἑτάρους προΐειν πεύθεσθαι ἰόντας
οἵ τινες ἀνέρες εἶεν ἐπὶ χθονὶ σῖτον ἔδοντες,
ἄνδρε δύω κρίνας, τρίτατον κῆρυχ' ἅμ' ὀπάσσας.   90
οἱ δ' αἶψ' οἰχόμενοι μίγεν ἀνδράσι Λωτοφάγοισιν·
οὐδ' ἄρα Λωτοφάγοι μήδονθ' ἑτάροισιν ὄλεθρον
ἡμετέροις, ἀλλά σφι δόσαν λωτοῖο πάσασθαι.
τῶν δ' ὅς τις λωτοῖο φάγοι μελιηδέα καρπόν,
οὐκέτ' ἀπαγγεῖλαι πάλιν ἤθελεν οὐδὲ νέεσθαι,   95
ἀλλ' αὐτοῦ βούλοντο μετ' ἀνδράσι Λωτοφάγοισι
λωτὸν ἐρεπτόμενοι μενέμεν νόστου τε λαθέσθαι.
τοὺς μὲν ἐγὼν ἐπὶ νῆας ἄγον κλαίοντας ἀνάγκῃ,
νηυσὶ δ' ἐνὶ γλαφυρῇσιν ὑπὸ ζυγὰ δῆσα ἐρύσσας.
αὐτὰρ τοὺς ἄλλους κελόμην ἐρίηρας ἑταίρους   100
σπερχομένους νηῶν ἐπιβαινέμεν ὠκειάων,
μή πώς τις λωτοῖο φαγὼν νόστοιο λάθηται.
οἱ δ' αἶψ' εἴσβαινον καὶ ἐπὶ κληῖσι καθῖζον,
ἑξῆς δ' ἑζόμενοι πολιὴν ἅλα τύπτον ἐρετμοῖς.
Ἔνθεν δὲ προτέρω πλέομεν ἀκαχήμενοι ἦτορ.   105
Κυκλώπων δ' ἐς γαῖαν ὑπερφιάλων ἀθεμίστων
ἱκόμεθ', οἵ ῥα θεοῖσι πεποιθότες ἀθανάτοισιν
οὔτε φυτεύουσιν χερσὶν φυτὸν οὔτ' ἀρόωσιν,
ἀλλὰ τά γ' ἄσπαρτα καὶ ἀνήροτα πάντα φύονται,
πυροὶ καὶ κριθαὶ ἠδ' ἄμπελοι, αἵ τε φέρουσιν   110
οἶνον ἐρισταφυλον, καί σφιν Διὸς ὄμβρος ἀέξει.
τοῖσιν δ' οὔτ' ἀγοραὶ βουληφόροι οὔτε θέμιστες,

88 προίην L.ˣ Pˊ R¹⁰ U¹ U² U⁸ Eust.   89 om. a d P¹   89 an'e
90 hab. c j Br C M Pal. : 90 ante 89 cet.   99 ἐνὶ | ἐπὶ a e f i k : ὑπὸ
L⁵ L⁸ M⁽³⁾ R¹⁰ T U²   102 πω e i C L¹ Mon. Pˊ   103 ἔμβαινον d

ἀλλ' οἵ γ' ὑψηλῶν ὀρέων ναίουσι κάρηνα
ἐν σπέσσι γλαφυροῖσι, θεμιστεύει δὲ ἕκαστος
παίδων ἠδ' ἀλόχων, οὐδ' ἀλλήλων ἀλέγουσι.   115
Νῆσος ἔπειτα λάχεια παρὲκ λιμένος τετάνυσται
γαίης Κυκλώπων οὔτε σχεδὸν οὔτ' ἀποτηλοῦ,
ὑλήεσσ'· ἐν δ' αἶγες ἀπειρέσιαι γεγάασιν
ἄγριαι· οὐ μὲν γὰρ πάτος ἀνθρώπων ἀπερύκει,
οὐδέ μιν εἰσοιχνεῦσι κυνηγέται, οἵ τε καθ' ὕλην   120
ἄλγεα πάσχουσιν κορυφὰς ὀρέων ἐφέποντες.
οὔτ' ἄρα ποίμνῃσιν καταΐσχεται οὔτ' ἀρότοισιν,
ἀλλ' ἥ γ' ἄσπαρτος καὶ ἀνήροτος ἤματα πάντα
ἀνδρῶν χηρεύει, βόσκει δέ τε μηκάδας αἶγας.
οὐ γὰρ Κυκλώπεσσι νέες πάρα μιλτοπάρῃοι,   125
οὐδ' ἄνδρες νηῶν ἔνι τέκτονες, οἵ κε κάμοιεν
νῆας ἐϋσσέλμους, αἵ κεν τελέοιεν ἕκαστα
ἄστε' ἐπ' ἀνθρώπων ἱκνεύμεναι, οἷά τε πολλὰ
ἄνδρες ἐπ' ἀλλήλους νηυσὶν περόωσι θάλασσαν·
οἵ κέ σφιν καὶ νῆσον ἐϋκτιμένην ἐκάμοντο.   130
οὐ μὲν γάρ τι κακή γε, φέροι δέ κεν ὥρια πάντα·
ἐν μὲν γὰρ λειμῶνες ἁλὸς πολιοῖο παρ' ὄχθας
ὑδρηλοὶ μαλακοί· μάλα κ' ἄφθιτοι ἄμπελοι εἶεν.
ἐν δ' ἄροσις λείη· μάλα κεν βαθὺ λήϊον αἰεὶ
εἰς ὥρας ἀμῷεν, ἐπεὶ μάλα πῖαρ ὑπ' οὖδας.   135
ἐν δὲ λιμὴν εὔορμος, ἵν' οὐ χρεὼ πείσματός ἐστιν,
οὔτ' εὐνὰς βαλέειν οὔτε πρυμνήσι' ἀνάψαι,
ἀλλ' ἐπικέλσαντας μεῖναι χρόνον εἰς ὅ κε ναυτέων
θυμὸς ἐποτρύνῃ καὶ ἐπιπνεύσωσιν ἀῆται.

114 σπέεσι d, cf. ψ 335   115 ἀλόχου Aristoteles Eth. Nic.
1180 A 29   116 ἐλάχεια Zen.: ἀλάχεια o: Λάχεια quidam ap.
Eust., Λέχεια Polybius Sardus in Rhet. graec. viii. 616. 5 pro loci
nomine habuere, cf. κ 509   118 πολλαὶ add. ne versus brevior
videretur 1 Br, pro correctione R⁴, cf H 372 γ 155   120 εἰς
ἰχνεῦσι P⁶ : -οι- in ras. Br   129 ἀλλήλοις d C P¹   134 τάχα
v.l. ap. Eust.   εἴη e   138 εἰς ὅ κεν αὐτέων a L⁴ M⁴ U¹ : αὐτῶν
g Pal. P⁵ : αὖτε d q ut coni. Bentley

αὐτὰρ ἐπὶ κρατὸς λιμένος ῥέει ἀγλαὸν ὕδωρ,   140
κρήνη ὑπὸ σπείους· περὶ δ' αἴγειροι πεφύασιν.
ἔνθα κατεπλέομεν, καί τις θεὸς ἡγεμόνευε
νύκτα δι' ὀρφναίην, οὐδὲ προὐφαίνετ' ἰδέσθαι·
ἀὴρ γὰρ περὶ νηυσὶ βαθεῖ' ἦν, οὐδὲ σελήνη
οὐρανόθεν προὔφαινε, κατείχετο δὲ νεφέεσσιν.   145
ἔνθ' οὔ τις τὴν νῆσον ἐσέδρακεν ὀφθαλμοῖσιν·
οὐδ' οὖν κύματα μακρὰ κυλινδόμενα προτὶ χέρσον
ἐσίδομεν, πρὶν νῆας ἐϋσσέλμους ἐπικέλσαι.
κελσάσῃσι δὲ νηυσὶ καθείλομεν ἱστία πάντα,
ἐκ δὲ καὶ αὐτοὶ βῆμεν ἐπὶ ῥηγμῖνι θαλάσσης·   150
ἔνθα δ' ἀποβρίξαντες ἐμείναμεν Ἠῶ δῖαν.

Ἦμος δ' ἠριγένεια φάνη ῥοδοδάκτυλος Ἠώς,
νῆσον θαυμάζοντες ἐδινεόμεσθα κατ' αὐτήν.
ὦρσαν δὲ νύμφαι, κοῦραι Διὸς αἰγιόχοιο,
αἶγας ὀρεσκῴους, ἵνα δειπνήσειαν ἑταῖροι.   155
αὐτίκα καμπύλα τόξα καὶ αἰγανέας δολιχαύλους
εἱλόμεθ' ἐκ νηῶν, διὰ δὲ τρίχα κοσμηθέντες
βάλλομεν· αἶψα δ' ἔδωκε θεὸς μενοεικέα θήρην.
νῆες μέν μοι ἕποντο δυώδεκα, ἐς δὲ ἑκάστην
ἐννέα λάγχανον αἶγες· ἐμοὶ δὲ δέκ' ἔξελον οἴῳ.   160
ὣς τότε μὲν πρόπαν ἦμαρ ἐς ἠέλιον καταδύντα
ἥμεθα δαινύμενοι κρέα τ' ἄσπετα καὶ μέθυ ἡδύ.
οὐ γάρ πω νηῶν ἐξέφθιτο οἶνος ἐρυθρός,
ἀλλ' ἐνέην· πολλὸν γὰρ ἐν ἀμφιφορεῦσιν ἕκαστοι
ἠφύσαμεν Κικόνων ἱερὸν πτολίεθρον ἑλόντες.   165
Κυκλώπων δ' ἐς γαῖαν ἐλεύσσομεν ἐγγὺς ἐόντων,
καπνόν τ' αὐτῶν τε φθογγὴν ὀΐων τε καὶ αἰγῶν.
ἦμος δ' ἠέλιος κατέδυ καὶ ἐπὶ κνέφας ἦλθε,
δὴ τότε κοιμήθημεν ἐπὶ ῥηγμῖνι θαλάσσης.

146 ἐπέδρακεν f M² Ma Pal. P⁶   148 εἰσίδομεν codd. em. Bentley
149 καθείλκομεν Br, Ap. lex. in Κελσάσῃσι   154 κοῦραι
νύμφαι p, cf. ζ 105   159 ἐς δὲ ἑκάστην g i j k p Eust.: ἐν δὲ ἑκάστη
cet.   167 τε post οἰῶν om. schol. M³ (σπονδεῖος ὅλος ὁ στίχος)

ἦμος δ' ἠριγένεια φάνη ῥοδοδάκτυλος Ἠώς,   170
καὶ τότ' ἐγὼν ἀγορὴν θέμενος μετὰ πᾶσιν ἔειπον·
"Ἄλλοι μὲν νῦν μίμνετ', ἐμοὶ ἐρίηρες ἑταῖροι·
αὐτὰρ ἐγὼ σὺν νηΐ τ' ἐμῇ καὶ ἐμοῖς ἑτάροισιν
ἐλθὼν τῶνδ' ἀνδρῶν πειρήσομαι, οἵ τινές εἰσιν,
ἦ ῥ' οἵ γ' ὑβρισταί τε καὶ ἄγριοι οὐδὲ δίκαιοι,   175
ἦε φιλόξεινοι, καί σφιν νόος ἐστὶ θεουδής."
Ὣς εἰπὼν ἀνὰ νηὸς ἔβην, ἐκέλευσα δ' ἑταίρους
αὐτούς τ' ἀμβαίνειν ἀνά τε πρυμνήσια λῦσαι.
οἱ δ' αἶψ' εἴσβαινον καὶ ἐπὶ κληῖσι καθῖζον,
ἑξῆς δ' ἑζόμενοι πολιὴν ἅλα τύπτον ἐρετμοῖς.   180
ἀλλ' ὅτε δὴ τὸν χῶρον ἀφικόμεθ' ἐγγὺς ἐόντα,
ἔνθα δ' ἐπ' ἐσχατιῇ σπέος εἴδομεν, ἄγχι θαλάσσης,
ὑψηλόν, δάφνῃσι κατηρεφές· ἔνθα δὲ πολλὰ
μῆλ', ὄιές τε καὶ αἶγες ἰαύεσκον· περὶ δ' αὐλὴ
ὑψηλὴ δέδμητο κατωρυχέεσσι λίθοισι   185
μακρῇσίν τε πίτυσσιν ἰδὲ δρυσὶν ὑψικόμοισιν.
ἔνθα δ' ἀνὴρ ἐνίαυε πελώριος, ὅς ῥά τε μῆλα
οἶος ποιμαίνεσκεν ἀπόπροθεν· οὐδὲ μετ' ἄλλους
πωλεῖτ', ἀλλ' ἀπάνευθεν ἐὼν ἀθεμίστια ᾔδη.
καὶ γὰρ θαῦμ' ἐτέτυκτο πελώριον, οὐδὲ ἐῴκει   190
ἀνδρί γε σιτοφάγῳ, ἀλλὰ ῥίῳ ὑλήεντι
ὑψηλῶν ὀρέων, ὅ τε φαίνεται οἶον ἀπ' ἄλλων.
Δὴ τότε τοὺς ἄλλους κελόμην ἐρίηρας ἑταίρους
αὐτοῦ πὰρ νηΐ τε μένειν καὶ νῆα ἔρυσθαι·
αὐτὰρ ἐγὼ κρίνας ἑτάρων δυοκαίδεκ' ἀρίστους   195
βῆν· ἀτὰρ αἴγεον ἀσκὸν ἔχον μέλανος οἴνοιο,
ἡδέος, ὅν μοι δῶκε Μάρων, Εὐάνθεος υἱός,
ἱρεὺς Ἀπόλλωνος, ὃς Ἴσμαρον ἀμφιβεβήκει,
οὕνεκά μιν σὺν παιδὶ περισχόμεθ' ἠδὲ γυναικὶ

174 εἴ τινες Br Mon. P⁶ R⁴   182 ἐσχατιῆς H³ U¹ : -ίης C, cf.
ε 489 κ 96   185 βέβλητο Aristoph. P⁶, γρ. Br V⁴   187 ἔνθα
κύκλωψ E. M. 342. 34, E. Gud. 189. 19, An. Ox. i. 130. 26   τὰ μῆλα
vulg. : τε L⁸   197 δῶκε L⁴ : ἔδωκε cet., cf. ζ 165   199 παιδὶ
Aristoph. Ar. e f h k : παισὶ cet.

9. ΟΔΥΣΣΕΙΑΣ Ι

ἀζόμενοι· ᾤκει γὰρ ἐν ἄλσεϊ δενδρήεντι 200
Φοίβου Ἀπόλλωνος. ὁ δέ μοι πόρεν ἀγλαὰ δῶρα·
χρυσοῦ μέν μοι δῶκ' εὐεργέος ἑπτὰ τάλαντα,
δῶκε δέ μοι κρητῆρα πανάργυρον, αὐτὰρ ἔπειτα
οἶνον ἐν ἀμφιφορεῦσι δυώδεκα πᾶσιν ἀφύσσας
ἡδὺν ἀκηράσιον, θεῖον ποτόν· οὐδέ τις αὐτὸν 205
ἠείδη δμώων οὐδ' ἀμφιπόλων ἐνὶ οἴκῳ,
ἀλλ' αὐτὸς ἄλοχός τε φίλη ταμίη τε μί' οἴη.
τὸν δ' ὅτε πίνοιεν μελιηδέα οἶνον ἐρυθρόν,
ἓν δέπας ἐμπλήσας ὕδατος ἀνὰ εἴκοσι μέτρα
χεῦ', ὀδμὴ δ' ἡδεῖα ἀπὸ κρητῆρος ὀδώδει, 210
θεσπεσίη· τότ' ἂν οὔ τοι ἀποσχέσθαι φίλον ἦεν.
τοῦ φέρον ἐμπλήσας ἀσκὸν μέγαν, ἐν δὲ καὶ ἦα
κωρύκῳ· αὐτίκα γάρ μοι ὀίσατο θυμὸς ἀγήνωρ
ἄνδρ' ἐπελεύσεσθαι μεγάλην ἐπιειμένον ἀλκήν,
ἄγριον, οὔτε δίκας εὖ εἰδότα οὔτε θέμιστας. 215
 Καρπαλίμως δ' εἰς ἄντρον ἀφικόμεθ', οὐδέ μιν ἔνδον
εὕρομεν, ἀλλ' ἐνόμευε νομὸν κάτα πίονα μῆλα.
ἐλθόντες δ' εἰς ἄντρον ἐθηεύμεσθα ἕκαστα·
ταρσοὶ μὲν τυρῶν βρῖθον, στείνοντο δὲ σηκοὶ
ἀρνῶν ἠδ' ἐρίφων· διακεκριμέναι δὲ ἕκασται 220
ἔρχατο, χωρὶς μὲν πρόγονοι, χωρὶς δὲ μέτασσαι,
χωρὶς δ' αὖθ' ἕρσαι· ναῖον δ' ὀρῷ ἄγγεα πάντα,
γαυλοί τε σκαφίδες τε, τετυγμένα, τοῖς ἐνάμελγεν.
ἔνθ' ἐμὲ μὲν πρώτισθ' ἕταροι λίσσοντο ἔπεσσι
τυρῶν αἰνυμένους ἰέναι πάλιν, αὐτὰρ ἔπειτα 225
καρπαλίμως ἐπὶ νῆα θοὴν ἐρίφους τε καὶ ἄρνας
σηκῶν ἐξελάσαντας ἐπιπλεῖν ἁλμυρὸν ὕδωρ·

206 ἠείδη U¹ U⁸ : ἤήδη f : ἤήδει, ἠείδει codd. : πίνει g U⁷
207 αὐτός τ' e o Ma 209 ὕδατος a g i k o : ὕδατος δ' cet. 210 ἠδεῖα
δ' Bentley 211 τότ' ἄρ' M⁽³⁾ οὔ οἱ j L⁴ Ma U¹ 221 μετέσ-
σαι f U² : μεσάται O T (σσ), quidam ap. An. Ox. i. 280. 33 : ἢ
μεσάτεαι mg. Ma 222 ναῖον Ar. g k L² U⁸, γρ. U⁵ : ιᾶον seu νᾶον
cet. 223 τοῖσιν ἄμελγεν c f Galen. xix. 138 224 λίσσοντ'
ἐπέεσσι codd. em. Bentley 225 αἰνυμένους] ἀχθομένους, γρ. Eust.

ἀλλ' ἐγὼ οὐ πιθόμην, ἦ τ' ἂν πολὺ κέρδιον ἦεν,
ὄφρ' αὐτόν τε ἴδοιμι, καὶ εἴ μοι ξείνια δοίη.
οὐδ' ἄρ' ἔμελλ' ἑτάροισι φανεὶς ἐρατεινὸς ἔσεσθαι.   230
  Ἔνθα δὲ πῦρ κήαντες ἐθύσαμεν ἠδὲ καὶ αὐτοὶ
τυρῶν αἰνύμενοι φάγομεν, μένομέν τέ μιν ἔνδον
ἥμενοι, ἧος ἐπῆλθε νέμων· φέρε δ' ὄβριμον ἄχθος
ὕλης ἀζαλέης, ἵνα οἱ ποτιδόρπιον εἴη.
ἔντοσθεν δ' ἄντροιο βαλὼν ὀρυμαγδὸν ἔθηκεν·   235
ἡμεῖς δὲ δείσαντες ἀπεσσύμεθ' ἐς μυχὸν ἄντρου.
αὐτὰρ ὅ γ' εἰς εὐρὺ σπέος ἤλασε πίονα μῆλα,
πάντα μάλ' ὅσσ' ἤμελγε, τὰ δ' ἄρσενα λεῖπε θύρηφιν,
ἀρνειούς τε τράγους τε, βαθείης ἔκτοθεν αὐλῆς.
αὐτὰρ ἔπειτ' ἐπέθηκε θυρεὸν μέγαν ὑψόσ' ἀείρας,   240
ὄβριμον· οὐκ ἂν τόν γε δύω καὶ εἴκοσ' ἄμαξαι
ἐσθλαὶ τετράκυκλοι ἀπ' οὔδεος ὀχλίσσειαν·
τόσσην ἠλίβατον πέτρην ἐπέθηκε θύρῃσιν.
ἑζόμενος δ' ἤμελγεν ὄϊς καὶ μηκάδας αἶγας,
πάντα κατὰ μοῖραν, καὶ ὑπ' ἔμβρυον ἧκεν ἑκάστῃ.   245
αὐτίκα δ' ἥμισυ μὲν θρέψας λευκοῖο γάλακτος
πλεκτοῖς ἐν ταλάροισιν ἀμησάμενος κατέθηκεν,
ἥμισυ δ' αὖτ' ἔστησεν ἐν ἄγγεσιν, ὄφρα οἱ εἴη
πίνειν αἰνυμένῳ καί οἱ ποτιδόρπιον εἴη.
αὐτὰρ ἐπεὶ δὴ σπεῦσε πονησάμενος τὰ ἃ ἔργα,   250
καὶ τότε πῦρ ἀνέκαιε καὶ εἴσιδεν, εἴρετο δ' ἡμέας·
  "Ὦ ξεῖνοι, τίνες ἐστέ; πόθεν πλεῖθ' ὑγρὰ κέλευθα;
ἦ τι κατὰ πρῆξιν ἦ μαψιδίως ἀλάλησθε
οἷά τε ληϊστῆρες ὑπεὶρ ἅλα, τοί τ' ἀλόωνται

  228 εἶναι R[10], γρ. U[5]   231 ἐθύσαμεν] ἐμείναμεν P[7] ed. pr., γρ.
H[1] L[8]   233 ἐπῆλθεν· ἐμῶν L[8] : ἐπ' ὤμων pro ἐμῶν q : νέμων om. f,
γρ. δαίμων M[(8)]   235 ἔκτοσθεν a b d g j s   242 τεσσαράκυκλοι
Bentl.   κινήσειαν Ma   246 θρέψας e g k : πῆξας P[6]   247 πονη-
σάμενος g M[(3)] U[7], marg. H[1] (ex 250)   249 δαινυμένῳ g J P[7]
251 πυρὰν ἔκηε f, cf. η 13   εἴσιδεν codd.   253-255 (= γ 72-74) obelis
et asteriscis notavit Aristoph. sec. schol. γ 72 : ἀστερίσκοι ὧδε πρό-
κεινται δι' ὧν τὰ ἔπη ἐκκρίνονται Eust.   254 μηχανόωνται γρ. H[3] Pal.

ψυχὰς παρθέμενοι, κακὸν ἀλλοδαποῖσι φέροντες;" 255
   Ὣς ἔφαθ', ἡμῖν δ' αὖτε κατεκλάσθη φίλον ἦτορ
δεισάντων φθόγγον τε βαρὺν αὐτόν τε πέλωρον.
ἀλλὰ καὶ ὣς μιν ἔπεσσιν ἀμειβόμενος προσέειπον·
   " Ἡμεῖς τοι Τροίηθεν ἀποπλαγχθέντες Ἀχαιοὶ
παντοίοις ἀνέμοισιν ὑπὲρ μέγα λαῖτμα θαλάσσης, 260
οἴκαδε ἱέμενοι, ἄλλην ὁδόν, ἄλλα κέλευθα
ἤλθομεν· οὕτω που Ζεὺς ἤθελε μητίσασθαι.
λαοὶ δ' Ἀτρεΐδεω Ἀγαμέμνονος εὐχόμεθ' εἶναι,
τοῦ δὴ νῦν γε μέγιστον ὑπουράνιον κλέος ἐστί·
τόσσην γὰρ διέπερσε πόλιν καὶ ἀπώλεσε λαοὺς 265
πολλούς· ἡμεῖς δ' αὖτε κιχανόμενοι τὰ σὰ γοῦνα
ἱκόμεθ', εἴ τι πόροις ξεινήϊον ἠὲ καὶ ἄλλως
δοίης δωτίνην, ἥ τε ξείνων θέμις ἐστίν.
ἀλλ' αἰδεῖο, φέριστε, θεούς· ἱκέται δέ τοί εἰμεν.
Ζεὺς δ' ἐπιτιμήτωρ ἱκετάων τε ξείνων τε, 270
ξείνιος, ὃς ξείνοισιν ἅμ' αἰδοίοισιν ὀπηδεῖ."
   Ὣς ἐφάμην, ὁ δέ μ' αὐτίκ' ἀμείβετο νηλέϊ θυμῷ
" νήπιός εἰς, ὦ ξεῖν', ἢ τηλόθεν εἰλήλουθας,
ὅς με θεοὺς κέλεαι ἢ δειδίμεν ἢ ἀλέασθαι·
οὐ γὰρ Κύκλωπες Διὸς αἰγιόχου ἀλέγουσιν 275
οὐδὲ θεῶν μακάρων, ἐπεὶ ἦ πολὺ φέρτεροί εἰμεν.
οὐδ' ἂν ἐγὼ Διὸς ἔχθος ἀλευάμενος πεφιδοίμην
οὔτε σεῦ οὔθ' ἑτάρων, εἰ μὴ θυμός με κελεύοι.
ἀλλά μοι εἴφ' ὅπῃ ἔσχες ἰὼν εὐεργέα νῆα,
ἤ που ἐπ' ἐσχατιῆς ἦ καὶ σχεδόν, ὄφρα δαείω." 280
   Ὣς φάτο πειράζων, ἐμὲ δ' οὐ λάθεν εἰδότα πολλά,
ἀλλά μιν ἄψορρον προσέφην δολίοις ἐπέεσσι·
   " Νέα μέν μοι κατέαξε Ποσειδάων ἐνοσίχθων,

258 ἑ pro μιν Bentley ; et sic fere semper   261 ἱέμενοι] νισσό-
μενοι o L⁴ T   262 καὶ θεοὶ ἄλλοι f i k   267 ἤλθομεν i k
268 ἦ d Br Mon. P¹ R⁴, cf. γ 45   271 θ' ἱκέτῃσιν f i k   275 αἰγιόχοιο
g i k Ap. lex. in Ἀθεμίστων   277 ἄχθος a f i k l Philodemus de
piet. p. 53 Gomp., cf. Γ 416   283 νέα μέν μοι Ar. i j k o Hephaest.
c. 2 Eust. : νῆα cet.   ἐνὶ πόντῳ Hephaest.

πρὸς πέτρῃσι βαλὼν ὑμῆς ἐπὶ πείρασι γαίης,
ἄκρῃ προσπελάσας· ἄνεμος δ' ἐκ πόντου ἔνεικεν·   285
αὐτὰρ ἐγὼ σὺν τοῖσδε ὑπέκφυγον αἰπὺν ὄλεθρον."

Ὣς ἐφάμην, ὁ δέ μ' οὐδὲν ἀμείβετο νηλέϊ θυμῷ,
ἀλλ' ὅ γ' ἀναΐξας ἑτάροις ἐπὶ χεῖρας ἴαλλε,
σὺν δὲ δύω μάρψας ὥς τε σκύλακας ποτὶ γαίῃ
κόπτ'· ἐκ δ' ἐγκέφαλος χαμάδις ῥέε, δεῦε δὲ γαῖαν.   290
τοὺς δὲ διὰ μελεϊστὶ ταμὼν ὁπλίσσατο δόρπον·
ἤσθιε δ' ὥς τε λέων ὀρεσίτροφος, οὐδ' ἀπέλειπεν,
ἔγκατά τε σάρκας τε καὶ ὀστέα μυελόεντα.
ἡμεῖς δὲ κλαίοντες ἀνεσχέθομεν Διὶ χεῖρας,
σχέτλια ἔργ' ὁρόωντες· ἀμηχανίη δ' ἔχε θυμόν.   295
αὐτὰρ ἐπεὶ Κύκλωψ μεγάλην ἐμπλήσατο νηδὺν
ἀνδρόμεα κρέ' ἔδων καὶ ἐπ' ἄκρητον γάλα πίνων,
κεῖτ' ἔντοσθ' ἄντροιο τανυσσάμενος διὰ μήλων.
τὸν μὲν ἐγὼ βούλευσα κατὰ μεγαλήτορα θυμὸν
ἆσσον ἰών, ξίφος ὀξὺ ἐρυσσάμενος παρὰ μηροῦ,   300
οὐτάμεναι πρὸς στῆθος, ὅθι φρένες ἧπαρ ἔχουσι,
χείρ' ἐπιμασσάμενος· ἕτερος δέ με θυμὸς ἔρυκεν.
αὐτοῦ γάρ κε καὶ ἄμμες ἀπωλόμεθ' αἰπὺν ὄλεθρον·
οὐ γάρ κεν δυνάμεσθα θυράων ὑψηλάων
χερσὶν ἀπώσασθαι λίθον ὄβριμον, ὃν προσέθηκεν.   305
ὣς τότε μὲν στενάχοντες ἐμείναμεν Ἠῶ δῖαν.

Ἦμος δ' ἠριγένεια φάνη ῥοδοδάκτυλος Ἠώς,
καὶ τότε πῦρ ἀνέκαιε καὶ ἤμελγε κλυτὰ μῆλα,
πάντα κατὰ μοῖραν, καὶ ὑπ' ἔμβρυον ἧκεν ἑκάστῃ.
αὐτὰρ ἐπεὶ δὴ σπεῦσε πονησάμενος τὰ ἃ ἔργα,   310
σὺν δ' ὅ γε δὴ αὖτε δύω μάρψας ὁπλίσσατο δεῖπνον.
δειπνήσας δ' ἄντρου ἐξήλασε πίονα μῆλα,

291 τὸν Strabo 83   διαμελιτιστὶ ei L⁵ R⁴ al.   ὡπλ. codd.
praeter Mon. Pal.   292 ἀπέληγε H¹, cf. η 117   299 αὐτὰρ ἐγὼ
Plut. Coriolan. 32   301 ἦτορ h   302 ἀνῆκεν P⁶ E. M. 458. 15.
schol. A 173 B 5   311 ὁπλ. M⁽³⁾ Pal. R¹¹ U⁷ U⁸ : ὡπλ. cet.
δόρπον g k M⁽³⁾ U⁸ : δαῖτα Pal.

ῥηϊδίως ἀφελὼν θυρεὸν μέγαν· αὐτὰρ ἔπειτα
ἂψ ἐπέθηχ᾽, ὡς εἴ τε φαρέτρῃ πῶμ᾽ ἐπιθείη.
πολλῇ δὲ ῥοίζῳ πρὸς ὄρος τρέπε πίονα μῆλα   315
Κύκλωψ· αὐτὰρ ἐγὼ λιπόμην κακὰ βυσσοδομεύων,
εἴ πως τισαίμην, δοίη δέ μοι εὖχος Ἀθήνη.
ἥδε δέ μοι κατὰ θυμὸν ἀρίστη φαίνετο βουλή.
Κύκλωπος γὰρ ἔκειτο μέγα ῥόπαλον παρὰ σηκῷ,
χλωρὸν ἐλαΐνεον· τὸ μὲν ἔκταμεν, ὄφρα φοροίη   320
αὐανθέν. τὸ μὲν ἄμμες ἐΐσκομεν εἰσορόωντες
ὅσσον θ᾽ ἱστὸν νηὸς ἐεικοσόροιο μελαίνης,
φορτίδος εὐρείης, ἥ τ᾽ ἐκπερᾷ μέγα λαῖτμα·
τόσσον ἔην μῆκος, τόσσον πάχος εἰσοράασθαι.
τοῦ μὲν ὅσον τ᾽ ὄργυιαν ἐγὼν ἀπέκοψα παραστάς,   325
καὶ παρέθηχ᾽ ἑτάροισιν, ἀποξῦναι δ᾽ ἐκέλευσα·
οἱ δ᾽ ὁμαλὸν ποίησαν· ἐγὼ δ᾽ ἐθόωσα παραστὰς
ἄκρον, ἄφαρ δὲ λαβὼν ἐπυράκτεον ἐν πυρὶ κηλέῳ.
καὶ τὸ μὲν εὖ κατέθηκα κατακρύψας ὑπὸ κόπρῳ,
ἥ ῥα κατὰ σπείους κέχυτο μεγάλ᾽ ἤλιθα πολλή·   330
αὐτὰρ τοὺς ἄλλους κλήρῳ πεπαλάσθαι ἄνωγον,
ὅς τις τολμήσειεν ἐμοὶ σὺν μοχλὸν ἀείρας
τρῖψαι ἐν ὀφθαλμῷ, ὅτε τὸν γλυκὺς ὕπνος ἱκάνοι.
οἱ δ᾽ ἔλαχον τοὺς ἄν κε καὶ ἤθελον αὐτὸς ἑλέσθαι,
τέσσαρες, αὐτὰρ ἐγὼ πέμπτος μετὰ τοῖσιν ἐλέγμην.   335
ἑσπέριος δ᾽ ἦλθεν καλλίτριχα μῆλα νομεύων·
αὐτίκα δ᾽ εἰς εὐρὺ σπέος ἤλασε πίονα μῆλα,
πάντα μάλ᾽, οὐδέ τι λεῖπε βαθείης ἔκτοθεν αὐλῆς,
ἤ τι ὀϊσάμενος, ἢ καὶ θεὸς ὣς ἐκέλευσεν.
αὐτὰρ ἔπειτ᾽ ἐπέθηκε θυρεὸν μέγαν ὑψόσ᾽ ἀείρας,   340
ἑζόμενος δ᾽ ἤμελγεν ὄϊς καὶ μηκάδας αἶγας,

315 πολλῷ **f o p** Pal, Galen. de puls. diff. iii. 3 : πολλὰ **ս dl**
320 ἐλατίνεον **g**   ἔκταμε] ἔκσπασε cit. Eust. (οἱ ἀκριβέστεροι)
326 ἀποξῦσαι P² W   329 κόπρου Aristoph. **j** L⁸   330 κέχριτο
c p L⁵ O R¹¹   331 πεπαλάσθαι Ar. (ἀρίον codd., cf. θ 198): πεπαλάχθαι
codd., cf. Η 171   ἄνωγα **d f k l**   333 ἐπ᾽ Ar.   339 ἐκέλευεν **k s** al.

πάντα κατὰ μοῖραν, καὶ ὑπ' ἔμβρυον ἧκεν ἑκάστῃ.
αὐτὰρ ἐπεὶ δὴ σπεῦσε πονησάμενος τὰ ἃ ἔργα,
σὺν δ' ὅ γε δὴ αὖτε δύω μάρψας ὁπλίσσατο δόρπον.
καὶ τότ' ἐγὼ Κύκλωπα προσηύδων ἄγχι παραστάς,   345
κισσύβιον μετὰ χερσὶν ἔχων μέλανος οἴνοιο.

  "Κύκλωψ, τῆ, πίε οἶνον, ἐπεὶ φάγες ἀνδρόμεα κρέα,
ὄφρα ἰδῇς οἷόν τι ποτὸν τόδε νηῦς ἐκεκεύθει
ἡμετέρη· σοὶ δ' αὖ λοιβὴν φέρον, εἴ μ' ἐλεήσας
οἴκαδε πέμψειας· σὺ δὲ μαίνεαι οὐκέτ' ἀνεκτῶς.   350
σχέτλιε, πῶς κέν τίς σε καὶ ὕστερον ἄλλος ἵκοιτο
ἀνθρώπων πολέων; ἐπεὶ οὐ κατὰ μοῖραν ἔρεξας."

  Ὣς ἐφάμην, ὁ δὲ δέκτο καὶ ἔκπιεν· ἥσατο δ' αἰνῶς
ἡδὺ ποτὸν πίνων, καί μ' ᾔτεε δεύτερον αὖτις·

  "Δός μοι ἔτι πρόφρων, καί μοι τεὸν οὔνομα εἰπὲ   355
αὐτίκα νῦν, ἵνα τοι δῶ ξείνιον, ᾧ κε σὺ χαίρῃς.
καὶ γὰρ Κυκλώπεσσι φέρει ζείδωρος ἄρουρα
οἶνον ἐρισταφύλου, καί σφιν Διὸς ὄμβρος ἀέξει·
ἀλλὰ τόδ' ἀμβροσίης καὶ νέκταρός ἐστιν ἀπορρώξ."

  Ὣς ἔφατ'· αὐτάρ οἱ αὖτις πόρον αἴθοπα οἶνον·   360
τρὶς μὲν ἔδωκα φέρων, τρὶς δ' ἔκπιεν ἀφραδίῃσιν.
αὐτὰρ ἐπεὶ Κύκλωπα περὶ φρένας ἤλυθεν οἶνος,
καὶ τότε δή μιν ἔπεσσι προσηύδων μειλιχίοισι·

  "Κύκλωψ, εἰρωτᾷς μ' ὄνομα κλυτόν; αὐτὰρ ἐγώ τοι
ἐξερέω· σὺ δέ μοι δὸς ξείνιον, ὥς περ ὑπέστης.   365
Οὖτις ἐμοί γ' ὄνομα· Οὖτιν δέ με κικλήσκουσι
μήτηρ ἠδὲ πατὴρ ἠδ' ἄλλοι πάντες ἑταῖροι."

  Ὣς ἐφάμην, ὁ δέ μ' αὐτίκ' ἀμείβετο νηλέι θυμῷ·
  "Οὖτιν ἐγὼ πύματον ἔδομαι μετὰ οἷς ἑτάροισι,
τοὺς δ' ἄλλους πρόσθεν· τὸ δέ τοι ξεινήιον ἔσται."   370

344 ὁπλ. a e j al. : ὥπλ. vulg.   δεῖπνον c g L⁴, cf. κ 116, Zen. Λ 86
  346 φέρων d l P¹   347 τῇ quidam ap. Ap. lex. in v. (σὺν τῷ
ῖ οὐχ ὑγιῶς), Suid. in v. U⁵   348 ἐκέκευθεν g U⁷, H¹ ss.
353 ὁ δέ μ' αὐτίκ' ἀμειβόμενος προσέειπεν L⁸   360 αὖτις πόρον
d g j p: αὖτις ἐγὼ vulg. em. Bentley   361 om. j   366 ὄνομ'
ἔστ' (ἐστίν) d e f i k p   368 ἀμειβόμενος προσέειπεν L⁴ (= δ 471)

Ἦ καὶ ἀνακλινθεὶς πέσεν ὕπτιος, αὐτὰρ ἔπειτα
κεῖτ' ἀποδοχμώσας παχὺν αὐχένα, κὰδ δέ μιν ὕπνος
ᾕρει πανδαμάτωρ· φάρυγος δ' ἐξέσσυτο οἶνος
ψωμοί τ' ἀνδρόμεοι· ὁ δ' ἐρεύγετο οἰνοβαρείων.
καὶ τότ' ἐγὼ τὸν μοχλὸν ὑπὸ σποδοῦ ἤλασα πολλῆς,   375
ἧος θερμαίνοιτο· ἔπεσσί τε πάντας ἑταίρους
θάρσυνον, μή τίς μοι ὑποδείσας ἀναδύη.
ἀλλ' ὅτε δὴ τάχ' ὁ μοχλὸς ἐλάϊνος ἐν πυρὶ μέλλεν
ἅψεσθαι, χλωρός περ ἐών, διεφαίνετο δ' αἰνῶς,
καὶ τότ' ἐγὼν ἆσσον φέρον ἐκ πυρός, ἀμφὶ δ' ἑταῖροι   380
ἵσταντ'· αὐτὰρ θάρσος ἐνέπνευσεν μέγα δαίμων.
οἱ μὲν μοχλὸν ἑλόντες ἐλάϊνον, ὀξὺν ἐπ' ἄκρῳ,
ὀφθαλμῷ ἐνέρεισαν· ἐγὼ δ' ἐφύπερθεν ἐρεισθεὶς
δίνεον, ὡς ὅτε τις τρυπῷ δόρυ νήϊον ἀνὴρ
τρυπάνῳ, οἱ δέ τ' ἔνερθεν ὑποσσείουσιν ἱμάντι   385
ἁψάμενοι ἑκάτερθε, τὸ δὲ τρέχει ἐμμενὲς αἰεί·
ὣς τοῦ ἐν ὀφθαλμῷ πυριήκεα μοχλὸν ἑλόντες
δινέομεν, τὸν δ' αἷμα περίρρεε θερμὸν ἐόντα.
πάντα δέ οἱ βλέφαρ' ἀμφὶ καὶ ὀφρύας εὖσεν ἀϋτμὴ
γλήνης καιομένης· σφαραγεῦντο δέ οἱ πυρὶ ῥίζαι.   390
ὡς δ' ὅτ' ἀνὴρ χαλκεὺς πέλεκυν μέγαν ἠὲ σκέπαρνον
εἰν ὕδατι ψυχρῷ βάπτῃ μεγάλα ἰάχοντα
φαρμάσσων· τὸ γὰρ αὖτε σιδήρου γε κράτος ἐστίν·
ὣς τοῦ σίζ' ὀφθαλμὸς ἐλαϊνέῳ περὶ μοχλῷ.
σμερδαλέον δὲ μέγ' ᾤμωξεν, περὶ δ' ἴαχε πέτρη,   395
ἡμεῖς δὲ δείσαντες ἀπεσσύμεθ'. αὐτὰρ ὁ μοχλὸν
ἐξέρυσ' ὀφθαλμοῖο πεφυρμένον αἵματι πολλῷ.
τὸν μὲν ἔπειτ' ἔρριψεν ἀπὸ ἕο χερσὶν ἀλύων,
αὐτὰρ ὁ Κύκλωπας μεγάλ' ἤπυεν, οἵ ῥά μιν ἀμφὶς

372 πλατὺν Macrob. v. 13. 6   376 εἴπως pro εἴως H¹ et V⁴ ss.
lemm schol. min.   383 ἐνέρυσαν j   ἐρεισθεὶς Ar. b c L⁵ U⁷ :
ἀερθεὶς cet.   385 ἱμάντα q : ἱμᾶσι Ap. lex. in v.   387 ἑλόντες
vulg. Ar. sch. H³ : ἔχοντες g Ar. sec. Eust., cf. 548   393 σιδήροιο
κράτος U⁸, quod coni. Nauck : γε om. f M⁽³⁾ O P⁶ U¹

ᾤκεον ἐν σπήεσσι δι' ἄκριας ἠνεμοέσσας.　　　　　　400
οἱ δὲ βοῆς ἀΐοντες ἐφοίτων ἄλλοθεν ἄλλος,
ἱστάμενοι δ' εἴροντο περὶ σπέος ὅττι ἑ κήδοι·
"Τίπτε τόσον, Πολύφημ', ἀρημένος ὧδ' ἐβόησας
νύκτα δι' ἀμβροσίην, καὶ ἀΰπνους ἄμμε τίθησθα;
ἦ μή τίς σευ μῆλα βροτῶν ἀέκοντος ἐλαύνει;　　　405
ἦ μή τίς σ' αὐτὸν κτείνει δόλῳ ἠὲ βίηφιν;"
　　Τοὺς δ' αὖτ' ἐξ ἄντρου προσέφη κρατερὸς Πολύφημος·
"ὦ φίλοι, Οὖτίς με κτείνει δόλῳ οὐδὲ βίηφιν."
　　Οἱ δ' ἀπαμειβόμενοι ἔπεα πτερόεντ' ἀγόρευον·
"εἰ μὲν δὴ μή τίς σε βιάζεται οἶον ἐόντα,　　　410
νοῦσόν γ' οὔ πως ἔστι Διὸς μεγάλου ἀλέασθαι,
ἀλλὰ σύ γ' εὔχεο πατρὶ Ποσειδάωνι ἄνακτι."
　　Ὣς ἄρ' ἔφαν ἀπιόντες, ἐμὸν δ' ἐγέλασσε φίλον κῆρ,
ὡς ὄνομ' ἐξαπάτησεν ἐμὸν καὶ μῆτις ἀμύμων.
Κύκλωψ δὲ στενάχων τε καὶ ὠδίνων ὀδύνῃσι,　　　415
χερσὶ ψηλαφόων, ἀπὸ μὲν λίθον εἷλε θυράων,
αὐτὸς δ' εἰνὶ θύρῃσι καθέζετο χεῖρε πετάσσας,
εἴ τινά που μετ' ὄεσσι λάβοι στείχοντα θύραζε·
οὕτω γάρ πού μ' ἤλπετ' ἐνὶ φρεσὶ νήπιον εἶναι.
αὐτὰρ ἐγὼ βούλευον, ὅπως ὄχ' ἄριστα γένοιτο,　　　420
εἴ τιν' ἑταίροισιν θανάτου λύσιν ἠδ' ἐμοὶ αὐτῷ
εὑροίμην· πάντας δὲ δόλους καὶ μῆτιν ὕφαινον,
ὥς τε περὶ ψυχῆς· μέγα γὰρ κακὸν ἐγγύθεν ἦεν.
ἥδε δέ μοι κατὰ θυμὸν ἀρίστη φαίνετο βουλή.
ἄρσενες ὄιες ἦσαν ἐϋτρεφέες, δασύμαλλοι,　　　425
καλοί τε μεγάλοι τε, ἰοδνεφὲς εἶρος ἔχοντες·
τοὺς ἀκέων συνέεργον ἐϋστρεφέεσσι λύγοισι,
τῆς ἔπι Κύκλωψ εὗδε πέλωρ, ἀθεμίστια εἰδώς,

404 ὀρφναίην f, cf. Κ 386　　　406 ἠδὲ a P⁶ R² : οὐδὲ e H³ Pal.
(ex 408)　　　409 πτερόεντα προσηύδων e L² L⁴　　　410 οὔτις U³ U⁵
ss. Clem. Alex. strom. v. 14. 117　　　412 a τοῦ γὰρ δὴ πάις ἐσσὶ
πατὴρ δὲ σὸς εὔχεται εἶναι (= 519) p J　　　414 ἀμείνων a d l (ἀμείμων
Br), cf. Ζ 350 al.　　　417 αὐτοῦ M² M⁽³⁾ P⁶　　　426 om. L⁸
428 τοῖς c p r C L⁵

σύντρεις αἰνύμενος· ὁ μὲν ἐν μέσῳ ἄνδρα φέρεσκε,
τὼ δ' ἑτέρω ἑκάτερθεν ἴτην σώοντες ἑταίρους.   430
τρεῖς δὲ ἕκαστον φῶτ' ὄϊες φέρον· αὐτὰρ ἐγώ γε,
ἀρνειὸς γὰρ ἔην, μήλων ὄχ' ἄριστος ἁπάντων,
τοῦ κατὰ νῶτα λαβών, λασίην ὑπὸ γαστέρ' ἐλυσθεὶς
κείμην· αὐτὰρ χερσὶν ἀώτου θεσπεσίοιο
νωλεμέως στρεφθεὶς ἐχόμην τετληότι θυμῷ.   435
ὣς τότε μὲν στενάχοντες ἐμείναμεν Ἠῶ δῖαν.

Ἦμος δ' ἠριγένεια φάνη ῥοδοδάκτυλος Ἠώς,
καὶ τότ' ἔπειτα νομόνδ' ἐξέσσυτο ἄρσενα μῆλα,
θήλειαι δ' ἐμέμηκον ἀνήμελκτοι περὶ σηκούς·
οὔθατα γὰρ σφαραγεῦντο. ἄναξ δ' ὀδύνῃσι κακῇσι   440
τειρόμενος πάντων οἴων ἐπεμαίετο νῶτα
ὀρθῶν ἑσταότων· τὸ δὲ νήπιος οὐκ ἐνόησεν,
ὥς οἱ ὑπ' εἰροπόκων οἴων στέρνοισι δέδεντο.
ὕστατος ἀρνειὸς μήλων ἔστειχε θύραζε,
λάχνῳ στεινόμενος καὶ ἐμοὶ πυκινὰ φρονέοντι.   445
τὸν δ' ἐπιμασσάμενος προσέφη κρατερὸς Πολύφημος·

"Κριὲ πέπον, τί μοι ὧδε διὰ σπέος ἔσσυο μήλων
ὕστατος; οὔ τι πάρος γε λελειμμένος ἔρχεαι οἰῶν,
ἀλλὰ πολὺ πρῶτος νέμεαι τέρεν' ἄνθεα ποίης
μακρὰ βιβάς, πρῶτος δὲ ῥοὰς ποταμῶν ἀφικάνεις,   450
πρῶτος δὲ σταθμόνδε λιλαίεαι ἀπονέεσθαι
ἑσπέριος· νῦν αὖτε πανύστατος. ἦ σὺ ἄνακτος
ὀφθαλμὸν ποθέεις, τὸν ἀνὴρ κακὸς ἐξαλάωσε
σὺν λυγροῖς ἑτάροισι, δαμασσάμενος φρένα οἴνῳ,
Οὖτις, ὃν οὔ πώ φημι πεφυγμένον ἔμμεν ὄλεθρον.   455
εἰ δὴ ὁμοφρονέοις ποτιφωνήεις τε γένοιο

430 ἕτερος L⁴ T U⁸ : ἑτέρωσ' g s   σάοντες Mon.   433 ἐλιχθεὶς
ᵭ O : ἐλισθεὶς L⁵ : ἐρεισθεὶς γρ. V³   437 om. q   439 (ἐ)μέμυκον
f Pal.   445 λάχνῳ j r H³ M² U⁵ Seleucus in E. M. 558. 26 :
λαχμῷ cet. (λοχμῷ M⁽³⁾)   448 ἔρχεο a ᵭ O P¹   ἀρνῶν g, γρ. H¹
452 γ' ἄνακτος codd. em. Bentley   454 φρένας codd. em.
Bentley   455 ἔμμεν j L⁴ T U¹ : εἶναι cet.   ὀλέθρου Pal. (ἐχρῆν
γὰρ εἰπεῖν Eust.), cf. α 18

9. ΟΔΥΣΣΕΙΑΣ Ι

εἰπεῖν ὅππῃ κεῖνος ἐμὸν μένος ἠλασκάζει·
τῷ κέ οἱ ἐγκέφαλός γε διὰ σπέος ἄλλυδις ἄλλῃ
θεινομένου ῥαίοιτο πρὸς οὔδεϊ, κὰδ δέ κ' ἐμὸν κῆρ
λωφήσειε κακῶν, τά μοι οὐτιδανὸς πόρεν Οὖτις." 460

Ὣς εἰπὼν τὸν κριὸν ἀπὸ ἕο πέμπε θύραζε.
ἐλθόντες δ' ἠβαιὸν ἀπὸ σπείους τε καὶ αὐλῆς
πρῶτος ὑπ' ἀρνειοῦ λυόμην, ὑπέλυσα δ' ἑταίρους.
καρπαλίμως δὲ τὰ μῆλα ταναύποδα, πίονα δημῷ,
πολλὰ περιτροπέοντες ἐλαύνομεν, ὄφρ' ἐπὶ νῆα 465
ἱκόμεθ'· ἀσπάσιοι δὲ φίλοις ἑτάροισι φάνημεν,
οἳ φύγομεν θάνατον· τοὺς δὲ στενάχοντο γοῶντες.
ἀλλ' ἐγὼ οὐκ εἴων, ἀνὰ δ' ὀφρύσι νεῦον ἑκάστῳ,
κλαίειν· ἀλλ' ἐκέλευσα θοῶς καλλίτριχα μῆλα
πόλλ' ἐν νηὶ βαλόντας ἐπιπλεῖν ἁλμυρὸν ὕδωρ. 470
οἱ δ' αἶψ' εἴσβαινον καὶ ἐπὶ κληῖσι καθῖζον·
ἑξῆς δ' ἑζόμενοι πολιὴν ἅλα τύπτον ἐρετμοῖς.
ἀλλ' ὅτε τόσσον ἀπῆν ὅσσον τε γέγωνε βοήσας,
καὶ τότ' ἐγὼ Κύκλωπα προσηύδων κερτομίοισι·

"Κύκλωψ, οὐκ ἄρ' ἔμελλες ἀνάλκιδος ἀνδρὸς ἑταίρους
ἔδμεναι ἐν σπῆϊ γλαφυρῷ κρατερῆφι βίηφι. 476
καὶ λίην σέ γ' ἔμελλε κιχήσεσθαι κακὰ ἔργα,
σχέτλι', ἐπεὶ ξείνους οὐχ ἅζεο σῷ ἐνὶ οἴκῳ
ἐσθέμεναι· τῷ σε Ζεὺς τίσατο καὶ θεοὶ ἄλλοι."

Ὣς ἐφάμην, ὁ δ' ἔπειτα χολώσατο κηρόθι μᾶλλον· 480
ἧκε δ' ἀπορρήξας κορυφὴν ὄρεος μεγάλοιο,
κὰδ δ' ἔβαλε προπάροιθε νεὸς κυανοπρῴροιο
τυτθόν, ἐδεύησεν δ' οἰήϊον ἄκρον ἱκέσθαι.
ἐκλύσθη δὲ θάλασσα κατερχομένης ὑπὸ πέτρης·
τὴν δ' αἶψ' ἤπειρόνδε παλιρρόθιον φέρε κῦμα, 485
πλημυρὶς ἐκ πόντοιο, θέμωσε δὲ χέρσον ἱκέσθαι.

457 ἠλυσκάζει f   458 διὰ] ποτὶ leg. Eust.   464 πίονι
b c e f j k, cf. ρ 241   480 χοώσατο Pal.   483 ἀστέρα ἔχει μετὰ
ὀβελοῦ Eust. (= 540) : ἐπὶ τοῦ προτέρου ἀθετεῖται schol. 540   485 ἂψ
Ar. (οὕτως schol.) : αἶψ' codd., cf. θ 92   486 θέμωσεν Ar. codd. :
θέμεσε (sic) U⁸

αὐτὰρ ἐγὼ χείρεσσι λαβὼν περιμήκεα κοντὸν
ὦσα παρέξ· ἑτάροισι δ' ἐποτρύνας ἐκέλευσα
ἐμβαλέειν κώπῃς, ἵν' ὑπὲκ κακότητα φύγοιμεν,
κρατὶ κατανεύων· οἱ δὲ προπεσόντες ἔρεσσον.   490
ἀλλ' ὅτε δὴ δὶς τόσσον ἅλα πρήσσοντες ἀπῆμεν,
καὶ τότ' ἐγὼ Κύκλωπα προσηύδων· ἀμφὶ δ' ἑταῖροι
μειλιχίοις ἐπέεσσιν ἐρήτυον ἄλλοθεν ἄλλος·

  " Σχέτλιε, τίπτ' ἐθέλεις ἐρεθιζέμεν ἄγριον ἄνδρα;
ὃς καὶ νῦν πόντονδε βαλὼν βέλος ἤγαγε νῆα   495
αὖτις ἐς ἤπειρον, καὶ δὴ φάμεν αὐτόθ' ὀλέσθαι.
εἰ δὲ φθεγξαμένου τευ ἢ αὐδήσαντος ἄκουσε,
σύν κεν ἄραξ' ἡμέων κεφαλὰς καὶ νήϊα δοῦρα
μαρμάρῳ ὀκριόεντι βαλών· τόσσον γὰρ ἵησιν."

  ῝Ως φάσαν, ἀλλ' οὐ πεῖθον ἐμὸν μεγαλήτορα θυμόν, 500
ἀλλά μιν ἄψορρον προσέφην κεκοτηότι θυμῷ·

  " Κύκλωψ, αἴ κέν τίς σε καταθνητῶν ἀνθρώπων
ὀφθαλμοῦ εἴρηται ἀεικελίην ἀλαωτύν,
φάσθαι Ὀδυσσῆα πτολιπόρθιον ἐξαλαῶσαι,
υἱὸν Λαέρτεω, Ἰθάκῃ ἔνι οἰκί' ἔχοντα."   505

  ῝Ως ἐφάμην, ὁ δέ μ' οἰμώξας ἠμείβετο μύθῳ·
" ὦ πόποι, ἦ μάλα δή με παλαίφατα θέσφαθ' ἱκάνει.
ἔσκε τις ἐνθάδε μάντις ἀνὴρ ἠΰς τε μέγας τε,
Τήλεμος Εὐρυμίδης, ὃς μαντοσύνῃ ἐκέκαστο
καὶ μαντευόμενος κατεγήρα Κυκλώπεσσιν·   510
ὅς μοι ἔφη τάδε πάντα τελευτήσεσθαι ὀπίσσω,
χειρῶν ἐξ Ὀδυσῆος ἁμαρτήσεσθαι ὀπωπῆς.
ἀλλ' αἰεί τινα φῶτα μέγαν καὶ καλὸν ἐδέγμην
ἐνθάδ' ἐλεύσεσθαι, μεγάλην ἐπιειμένον ἀλκήν·
νῦν δέ μ' ἐὼν ὀλίγος τε καὶ οὐτιδανὸς καὶ ἄκικυς 515

488 ἐποτρύνων Pal. R⁴ Eust. (ἐποτρυνάσων Br)   489 om.
a b d g j (= κ 129)   491 πλήσσοντες Rhianus : πρήσομεν a 1 :
πρήσαντες U², γρ. Br Mon. m. 2 : προπεσόντες L⁷ (ex 490)   ἑταῖροι
a 1 R¹⁷ V⁴   492 καὶ τότε δὴ Ar. j Pal.   496 ἐπ' g M⁽³⁾
501 κεκαφηότι M⁴   515 ἄκικυς] ἄναλκις j q : ἀεικὴς γρ. Uˢ, ἔν τισι
Eust.

ὀφθαλμοῦ ἀλάωσεν, ἐπεί μ' ἐδαμάσσατο οἴνῳ.
ἀλλ' ἄγε δεῦρ', Ὀδυσεῦ, ἵνα τοι πὰρ ξείνια θείω,
πομπήν τ' ὀτρύνω δόμεναι κλυτὸν ἐννοσίγαιον·
τοῦ γὰρ ἐγὼ πάϊς εἰμί, πατὴρ δ' ἐμὸς εὔχεται εἶναι.
αὐτὸς δ', αἴ κ' ἐθέλῃσ', ἰήσεται, οὐδέ τις ἄλλος   520
οὔτε θεῶν μακάρων οὔτε θνητῶν ἀνθρώπων."

    *Ὣς ἔφατ', αὐτὰρ ἐγώ μιν ἀμειβόμενος προσέειπον·
" αἲ γὰρ δὴ ψυχῆς τε καὶ αἰῶνός σε δυναίμην
εὖνιν ποιήσας πέμψαι δόμον *Ἄϊδος εἴσω,
ὡς οὐκ ὀφθαλμόν γ' ἰήσεται οὐδ' ἐνοσίχθων."   525

    *Ὣς ἐφάμην, ὁ δ' ἔπειτα Ποσειδάωνι ἄνακτι
εὔχετο, χεῖρ' ὀρέγων εἰς οὐρανὸν ἀστερόεντα·
" Κλῦθι, Ποσείδαον γαιήοχε, κυανοχαῖτα·
εἰ ἐτεόν γε σός εἰμι, πατὴρ δ' ἐμὸς εὔχεαι εἶναι,
δὸς μὴ 'Οδυσσῆα πτολίπορθον οἴκαδ' ἱκέσθαι   530
υἱὸν Λαέρτεω, 'Ιθάκῃ ἔνι οἰκί' ἔχοντα.
ἀλλ' εἴ οἱ μοῖρ' ἐστὶ φίλους ἰδέειν καὶ ἱκέσθαι
οἶκον ἐϋκτίμενον καὶ ἑὴν ἐς πατρίδα γαῖαν,
ὀψὲ κακῶς ἔλθοι, ὀλέσας ἄπο πάντας ἑταίρους,
νηὸς ἐπ' ἀλλοτρίης, εὕροι δ' ἐν πήματα οἴκῳ."   535

    *Ὣς ἔφατ' εὐχόμενος, τοῦ δ' ἔκλυε κυανοχαίτης.
αὐτὰρ ὅ γ' ἐξαῦτις πολὺ μείζονα λᾶαν ἀείρας
ἧκ' ἐπιδινήσας, ἐπέρεισε δὲ ἲν' ἀπέλεθρον,
κὰδ δ' ἔβαλεν μετόπισθε νεὸς κυανοπρῴροιο
τυτθόν, ἐδεύησεν δ' οἰήϊον ἄκρον ἱκέσθαι.   540
ἐκλύσθη δὲ θάλασσα κατερχομένης ὑπὸ πέτρης·
τὴν δὲ πρόσω φέρε κῦμα, θέμωσε δὲ χέρσον ἱκέσθαι.
ἀλλ' ὅτε δὴ τὴν νῆσον ἀφικόμεθ', ἔνθα περ ἄλλαι
νῆες ἐΰσσελμοι μένον ἀθρόαι, ἀμφὶ δ' ἑταῖροι

516 ἀλάωσεν c e : ἀλαώσας cet.   ἐδαμάσσαο a d j k   520 αὖτις g
    530 πτολίπορθον f g k Bentley : -ιον cet., cf. 504   531 hab.
P³ P⁷ om. cet.   532 ἀλλ' εἴ οἱ καὶ μοῖρα φ. g j L⁴ T Macrob. l. c.
(καί οἱ) quod fort. praestat, cf. δ 475   533 ἐς ὑψόροφον U² Macrob.
l. c. : ἐς εὐκτ. f   §38 ἵνα πέλεθρον b L⁴ U¹   539 προπάροιθε
(ex 482) c f i, γρ. U⁵

ἦατ' ὀδυρόμενοι, ἡμέας ποτιδέγμενοι αἰεί,   545
νῆα μὲν ἔνθ' ἐλθόντες ἐκέλσαμεν ἐν ψαμάθοισιν,
ἐκ δὲ καὶ αὐτοὶ βῆμεν ἐπὶ ῥηγμῖνι θαλάσσης.
μῆλα δὲ Κύκλωπος γλαφυρῆς ἐκ νηὸς ἑλόντες
δασσάμεθ', ὡς μή τίς μοι ἀτεμβόμενος κίοι ἴσης.
ἀρνειὸν δ' ἐμοὶ οἴῳ ἐϋκνήμιδες ἑταῖροι   55?
μήλων δαιομένων δόσαν ἔξοχα· τὸν δ' ἐπὶ θινὶ
Ζηνὶ κελαινεφέϊ Κρονίδῃ, ὃς πᾶσιν ἀνάσσει,
ῥέξας μηρί' ἔκαιον· ὁ δ' οὐκ ἐμπάζετο ἱρῶν,
ἀλλ' ἄρα μερμήριζεν ὅπως ἀπολοίατο πᾶσαι
νῆες ἐϋσσελμοι καὶ ἐμοὶ ἐρίηρες ἑταῖροι.   555
ὣς τότε μὲν πρόπαν ἦμαρ ἐς ἠέλιον καταδύντα
ἥμεθα δαινύμενοι κρέα τ' ἄσπετα καὶ μέθυ ἡδύ·
ἦμος δ' ἠέλιος κατέδυ καὶ ἐπὶ κνέφας ἦλθε,
δὴ τότε κοιμήθημεν ἐπὶ ῥηγμῖνι θαλάσσης.
ἦμος δ' ἠριγένεια φάνη ῥοδοδάκτυλος Ἠώς,   560
δὴ τότ' ἐγὼν ἑτάροισιν ἐποτρύνας ἐκέλευσα
αὐτούς τ' ἀμβαίνειν ἀνά τε πρυμνήσια λῦσαι.
οἱ δ' αἶψ' εἴσβαινον καὶ ἐπὶ κληῖσι καθῖζον,
ἑξῆς δ' ἑζόμενοι πολιὴν ἅλα τύπτον ἐρετμοῖς.

Ἔνθεν δὲ προτέρω πλέομεν ἀκαχήμενοι ἦτορ,   565
ἄσμενοι ἐκ θανάτοιο, φίλους ὀλέσαντες ἑταίρους.

547 om. g U⁵ U⁸   548 ἔχοντες d H¹   554 ἀλλ' ἄρα g
L⁴ P⁷ T, fort. U⁵, γρ. H³: ἀλλ' ὅγε cet.   559 δὴ] καὶ L⁸ ed. pr.
παρὰ πρυμνήσια νηός b (= μ 32)   561 δὴ] καὶ a d H³   ἐποτρύνων
a b H³ Ho U⁸   563 om. L⁷

Αἰολίην δ' ἐς νῆσον ἀφικόμεθ'· ἔνθα δ' ἔναιεν
Αἴολος Ἱπποτάδης, φίλος ἀθανάτοισι θεοῖσι,
πλωτῇ ἐνὶ νήσῳ· πᾶσαν δέ τέ μιν πέρι τεῖχος
χάλκεον ἄρρηκτον, λισσὴ δ' ἀναδέδρομε πέτρη.
τοῦ καὶ δώδεκα παῖδες ἐνὶ μεγάροις γεγάασιν,   5
ἐξ μὲν θυγατέρες, ἐξ δ' υἱέες ἡβώοντες.
ἔνθ' ὅ γε θυγατέρας πόρεν υἱάσιν εἶναι ἀκοίτις.
οἱ δ' αἰεὶ παρὰ πατρὶ φίλῳ καὶ μητέρι κεδνῇ
δαίνυνται· παρὰ δέ σφιν ὀνείατα μυρία κεῖται,
κνισῆεν δέ τε δῶμα περιστεναχίζεται αὐλῇ   10
ἤματα· νύκτας δ' αὖτε παρ' αἰδοίῃς ἀλόχοισιν
εὕδουσ' ἔν τε τάπησι καὶ ἐν τρητοῖσι λέχεσσι.
καὶ μὲν τῶν ἱκόμεσθα πόλιν καὶ δώματα καλά.
μῆνα δὲ πάντα φίλει με καὶ ἐξερέεινεν ἕκαστα,
Ἴλιον Ἀργείων τε νέας καὶ νόστον Ἀχαιῶν·   15
καὶ μὲν ἐγὼ τῷ πάντα κατὰ μοῖραν κατέλεξα.
ἀλλ' ὅτε δὴ καὶ ἐγὼ ὁδὸν ᾔτεον ἠδ' ἐκέλευον
πεμπέμεν, οὐδέ τι κεῖνος ἀνήνατο, τεῦχε δὲ πομπήν.
δῶκε δέ μ' ἐκδείρας ἀσκὸν βοὸς ἐννεώροιο,
ἔνθα δὲ βυκτάων ἀνέμων κατέδησε κέλευθα·   20
κεῖνον γὰρ ταμίην ἀνέμων ποίησε Κρονίων,
ἠμὲν παυέμεναι ἠδ' ὀρνύμεν ὅν κ' ἐθέλησι.
νηΐ δ' ἐνὶ γλαφυρῇ κατέδει μέρμιθι φαεινῇ

Τὰ τῆς Κίρκης Aelianus   4 ἀναδέδραμε L⁵ M² Pal. U¹ U⁷, cf.
ε 412   6 om. T   10 αὐλῇ i k o L⁷ P⁶ P⁷ R¹¹ : αὐδῇ γρ. Br V⁴:
αὐλή cet., cf. 454 ψ 146, Eur. I. T. 367 αὐλεῖται δὲ πᾶν μέλαθρον
12 τρητοῖς λεχέεσσι p Pal. P⁶ P⁷, cf. α 440   13 τείχεα μακρά, γρ. H³
    15 νέας] μόρον L⁴ : πόλιν Pal.   16 καὶ μὲν] αὐτὰρ P⁷,
γρ. L⁸   17 ἐγὼ L⁸ Eust. : ἐγὼν cet.   19 δῶκε μοι ἐκδ. H¹ : δέ μοι cet.
corr. Kayser   20 κέλευθον g : -ους U⁸   23 πρύμνῃ Ap. lex. in
Μέρμιθι, fort. γρ. U⁵

ἀργυρέῃ, ἵνα μή τι παραπνεύσει' ὀλίγον περ·
αὐτὰρ ἐμοὶ πνοιὴν Ζεφύρου προέηκεν ἀῆναι,   25
ὄφρα φέροι νῆάς τε καὶ αὐτούς· οὐδ' ἄρ' ἔμελλεν
ἐκτελέειν· αὐτῶν γὰρ ἀπωλόμεθ' ἀφραδίῃσιν.

Ἐννῆμαρ μὲν ὁμῶς πλέομεν νύκτας τε καὶ ἦμαρ,
τῇ δεκάτῃ δ' ἤδη ἀνεφαίνετο πατρὶς ἄρουρα,
καὶ δὴ πυρπολέοντας ἐλεύσσομεν ἐγγὺς ἐόντας.   30
ἔνθ' ἐμὲ μὲν γλυκὺς ὕπνος ἐπήλυθε κεκμηῶτα·
αἰεὶ γὰρ πόδα νηὸς ἐνώμων, οὐδέ τῳ ἄλλῳ
δῶχ' ἑτάρων, ἵνα θᾶσσον ἱκοίμεθα πατρίδα γαῖαν·
οἱ δ' ἕταροι ἐπέεσσι πρὸς ἀλλήλους ἀγόρευον,
καί μ' ἔφασαν χρυσόν τε καὶ ἄργυρον οἴκαδ' ἄγεσθαι,   35
δῶρα παρ' Αἰόλου μεγαλήτορος Ἱπποτάδαο·
ὧδε δέ τις εἴπεσκεν ἰδὼν ἐς πλησίον ἄλλον·

"Ὢ πόποι, ὡς ὅδε πᾶσι φίλος καὶ τίμιός ἐστιν
ἀνθρώποις, ὅτεών τε πόλιν καὶ γαῖαν ἵκηται.
πολλὰ μὲν ἐκ Τροίης ἄγεται κειμήλια καλὰ   40
ληίδος· ἡμεῖς δ' αὖτε ὁμὴν ὁδὸν ἐκτελέσαντες
οἴκαδε νισσόμεθα κενεὰς σὺν χεῖρας ἔχοντες.
καὶ νῦν οἱ τάδ' ἔδωκε χαριζόμενος φιλότητι
Αἴολος. ἀλλ' ἄγε θᾶσσον ἰδώμεθα ὅττι τάδ' ἐστίν,
ὅσσος τις χρυσός τε καὶ ἄργυρος ἀσκῷ ἔνεστιν."   45

Ὣς ἔφασαν, βουλὴ δὲ κακὴ νίκησεν ἑταίρων·
ἀσκὸν μὲν λῦσαν, ἄνεμοι δ' ἐκ πάντες ὄρουσαν,
τοὺς δ' αἶψ' ἁρπάξασα φέρεν πόντονδε θύελλα
κλαίοντας, γαίης ἀπὸ πατρίδος· αὐτὰρ ἐγώ γε
ἐγρόμενος κατὰ θυμὸν ἀμύμονα μερμήριξα   50
ἠὲ πεσὼν ἐκ νηὸς ἀποφθίμην ἐνὶ πόντῳ,
ἦ ἀκέων τλαίην καὶ ἔτι ζωοῖσι μετείην.

26 ἔμελλον j L⁵ M² Pal. R⁴   30 ἐόντας c e g i L⁴ Pal. : ἐόντες
cet.   31 ὑπήλυθε Eust. : ἐπέλλαβε c i j p⁷ Pal. : ἐπέβαλλε e, cf.
δ 793 ν 282 σ 88 ω 49   36 Αἰόλου ἄρ K Mon. m. 2   38 τιμῆς
L⁸ : τιμῆς γρ. M² (ἤγουν τιμήεις)   39 γαῖαν] δῆμον j Dio Prus.
47. 234 : δώμαθ' ἵκηται γρ. H³   41 ἐκτελέοντες Zen.   43 τάδ'
Ar. c k : τὰ δέδωκε alii : τά γ' vulg.

ἀλλ' ἔτλην καὶ ἔμεινα, καλυψάμενος δ' ἐνὶ νηὶ
κείμην· αἱ δ' ἐφέροντο κακῇ ἀνέμοιο θυέλλῃ
αὖτις ἐπ' Αἰολίην νῆσον, στενάχοντο δ' ἑταῖροι.   55
    Ἔνθα δ' ἐπ' ἠπείρου βῆμεν καὶ ἀφυσσάμεθ' ὕδωρ,
αἶψα δὲ δεῖπνον ἕλοντο θοῇς παρὰ νηυσὶν ἑταῖροι.
αὐτὰρ ἐπεὶ σίτοιό τ' ἐπασσάμεθ' ἠδὲ ποτῆτος,
δὴ τότ' ἐγὼ κήρυκά τ' ὀπασσάμενος καὶ ἑταῖρον,
βῆν εἰς Αἰόλου κλυτὰ δώματα· τὸν δ' ἐκίχανον   60
δαινύμενον παρὰ ᾗ τ' ἀλόχῳ καὶ οἷσι τέκεσσιν.
ἐλθόντες δ' ἐς δῶμα παρὰ σταθμοῖσιν ἐπ' οὐδοῦ
ἑζόμεθ'· οἱ δ' ἀνὰ θυμὸν ἐθάμβεον ἔκ τ' ἐρέοντο·
    " Πῶς ἦλθες, Ὀδυσεῦ; τίς τοι κακὸς ἔχραε δαίμων;
ἦ μέν σ' ἐνδυκέως ἀπεπέμπομεν, ὄφρ' ἂν ἵκοιο   65
πατρίδα σὴν καὶ δῶμα, καὶ εἴ πού τοι φίλον ἐστίν."
    Ὣς φάσαν· αὐτὰρ ἐγὼ μετεφώνεον ἀχνύμενος κῆρ·
" ἄασάν μ' ἕταροί τε κακοὶ πρὸς τοῖσί τε ὕπνος
σχέτλιος. ἀλλ' ἀκέσασθε, φίλοι· δύναμις γὰρ ἐν ὑμῖν."
    Ὣς ἐφάμην μαλακοῖσι καθαπτόμενος ἐπέεσσιν·   70
οἱ δ' ἄνεῳ ἐγένοντο· πατὴρ δ' ἠμείβετο μύθῳ·
    " Ἔρρ' ἐκ νήσου θᾶσσον, ἐλέγχιστε ζωόντων·
οὐ γάρ μοι θέμις ἐστὶ κομιζέμεν οὐδ' ἀποπέμπειν
ἄνδρα τὸν ὅς κε θεοῖσιν ἀπέχθηται μακάρεσσιν.
ἔρρ', ἐπεὶ ἀθανάτοισιν ἀπεχθόμενος τόδ' ἱκάνεις."   75
    Ὣς εἰπὼν ἀπέπεμπε δόμων βαρέα στενάχοντα.
ἔνθεν δὲ προτέρω πλέομεν ἀκαχήμενοι ἦτορ.
τείρετο δ' ἀνδρῶν θυμὸς ὑπ' εἰρεσίης ἀλεγεινῆς
ἡμετέρῃ ματίῃ, ἐπεὶ οὐκέτι φαίνετο πομπή.
    Ἑξῆμαρ μὲν ὁμῶς πλέομεν νύκτας τε καὶ ἦμαρ·   80

    56 ἤπειρον **d s**   62 δ' ἀνὰ **c f** L⁵ M² P⁶   63 ἔκ τ'] ἠδ'
a d l   65 ἂν ἵκοιο **g** : ἀφίκοιο vulg.   66 φίλοι εἰσὶν **f**
67 φάσαι· **c e j** Pal. : ἔφαν cet.   70 ἐφαπτόμενος **d** : ἀμειβόμενος
Zen. (καὶ ἔστι χαριεστάτη ἡ γραφή), γρ. H¹   73 ἠ ἐλεαίρειν Iulian.
432 A   74 ἀνέρας οἵ κε θεοῖσιν ἀπέχθωντ' ἀθανάτοισιν Iulian. l. c.
75 ἀθανάτοισιν **c i p** Pal. : ἄρα θεοῖσι vulg. : ἄρα θεῷ leg. Eust., γρ.
Pal.

ἑβδομάτῃ δ' ἱκόμεσθα Λάμου αἰπὺ πτολίεθρον,
Τηλέπυλον Λαιστρυγονίην, ὅθι ποιμένα ποιμὴν
ἠπύει εἰσελάων, ὁ δέ τ' ἐξελάων ὑπακούει.
ἔνθα κ' ἄϋπνος ἀνὴρ δοιοὺς ἐξήρατο μισθούς,
τὸν μὲν βουκολέων, τὸν δ' ἄργυφα μῆλα νομεύων·   85
ἐγγὺς γὰρ νυκτός τε καὶ ἤματός εἰσι κέλευθοι.
ἔνθ' ἐπεὶ ἐς λιμένα κλυτὸν ἤλθομεν, ὃν πέρι πέτρη
ἠλίβατος τετύχηκε διαμπερὲς ἀμφοτέρωθεν,
ἀκταὶ δὲ προβλῆτες ἐναντίαι ἀλλήλῃσιν
ἐν στόματι προὔχουσιν, ἀραιὴ δ' εἴσοδός ἐστιν,   90
ἔνθ' οἵ γ' εἴσω πάντες ἔχον νέας ἀμφιελίσσας.
αἱ μὲν ἄρ' ἔντοσθεν λιμένος κοίλοιο δέδεντο
πλησίαι· οὐ μὲν γάρ ποτ' ἀέξετο κῦμά γ' ἐν αὐτῷ,
οὔτε μέγ' οὔτ' ὀλίγον, λευκὴ δ' ἦν ἀμφὶ γαλήνη.
αὐτὰρ ἐγὼν οἶος σχέθον ἔξω νῆα μέλαιναν,   95
αὐτοῦ ἐπ' ἐσχατιῇ, πέτρης ἐκ πείσματα δήσας·
ἔστην δὲ σκοπιὴν ἐς παιπαλόεσσαν ἀνελθών.
ἔνθα μὲν οὔτε βοῶν οὔτ' ἀνδρῶν φαίνετο ἔργα,
καπνὸν δ' οἶον ὁρῶμεν ἀπὸ χθονὸς ἀΐσσοντα.
δὴ τότ' ἐγὼν ἑτάρους προΐειν πεύθεσθαι ἰόντας   100
οἵ τινες ἀνέρες εἶεν ἐπὶ χθονὶ σῖτον ἔδοντες,
ἄνδρε δύο κρίνας, τρίτατον κήρυχ' ἅμ' ὀπάσσας.
οἱ δ' ἴσαν ἐκβάντες λείην ὁδόν, ᾗ περ ἄμαξαι
ἄστυδ' ἀφ' ὑψηλῶν ὀρέων καταγίνεον ὕλην.
κούρῃ δὲ ξύμβληντο πρὸ ἄστεος ὑδρευούσῃ,   105
θυγατέρ' ἰφθίμῃ Λαιστρυγόνος Ἀντιφάταο.
ἡ μὲν ἄρ' ἐς κρήνην κατεβήσετο καλλιρέεθρον
Ἀρτακίην· ἔνθεν γὰρ ὕδωρ προτὶ ἄστυ φέρεσκον·
οἱ δὲ παριστάμενοι προσεφώνεον, ἔκ τ' ἐρέοντο

84 κᾱοκνος U⁶ Hes. Opp. 495, Eust. 750. 30   87 λιμέν' ἄκλυτον
Megaclides ap. Hesych. in Λιμένα κλυτόν   91 βάντες a d H³
93 κύματ' e k   96 ἐσχατιῆς e i k, cf. ι 182   100 προΐην e L⁸
101 εἰσὶν L⁴ Pal.   103 ἥνπερ k   106 μεγαλήτορος pro
Λαιστρυγόνος Pal.

ὅς τις τῶνδ' εἴη βασιλεὺς καὶ οἷσιν ἀνάσσοι.   110
ἡ δὲ μάλ' αὐτίκα πατρὸς ἐπέφραδεν ὑψερεφὲς δῶ.
οἱ δ' ἐπεὶ εἰσῆλθον κλυτὰ δώματα, τὴν δὲ γυναῖκα
εὗρον ὅσην τ' ὄρεος κορυφήν, κατὰ δ' ἔστυγον αὐτήν.
ἡ δ' αἶψ' ἐξ ἀγορῆς ἐκάλει κλυτὸν Ἀντιφατῆα,
ὃν πόσιν, ὃς δὴ τοῖσιν ἐμήσατο λυγρὸν ὄλεθρον.   115
αὐτίχ' ἕνα μάρψας ἑτάρων ὁπλίσσατο δεῖπνον·
τὼ δὲ δύ' ἀΐξαντε φυγῇ ἐπὶ νῆας ἱκέσθην.
αὐτὰρ ὁ τεῦχε βοὴν διὰ ἄστεος· οἱ δ' ἀΐοντες
φοίτων ἴφθιμοι Λαιστρυγόνες ἄλλοθεν ἄλλος,
μυρίοι, οὐκ ἄνδρεσσιν ἐοικότες, ἀλλὰ Γίγασιν.   120
οἵ ῥ' ἀπὸ πετράων ἀνδραχθέσι χερμαδίοισι
βάλλον· ἄφαρ δὲ κακὸς κόναβος κατὰ νῆας ὀρώρει
ἀνδρῶν ὀλλυμένων νηῶν θ' ἅμα ἀγνυμενάων·
ἰχθῦς δ' ὣς πείροντες ἀτερπέα δαῖτα φέροντο.
ὄφρ' οἱ τοὺς ὄλεκον λιμένος πολυβενθέος ἐντός,   125
τόφρα δ' ἐγὼ ξίφος ὀξὺ ἐρυσσάμενος παρὰ μηροῦ
τῷ ἀπὸ πείσματ' ἔκοψα νεὸς κυανοπρῴροιο.
αἶψα δ' ἐμοῖς ἑτάροισιν ἐποτρύνας ἐκέλευσα
ἐμβαλέειν κώπῃς, ἵν' ὑπὲκ κακότητα φύγοιμεν·
οἱ δ' ἅμα πάντες ἀνέρριψαν, δείσαντες ὄλεθρον.   130
ἀσπασίως δ' ἐς πόντον ἐπηρεφέας φύγε πέτρας
νηῦς ἐμή· αὐτὰρ αἱ ἄλλαι ἀολλέες αὐτόθ' ὄλοντο.

Ἔνθεν δὲ προτέρω πλέομεν ἀκαχήμενοι ἦτορ,
ἄσμενοι ἐκ θανάτοιο, φίλους ὀλέσαντες ἑταίρους.
Αἰαίην δ' ἐς νῆσον ἀφικόμεθ'· ἔνθα δ' ἔναιε   135
Κίρκη ἐϋπλόκαμος, δεινὴ θεὸς αὐδήεσσα,

110 καὶ τοῖσιν Ar. (διὰ τοῦ τ) P⁶ Eust : καὶ οἷσιν **e g j** L⁴ Pal. :
ἠδ' οἷσιν vulg.   113 ἴσην . . κορυφῇ Themistius in Ar. Physic. Γ 8?
115 ἐμήδετο **g h** U⁷ H¹ ss.   116 ὧπλ. codd uv.   δόρπον p L⁴ O
P⁷ U⁸, cf. ι 344   118 τεῦξε **e f i**   123 ἀνδρῶν τ' **c** P⁶ U⁸
124 εἴροντες Aristoph : σπαίροντες **J** uv., γρ. schol : ἀσπαίροντας Ap.
lex. in Φέροντο (ἰχθῦς δ' ἀσπαίροντες quidam ap. Eust)   φέροντο Zen.
(Zenodorus codd.) Ar. **g** P⁷ T : τίθεντο j U¹ : πένοντο cet.   126 ἐγὼν
ἄορ **c f i k**   130. ἄλα Rhianus, Callistratus : ἄρα quidam Pal. U⁶,
cf. η 328   136 οὐδήεσσα Aristoteles, cit. Eust. 1728. 1, cf. ε 334

αὐτοκασιγνήτη ὀλοόφρονος Αἰήταο·
ἄμφω δ' ἐκγεγάτην φαεσιμβρότου Ἡελίοιο
μητρός τ' ἐκ Πέρσης, τὴν Ὠκεανὸς τέκε παῖδα.
ἔνθα δ' ἐπ' ἀκτῆς νηὶ κατηγαγόμεσθα σιωπῇ   140
ναύλοχον ἐς λιμένα, καί τις θεὸς ἡγεμόνευεν.
ἔνθα τότ' ἐκβάντες δύο τ' ἤματα καὶ δύο νύκτας
κείμεθ', ὁμοῦ καμάτῳ τε καὶ ἄλγεσι θυμὸν ἔδοντες.
ἀλλ' ὅτε δὴ τρίτον ἦμαρ ἐϋπλόκαμος τέλεσ' Ἡώς,
καὶ τότ' ἐγὼν ἐμὸν ἔγχος ἑλὼν καὶ φάσγανον ὀξὺ   145
καρπαλίμως παρὰ νηὸς ἀνήϊον ἐς περιωπήν,
εἴ πως ἔργα ἴδοιμι βροτῶν ἐνοπήν τε πυθοίμην.
ἔστην δὲ σκοπιὴν ἐς παιπαλόεσσαν ἀνελθών,
καί μοι ἐείσατο καπνὸς ἀπὸ χθονὸς εὐρυοδείης
Κίρκης ἐν μεγάροισι διὰ δρυμὰ πυκνὰ καὶ ὕλην.   150
μερμήριξα δ' ἔπειτα κατὰ φρένα καὶ κατὰ θυμὸν
ἐλθεῖν ἠδὲ πυθέσθαι, ἐπεὶ ἴδον αἴθοπα καπνόν.
ὧδε δέ μοι φρονέοντι δοάσσατο κέρδιον εἶναι,
πρῶτ' ἐλθόντ' ἐπὶ νῆα θοὴν καὶ θῖνα θαλάσσης
δεῖπνον ἑταίροισιν δόμεναι προέμεν τε πυθέσθαι.   155
ἀλλ' ὅτε δὴ σχεδὸν ἦα κιὼν νεὸς ἀμφιελίσσης,
καὶ τότε τίς με θεῶν ὀλοφύρατο μοῦνον ἐόντα,
ὅς ῥά μοι ὑψίκερων ἔλαφον μέγαν εἰς ὁδὸν αὐτὴν
ἦκεν· ὁ μὲν ποταμόνδε κατήϊεν ἐκ νομοῦ ὕλης
πιόμενος· δὴ γάρ μιν ἔχεν μένος ἠελίοιο.   160
τὸν δ' ἐγὼ ἐκβαίνοντα κατ' ἄκνηστιν μέσα νῶτα
πλῆξα· τὸ δ' ἀντικρὺ δόρυ χάλκεον ἐξεπέρησε,
κὰδ δ' ἔπεσ' ἐν κονίῃσι μακών, ἀπὸ δ' ἔπτατο θυμός.
τῷ δ' ἐγὼ ἐμβαίνων δόρυ χάλκεον ἐξ ὠτειλῆς
εἰρυσάμην· τὸ μὲν αὖθι κατακλίνας ἐπὶ γαίῃ   165
εἴασ'· αὐτὰρ ἐγὼ σπασάμην ῥῶπάς τε λύγους τε,
πεῖσμα δ', ὅσον τ' ὄργυιαν, ἐϋστρεφὲς ἀμφοτέρωθεν

140 αἶψα P³   νηὶ g j L⁴ Pal. : νῆα cet.   146 ἀπὸ a d l r
153 βέλτιον l Br R⁴   160 δὴν Zen. d   161 κατὰ κνῆστιν q
R² U⁷   164 ἐκβαίνων v.l. ant. b j L⁴   165 ἐνὶ a d i l al.

ἁλεξάμενος συνέδησα πόδας δεινοῖο πελώρου,
βῆν δὲ καταλοφάδεια φέρων ἐπὶ νῆα μέλαιναν,
ἔγχει ἐρειδόμενος, ἐπεὶ οὔ πως ἦεν ἐπ᾽ ὤμου   170
χειρὶ φέρειν ἑτέρῃ· μάλα γὰρ μέγα θηρίον ἦεν.
κὰδ δ᾽ ἔβαλον προπάροιθε νεός, ἀνέγειρα δ᾽ ἑταίρους
μειλιχίοις ἐπέεσσι παρασταδὸν ἄνδρα ἕκαστον·
"᾽Ω φίλοι, οὐ γάρ πω καταδυσόμεθ᾽, ἀχνύμενοί περ,
εἰς Ἀίδαο δόμους, πρὶν μόρσιμον ἦμαρ ἐπέλθῃ.   175
ἀλλ᾽ ἄγετ᾽, ὄφρ᾽ ἐν νηὶ θοῇ βρῶσίς τε πόσις τε,
μνησόμεθα βρώμης μηδὲ τρυχώμεθα λιμῷ."
Ὣς ἐφάμην, οἱ δ᾽ ὦκα ἐμοῖς ἐπέεσσι πίθοντο·
ἐκ δὲ καλυψάμενοι παρὰ θῖν᾽ ἁλὸς ἀτρυγέτοιο
θηήσαντ᾽ ἔλαφον· μάλα γὰρ μέγα θηρίον ἦεν.   180
αὐτὰρ ἐπεὶ τάρπησαν ὁρώμενοι ὀφθαλμοῖσι,
χεῖρας νιψάμενοι τεύχοντ᾽ ἐρικυδέα δαῖτα.
ὣς τότε μὲν πρόπαν ἦμαρ ἐς ἠέλιον καταδύντα
ἥμεθα δαινύμενοι κρέα τ᾽ ἄσπετα καὶ μέθυ ἡδύ·
ἦμος δ᾽ ἠέλιος κατέδυ καὶ ἐπὶ κνέφας ἦλθε,   185
δὴ τότε κοιμήθημεν ἐπὶ ρηγμῖνι θαλάσσης.
ἦμος δ᾽ ἠριγένεια φάνη ροδοδάκτυλος Ἠώς,
καὶ τότ᾽ ἐγὼν ἀγορὴν θέμενος μετὰ πᾶσιν ἔειπον·
"Κέκλυτέ μευ μύθων, κακά περ πάσχοντες ἑταῖροι·
ὦ φίλοι, οὐ γὰρ ἴδμεν ὅπῃ ζόφος οὐδ᾽ ὅπῃ ἠώς,   190
οὐδ᾽ ὅπῃ ἠέλιος φαεσίμβροτος εἶσ᾽ ὑπὸ γαῖαν
οὐδ᾽ ὅπῃ ἀννεῖται· ἀλλὰ φραζώμεθα θᾶσσον
εἴ τις ἔτ᾽ ἔσται μῆτις· ἐγὼ δ᾽ οὐκ οἴομαι εἶναι.
εἶδον γὰρ σκοπιὴν ἐς παιπαλόεσσαν ἀνελθὼν

---

169 κιταλοφάδια c d j q L⁴ leg. Eust.   170 εἶχον Aristoph.
   172 νεός Pal. : νεώς cet.   174 πω c f i : που j Eust. : πως
vulg   175 ἐπελθεῖν f Eust. : ἰδέσθαι L⁴ T : ἱκέσθαι γρ R¹², cf
a 21   178 ὦκα] ἔν τισι τὸ οὕτω φέρεται schol.   188 δὴ τότ᾽ Rhianus
   μετὰ μύθον id. g P⁷ U⁸   189 Καλλίστρατός φησιν ὡς ὑπό τινος
ὁ στίχος προτέτακται ἀγνοοῦντος τὸ Ὁμηρικὸν ἔθος ὡς θέλει ἄρχεσθαι
                                                            πη
ἀπὸ τοῦ γάρ schol.   190 γὰρ Bentley: γάρ τ᾽ vulg. : οὐ γὰρ ἴδμεν
schol. U⁵ β 1 : γάρ πω P³ : γάρ πωτ᾽ a d l: γάρ ποι U⁸ Porph. qu. Od.
25 : τοι Strab. 34, 455   ἥδειμεν Zenodorus ap. Miller Mél. 407

νῆσον, τὴν πέρι πόντος ἀπείριτος ἐστεφάνωται.　　　　195
αὐτὴ δὲ χθαμαλὴ κεῖται· καπνὸν δ' ἐνὶ μέσσῃ
ἔδρακον ὀφθαλμοῖσι διὰ δρυμὰ πυκνὰ καὶ ὕλην."

Ὣς ἐφάμην, τοῖσιν δὲ κατεκλάσθη φίλον ἦτορ
μνησαμένοις ἔργων Λαιστρυγόνος Ἀντιφάταο
Κύκλωπός τε βίης μεγαλήτορος, ἀνδροφάγοιο.　　　　200
κλαῖον δὲ λιγέως, θαλερὸν κατὰ δάκρυ χέοντες·
ἀλλ' οὐ γάρ τις πρῆξις ἐγίγνετο μυρομένοισιν.

Αὐτὰρ ἐγὼ δίχα πάντας ἐϋκνήμιδας ἑταίρους
ἠρίθμεον, ἀρχὸν δὲ μετ' ἀμφοτέροισιν ὄπασσα·
τῶν μὲν ἐγὼν ἄρχον, τῶν δ' Εὐρύλοχος θεοειδής.　　　205
κλήρους δ' ἐν κυνέῃ χαλκήρεϊ πάλλομεν ὦκα·
ἐκ δ' ἔθορε κλῆρος μεγαλήτορος Εὐρυλόχοιο.
βῆ δ' ἰέναι, ἅμα τῷ γε δύω καὶ εἴκοσ' ἑταῖροι
κλαίοντες· κατὰ δ' ἄμμε λίπον γοόωντας ὄπισθεν.
εὗρον δ' ἐν βήσσῃσι τετυγμένα δώματα Κίρκης　　　210
ξεστοῖσιν λάεσσι, περισκέπτῳ ἐνὶ χώρῳ.
ἀμφὶ δέ μιν λύκοι ἦσαν ὀρέστεροι ἠδὲ λέοντες,
τοὺς αὐτὴ κατέθελξεν, ἐπεὶ κακὰ φάρμακ' ἔδωκεν.
οὐδ' οἵ γ' ὁρμήθησαν ἐπ' ἀνδράσιν, ἀλλ' ἄρα τοί γε
οὐρῇσιν μακρῇσι περισσαίνοντες ἀνέσταν.　　　　215
ὡς δ' ὅτ' ἂν ἀμφὶ ἄνακτα κύνες δαίτηθεν ἰόντα
σαίνωσ'· αἰεὶ γάρ τε φέρει μειλίγματα θυμοῦ·
ὣς τοὺς ἀμφὶ λύκοι κρατερώνυχες ἠδὲ λέοντες
σαῖνον· τοὶ δ' ἔδεισαν, ἐπεὶ ἴδον αἰνὰ πέλωρα.
ἔσταν δ' ἐν προθύροισι θεᾶς καλλιπλοκάμοιο,　　　220
Κίρκης δ' ἔνδον ἄκουον ἀειδούσης ὀπὶ καλῇ,
ἱστὸν ἐποιχομένης μέγαν ἄμβροτον, οἷα θεάων
λεπτά τε καὶ χαρίεντα καὶ ἀγλαὰ ἔργα πέλονται.
τοῖσι δὲ μύθων ἄρχε Πολίτης, ὄρχαμος ἀνδρῶν,

200 ἀνδρυφόνοιο L⁴ Pal. P⁵ P⁸ T Eust.　　　201, 202 om g L⁴ R² V·
(202 = 568)　　205 ἦρχον codd　　2c6 πάλλον ἐλόντες Pal. (= Γ 316
Ψ 861)　　209 γοόοντας e　　214 ὥρμ. codd.　　τούς γε d
217 θυμῷ f g　　220 ἐν προθύροισι Ar. J L² P⁴ Pal. Eust. : ῃσι d e
εἰνὶ θύρῃσι cet., cf. θ 325　　223 δῶρα a d l　　224 ἦρχε codd.

ὅς μοι κήδιστος ἑτάρων ἦν κεδνότατός τε·   225
"Ὦ φίλοι, ἔνδον γάρ τις ἐποιχομένη μέγαν ἱστὸν
καλὸν ἀοιδιάει, δάπεδον δ' ἅπαν ἀμφιμέμυκεν,
ἢ θεὸς ἠὲ γυνή· ἀλλὰ φθεγγώμεθα θᾶσσον."
Ὣς ἄρ' ἐφώνησεν, τοὶ δ' ἐφθέγγοντο καλεῦντες.
ἡ δ' αἶψ' ἐξελθοῦσα θύρας ὤϊξε φαεινὰς   230
καὶ κάλει· οἱ δ' ἅμα πάντες ἀϊδρείῃσιν ἕποντο·
Εὐρύλοχος δ' ὑπέμεινεν, ὀϊσάμενος δόλον εἶναι.
εἷσεν δ' εἰσαγαγοῦσα κατὰ κλισμούς τε θρόνους τε,
ἐν δέ σφιν τυρόν τε καὶ ἄλφιτα καὶ μέλι χλωρὸν
οἴνῳ Πραμνείῳ ἐκύκα· ἀνέμισγε δὲ σίτῳ   235
φάρμακα λύγρ', ἵνα πάγχυ λαθοίατο πατρίδος αἴης.
αὐτὰρ ἐπεὶ δῶκέν τε καὶ ἔκπιον, αὐτίκ' ἔπειτα
ῥάβδῳ πεπληγυῖα κατὰ συφεοῖσιν ἐέργνυ.
οἱ δὲ συῶν μὲν ἔχον κεφαλὰς φωνήν τε τρίχας τε
καὶ δέμας, αὐτὰρ νοῦς ἦν ἔμπεδος ὡς τὸ πάρος περ.   240
ὣς οἱ μὲν κλαίοντες ἐέρχατο· τοῖσι δὲ Κίρκη
πάρ ῥ' ἄκυλον βάλανόν τ' ἔβαλεν καρπόν τε κρανείης
ἔδμεναι, οἷα σύες χαμαιευνάδες αἰὲν ἔδουσιν.
Εὐρύλοχος δ' ἂψ ἦλθε θοὴν ἐπὶ νῆα μέλαιναν,
ἀγγελίην ἑτάρων ἐρέων καὶ ἀδευκέα πότμον.   245
οὐδέ τι ἐκφάσθαι δύνατο ἔπος, ἱέμενός περ,
κῆρ ἄχεϊ μεγάλῳ βεβολημένος· ἐν δέ οἱ ὄσσε
δακρυόφιν πίμπλαντο, γόον δ' ὠΐετο θυμός.
ἀλλ' ὅτε δή μιν πάντες ἀγασσάμεθ' ἐξερέοντες,

225 κύδιστος C U⁵ Pal. corr.   225 a ὅ σφιν ἐὺ φρονέων ἀγορήσατο
καὶ μετέειπεν hab. 1 r R⁴ U⁷ V⁴ mg. (= η 158)   227 ἀμφιβέβηκεν
b R¹⁰   230 γρ. ἔθορε, ἐξεπήδησεν U⁵ ap. Ludw.   232–239 diplas
adscr. L⁸   232 ὄϊσατο γὰρ c f i k   233 a τεῦχε δέ οἱ κυκεῶ
χρυσέῳ δέπαι ὄφρα πίοιεν hab. a d f r Pⁱ (= 316)   239 δέμας τε P⁷,
γρ. U⁵   240 καὶ τρίχας P⁷ : καὶ πόδας Zen. p L⁷ R¹ ss.   242 Ἀρί-
σταρχος οὐκ οἶδε τὸν στίχον· ὁ δὲ Καλλίστρατος ἀντ' αὐτοῦ γράφει
                    παντοίης ὕλης ἐτίθει μελιηδέα καρπόν,
Ar igitur in v. 241 δῶκε scrips. opinatur Nitzsch.   244–248 diplas
adscr. L⁸   244 ἂψ P¹ : ὕψ' P⁶ : αἶψ' cet., cf θ 92   247 βεβλη-
μένος f Pal. R¹⁰   θυμὸν ἄχει μεγάλῳ βεβολημένα Mnasalcas in eleg.
ap. Ath. 163 A   249 ἀγασσάμεθ' g i k p U⁷ U⁸ : -αζόμεθα' cet. : ἀγαπα-
ζόμεθ' Heliodor. ap. Ap. lex. in v.

καὶ τότε τῶν ἄλλων ἑτάρων κατέλεξεν ὄλεθρον·   250
   "Ἤιομεν, ὡς ἐκέλευες ἀνὰ δρυμά, φαίδιμ' Ὀδυσσεῦ·
εὕρομεν ἐν βήσσῃσι τετυγμένα δώματα καλὰ
ξεστοῖσιν λάεσσι, περισκέπτῳ ἐνὶ χώρῳ.
ἔνθα δέ τις μέγαν ἱστὸν ἐποιχομένη λίγ' ἄειδεν
ἢ θεὸς ἠὲ γυνή· τοὶ δ' ἐφθέγγοντο καλεῦντες.   255
ἡ δ' αἶψ' ἐξελθοῦσα θύρας ὤιξε φαεινὰς
καὶ κάλει· οἱ δ' ἅμα πάντες ἀϊδρείῃσιν ἕποντο·
αὐτὰρ ἐγὼν ὑπέμεινα, ὀισάμενος δόλον εἶναι.
οἱ δ' ἅμ' ἀϊστώθησαν ἀολλέες, οὐδέ τις αὐτῶν
ἐξεφάνη· δηρὸν δὲ καθήμενος ἐσκοπίαζον."   260
   Ὣς ἔφατ', αὐτὰρ ἐγὼ περὶ μὲν ξίφος ἀργυρόηλον
ὤμοιϊν βαλόμην, μέγα χάλκεον, ἀμφὶ δὲ τόξα·
τὸν δ' ἂψ ἠνώγεα αὐτὴν ὁδὸν ἡγήσασθαι.
αὐτὰρ ὅ γ' ἀμφοτέρῃσι λαβὼν ἐλλίσσετο γούνων
καί μ' ὀλοφυρόμενος ἔπεα πτερόεντα προσηύδα·   265
   "Μή μ' ἄγε κεῖσ' ἀέκοντα, διοτρεφές, ἀλλὰ λίπ' αὐτοῦ.
οἶδα γὰρ ὡς οὔτ' αὐτὸς ἐλεύσεαι οὔτε τιν' ἄλλον
ἄξεις σῶν ἑτάρων· ἀλλὰ ξὺν τοίσδεσι θᾶσσον
φεύγωμεν· ἔτι γάρ κεν ἀλύξαιμεν κακὸν ἦμαρ."
   Ὣς ἔφατ', αὐτὰρ ἐγώ μιν ἀμειβόμενος προσέειπον·   270
"Εὐρύλοχ', ἦ τοι μὲν σὺ μέν' αὐτοῦ τῷδ' ἐνὶ χώρῳ
ἔσθων καὶ πίνων, κοίλῃ παρὰ νηὶ μελαίνῃ·
αὐτὰρ ἐγὼν εἶμι· κρατερὴ δέ μοι ἔπλετ' ἀνάγκη."
   Ὣς εἰπὼν παρὰ νηὸς ἀνήιον ἠδὲ θαλάσσης.
ἀλλ' ὅτε δὴ ἄρ' ἔμελλον ἰὼν ἱερὰς ἀνὰ βήσσας   275
Κίρκης ἵξεσθαι πολυφαρμάκου ἐς μέγα δῶμα,
ἔνθα μοι Ἑρμείας χρυσόρραπις ἀντεβόλησεν
ἐρχομένῳ πρὸς δῶμα, νεηνίῃ ἀνδρὶ ἐοικώς,

251 ἤαμεν f: ἤλθομεν Long. de subl. 19   πυκνὰ καὶ ὕλην f (= 150,
197)   252 εἴδομεν Long. l. c.   253 hab. p L² P⁷, marg. U⁵ U⁶ (= 211),
om. cet.   254 μέγ' ἄειδεν a d l   257 ἄρα Pal.: ἅμ' ἅπαντες R⁴
263 ἂψ P¹: αἶψ' vulg., cf. 244   ἠνώγεον e: ἤνωγον a d l p
264 ἀμφοτέρῃσιν ἑλὼν c f i k o   265 hab. k p L² U² (= 324, 418),
om. cet.   267 ἄλλων g Pal.   268 ὧν g   273 ἔπετ' j T

πρῶτον ὑπηνήτῃ, τοῦ περ χαριέστατος ἥβη·
ἔν τ᾿ ἄρα μοι φῦ χειρὶ ἔπος τ᾿ ἔφατ᾿ ἔκ τ᾿ ὀνόμαζε·   280
  "Πῇ δὴ αὖτ᾿, ὦ δύστηνε, δι᾿ ἄκριας ἔρχεαι οἶος,
χώρου ἄϊδρις ἐών; ἕταροι δέ τοι οἵδ᾿ ἐνὶ Κίρκης
ἔρχαται, ὥς τε σύες, πυκινοὺς κευθμῶνας ἔχοντες.
ἦ τοὺς λυσόμενος δεῦρ᾿ ἔρχεαι; οὐδέ σέ φημι
αὐτὸν νοστήσειν, μενέεις δὲ σύ γ᾿ ἔνθα περ ἄλλοι·   285
ἀλλ᾿ ἄγε δή σε κακῶν ἐκλύσομαι ἠδὲ σαώσω·
τῇ, τόδε φάρμακον ἐσθλὸν ἔχων ἐς δώματα Κίρκης
ἔρχευ, ὅ κέν τοι κρατὸς ἀλάλκῃσιν κακὸν ἦμαρ.
πάντα δέ τοι ἐρέω ὀλοφώϊα δήνεα Κίρκης.
τεύξει τοι κυκεῶ, βαλέει δ᾿ ἐν φάρμακα σίτῳ·   290
ἀλλ᾿ οὐδ᾿ ὣς θέλξαι σε δυνήσεται· οὐ γὰρ ἐάσει
φάρμακον ἐσθλόν, ὅ τοι δώσω, ἐρέω δὲ ἕκαστα.
ὁππότε κεν Κίρκη σ᾿ ἐλάσῃ περιμήκεϊ ῥάβδῳ,
δὴ τότε σὺ ξίφος ὀξὺ ἐρυσσάμενος παρὰ μηροῦ
Κίρκῃ ἐπαῖξαι ὥς τε κτάμεναι μενεαίνων.   295
ἡ δέ σ᾿ ὑποδείσασα κελήσεται εὐνηθῆναι·
ἔνθα σὺ μηκέτ᾿ ἔπειτ᾿ ἀπανήνασθαι θεοῦ εὐνήν,
ὄφρα κέ τοι λύσῃ θ᾿ ἑτάρους αὐτόν τε κομίσσῃ·
ἀλλὰ κέλεσθαί μιν μακάρων μέγαν ὅρκον ὀμόσσαι
μή τί τοι αὐτῷ πῆμα κακὸν βουλευσέμεν ἄλλο,   300
μή σ᾿ ἀπογυμνωθέντα κακὸν καὶ ἀνήνορα θήῃ."
  ῞Ως ἄρα φωνήσας πόρε φάρμακον ἀργειφόντης
ἐκ γαίης ἐρύσας, καί μοι φύσιν αὐτοῦ ἔδειξε.
ῥίζῃ μὲν μέλαν ἔσκε, γάλακτι δὲ εἴκελον ἄνθος·
μῶλυ δέ μιν καλέουσι θεοί· χαλεπὸν δέ τ᾿ ὀρύσσειν   305
ἀνδράσι γε θνητοῖσι· θεοὶ δέ τε πάντα δύνανται.
  Ἑρμείας μὲν ἔπειτ᾿ ἀπέβη πρὸς μακρὸν Ὄλυμπον

279 περ] δὴ d   χαριέστατος f M² uv.: χαριεστάτη cet., cf. δ 442
μ 11, h. Dem. 157. Her. i. 196, Eus. Praep. ev. x. 11, Strab. 434, 476
(v. l.)   281 αὖτως i P² Eust., cf. λ 93   284 λισσόμενος Br O P⁶ R⁴
    289 παρῴδηται ἐκ τοῦ πάντα δέ τοι ἐρέω ὀλοφώϊα τοῖο γέροντος, ὅπερ
ἐν τῇ δ ῥαψῳδίᾳ κεῖται (δ 410) Eust.   290 ἐνὶ a d l   298 γρ. καὶ
λύσοιτο e   300 ἄλλοις Aristoph. ad ε 179   304 ῥίζην . . . ἔσχεν
Galen. xv. 3   306 πάντα ἴσασιν c e i k Pal. Max. Tyr. 35. 6 (= δ 379,
468)   306 a καὶ ῥεῖα . . . Iustin. de resurr. c. 5 = 590 D E, fort.
conferendus Hes. O. D. 5-7

νῆσον ἀν' ὑλήεσσαν, ἐγὼ δ' ἐς δώματα Κίρκης
ἤϊα· πολλὰ δέ μοι κραδίη πόρφυρε κιόντι.
ἔστην δ' εἰνὶ θύρῃσι θεᾶς καλλιπλοκάμοιο·   310
ἔνθα στὰς ἐβόησα, θεὰ δέ μευ ἔκλυεν αὐδῆς.
ἡ δ' αἶψ' ἐξελθοῦσα θύρας ὤϊξε φαεινὰς
καὶ κάλει· αὐτὰρ ἐγὼν ἑπόμην ἀκαχήμενος ἦτορ.
εἷσε δέ μ' εἰσαγαγοῦσα ἐπὶ θρόνου ἀργυροήλου,
καλοῦ δαιδαλέου· ὑπὸ δὲ θρῆννς ποσὶν ἦεν·   315
τεῦχε δέ μοι κυκεῶ χρυσέῳ δέπᾳ, ὄφρα πίοιμι,
ἐν δέ τε φάρμακον ἧκε, κακὰ φρονέουσ' ἐνὶ θυμῷ.
αὐτὰρ ἐπεὶ δῶκέν τε καὶ ἔκπιον οὐδέ μ' ἔθελξε,
ῥάβδῳ πεπληγυῖα ἔπος τ' ἔφατ' ἔκ τ' ὀνόμαζεν·
"Ἔρχεο νῦν συφεόνδε, μετ' ἄλλων λέξο ἑταίρων."   320
ὣς φάτ', ἐγὼ δ' ἄορ ὀξὺ ἐρυσσάμενος παρὰ μηροῦ
Κίρκῃ ἐπήϊξα ὥς τε κτάμεναι μενεαίνων.
ἡ δὲ μέγα ἰάχουσα ὑπέδραμε καὶ λάβε γούνων,
καί μ' ὀλοφυρομένη ἔπεα πτερόεντα προσηύδα·
"Τίς πόθεν εἰς ἀνδρῶν; πόθι τοι πόλις ἠδὲ τοκῆες;
θαῦμά μ' ἔχει ὡς οὔ τι πιὼν τάδε φάρμακ' ἐθέλχθης.   326
οὐδὲ γὰρ οὐδέ τις ἄλλος ἀνὴρ τάδε φάρμακ' ἀνέτλη,
ὅς κε πίῃ καὶ πρῶτον ἀμείψεται ἕρκος ὀδόντων.
σοὶ δέ τις ἐν στήθεσσιν ἀκήλητος νόος ἐστίν.
ἦ σύ γ' Ὀδυσσεύς ἐσσι πολύτροπος, ὅν τέ μοι αἰεὶ   330
φάσκεν ἐλεύσεσθαι χρυσόρραπις ἀργειφόντης,
ἐκ Τροίης ἀνιόντα θοῇ σὺν νηῒ μελαίνῃ.
ἀλλ' ἄγε δὴ κολεῷ μὲν ἄορ θέο, νῶϊ δ' ἔπειτα
εὐνῆς ἡμετέρης ἐπιβήομεν, ὄφρα μιγέντε

310 ἐν προθύροισι L⁴, cf. 220   310 a Κίρκης δ' ἔνδον ἄκουον
ἀ ιδούσης ὀπὶ κ λῆ add. d k l R⁴ U⁷ al. (= 221)   311 ἤυσα j k U⁸
315 om. Ar. L⁴ T U⁸ Z (= 367 al.)   315 a b c d (= 368, 369, 371,
372) add. P⁶ : 315 a b g j Mon.   316 τεῦξε h j   319 a b (= 371,
372) add. g j Mon. U² U⁴   320 λέξο Ar. (δισυλλάβως) vulg. : λέξεο h:
λέξαι g j L⁷ Eust.   323 ἐπέδραμε a d l L⁵   324 μειλισσομένη
Aristoph. (καὶ ἔστιν οὐκ ἄχαρις ἡ γραφή) g   329 ὁ Σιδώνιός φησιν
ἀθετεῖσθαι τὸν στίχον schol.   ἀκήλατος o : -ωτος U⁸   331 ἀλεύε-
σθαι j, γρ. U⁵

εὐνῇ καὶ φιλότητι πεποίθομεν ἀλλήλοισιν." 335

Ὣς ἔφατ᾽, αὐτὰρ ἐγώ μιν ἀμειβόμενος προσέειπον·
" ὦ Κίρκη, πῶς γάρ με κέλεαι σοὶ ἤπιον εἶναι,
ἥ μοι σῦς μὲν ἔθηκας ἐνὶ μεγάροισιν ἑταίρους,
αὐτὸν δ᾽ ἐνθάδ᾽ ἔχουσα δολοφρονέουσα κελεύεις
ἐς θάλαμόν τ᾽ ἰέναι καὶ σῆς ἐπιβήμεναι εὐνῆς, 340
ὄφρα με γυμνωθέντα κακὸν καὶ ἀνήνορα θήῃς.
οὐδ᾽ ἂν ἐγώ γ᾽ ἐθέλοιμι τεῆς ἐπιβήμεναι εὐνῆς,
εἰ μή μοι τλαίης γε, θεά, μέγαν ὅρκον ὀμόσσαι
μή τί μοι αὐτῷ πῆμα κακὸν βουλευσέμεν ἄλλο."

Ὣς ἐφάμην, ἡ δ᾽ αὐτίκ᾽ ἀπόμνυεν ὡς ἐκέλευον. 345
αὐτὰρ ἐπεί ῥ᾽ ὄμοσέν τε τελεύτησέν τε τὸν ὅρκον,
καὶ τότ᾽ ἐγὼ Κίρκης ἐπέβην περικαλλέος εὐνῆς.

Ἀμφίπολοι δ᾽ ἄρα τῆος ἐνὶ μεγάροισι πένοντο
τέσσαρες, αἵ οἱ δῶμα κάτα δρήστειραι ἔασι.
γίγνονται δ᾽ ἄρα ταί γ᾽ ἔκ τε κρηνέων ἀπό τ᾽ ἀλσέων 350
ἔκ θ᾽ ἱερῶν ποταμῶν, οἵ τ᾽ εἰς ἅλαδε προρέουσι.
τάων ἡ μὲν ἔβαλλε θρόνοις ἔνι ῥήγεα καλά,
πορφύρεα καθύπερθ᾽, ὑπένερθε δὲ λῖθ᾽ ὑπέβαλλεν·
ἡ δ᾽ ἑτέρη προπάροιθε θρόνων ἐτίταινε τραπέζας
ἀργυρέας, ἐπὶ δέ σφι τίθει χρύσεια κάνεια· 355
ἡ δὲ τρίτη κρητῆρι μελίφρονα οἶνον ἐκίρνα
ἡδὺν ἐν ἀργυρέῳ, νέμε δὲ χρύσεια κύπελλα·
ἡ δὲ τετάρτη ὕδωρ ἐφόρει καὶ πῦρ ἀνέκαιε
πολλὸν ὑπὸ τρίποδι μεγάλῳ· ἰαίνετο δ᾽ ὕδωρ.
αὐτὰρ ἐπεὶ δὴ ζέσσεν ὕδωρ ἐνὶ ἤνοπι χαλκῷ, 360
ἔς ῥ᾽ ἀσάμινθον ἕσασα λό᾽ ἐκ τρίποδος μεγάλοιο,
θυμῆρες κεράσασα κατὰ κρατός τε καὶ ὤμων,
ὄφρα μοι ἐκ κάματον θυμοφθόρον εἵλετο γυίων.

338 ὗς ⁀ Ma U⁸   345 ἀπώμν. codd.   348 τῆος Nauck : τέως
k Pal. U¹ U⁷ : τέος μὲν R¹⁰ : τέως μὲν vulg.: κεδναὶ vel κεδναὶ τῆς a d l :
ἐπὶ d   350 ἔκ τ᾽ ἄλσ. Ho O U⁴, γρ. Mon.   351 οἵ τε ἅλαδε R¹¹
Zen. (ut recte Düntzer)   353 καθύπερθεν ἔνερθε e i k   356 ἡ δ᾽
αὖτ᾽ ἐν Plut. Conv. viii. 6. 5 = 726 F : ἔμισγε Plut. ib.   360 οἴνοπι
b f j C, cf. φ 144

αὐτὰρ ἐπεὶ λοῦσέν τε καὶ ἔχρισεν λίπ' ἐλαίῳ,
ἀμφὶ δέ με χλαῖναν καλὴν βάλεν ἠδὲ χιτῶνα,   365
εἷσε δέ μ' εἰσαγαγοῦσα ἐπὶ θρόνου ἀργυροήλου,
καλοῦ δαιδαλέου· ὑπὸ δὲ θρῆνυς ποσὶν ἦεν·
χέρνιβα δ' ἀμφίπολος προχόῳ ἐπέχευε φέρουσα
καλῇ χρυσείῃ, ὑπὲρ ἀργυρέοιο λέβητος,
νίψασθαι· παρὰ δὲ ξεστὴν ἐτάνυσσε τράπεζαν.   370
σῖτον δ' αἰδοίη ταμίη παρέθηκε φέρουσα,
εἴδατα πόλλ' ἐπιθεῖσα, χαριζομένη παρεόντων·
ἐσθέμεναι δ' ἐκέλευεν· ἐμῷ δ' οὐ ἥνδανε θυμῷ,
ἀλλ' ἥμην ἀλλοφρονέων, κακὰ δ' ὄσσετο θυμός.

Κίρκη δ' ὡς ἐνόησεν ἔμ' ἥμενον οὐδ' ἐπὶ σίτῳ   375
χεῖρας ἰάλλοντα, κρατερὸν δέ με πένθος ἔχοντα,
ἄγχι παρισταμένη ἔπεα πτερόεντα προσηύδα·

"Τίφθ' οὕτως, Ὀδυσεῦ, κατ' ἄρ' ἕζεαι ἶσος ἀναύδῳ,
θυμὸν ἔδων, βρώμης δ' οὐχ ἅπτεαι οὐδὲ ποτῆτος;
ἦ τινά που δόλον ἄλλον ὀίεαι· οὐδέ τί σε χρὴ   380
δειδίμεν· ἤδη γάρ τοι ἀπώμοσα καρτερὸν ὅρκον."

Ὣς ἔφατ', αὐτὰρ ἐγώ μιν ἀμειβόμενος προσέειπον·
"ὦ Κίρκη, τίς γάρ κεν ἀνήρ, ὃς ἐναίσιμος εἴη,
πρὶν τλαίη πάσσασθαι ἐδητύος ἠδὲ ποτῆτος,
πρὶν λύσασθ' ἑτάρους καὶ ἐν ὀφθαλμοῖσιν ἰδέσθαι;   385
ἀλλ' εἰ δὴ πρόφρασσα πιεῖν φαγέμεν τε κελεύεις,
λῦσον, ἵν' ὀφθαλμοῖσιν ἴδω ἐρίηρας ἑταίρους."

Ὣς ἐφάμην, Κίρκη δὲ διὲκ μεγάροιο βεβήκει
ῥάβδον ἔχουσ' ἐν χειρί, θύρας δ' ἀνέῳξε συφειοῦ,
ἐκ δ' ἔλασεν σιάλοισιν ἐοικότας ἐννεώροισιν.   390

---

364 ἔχρισεν **egjo** L⁴ : ἥλειψε cet.   365 καλὴν χλαῖναν **j** T
368–372 (= ρ 91–95) om. P⁸ **efijk** Pal. Eust. (370 om. **g**) : hab. in
marg. **ej**, signis (Ϡ) notant P³V⁴, uncino simplici Br   373 οὐχ
ἥνδανε codd.   374 ἄλλα φρονέων U⁸ (Eust. κατά
τινα τῶν ἀντιγράφων) : ἀλαοφρονέων **b**   ὥσετο O U⁶   376 στυγερὸν
egj L⁴ Pal.   377 ἀγχοῦ δ' ἱσταμένη **fikoq**   ἡ παρ' ἐ᾽μ ισταμε.. P⁸
385 λύσασθ' Ar. codd. : λῦσαί θ' Sext. Emp. p. 668. 3 Bekk. quod
coni. Buttmann   388 ἐφάμην **eg** L⁴ Pal. : ἄρ' ἔφην cet.
389 ἀνέῳγε **j** Eust.   φαείνας L⁴ Pal. (ex 312)

οἱ μὲν ἔπειτ᾽ ἔστησαν ἐναντίοι, ἡ δὲ δι᾽ αὐτῶν
ἐρχομένη προσάλειφεν ἑκάστῳ φάρμακον ἄλλο.
τῶν δ᾽ ἐκ μὲν μελέων τρίχες ἔρρεον, ἃς πρὶν ἔφυσε
φάρμακον οὐλόμενον, τό σφιν πόρε πότνια Κίρκη·
ἄνδρες δ᾽ ἂψ ἐγένοντο νεώτεροι ἢ πάρος ἦσαν   395
καὶ πολὺ καλλίονες καὶ μείζονες εἰσοράασθαι.
ἔγνωσαν δ᾽ ἐμὲ κεῖνοι, ἔφυν τ᾽ ἐν χερσὶν ἕκαστος.
πᾶσιν δ᾽ ἱμερόεις ὑπέδυ γόος, ἀμφὶ δὲ δῶμα
σμερδαλέον κονάβιζε· θεὰ δ᾽ ἐλέαιρε καὶ αὐτή.
ἡ δέ μευ ἄγχι στᾶσα προσηύδα δῖα θεάων·   400
    "Διογενὲς Λαερτιάδη, πολυμήχαν᾽ Ὀδυσσεῦ,
ἔρχεο νῦν ἐπὶ νῆα θοὴν καὶ θῖνα θαλάσσης.
νῆα μὲν ἀρ πάμπρωτον ἐρύσσατε ἤπειρόνδε,
κτήματα δ᾽ ἐν σπήεσσι πελάσσατε ὅπλα τε πάντα·
αὐτὸς δ᾽ ἂψ ἰέναι καὶ ἄγειν ἐρίηρας ἑταίρους."   405
    Ὣς ἔφατ᾽, αὐτὰρ ἐμοί γ᾽ ἐπεπείθετο θυμὸς ἀγήνωρ,
βῆν δ᾽ ἰέναι ἐπὶ νῆα θοὴν καὶ θῖνα θαλάσσης.
εὗρον ἔπειτ᾽ ἐπὶ νηῒ θοῇ ἐρίηρας ἑταίρους
οἴκτρ᾽ ὀλοφυρομένους, θαλερὸν κατὰ δάκρυ χέοντας.
ὡς δ᾽ ὅτ᾽ ἂν ἄγραυλοι πόριες περὶ βοῦς ἀγελαίας,   410
ἐλθούσας ἐς κόπρον, ἐπὴν βοτάνης κορέσωνται,
πᾶσαι ἅμα σκαίρουσιν ἐναντίαι· οὐδ᾽ ἔτι σηκοὶ
ἴσχουσ᾽, ἀλλ᾽ ἀδινὸν μυκώμεναι ἀμφιθέουσι
μητέρας· ὣς ἐμὲ κεῖνοι, ἐπεὶ ἴδον ὀφθαλμοῖσι,
δακρυόεντες ἔχυντο· δόκησε δ᾽ ἄρα σφίσι θυμὸς   415
ὣς ἔμεν ὡς εἰ πατρίδ᾽ ἱκοίατο καὶ πόλιν αὐτὴν
τρηχείης Ἰθάκης, ἵνα τ᾽ ἔτραφεν ἠδ᾽ ἐγένοντο·
καί μ᾽ ὀλοφυρόμενοι ἔπεα πτερόεντα προσηύδων·

393 τοῖς Aristoph.   περιέφυσεν R⁷ : -ας H¹   395 ἂψ Ar. :
αἶψ᾽ codd., cf. θ 92   399 κονάβησε d : κανάχιζε Pal. leg. Eust.,
cf. ρ 542   400 πότνια κίρκη e f i k   402 cm. k T   404 δὲ
σπείεσσι, ἔν τισι U⁵   405 ἂψ e f L⁴ U⁸ : αἶψ᾽ cet., cf. θ 92
408 ἐν e f i j k   409 a ἀσπάσιος δ᾽ αὖ τοῖς ἐφάνην κακότητος ἀλύξας
P⁶ U¹   410 πόρτιες d f g h Eust.   412 σπαίρουσιν b i L⁴ (ἀππ.)
v. l. ap. Eust., cf. 124, h. Hom. xxx. 15, Dion. Perieg 844   416 αὐτὴν
Ar. k : αὐτῶν cet.   417 τέτραφεν e f g L⁴ : τ᾽ ἔτραφον U², γρ. U⁵

" Σοὶ μὲν νοστήσαντι, διοτρεφές, ὡς ἐχάρημεν,
ὡς εἴ τ' εἰς Ἰθάκην ἀφικοίμεθα πατρίδα γαῖαν·   420
ἀλλ' ἄγε, τῶν ἄλλων ἑτάρων κατάλεξον ὄλεθρον."

Ὡς ἔφαν, αὐτὰρ ἐγὼ προσέφην μαλακοῖς ἐπέεσσι·
" νῆα μὲν ἂρ πάμπρωτον ἐρύσσομεν ἠπειρόνδε,
κτήματα δ' ἐν σπήεσσι πελάσσομεν ὅπλα τε πάντα·
αὐτοὶ δ' ὀτρύνεσθε ἐμοὶ ἅμα πάντες ἕπεσθαι,   425
ὄφρα ἴδηθ' ἑτάρους ἱεροῖς ἐν δώμασι Κίρκης
πίνοντας καὶ ἔδοντας· ἐπηετανὸν γὰρ ἔχουσιν."

Ὡς ἐφάμην, οἱ δ' ὦκα ἐμοῖς ἐπέεσσι πίθοντο·
Εὐρύλοχος δέ μοι οἷος ἐρύκανε πάντας ἑταίρους·
καί σφεας φωνήσας ἔπεα πτερόεντα προσηύδα·   430
" Ἄ δειλοί, πόσ' ἴμεν; τί κακῶν ἱμείρετε τούτων,
Κίρκης ἐς μέγαρον καταβήμεναι, ἥ κεν ἅπαντας
ἢ σῦς ἠὲ λύκους ποιήσεται ἠὲ λέοντας,
οἵ κέν οἱ μέγα δῶμα φυλάσσοιμεν καὶ ἀνάγκῃ,
ὥς περ Κύκλωψ ἔρξ', ὅτε οἱ μέσσαυλον ἵκοντο   435
ἡμέτεροι ἕταροι, σὺν δ' ὁ θρασὺς εἵπετ' Ὀδυσσεύς·
τούτου γὰρ καὶ κεῖνοι ἀτασθαλίῃσιν ὄλοντο."

Ὡς ἔφατ', αὐτὰρ ἐγώ γε μετὰ φρεσὶ μερμήριξα,
σπασσάμενος τανύηκες ἄορ παχέος παρὰ μηροῦ,
τῷ οἱ ἀποτμήξας κεφαλὴν οὐδάσδε πελάσσαι,   440
καὶ πηῷ περ ἐόντι μάλα σχεδόν· ἀλλά μ' ἑταῖροι
μειλιχίοις ἐπέεσσιν ἐρήτυον ἄλλοθεν ἄλλος·

" Διογενές, τοῦτον μὲν ἐάσομεν, εἰ σὺ κελεύεις,
αὐτοῦ πὰρ νηΐ τε μένειν καὶ νῆα ἔρυσθαι·
ἡμῖν δ' ἡγεμόνευ' ἱερὰ πρὸς δώματα Κίρκης."   445

Ὡς φάμενοι παρὰ νηὸς ἀνήϊον ἠδὲ θαλάσσης.
οὐδὲ μὲν Εὐρύλοχος κοίλῃ παρὰ νηΐ λέλειπτο,

425 ὀτρύνεσθ' ἵν' f i k p   ἔπησθε f p : ἔποισθε o   429 ἐρύκακε
a d f j l : -κανε cet.   430 om. c f k   σφας ἀμειβόμενος a l Br V⁴ :
μιν j   431 ὦ L⁷ : αἶ R²   433 ἢ ἐλάφους Eust. 1664. 4 et 20
439 τανηκὲς a d l   440 ἀποπλήξας γρ. T, κατά τινα τῶν
ἀντιγράφων Eust., cf. θ 507

ἀλλ' ἔπετ'· ἔδεισεν γὰρ ἐμὴν ἔκπαγλον ἐνιπήν.

Τόφρα δὲ τοὺς ἄλλους ἐτάρους ἐν δώμασι Κίρκη
ἐνδυκέως λοῦσέν τε καὶ ἔχρισεν λίπ' ἐλαίῳ,   450
ἀμφὶ δ' ἄρα χλαίνας οὔλας βάλεν ἠδὲ χιτῶνας·
δαινυμένους δ' εὖ πάντας ἐφεύρομεν ἐν μεγάροισιν.
οἱ δ' ἐπεὶ ἀλλήλους εἶδον φράσσαντό τ' ἐσάντα,
κλαῖον ὀδυρόμενοι, περὶ δὲ στεναχίζετο δῶμα.
ἡ δέ μευ ἄγχι στᾶσα προσηύδα δῖα θεάων·   455

" Διογενὲς Λαερτιάδη, πολυμήχαν' Ὀδυσσεῦ,
μηκέτι νῦν θαλερὸν γόον ὄρνυτε· οἶδα καὶ αὐτὴ
ἠμὲν ὅσ' ἐν πόντῳ πάθετ' ἄλγεα ἰχθυόεντι,
ἠδ' ὅσ' ἀνάρσιοι ἄνδρες ἐδηλήσαντ' ἐπὶ χέρσου.
ἀλλ' ἄγετ' ἐσθίετε βρώμην καὶ πίνετε οἶνον,   460
εἰς ὅ κεν αὖτις θυμὸν ἐνὶ στήθεσσι λάβητε,
οἷον ὅτε πρώτιστον ἐλείπετε πατρίδα γαῖαν
τρηχείης Ἰθάκης· νῦν δ' ἀσκελέες καὶ ἄθυμοι,
αἰὲν ἄλης χαλεπῆς μεμνημένοι· οὐδέ ποθ' ὑμῖν
θυμὸς ἐν εὐφροσύνῃ, ἐπεὶ ἦ μάλα πολλὰ πέπασθε."   465

Ὣς ἔφαθ', ἡμῖν δ' αὖτ' ἐπεπείθετο θυμὸς ἀγήνωρ.
ἔνθα μὲν ἤματα πάντα τελεσφόρον εἰς ἐνιαυτὸν
ἥμεθα, δαινύμενοι κρέα τ' ἄσπετα καὶ μέθυ ἡδύ·
ἀλλ' ὅτε δή ῥ' ἐνιαυτὸς ἔην, περὶ δ' ἔτραπον ὧραι,
μηνῶν φθινόντων, περὶ δ' ἤματα μακρὰ τελέσθη,   470
καὶ τότε μ' ἐκκαλέσαντες ἔφαν ἐρίηρες ἑταῖροι·

" Δαιμόνι', ἤδη νῦν μιμνήσκεο πατρίδος αἴης,

---

451 οὔλας] καλὰς **g j** L⁴ U⁸   452 δ' ἄρα τούς γε **b c f i k**
453 τ' ἐσάντα (ἐς) **a** L⁴ R² T : τε θυμῷ L⁷ U⁵ (= ω 391) : τε πάντα cet.
    454 δῶμα] γαῖα L⁴ R¹⁰   455 ἄγχι παραστᾶσα **a d k**, cf. 377
456 hab. **p** L² P⁶, ante 455 **g**, in mg. U⁵, in mg. ante 455 P⁵ U¹, add.
Br m. p.: om. cet.   457 στυγερὸν Aristoph. (καὶ οὐκ ἄχαρις ἡ γραφή),
cf. 376   459 **a** βοῦς περιταμνομένους ἠδ' οἵων πώεα καλὰ hab. **a g j**
Br U² (= λ 402) : om. cet. (περισσός H¹, vacat L⁸)   460 πίετε **d** Eust.
    465 εὐφροσύνης L⁴ U¹ U⁸ ed. pr. : -αις Eust.   πέποσθε codd. :
πέπασθε **J** marg. Ar. Γ 99 (οὕτω πᾶσαι schol. T)   467 ἔνθεν **j** T
469 καὶ ἐπήλυθον ὧραι **j** (= β 107 al.)   470 hab. **a b d g l** : om. cet.
(= τ 153 ω 143 Hes. Theog. 59)

εἴ τοι θέσφατόν ἐστι σαωθῆναι καὶ ἱκέσθαι
οἶκον ἐϋκτίμενον καὶ σὴν ἐς πατρίδα γαῖαν."

ʿΩς ἔφαν, αὐτὰρ ἐμοί γ' ἐπεπείθετο θυμὸς ἀγήνωρ.   475
ὣς τότε μὲν πρόπαν ἦμαρ ἐς ἠέλιον καταδύντα
ἥμεθα, δαινύμενοι κρέα τ' ἄσπετα καὶ μέθυ ἡδύ.
ἦμος δ' ἠέλιος κατέδυ καὶ ἐπὶ κνέφας ἦλθεν,
οἱ μὲν κοιμήσαντο κατὰ μέγαρα σκιόεντα.

Αὐτὰρ ἐγὼ Κίρκης ἐπιβὰς περικαλλέος εὐνῆς   480
γούνων ἐλλιτάνευσα, θεὰ δέ μοι ἔκλυεν αὐδῆς·
καί μιν φωνήσας ἔπεα πτερόεντα προσηύδων·

"ʾΩ Κίρκη, τέλεσόν μοι ὑπόσχεσιν ἥν περ ὑπέστης,
οἴκαδε πεμψέμεναι· θυμὸς δέ μοι ἔσσυται ἤδη,
ἠδ' ἄλλων ἑτάρων, οἵ μευ φθινύθουσι φίλον κῆρ   485
ἀμφ' ἔμ' ὀδυρόμενοι, ὅτε που σύ γε νόσφι γένηαι."

ʿΩς ἐφάμην, ἡ δ' αὐτίκ' ἀμείβετο δῖα θεάων·
"διογενὲς Λαερτιάδη, πολυμήχαν' Ὀδυσσεῦ,
μηκέτι νῦν ἀέκοντες ἐμῷ ἐνὶ μίμνετε οἴκῳ·
ἀλλ' ἄλλην χρὴ πρῶτον ὁδὸν τελέσαι καὶ ἱκέσθαι   490
εἰς Ἀΐδαο δόμους καὶ ἐπαινῆς Περσεφονείης,
ψυχῇ χρησομένους Θηβαίου Τειρεσίαο,
μάντιος ἀλαοῦ, τοῦ τε φρένες ἔμπεδοί εἰσι·
τῷ καὶ τεθνηῶτι νόον πόρε Περσεφόνεια
οἴῳ πεπνῦσθαι· τοὶ δὲ σκιαὶ ἀΐσσουσιν."   495

ʿΩς ἔφατ', αὐτὰρ ἐμοί γε κατεκλάσθη φίλον ἦτορ·
κλαῖον δ' ἐν λεχέεσσι καθήμενος, οὐδέ νύ μοι κῆρ
ἤθελ' ἔτι ζώειν καὶ ὁρᾶν φάος ἠελίοιο.
αὐτὰρ ἐπεὶ κλαίων τε κυλινδόμενός τ' ἐκορέσθην,
καὶ τότε δή μιν ἔπεσσιν ἀμειβόμενος προσέειπον·   500

474 ἐϋκτίμενον c f i k : ἐς ὑψόροφον cet.   475–479 om. f H³ Eust.
(= 183–186 al.)   479 οἱ μὲν] δὴ τότε e o L²   κατὰ] ἀνὰ e o
481 μοι L⁴ Pal. : μευ cet.   482 om. L⁴ Pal. P⁵ U⁵ U⁸ Eust.
483 οἵαν a d l   493 μάντῖος Br, cf. μ 267   ἀγλαοῦ L⁵ V⁴
495 ποιπνυσθα[ι p²⁷   ταὶ δὲ Plat. rep. 386 D Porph. ap. Stob. Ecl.
i. 49. 54, γρ. U⁵   497 οὐδέ νύ μοι κῆρ a b d g l L⁴ : οὐδέ τί θυμὸς
cet.   499 κλαῖον τε k o P⁶   500 ita b d Br C R² : καί μιν φωνήσας
ἔπεα πτερόεντα προσηύδων cet.

"Ὦ Κίρκη, τίς γὰρ ταύτην ὁδὸν ἡγεμονεύσει;
εἰς Ἄϊδος δ' οὔ πώ τις ἀφίκετο νηὶ μελαίνῃ."

Ὡς ἐφάμην, ἡ δ' αὐτίκ' ἀμείβετο δῖα θεάων·
"διογενὲς Λαερτιάδη, πολυμήχαν' Ὀδυσσεῦ,
μή τί τοι ἡγεμόνος γε ποθὴ παρὰ νηὶ μελέσθω,   505
ἱστὸν δὲ στήσας ἀνά θ' ἱστία λευκὰ πετάσσας
ἧσθαι· τὴν δέ κέ τοι πνοιὴ Βορέαο φέρῃσιν.
ἀλλ' ὁπότ' ἂν δὴ νηὶ δι' Ὠκεανοῖο περήσῃς,
ἔνθ' ἀκτή τε λάχεια καὶ ἄλσεα Περσεφονείης,
μακραί τ' αἴγειροι καὶ ἰτέαι ὠλεσίκαρποι,   510
νῆα μὲν αὐτοῦ κέλσαι ἐπ' Ὠκεανῷ βαθυδίνῃ,
αὐτὸς δ' εἰς Ἀΐδεω ἰέναι δόμον εὐρώεντα.
ἔνθα μὲν εἰς Ἀχέροντα Πυριφλεγέθων τε ῥέουσι
Κώκυτός θ', ὃς δὴ Στυγὸς ὕδατός ἐστιν ἀπορρώξ,
πέτρη τε ξύνεσίς τε δύω ποταμῶν ἐριδούπων·   515
ἔνθα δ' ἔπειθ', ἥρως, χριμφθεὶς πέλας, ὥς σε κελεύω,
βόθρον ὀρύξαι ὅσον τε πυγούσιον ἔνθα καὶ ἔνθα,
ἀμφ' αὐτῷ δὲ χοὴν χεῖσθαι πᾶσιν νεκύεσσι,
πρῶτα μελικρήτῳ, μετέπειτα δὲ ἡδέϊ οἴνῳ,
τὸ τρίτον αὖθ' ὕδατι· ἐπὶ δ' ἄλφιτα λευκὰ παλύνειν.   520
πολλὰ δὲ γουνοῦσθαι νεκύων ἀμενηνὰ κάρηνα,
ἐλθὼν εἰς Ἰθάκην στεῖραν βοῦν, ἥ τις ἀρίστη,
ῥέξειν ἐν μεγάροισι πυρήν τ' ἐμπλησέμεν ἐσθλῶν,
Τειρεσίῃ δ' ἀπάνευθεν ὄϊν ἱερευσέμεν οἴῳ
παμμέλαν', ὃς μήλοισι μεταπρέπει ὑμετέροισιν.   525
αὐτὰρ ἐπὴν εὐχῇσι λίσῃ κλυτὰ ἔθνεα νεκρῶν,
ἔνθ' ὄϊν ἀρνειὸν ῥέζειν θῆλύν τε μέλαιναν
εἰς Ἔρεβος στρέψας, αὐτὸς δ' ἀπονόσφι τραπέσθαι
ἱέμενος ποταμοῖο ῥοάων· ἔνθα δὲ πολλαὶ

502 ἀίδαο d   502 a ζωὸς ἐών· χαλεπὸν δὲ τά γε ζωοῖσιν ὁρᾶσθαι
Pal. (= λ 156)   504 om. g j Pal. L⁴ R² R¹⁰ U⁸   505 γενέσθω g
509 τ' ἐλάχεια f H³ U⁸, v.l. L⁷, L⁴ m. 2: κ' ἐλάχεια P⁶: ἐλάχ.
agn. schol. et Eust., cf. ι 116   φερσεφονείης c i P² P³   512 δρόμον O
515 ἐριμύκων γρ. U⁵   516 πέλας] τέλεσ' q : τέλεσσ' j T

ψυχαὶ ἐλεύσονται νεκύων κατατεθνηώτων. 530
δὴ τότ' ἔπειθ' ἑτάροισιν ἐποτρῦναι καὶ ἀνῶξαι
μῆλα, τὰ δὴ κατάκειτ' ἐσφαγμένα νηλέϊ χαλκῷ,
δείραντας κατακῆαι, ἐπεύξασθαι δὲ θεοῖσιν,
ἰφθίμῳ τ' Ἀΐδῃ καὶ ἐπαινῇ Περσεφονείῃ·
αὐτὸς δὲ ξίφος ὀξὺ ἐρυσσάμενος παρὰ μηροῦ 535
ἧσθαι, μηδὲ ἐᾶν νεκύων ἀμενηνὰ κάρηνα
αἵματος ἆσσον ἴμεν πρὶν Τειρεσίαο πυθέσθαι.
ἔνθα τοι αὐτίκα μάντις ἐλεύσεται, ὄρχαμε λαῶν,
ὅς κέν τοι εἴπῃσιν ὁδὸν καὶ μέτρα κελεύθου
νόστον θ', ὡς ἐπὶ πόντον ἐλεύσεαι ἰχθυόεντα." 540
Ὣς ἔφατ', αὐτίκα δὲ χρυσόθρονος ἤλυθεν Ἠώς.
ἀμφὶ δέ με χλαῖνάν τε χιτῶνά τε εἵματα ἕσσεν·
αὐτὴ δ' ἀργύφεον φᾶρος μέγα ἕννυτο νύμφη,
λεπτὸν καὶ χαρίεν, περὶ δὲ ζώνην βάλετ' ἰξυῖ
καλὴν χρυσείην, κεφαλῇ δ' ἐπέθηκε καλύπτρην. 545
αὐτὰρ ἐγὼ διὰ δώματ' ἰὼν ὄτρυνον ἑταίρους
μειλιχίοις ἐπέεσσι παρασταδὸν ἄνδρα ἕκαστον·
"Μηκέτι νῦν εὕδοντες ἀωτεῖτε γλυκὺν ὕπνον,
ἀλλ' ἴομεν· δὴ γάρ μοι ἐπέφραδε πότνια Κίρκη."
Ὣς ἐφάμην, τοῖσιν δ' ἐπεπείθετο θυμὸς ἀγήνωρ. 550
οὐδὲ μὲν οὐδ' ἔνθεν περ ἀπήμονας ἦγον ἑταίρους.
Ἐλπήνωρ δέ τις ἔσκε νεώτατος, οὔτε τι λίην
ἄλκιμος ἐν πολέμῳ οὔτε φρεσὶν ᾗσιν ἀρηρώς,
ὅς μοι ἄνευθ' ἑτάρων ἱεροῖς ἐν δώμασι Κίρκης
ψύχεος ἱμείρων, κατελέξατο οἰνοβαρείων· 555
κινυμένων δ' ἑτάρων ὅμαδον καὶ δοῦπον ἀκούσας
ἐξαπίνης ἀνόρουσε καὶ ἐκλάθετο φρεσὶν ᾗσιν
ἄψορρον καταβῆναι ἰὼν ἐς κλίμακα μακρήν,

532 κατάκειτ' (-κεῖτ') g T, -ε- in ras. U⁵ : κατακῆται P⁵
534 ἄϊδι g L⁴ P⁵ R¹⁰ U⁸   φερσεφονείῃ c i   538 ὄρχαμε] ἔξοχε ss.
Mon. P⁴   539 θαλάσσης ἀ L⁴, cf. δ 389   541 γρ. χρυσόφευνος
(sic)· φθόνον ἐνταῦθα τὸ ἅρμα λέγει U⁵ (?)   543 ἀργύρεον j o L⁵ L⁸
P⁴, cf. ε 230   546 δῶμα κιὼν g j H³ L⁴ Pal. U⁸   ὄτρυνον codd.
praeter K L⁴   549 θέσφατα Pal.   551 ἔνθεν δε(ν) k

ἀλλὰ καταντικρὺ τέγεος πέσεν· ἐκ δέ οἱ αὐχὴν
ἀστραγάλων ἐάγη, ψυχὴ δ' Ἄϊδόσδε κατῆλθεν.   560
ἐρχομένοισι δὲ τοῖσιν ἐγὼ μετὰ μῦθον ἔειπον·
    " Φάσθε νύ που οἶκόνδε φίλην ἐς πατρίδα γαῖαν
ἔρχεσθ'· ἄλλην δ' ἧμιν ὁδὸν τεκμήρατο Κίρκη
εἰς Ἀΐδαο δόμους καὶ ἐπαινῆς Περσεφονείης
ψυχῇ χρησομένους Θηβαίου Τειρεσίαο."   565
    Ὣς ἐφάμην, τοῖσιν δὲ κατεκλάσθη φίλον ἦτορ,
ἑζόμενοι δὲ κατ' αὖθι γόων τίλλοντό τε χαίτας·
ἀλλ' οὐ γάρ τις πρῆξις ἐγίγνετο μυρομένοισιν.
    Ἀλλ' ὅτε δή ῥ' ἐπὶ νῆα θοὴν καὶ θῖνα θαλάσσης
ᾔομεν ἀχνύμενοι, θαλερὸν κατὰ δάκρυ χέοντες,   570
τόφρα δ' ἄρ' οἰχομένη Κίρκη παρὰ νηΐ μελαίνῃ
ἀρνειὸν κατέδησεν ὄϊν θῆλύν τε μέλαιναν,
ῥεῖα παρεξελθοῦσα· τίς ἂν θεὸν οὐκ ἐθέλοντα
ὀφθαλμοῖσιν ἴδοιτ' ἢ ἔνθ' ἢ ἔνθα κιόντα;

569 om. e f H³ Pal. Ü⁸

ΟΔΥΣΣΕΙΑΣ Λ

Αὐτὰρ ἐπεί ῥ' ἐπὶ νῆα κατήλθομεν ἠδὲ θάλασσαν,
νῆα μὲν ἂρ πάμπρωτον ἐρύσσαμεν εἰς ἅλα δῖαν,
ἐν δ' ἱστὸν τιθέμεσθα καὶ ἱστία νηὶ μελαίνῃ,
ἐν δὲ τὰ μῆλα λαβόντες ἐβήσαμεν, ἂν δὲ καὶ αὐτοὶ
βαίνομεν ἀχνύμενοι, θαλερὸν κατὰ δάκρυ χέοντες.   5
ἡμῖν δ' αὖ κατόπισθε νεὸς κυανοπρῴροιο
ἴκμενον οὖρον ἵει πλησίστιον, ἐσθλὸν ἑταῖρον,
Κίρκη ἐϋπλόκαμος, δεινὴ θεὸς αὐδήεσσα.
ἡμεῖς δ' ὅπλα ἕκαστα πονησάμενοι κατὰ νῆα
ἥμεθα· τὴν δ' ἄνεμός τε κυβερνήτης τ' ἴθυνε.   10
τῆς δὲ πανημερίης τέταθ' ἱστία ποντοπορούσης·
δύσετό τ' ἠέλιος, σκιόωντό τε πᾶσαι ἀγυιαί.

Ἡ δ' ἐς πείραθ' ἵκανε βαθυρρόου Ὠκεανοῖο.
ἔνθα δὲ Κιμμερίων ἀνδρῶν δῆμός τε πόλις τε,
ἠέρι καὶ νεφέλῃ κεκαλυμμένοι· οὐδέ ποτ' αὐτοὺς   15
Ἠέλιος φαέθων καταδέρκεται ἀκτίνεσσιν,
οὔθ' ὁπότ' ἂν στείχῃσι πρὸς οὐρανὸν ἀστερόεντα,
οὔθ' ὅτ' ἂν ἂψ ἐπὶ γαῖαν ἀπ' οὐρανόθεν προτράπηται,
ἀλλ' ἐπὶ νὺξ ὀλοὴ τέταται δειλοῖσι βροτοῖσι.
νῆα μὲν ἔνθ' ἐλθόντες ἐκέλσαμεν, ἐκ δὲ τὰ μῆλα   20
εἱλόμεθ'· αὐτοὶ δ' αὖτε παρὰ ῥόον Ὠκεανοῖο
ᾔομεν, ὄφρ' ἐς χῶρον ἀφικόμεθ' ὃν φράσε Κίρκη.

Ἔνθ' ἱερήϊα μὲν Περιμήδης Εὐρύλοχός τε

Νέκυια Aelianus : Ὀδυσσέως ἐς Ἅιδου κάθοδος Paus. ii. 13. 3   1 κατή-
λυθον L⁴ O Pal.   3 τ' ἐθέμεσθα a l U⁶ U⁸   4 ἐδήσαμεν d
ἐν δὲ j k p q Pal. Eust.   6 μετόπισθε U⁵ L⁸ ss. Ap. lex. in Μετά
14 Κερβερίων Crates (Κερβερέων Ar. schol. U⁵) : χειμερίων Proteas
Zeugmatites. in E. M. 513. 49 : Κεμμερίων alii ib. : κιμαρίων L⁵
16 καταδέρκεται Aristoph. Ar. j T U⁸ Eust. : ἐπιδέρκεται cet. : ἐπιλάμ-
πεται Strabo 6   20 ἐν b e g

ἔσχον· ἐγὼ δ' ἄορ ὀξὺ ἐρυσσάμενος παρὰ μηροῦ
βόθρον ὄρυξ' ὅσσον τε πυγούσιον ἔνθα καὶ ἔνθα,　25
ἀμφ' αὐτῷ δὲ χοὴν χεόμην πᾶσιν νεκύεσσι,
πρῶτα μελικρήτῳ, μετέπειτα δὲ ἡδέϊ οἴνῳ,
τὸ τρίτον αὖθ' ὕδατι· ἐπὶ δ' ἄλφιτα λευκὰ πάλυνον.
πολλὰ δὲ γουνούμην νεκύων ἀμενηνὰ κάρηνα,
ἐλθὼν εἰς Ἰθάκην στεῖραν βοῦν, ἥ τις ἀρίστη,　30
ῥέξειν ἐν μεγάροισι πυρήν τ' ἐμπλησέμεν ἐσθλῶν,
Τειρεσίῃ δ' ἀπάνευθεν ὄϊν ἱερευσέμεν οἴῳ
παμμέλαν', ὃς μήλοισι μεταπρέπει ἡμετέροισι.
τοὺς δ' ἐπεὶ εὐχωλῇσι λιτῇσί τε, ἔθνεα νεκρῶν,
ἐλλισάμην, τὰ δὲ μῆλα λαβὼν ἀπεδειροτόμησα　35
ἐς βόθρον, ῥέε δ' αἷμα κελαινεφές· αἱ δ' ἀγέροντο
ψυχαὶ ὑπὲξ Ἐρέβευς νεκύων κατατεθνηώτων.
νύμφαι τ' ἠΐθεοί τε πολύτλητοί τε γέροντες
παρθενικαί τ' ἀταλαὶ νεοπενθέα θυμὸν ἔχουσαι·
πολλοὶ δ' οὐτάμενοι χαλκήρεσιν ἐγχείῃσιν,　40
ἄνδρες ἀρηΐφατοι βεβροτωμένα τεύχε' ἔχοντες·
οἱ πολλοὶ περὶ βόθρον ἐφοίτων ἄλλοθεν ἄλλος
θεσπεσίῃ ἰαχῇ· ἐμὲ δὲ χλωρὸν δέος ᾕρει.
δὴ τότ' ἔπειθ' ἑτάροισιν ἐποτρύνας ἐκέλευσα
μῆλα, τὰ δὴ κατέκειτ' ἐσφαγμένα νηλέϊ χαλκῷ,　45
δείραντας κατακῆαι, ἐπεύξασθαι δὲ θεοῖσιν,
ἰφθίμῳ τ' Ἀΐδῃ καὶ ἐπαινῇ Περσεφονείῃ·
αὐτὸς δὲ ξίφος ὀξὺ ἐρυσσάμενος παρὰ μηροῦ
ἥμην, οὐδ' εἴων νεκύων ἀμενηνὰ κάρηνα
αἵματος ἆσσον ἴμεν, πρὶν Τειρεσίαο πυθέσθαι.　50
　Πρώτη δὲ ψυχὴ Ἐλπήνορος ἦλθεν ἑταίρου·

26 χεάμην Zen. : χέομεν e q L² U¹　　37 ἐρέβους g o Eust. :
ἐρέβευ L⁵ P² : ἐρέβες Pal.　38–43 ath. Zen. Aristoph. Ar. signis (⟨⟩
notat V⁴, obelis J, uncino Br : 38, 39 tantum obelis U⁵　29 παρθενικοί τ'
ἀταλοὶ o ss.　　ἀπαλαὶ b d j　νεοπενθε αωτον Iulius Africanus Ox
Pap. 412　41 εἵματ' h　42 παρα Iulius　ἔνθα καὶ ἔνθα o f i k
　48 αὐτὰρ ἐγὼ e q L² Iulius　50 και αμειβομενος επος ηυδων
Iulius

οὐ γάρ πω ἐτέθαπτο ὑπὸ χθονὸς εὐρυοδείης·
σῶμα γὰρ ἐν Κίρκης μεγάρῳ κατελείπομεν ἡμεῖς
ἄκλαυτον καὶ ἄθαπτον, ἐπεὶ πόνος ἄλλος ἔπειγε.
τὸν μὲν ἐγὼ δάκρυσα ἰδὼν ἐλέησά τε θυμῷ,   55
καί μιν φωνήσας ἔπεα πτερόεντα προσηύδων·
" Ἐλπῆνορ, πῶς ἦλθες ὑπὸ ζόφον ἠερόεντα;
ἔφθης πεζὸς ἰὼν ἢ ἐγὼ σὺν νηῒ μελαίνῃ."

Ὣς ἐφάμην, ὁ δέ μ' οἰμώξας ἠμείβετο μύθῳ·
" διογενὲς Λαερτιάδη, πολυμήχαν' Ὀδυσσεῦ,   60
ᾆσέ με δαίμονος αἶσα κακὴ καὶ ἀθέσφατος οἶνος·
Κίρκης δ' ἐν μεγάρῳ καταλέγμενος οὐκ ἐνόησα
ἄψορρον καταβῆναι ἰὼν ἐς κλίμακα μακρήν,
ἀλλὰ καταντικρὺ τέγεος πέσον· ἐκ δέ μοι αὐχὴν
ἀστραγάλων ἐάγη, ψυχὴ δ' Ἄϊδόσδε κατῆλθε.   65
νῦν δέ σε τῶν ὄπιθεν γουνάζομαι, οὐ παρεόντων,
πρός τ' ἀλόχου καὶ πατρός, ὅ σ' ἔτρεφε τυτθὸν ἐόντα,
Τηλεμάχου θ', ὃν μοῦνον ἐνὶ μεγάροισιν ἔλειπες·
οἶδα γὰρ ὡς ἐνθένδε κιὼν δόμου ἐξ Ἀΐδαο
νῆσον ἐς Αἰαίην σχήσεις εὐεργέα νῆα·   70
ἔνθα σ' ἔπειτα, ἄναξ, κέλομαι μνήσασθαι ἐμεῖο·
μή μ' ἄκλαυτον ἄθαπτον ἰὼν ὄπιθεν καταλείπειν,
νοσφισθείς, μή τοί τι θεῶν μήνιμα γένωμαι,
ἀλλά με κακκῆαι σὺν τεύχεσιν, ἅσσα μοί ἐστι,
σῆμά τέ μοι χεῦαι πολιῆς ἐπὶ θινὶ θαλάσσης,   75
ἀνδρὸς δυστήνοιο, καὶ ἐσσομένοισι πυθέσθαι·
ταῦτά τέ μοι τελέσαι πῆξαί τ' ἐπὶ τύμβῳ ἐρετμόν,
τῷ καὶ ζωὸς ἔρεσσον ἐὼν μετ' ἐμοῖς ἑτάροισιν."

Ὣς ἔφατ', αὐτὰρ ἐγώ μιν ἀμειβόμενος προσέειπον·

52-51 ath. Callim   54 ἄκλαυτον cj L⁴ U⁸ : -στον cet., cf. 72
58 ἰὼν c L⁴ P⁶ U⁶ (πᾶσαι sch) : ἐὼν cet.   60 hab g o L² P⁶ U⁷ :
om. cet.   61 ὕπνος Apollodor. ap. Porph ap Stob. Anth. i. 49.
53 Bentl.   65 βεβήκει c e L²   68 μεγάροις κατέλειπες j
70 ἐπ' b   αἰαίῃ R¹³   72 ἄκλαυτον, cf. 54   καταλείπῃς d g L⁴
Macrob v. 7. 13   74 κακκεῖαι k (ἡ κοινή sch.) Ap. lex. in v., Herod.
ad A 302   75 χεῦσαι d r p, cf. a 291   78 ἐὼν] ἐγὼ f k

" ταῦτά τοι, ὦ δύστηνε, τελευτήσω τε καὶ ἔρξω."   80

Νῶϊ μὲν ὡς ἐπέεσσιν ἀμειβομένω στυγεροῖσιν
ἥμεθ᾽, ἐγὼ μὲν ἄνευθεν ἐφ᾽ αἵματι φάϲγανον ἴσχων,
εἴδωλον δ᾽ ἑτέρωθεν ἑταίρου πόλλ᾽ ἀγόρευεν.

Ἦλθε δ᾽ ἐπὶ ψυχὴ μητρὸς κατατεθνηυίης,
Αὐτολύκου θυγάτηρ μεγαλήτορος Ἀντίκλεια,   85
τὴν ζωὴν κατέλειπον ἰὼν ἐς Ἴλιον ἱρήν.
τὴν μὲν ἐγὼ δάκρυσα ἰδὼν ἐλέησά τε θυμῷ·
ἀλλ᾽ οὐδ᾽ ὣς εἴων προτέρην, πυκινόν περ ἀχεύων,
αἵματος ἆσσον ἴμεν, πρὶν Τειρεσίαο πυθέσθαι.

Ἦλθε δ᾽ ἐπὶ ψυχὴ Θηβαίου Τειρεσίαο,   90
χρύσεον σκῆπτρον ἔχων, ἐμὲ δ᾽ ἔγνω καὶ προσέειπε·
" Διογενὲς Λαερτιάδη, πολυμήχαν᾽ Ὀδυσσεῦ,
τίπτ᾽ αὖτ᾽, ὦ δύστηνε, λιπὼν φάος ἠελίοιο
ἤλυθες, ὄφρα ἴδῃ νέκυας καὶ ἀτερπέα χῶρον;
ἀλλ᾽ ἀποχάζεο βόθρου, ἄπισχε δὲ φάσγανον ὀξύ,   95
αἵματος ὄφρα πίω καί τοι νημερτέα εἴπω."

Ὣς φάτ᾽, ἐγὼ δ᾽ ἀναχασσάμενος ξίφος ἀργυρόηλον
κουλεῷ ἐγκατέπηξ᾽· ὁ δ᾽ ἐπεὶ πίεν αἷμα κελαινόν,
καὶ τότε δή με ἔπεσσι προσηύδα μάντις ἀμύμων·
" Νόστον δίζηαι μελιηδέα, φαίδιμ᾽ Ὀδυσσεῦ·   100
τὸν δέ τοι ἀργαλέον θήσει θεός· οὐ γὰρ ὀΐω
λήσειν ἐννοσίγαιον, ὅ τοι κότον ἔνθετο θυμῷ,
χωόμενος ὅτι οἱ υἱὸν φίλον ἐξαλάωσας.
ἀλλ᾽ ἔτι μέν κε καὶ ὣς κακά περ πάσχοντες ἵκοισθε,
αἴ κ᾽ ἐθέλῃς σὸν θυμὸν ἐρυκακέειν καὶ ἑταίρων,   105
ὁππότε κε πρῶτον πελάσῃς εὐεργέα νῆα
Θρινακίῃ νήσῳ, προφυγὼν ἰοειδέα πόντον,
βοσκομένας δ᾽ εὕρητε βόας καὶ ἴφια μῆλα

82 ἴσχω q : ἴσχον U⁶   83 ἀγορεῦον J R¹ (quidam εἰκαιότερον)
84 κατατεθνηκυίης (as) b e j, cf. 141, 205   86 εἰς codd. em.
Bentley   92 hab. q U⁵ Eust. : om. cet.   93 αὔτως Zen., cf.
κ 281   94 ἴδῃ j (Ar. A 203) : ἴδῃς cet., cf. ο 432   98 ἐγκα-
τέθηξ᾽ o   102 λήγειν Br : λίσσειν b L⁷ (quod voluit schol.), cf.
h. Apoll. 53   ὅτις d   106 κε(ν) f i L⁵ R¹² : δὴ cet.

Ἠελίου, ὃς πάντ' ἐφορᾷ καὶ πάντ' ἐπακούει.
τὰς εἰ μέν κ' ἀσινέας ἐάᾳς νόστου τε μέδηαι,   110
καί κεν ἔτ' εἰς Ἰθάκην κακά περ πάσχοντες ἵκοισθε·
εἰ δέ κε σίνηαι, τότε τοι τεκμαίρομ' ὄλεθρον
νηΐ τε καὶ ἑτάροις· αὐτὸς δ' εἴ πέρ κεν ἀλύξῃς,
ὀψὲ κακῶς νεῖαι, ὀλέσας ἄπο πάντας ἑταίρους,
νηὸς ἐπ' ἀλλοτρίης· δήεις δ' ἐν πήματα οἴκῳ,   115
ἄνδρας ὑπερφιάλους, οἵ τοι βίοτον κατέδουσι
μνώμενοι ἀντιθέην ἄλοχον καὶ ἕδνα διδόντες.
ἀλλ' ἦ τοι κείνων γε βίας ἀποτίσεαι ἐλθών·
αὐτὰρ ἐπὴν μνηστῆρας ἐνὶ μεγάροισι τεοῖσι
κτείνῃς ἠὲ δόλῳ ἢ ἀμφαδὸν ὀξέϊ χαλκῷ,   120
ἔρχεσθαι δὴ ἔπειτα, λαβὼν εὐῆρες ἐρετμόν,
εἰς ὅ κε τοὺς ἀφίκηαι οἳ οὐ ἴσασι θάλασσαν
ἀνέρες, οὐδέ θ' ἅλεσσι μεμιγμένον εἶδαρ ἔδουσιν·
οὐδ' ἄρα τοὶ ἴσασι νέας φοινικοπαρῄους,
οὐδ' εὐῆρε' ἐρετμά, τά τε πτερὰ νηυσὶ πέλονται.   125
σῆμα δέ τοι ἐρέω μάλ' ἀριφραδές, οὐδέ σε λήσει·
ὁππότε κεν δή τοι ξυμβλήμενος ἄλλος ὁδίτης
φήῃ ἀθηρηλοιγὸν ἔχειν ἀνὰ φαιδίμῳ ὤμῳ,
καὶ τότε δὴ γαίῃ πήξας εὐῆρες ἐρετμόν,
ῥέξας ἱερὰ καλὰ Ποσειδάωνι ἄνακτι,   130
ἀρνειὸν ταῦρόν τε συῶν τ' ἐπιβήτορα κάπρον,
οἴκαδ' ἀποστείχειν ἔρδειν θ' ἱερὰς ἑκατόμβας
ἀθανάτοισι θεοῖσι, τοὶ οὐρανὸν εὐρὺν ἔχουσι,
πᾶσι μάλ' ἑξείης· θάνατος δέ τοι ἐξ ἁλὸς αὐτῷ
ἀβληχρὸς μάλα τοῖος ἐλεύσεται, ὅς κέ σε πέφνῃ   135
γήρᾳ ὕπο λιπαρῷ ἀρημένον· ἀμφὶ δὲ λαοὶ
ὄλβιοι ἔσσονται· τὰ δέ τοι νημερτέα εἴρω."

109 om L⁸ (= μ 323 al.)   110 ἐάσας e : ἐάσῃς Plut. vit. Hom.
1156 A   νόστον j q   115 δήῃ(ει) o : δήσεις b : εὑρῃς j   ἐνὶ o
116 κατέδοιεν commend. Aristoph. ad β 313   122 οὐκ codd.
124 τοὶ a d l L⁴ : τοί γ' cet. (τοὶ δ' o)   128 φήκη c : φαίη T : φίη
U⁷   ἀθηρηλοιχὸν R¹⁰   134 ἔξαλος P³ Eust. (τὸ ἔξαλος ὡς ἔκβιος
Herod.) : ἔξ' ἁλὸς Ptol. Ascal. (sc. ἔξω), cf. ψ 281   136 δ' ἑταῖροι Eust.

ˆΩς ἔφατ᾽, αὐτὰρ ἐγώ μιν ἀμειβόμενος προσέειπον·
"Τειρεσίη, τὰ μὲν ἄρ που ἐπέκλωσαν θεοὶ αὐτοί.
ἀλλ᾽ ἄγε μοι τόδε εἰπὲ καὶ ἀτρεκέως κατάλεξον·   140
μητρὸς τήνδ᾽ ὁρόω ψυχὴν κατατεθνηυίης·
ἡ δ᾽ ἀκέουσ᾽ ἧσται σχεδὸν αἵματος, οὐδ᾽ ἑὸν υἱὸν
ἔτλη ἐσάντα ἰδεῖν οὐδὲ προτιμυθήσασθαι.
εἰπέ, ἄναξ, πῶς κέν με ἀναγνοίη τὸν ἐόντα;"

ˆΩς ἐφάμην, ὁ δέ μ᾽ αὐτίκ᾽ ἀμειβόμενος προσέειπε·   145
"ῥηΐδιόν τι ἔπος ἐρέω καὶ ἐνὶ φρεσὶ θήσω·
ὅν τινα μέν κεν ἐᾷς νεκύων κατατεθνηώτων
αἵματος ἆσσον ἴμεν, ὁ δέ τοι νημερτὲς ἐνίψει·
ᾧ δέ κ᾽ ἐπιφθονέοις, ὁ δέ τοι πάλιν εἶσιν ὀπίσσω."

ˆΩς φαμένη ψυχὴ μὲν ἔβη δόμον Ἄϊδος εἴσω   150
Τειρεσίαο ἄνακτος, ἐπεὶ κατὰ θέσφατ᾽ ἔλεξεν·
αὐτὰρ ἐγὼν αὐτοῦ μένον ἔμπεδον, ὄφρ᾽ ἐπὶ μήτηρ
ἤλυθε καὶ πίεν αἷμα κελαινεφές· αὐτίκα δ᾽ ἔγνω,
καί μ᾽ ὀλοφυρομένη ἔπεα πτερόεντα προσηύδα·

"Τέκνον ἐμόν, πῶς ἦλθες ὑπὸ ζόφον ἠερόεντα   155
ζωὸς ἐών; χαλεπὸν δὲ τάδε ζωοῖσιν ὁρᾶσθαι.
μέσσῳ γὰρ μεγάλοι ποταμοὶ καὶ δεινὰ ῥέεθρα,
Ὠκεανὸς μὲν πρῶτα, τὸν οὔ πως ἔστι περῆσαι
πεζὸν ἐόντ᾽, ἢν μή τις ἔχῃ εὐεργέα νῆα.
ἦ νῦν δὴ Τροίηθεν ἀλώμενος ἐνθάδ᾽ ἱκάνεις   160
νηΐ τε καὶ ἑτάροισι πολὺν χρόνον; οὐδέ πω ἦλθες
εἰς Ἰθάκην, οὐδ᾽ εἶδες ἐνὶ μεγάροισι γυναῖκα;"

ˆΩς ἔφατ᾽, αὐτὰρ ἐγώ μιν ἀμειβόμενος προσέειπον·
"μῆτερ ἐμή, χρειώ με κατήγαγεν εἰς Ἀΐδαο

141 κατατεθνηκυίης e P³ R¹ R² U² al., cf. 84   142 ἡ δὲ κλαίουσα ἔστη
Stob. Anth. i. 49. 54   οὐδὲ ὃν a d g P¹   143 ἔγνω Stob.
145 αὖτις g j k, cf. 487   146 τι j o p L⁵ U⁸ : τοι cet.   ἐνὶ a j o p :
ἐπὶ cet.   θείω d g : θήω a Br R²   147 ἐάσειας g : ἔασιν j, cf. 110
148 ἐνίσπη g, cf. γ 101   157–159 ἀθετοῦνται τρεῖς schol. obelis
notare fertur J   158 πρῶτον P³ U⁸ Strabo 696 Porph. qu. Il. 192.
32 : πρῶτος R¹⁰ : πρῶτ᾽ ἆ c   ὃν p   159 πεζὸς ἐὼν d   160 ἦ
δὴ νῦν f : ἤδη νῦν k : νύνδη quidam   161 om. R⁴   161, 162 ath.
Aristoph.

ψυχῇ χρησόμενον Θηβαίου Τειρεσίαο·　　　　　　　　　165
οὐ γάρ πω σχεδὸν ἦλθον Ἀχαιΐδος, οὐδέ πω ἀμῆς
γῆς ἐπέβην, ἀλλ᾽ αἰὲν ἔχων ἀλάλημαι ὀϊζύν,
ἐξ οὗ τὰ πρώτισθ᾽ ἑπόμην Ἀγαμέμνονι δίῳ
Ἴλιον εἰς εὔπωλον, ἵνα Τρώεσσι μαχοίμην.
ἀλλ᾽ ἄγε μοι τόδε εἰπὲ καὶ ἀτρεκέως κατάλεξον·　　　170
τίς νύ σε κὴρ ἐδάμασσε τανηλεγέος θανάτοιο;
ἦ δολιχὴ νοῦσος, ἦ Ἄρτεμις ἰοχέαιρα
οἷς ἀγανοῖς βελέεσσιν ἐποιχομένη κατέπεφνεν;
εἰπὲ δέ μοι πατρός τε καὶ υἱέος, ὃν κατέλειπον,
ἦ ἔτι πὰρ κείνοισιν ἐμὸν γέρας, ἦέ τις ἤδη　　　　175
ἀνδρῶν ἄλλος ἔχει, ἐμὲ δ᾽ οὐκέτι φασὶ νέεσθαι.
εἰπὲ δέ μοι μνηστῆς ἀλόχου βουλήν τε νόον τε,
ἠὲ μένει παρὰ παιδὶ καὶ ἔμπεδα πάντα φυλάσσει
ἦ ἤδη μιν ἔγημεν Ἀχαιῶν ὅς τις ἄριστος."
Ὣς ἐφάμην, ἡ δ᾽ αὐτίκ᾽ ἀμείβετο πότνια μήτηρ·　180
" καὶ λίην κείνη γε μένει τετληότι θυμῷ
σοῖσιν ἐνὶ μεγάροισιν· ὀϊζυραὶ δέ οἱ αἰεὶ
φθίνουσιν νύκτες τε καὶ ἤματα δάκρυ χεούσῃ.
σὸν δ᾽ οὔ πώ τις ἔχει καλὸν γέρας, ἀλλὰ ἕκηλος
Τηλέμαχος τεμένεα νέμεται καὶ δαῖτας ἐΐσας　　　185
δαίνυται, ἃς ἐπέοικε δικασπόλον ἄνδρ᾽ ἀλεγύνειν·
πάντες γὰρ καλέουσι.　πατὴρ δὲ σὸς αὐτόθι μίμνει
ἀγρῷ, οὐδὲ πόλινδε κατέρχεται· οὐδέ οἱ εὐναὶ
δέμνια καὶ χλαῖναι καὶ ῥήγεα σιγαλόεντα,
ἀλλ᾽ ὅ γε χεῖμα μὲν εὕδει ὅθι δμῶες ἐνὶ οἴκῳ　　190
ἐν κόνι ἄγχι πυρός, κακὰ δὲ χροΐ εἵματα εἷται·
αὐτὰρ ἐπὴν ἔλθῃσι θέρος τεθαλυῖά τ᾽ ὀπώρη,

173 cf. γ 280　　　174 οὓς Aristoph.　　　178 a κτῆσιν ἐμὴν
δμωᾶς τε καὶ ὑψερεφὲς μέγα δῶμα　b εὐνὴν τ᾽ αἰδομένη πόσιος δήμοιό
τε φῆμιν hab. o p L² P⁶, 178 a sol. f (= π 75 τ 526, 527)　　180 ἀμει-
βομένη προσέειπεν L⁴　　　183 φθινύθουσιν a b d l, cf. ν 338 π 39
185 τεμένεα Ar. : τεμένη cet.　　　187 ποθέουσι U² : κοτέουσι T
　191 εἷται T, L⁸ corr., Mon. corr. Eust. : εἷσται d Pal. : ἧσται Zen.
vulg. : ἧστο Ar.

πάντῃ οἱ κατὰ γουνὸν ἀλωῆς οἰνοπέδοιο
φύλλων κεκλιμένων χθαμαλαὶ βεβλήαται εὐναί·
ἔνθ' ὅ γε κεῖτ' ἀχέων, μέγα δὲ φρεσὶ πένθος ἀέξει   195
σὸν νόστον ποθέων· χαλεπὸν δ' ἐπὶ γῆρας ἱκάνει.
οὕτω γὰρ καὶ ἐγὼν ὀλόμην καὶ πότμον ἐπέσπον·
οὔτ' ἐμέ γ' ἐν μεγάροισιν ἐΰσκοπος ἰοχέαιρα
οἷς ἀγανοῖς βελέεσσιν ἐποιχομένη κατέπεφνεν,
οὔτε τις οὖν μοι νοῦσος ἐπήλυθεν, ἥ τε μάλιστα   200
τηκεδόνι στυγερῇ μελέων ἐξείλετο θυμόν·
ἀλλά με σός τε πόθος σά τε μήδεα, φαίδιμ' Ὀδυσσεῦ,
σή τ' ἀγανοφροσύνη μελιηδέα θυμὸν ἀπηύρα."
῾Ὣς ἔφατ', αὐτὰρ ἐγώ γ' ἔθελον φρεσὶ μερμηρίξας
μητρὸς ἐμῆς ψυχὴν ἑλέειν κατατεθνηυίης.   205
τρὶς μὲν ἐφορμήθην, ἑλέειν τέ με θυμὸς ἀνώγει,
τρὶς δέ μοι ἐκ χειρῶν σκιῇ εἴκελον ἢ καὶ ὀνείρῳ
ἔπτατ'· ἐμοὶ δ' ἄχος ὀξὺ γενέσκετο κηρόθι μᾶλλον,
καί μιν φωνήσας ἔπεα πτερόεντα προσηύδων·
" Μῆτερ ἐμή, τί νύ μ' οὐ μίμνεις ἑλέειν μεμαῶτα,   210
ὄφρα καὶ εἰν Ἀίδαο φίλας περὶ χεῖρε βαλόντε
ἀμφοτέρω κρυεροῖο τεταρπώμεσθα γόοιο;
ἦ τί μοι εἴδωλον τόδ' ἀγαυὴ Περσεφόνεια
ὄτρυν', ὄφρ' ἔτι μᾶλλον ὀδυρόμενος στεναχίζω; "
῾Ὣς ἐφάμην, ἡ δ' αὐτίκ' ἀμείβετο πότνια μήτηρ·   215
" ὤ μοι, τέκνον ἐμόν, περὶ πάντων κάμμορε φωτῶν,
οὔ τί σε Περσεφόνεια, Διὸς θυγάτηρ, ἀπαφίσκει,
ἀλλ' αὕτη δίκη ἐστὶ βροτῶν, ὅτε τίς κε θάνησιν·
οὐ γὰρ ἔτι σάρκας τε καὶ ὀστέα ἶνες ἔχουσιν,

196 ποθέων vulg. (ἡ χαριεστέρα γραφὴ schol.) : γοέων M⁴ : γώων g :
πότμον γοόων b c f k Eust.   197 καὶ γὰρ l Br C Ho U³   ἐπέσπων
a l p q, cf. γ 134   198 οὔτε με ἐν f p H³ Eust. : οὔτε μ' ἐνὶ j R¹¹ U⁸ :
οὔτέ μ' ἐν U⁵ : οὔτ' ἐμὲν Pal.   199 cf. γ 280   200 οὖν] αὖ d
202 κήδεα Br W   205 κατατεθνηκυίης (ας) b e o, cf. 84, 141
206 et ἐφορ. et ἐφωρμήθην codd.   208 possis ἔπτη cl. h. Dem. 398
213 ἦ] μή L⁵ P⁶ T   τί om. Bentley   214 ὄτρυν' codd. praeter
Mon.   216 θνητῶν d   217 φερσεφόνεια a i l L⁴   218 om.
a   κέν τε b c e g i   θάνωσιν b c e k L⁷

11. ΟΔΥΣΣΕΙΑΣ Λ

ἀλλὰ τὰ μέν τε πυρὸς κρατερὸν μένος αἰθομένοιο 220
δαμνᾷ, ἐπεί κε πρῶτα λίπῃ λεύκ᾽ ὀστέα θυμός,
ψυχὴ δ᾽ ἠΰτ᾽ ὄνειρος ἀποπταμένη πεπότηται.
ἀλλὰ φόωσδε τάχιστα λιλαίεο· ταῦτα δὲ πάντα
ἴσθ᾽, ἵνα καὶ μετόπισθε τεῇ εἴπῃσθα γυναικί."

Νῶϊ μὲν ὣς ἐπέεσσιν ἀμειβόμεθ᾽, αἱ δὲ γυναῖκες 225
ἤλυθον, ὤτρυνεν γὰρ ἀγαυὴ Περσεφόνεια,
ὅσσαι ἀριστήων ἄλοχοι ἔσαν ἠδὲ θύγατρες.
αἱ δ᾽ ἀμφ᾽ αἷμα κελαινὸν ἀολλέες ἠγερέθοντο,
αὐτὰρ ἐγὼ βούλευον ὅπως ἐρέοιμι ἑκάστην.
ἥδε δέ μοι κατὰ θυμὸν ἀρίστη φαίνετο βουλή· 230
σπασσάμενος τανύηκες ἄορ παχέος παρὰ μηροῦ
οὐκ εἴων πιέειν ἅμα πάσας αἷμα κελαινόν.
αἱ δὲ προμνηστῖναι ἐπήϊσαν, ἠδὲ ἑκάστη
ὃν γόνον ἐξαγόρευεν· ἐγὼ δ᾽ ἐρέεινον ἁπάσας.

Ἔνθ᾽ ἦ τοι πρώτην Τυρὼ ἴδον εὐπατέρειαν, 235
ἣ φάτο Σαλμωνῆος ἀμύμονος ἔκγονος εἶναι,
φῆ δὲ Κρηθῆος γυνὴ ἔμμεναι Αἰολίδαο·
ἣ ποταμοῦ ἠράσσατ᾽, Ἐνιπῆος θείοιο,
ὃς πολὺ κάλλιστος ποταμῶν ἐπὶ γαῖαν ἵησι,
καί ρ᾽ ἐπ᾽ Ἐνιπῆος πωλέσκετο καλὰ ῥέεθρα. 240
τῷ δ᾽ ἄρα εἰσάμενος γαιήοχος ἐννοσίγαιος
ἐν προχοῇς ποταμοῦ παρελέξατο δινήεντος·
πορφύρεον δ᾽ ἄρα κῦμα περιστάθη, οὔρεϊ ἶσον,
κυρτωθέν, κρύψεν δὲ θεὸν θνητήν τε γυναῖκα.
λῦσε δὲ παρθενίην ζώνην, κατὰ δ᾽ ὕπνον ἔχευεν. 245
αὐτὰρ ἐπεί ρ᾽ ἐτέλεσσε θεὸς φιλοτήσια ἔργα,
ἔν τ᾽ ἄρα οἱ φῦ χειρὶ ἔπος τ᾽ ἔφατ᾽ ἔκ τ᾽ ὀνόμαζε·

221 δάμνατ᾽ **a c d k**: δάμναται ὥς κεν Crates: quid legerit Ascalonites
incert. 223 φάοσδε **o** 224 τω νυν μη δε συ [τα]υτα τεη ειπησθα
γυναικι **p²⁷** (?) 226 ὤτρυνεν codd. φερσεφόνεια **a c i l** Ho
229 ἑκάστη L⁵ Pal., R¹⁰ uv. 231 τανήηκες **d** Br C 232 πιέειν
P³ W: πινέειν **i** Pal.: πίνειν vulg. ἅμα πάσας πίνειν **j** 233 ἠ
δὲ **c e i j k** cit. Eust., cf. 285 236 ἀτασθάλου quidam ant.
241 ἄρ᾽ ἐεισάμενος **f i p** L⁴ 245 ἀθ. Ar. (Ζηνόδοτος δὲ ἀγνοεῖ τὸν
στίχον) παρθενικὴν **d e k** Plut. vit. Hom. ii. 22 Hermog. Rhet. gr.
iii. 178. 7, anon. in Ar. Rhet. iii. 6 (p. 184 Rab.)

11. ΟΔΥΣΣΕΙΑΣ Λ

" Χαῖρε, γύναι, φιλότητι, περιπλομένου δ' ἐνιαυτοῦ
τέξεις ἀγλαὰ τέκνα, ἐπεὶ οὐκ ἀποφώλιοι εὐναὶ
ἀθανάτων· σὺ δὲ τοὺς κομέειν ἀτιταλλέμεναί τε.   250
νῦν δ' ἔρχευ πρὸς δῶμα, καὶ ἴσχεο μηδ' ὀνομήνῃς·
αὐτὰρ ἐγώ τοί εἰμι Ποσειδάων ἐνοσίχθων."
*Ὡς εἰπὼν ὑπὸ πόντον ἐδύσετο κυμαίνοντα.
ἡ δ' ὑποκυσαμένη Πελίην τέκε καὶ Νηλῆα,
τὼ κρατερὼ θεράποντε Διὸς μεγάλοιο γενέσθην   255
ἀμφοτέρω· Πελίης μὲν ἐν εὐρυχόρῳ Ἰαωλκῷ
ναῖε πολύρρηνος, ὁ δ' ἄρ' ἐν Πύλῳ ἠμαθόεντι.
τοὺς δ' ἑτέρους Κρηθῆϊ τέκεν βασίλεια γυναικῶν.
Αἴσονά τ' ἠδὲ Φέρητ' Ἀμυθάονά θ' ἱππιοχάρμην.

Τὴν δὲ μέτ' Ἀντιόπην ἴδον, Ἀσωποῖο θύγατρα,   260
ἣ δὴ καὶ Διὸς εὔχετ' ἐν ἀγκοίνῃσιν ἰαῦσαι,
καί ῥ' ἔτεκεν δύο παῖδ', Ἀμφίονά τε Ζῆθόν τε,
οἳ πρῶτοι Θήβης ἕδος ἔκτισαν ἑπταπύλοιο,
πύργωσάν τ', ἐπεὶ οὐ μὲν ἀπύργωτόν γ' ἐδύναντο
ναιέμεν εὐρύχορον Θήβην, κρατερὼ περ ἐόντε.   265

Τὴν δὲ μέτ' Ἀλκμήνην ἴδον, Ἀμφιτρύωνος ἄκοιτιν,
ἥ ῥ' Ἡρακλῆα θρασυμέμνονα θυμολέοντα
γείνατ' ἐν ἀγκοίνῃσι Διὸς μεγάλοιο μιγεῖσα·
καὶ Μεγάρην, Κρείοντος ὑπερθύμοιο θύγατρα,
τὴν ἔχεν Ἀμφιτρύωνος υἱὸς μένος αἰὲν ἀτειρής.   270

Μητέρα τ' Οἰδιπόδαο ἴδον, καλὴν Ἐπικάστην,
ἣ μέγα ἔργον ἔρεξεν ἀϊδρείῃσι νόοιο,
γημαμένη ᾧ υἷϊ· ὁ δ' ὃν πατέρ' ἐξεναρίξας
γῆμεν· ἄφαρ δ' ἀνάπυστα θεοὶ θέσαν ἀνθρώποισιν.
ἀλλ' ὁ μὲν ἐν Θήβῃ πολυηράτῳ ἄλγεα πάσχων   275
Καδμείων ἤνασσε θεῶν ὀλοὰς διὰ βουλάς·

249 τέξεαι Zen. (κακῶς) e, γρ. Br   ἀνεμώλιοι quidam (οὐκ εὖ)
256 Ἰαωλκῷ fik : Ἰαολκῷ cet.   262 ἔτεκεν] ἔσχεν g   264 μὲν
c g k : μιν Aristoph. vulg.   266 a ἣ δὴ καὶ διὸς εὔχετ' ἐν ἀγκοίνῃσιν
ἰαῦσαι hab g U⁷, P⁴ P⁵ marg. (= 261)   267 κριτερόφρονα fi
270 ἀτειρές U⁶, fort. I⁸   271 ἰοκάστην k R¹⁰ P⁴ ss.   273 υἱῷ
R¹⁰ Ammonius in γῆμαι, E. Gud. 125. 4

198

ἡ δ' ἔβη εἰς Ἀίδαο πυλάρταο κρατεροῖο,
ἀψαμένη βρόχον αἰπὺν ἀφ' ὑψηλοῖο μελάθρου,
ᾧ ἄχεϊ σχομένη· τῷ δ' ἄλγεα κάλλιπ' ὀπίσσω
πολλὰ μάλ', ὅσσα τε μητρὸς Ἐρινύες ἐκτελέουσι.   280

   Καὶ Χλῶριν εἶδον περικαλλέα, τήν ποτε Νηλεὺς
γῆμεν ἑὸν διὰ κάλλος, ἐπεὶ πόρε μυρία ἕδνα,
ὁπλοτάτην κούρην Ἀμφίονος Ἰασίδαο,
ὅς ποτ' ἐν Ὀρχομενῷ Μινυείῳ ἶφι ἄνασσεν·
ἡ δὲ Πύλου βασίλευε, τέκεν δέ οἱ ἀγλαὰ τέκνα,   285
Νέστορά τε Χρομίον τε Περικλύμενόν τ' ἀγέρωχον.
τοῖσι δ' ἐπ' ἰφθίμην Πηρὼ τέκε, θαῦμα βροτοῖσι,
τὴν πάντες μνώοντο περικτίται· οὐδέ τι Νηλεὺς
τῷ ἐδίδου ὃς μὴ ἕλικας βόας εὐρυμετώπους
ἐκ Φυλάκης ἐλάσειε βίης Ἰφικληείης   290
ἀργαλέας· τὰς δ' οἶος ὑπέσχετο μάντις ἀμύμων
ἐξελάαν· χαλεπὴ δὲ θεοῦ κατὰ μοῖρα πέδησε,
δεσμοί τ' ἀργαλέοι καὶ βουκόλοι ἀγροιῶται.
ἀλλ' ὅτε δὴ μῆνές τε καὶ ἡμέραι ἐξετελεῦντο
ἂψ περιτελλομένου ἔτεος καὶ ἐπήλυθον ὧραι,   295
καὶ τότε δή μιν λῦσε βίη Ἰφικληείη,
θέσφατα πάντ' εἰπόντα· Διὸς δ' ἐτελείετο βουλή.

   Καὶ Λήδην εἶδον, τὴν Τυνδαρέου παράκοιτιν,
ἥ ῥ' ὑπὸ Τυνδαρέῳ κρατερόφρονε γείνατο παῖδε,
Κάστορά θ'. ἱππόδαμον καὶ πὺξ ἀγαθὸν Πολυδεύκεα,   300
τοὺς ἄμφω ζωοὺς κατέχει φυσίζοος αἶα·
οἳ καὶ νέρθεν γῆς τιμὴν πρὸς Ζηνὸς ἔχοντες
ἄλλοτε μὲν ζώουσ' ἑτερήμεροι, ἄλλοτε δ' αὖτε
τεθνᾶσιν· τιμὴν δὲ λελόγχασιν ἶσα θεοῖσι.

282 διὰ b c g : μετὰ cet.   284 μιννήων g U⁷   285 ἡ δὲ e k
C H³ Herod. : ἠδὲ Ar. vulg., cf. 233   288 οὐδ' ἄρα Ar. (Aristophanes
sec. Nitzsch) T   289 βοῦς H³ U¹ U⁶   296 ἔλυσε codd.
297 ἐτέλεσσεν ἐφετμήν f M² (-αν P²)   298 τυνδαρέω g L⁴ U² (οὐ
τυνδαρέου ὀφείλει γράφειν ἀλλὰ τυνδάρεω schol. V⁴) : -εως k, cf. ω 199
     299 κρατερόφρονι a e k l   300 πολυδεύκην f U²   302 πρὸς
a d k : παρὰ c e f g j Eust : παρ h i

Τὴν δὲ μέτ᾽ Ἰφιμέδειαν, Ἀλωῆος παράκοιτιν,   305
ἔσιδον, ἣ δὴ φάσκε Ποσειδάωνι μιγῆναι,
καί ῥ᾽ ἔτεκεν δύο παῖδε, μινυνθαδίω δὲ γενέσθην,
Ὠτόν τ᾽ ἀντίθεον τηλεκλειτόν τ᾽ Ἐφιάλτην,
οὓς δὴ μηκίστους θρέψε ζείδωρος ἄρουρα
καὶ πολὺ καλλίστους μετά γε κλυτὸν Ὠρίωνα·   310
ἐννέωροι γὰρ τοί γε καὶ ἐννεαπήχεες ἦσαν
εὖρος, ἀτὰρ μῆκός γε γενέσθην ἐννεόργυιοι.
οἵ ῥα καὶ ἀθανάτοισιν ἀπειλήτην ἐν Ὀλύμπῳ
φυλόπιδα στήσειν πολυάϊκος πολέμοιο.   314
Ὄσσαν ἐπ᾽ Οὐλύμπῳ μέμασαν θέμεν, αὐτὰρ ἐπ᾽ Ὄσσῃ
Πήλιον εἰνοσίφυλλον, ἵν᾽ οὐρανὸς ἀμβατὸς εἴη.
καί νύ κεν ἐξετέλεσσαν, εἰ ἥβης μέτρον ἵκοντο·
ἀλλ᾽ ὄλεσεν Διὸς υἱός, ὃν ἠύκομος τέκε Λητώ,
ἀμφοτέρω, πρὶν σφῶϊν ὑπὸ κροτάφοισιν ἰούλους
ἀνθῆσαι πυκάσαι τε γένυς εὐανθέϊ λάχνῃ.   320

Φαίδρην τε Πρόκριν τε ἴδον καλήν τ᾽ Ἀριάδνην,
κούρην Μίνωος ὀλοόφρονος, ἥν ποτε Θησεὺς
ἐκ Κρήτης ἐς γουνὸν Ἀθηνάων ἱεράων
ἦγε μέν, οὐδ᾽ ἀπόνητο· πάρος δέ μιν Ἄρτεμις ἔκτα
Δίῃ ἐν ἀμφιρύτῃ Διονύσου μαρτυρίῃσι.   325

Μαῖράν τε Κλυμένην τε ἴδον στυγερήν τ᾽ Ἐριφύλην,
ἣ χρυσὸν φίλου ἀνδρὸς ἐδέξατο τιμήεντα.
πάσας δ᾽ οὐκ ἂν ἐγὼ μυθήσομαι οὐδ᾽ ὀνομήνω
ὅσσας ἡρώων ἀλόχους ἴδον ἠδὲ θύγατρας·
πρὶν γάρ κεν καὶ νὺξ φθῖτ᾽ ἄμβροτος. ἀλλὰ καὶ ὥρη   330
εὕδειν, ἢ ἐπὶ νῆα θοὴν ἐλθόντ᾽ ἐς ἑταίρους
ἢ αὐτοῦ· πομπὴ δὲ θεοῖς ὑμῖν τε μελήσει."

305 ἰφιδάμειαν P⁵ : ἀμφιμέδειαν ο : ἰφιγένειαν T   308 ἐπιάλτην
L⁴ (διὰ τοῦ π̄ schol.) Macrob v. 13. 18 Zonar. lex. 790 (τὸν δαίμονα)
315, 316 ἀθετοῦνται ὡς ἀδύνατοι schol.   320 γένυν f g i k Eust.
321 ἐριάδνην L⁵ (Ἀριήδνη Zen. Σ 592)   324 γήμας pro ἦγε μὲν
schol. Ap Rhod. iii. 997 (om. v. 323)   ἐτέλεσσεν quidam   μιν]
μὲν c   ἔκτα] ἔσχεν Aristoph. b e f i j v. l. ap. Eust.   331 ἐλθόντ᾽
ἐς ο K T : ἐλθόντας om. ἐς vulg. : ἐλθόντα om. ἐς f

11. ΟΔΥΣΣΕΙΑΣ Λ

Ὣς ἔφαθ', οἱ δ' ἄρα πάντες ἀκὴν ἐγένοντο σιωπῇ,
κηληθμῷ δ' ἔσχοντο κατὰ μέγαρα σκιόεντα.
τοῖσιν δ' Ἀρήτη λευκώλενος ἄρχετο μύθων·   335

  "Φαίηκες, πῶς ὔμμιν ἀνὴρ ὅδε φαίνεται εἶναι
εἶδός τε μέγεθός τε ἰδὲ φρένας ἔνδον ἐίσας;
ξεῖνος δ' αὖτ' ἐμός ἐστιν, ἕκαστος δ' ἔμμορε τιμῆς·
τῷ μὴ ἐπειγόμενοι ἀποπέμπετε, μηδὲ τὰ δῶρα
οὕτω χρηΐζοντι κολούετε· πολλὰ γὰρ ὑμῖν   340
κτήματ' ἐνὶ μεγάροισι θεῶν ἰότητι κέονται."

  Τοῖσι δὲ καὶ μετέειπε γέρων ἥρως Ἐχένηος,
ὃς δὴ Φαιήκων ἀνδρῶν προγενέστερος ἦεν·

  "Ὦ φίλοι, οὐ μὰν ἧμιν ἀπὸ σκοποῦ οὐδ' ἀπὸ δόξης
μυθεῖται βασίλεια περίφρων· ἀλλὰ πίθεσθε.   345
Ἀλκινόου δ' ἐκ τοῦδ' ἔχεται ἔργον τε ἔπος τε."

  Τὸν δ' αὖτ' Ἀλκίνοος ἀπαμείβετο φώνησέν τε·
"τοῦτο μὲν οὕτω δὴ ἔσται ἔπος, αἴ κεν ἐγώ γε
ζωὸς Φαιήκεσσι φιληρέτμοισιν ἀνάσσω·
ξεῖνος δὲ τλήτω, μάλα περ νόστοιο χατίζων,   350
ἔμπης οὖν ἐπιμεῖναι ἐς αὔριον, εἰς ὅ κε πᾶσαν
δωτίνην τελέσω· πομπὴ δ' ἄνδρεσσι μελήσει
πᾶσι, μάλιστα δ' ἐμοί· τοῦ γὰρ κράτος ἔστ' ἐνὶ δήμῳ."

  Τὸν δ' ἀπαμειβόμενος προσέφη πολύμητις Ὀδυσσεύς·
"Ἀλκίνοε κρεῖον, πάντων ἀριδείκετε λαῶν,   355
εἴ με καὶ εἰς ἐνιαυτὸν ἀνώγοιτ' αὐτόθι μίμνειν,
πομπήν τ' ὀτρύνοιτε καὶ ἀγλαὰ δῶρα διδοῖτε,
καί κε τὸ βουλοίμην, καί κεν πολὺ κέρδιον εἴη,
πλειοτέρῃ σὺν χειρὶ φίλην ἐς πατρίδ' ἱκέσθαι·
καί κ' αἰδοιότερος καὶ φίλτερος ἀνδράσιν εἴην   360
πᾶσιν, ὅσοι μ' Ἰθάκηνδε ἰδοίατο νοστήσαντα."

333 ὣς φάτο· τοὶ Gellius v. 1. 6   343 om. b c e   343 a καὶ
μύθοις ἐκέκαστο παλαιά τε πολλά τε εἰδώς add. k R¹⁰ marg. (= η 157)
348 ἔστω b : ἔπος ἔσσεται g k   ἔπος] γέρον c   353 ἐνὶ οἴκῳ b i
L⁴ U⁶ (cf. 190)   357 πομπὴ δ' ὀτρύνοιτο v. l. ap. schol.   359 ἐν
pro σὺν b   πλειοτέρῃσιν χερσὶν Aristoph.

Τὸν δ' αὖτ' Ἀλκίνοος ἀπαμείβετο φώνησέν τε·
" ὦ 'Οδυσεῦ, τὸ μὲν οὔ τί σ' ἐΐσκομεν εἰσορόωντες
ἠπεροπῆά τ' ἔμεν καὶ ἐπίκλοπον, οἷά τε πολλοὺς
βόσκει γαῖα μέλαινα πολυσπερέας ἀνθρώπους   365
ψεύδεά τ' ἀρτύνοντας, ὅθεν κέ τις οὐδὲ ἴδοιτο·
σοὶ δ' ἔπι μὲν μορφὴ ἐπέων, ἔνι δὲ φρένες ἐσθλαί,
μῦθον δ' ὡς ὅτ' ἀοιδὸς ἐπισταμένως κατέλεξας,
πάντων Ἀργείων σέο τ' αὐτοῦ κήδεα λυγρά.
ἀλλ' ἄγε μοι τόδε εἰπὲ καὶ ἀτρεκέως κατάλεξον,   370
εἴ τινας ἀντιθέων ἑτάρων ἴδες, οἵ τοι ἅμ' αὐτῷ
Ἴλιον εἰς ἅμ' ἕποντο καὶ αὐτοῦ πότμον ἐπέσπον.
νὺξ δ' ἥδε μάλα μακρὴ ἀθέσφατος· οὐδέ πω ὥρη
εὕδειν ἐν μεγάρῳ· σὺ δέ μοι λέγε θέσκελα ἔργα.
καί κεν ἐς ἠῶ δῖαν ἀνασχοίμην, ὅτε μοι σὺ   375
τλαίης ἐν μεγάρῳ τὰ σὰ κήδεα μυθήσασθαι."

Τὸν δ' ἀπαμειβόμενος προσέφη πολύμητις Ὀδυσσεύς·
" Ἀλκίνοε κρεῖον, πάντων ἀριδείκετε λαῶν,
ὥρη μὲν πολέων μύθων, ὥρη δὲ καὶ ὕπνου·
εἰ δ' ἔτ' ἀκουέμεναί γε λιλαίεαι, οὐκ ἂν ἐγώ γε   380
τούτων σοι φθονέοιμι καὶ οἰκτρότερ' ἄλλ' ἀγορεῦσαι,
κήδε' ἐμῶν ἑτάρων, οἳ δὴ μετόπισθεν ὄλοντο,
οἳ Τρώων μὲν ὑπεξέφυγον στονόεσσαν ἀϋτήν,
ἐν νόστῳ δ' ἀπόλοντο κακῆς ἰότητι γυναικός.

Αὐτὰρ ἐπεὶ ψυχὰς μὲν ἀπεσκέδασ' ἄλλυδις ἄλλη   385
ἁγνὴ Περσεφόνεια γυναικῶν θηλυτεράων,
ἦλθε δ' ἐπὶ ψυχὴ Ἀγαμέμνονος Ἀτρείδαο
ἀχνυμένη· περὶ δ' ἄλλαι ἀγηγέραθ', ὅσσοι ἅμ' αὐτῷ
οἴκῳ ἐν Αἰγίσθοιο θάνον καὶ πότμον ἐπέσπον.

364 πολλὰ Zen. d   365 πολυσπερχέας P³   372 ἐπέσπων
a l r P¹, cf. 197 γ 134   373 ἤδη f g i pro ἤδε   374 μεγάροις a d l
L⁴   375 προφρονέως pro ἐς ἠῶ δῖαν r   380 ἐγώ γε] ἔπειτα
a d k l Eust.   385 ἄλλην Aristoph. q L⁵ U⁸   386 αἰνὴ L⁴ T U¹ U⁶
(τινα τῶν ἀντιγράφων γρ. Eust.)   φερσεφόνεια a b d i l   388 ὅσσαι
c d g i l U⁵ U⁸, cf. ω 21 : ὅσσοι ἄριστοι L⁴   389 ἐπέσπων a p P¹,
cf. 372

ἔγνω δ' αἶψ' ἐμὲ κεῖνος, ἐπεὶ πίεν αἷμα κελαινόν·   390
κλαῖε δ' ὅ γε λιγέως, θαλερὸν κατὰ δάκρυον εἴβων,
πιτνὰς εἰς ἐμὲ χεῖρας, ὀρέξασθαι μενεαίνων·
ἀλλ' οὐ γάρ οἱ ἔτ' ἦν ἲς ἔμπεδος οὐδέ τι κῖκυς,
οἵη περ πάρος ἔσκεν ἐνὶ γναμπτοῖσι μέλεσσι.
τὸν μὲν ἐγὼ δάκρυσα ἰδὼν ἐλέησά τε θυμῷ,   395
καί μιν φωνήσας ἔπεα πτερόεντα προσηύδων·
  "'Ατρεΐδη κύδιστε, ἄναξ ἀνδρῶν, 'Αγάμεμνον,
τίς νύ σε κὴρ ἐδάμασσε τανηλεγέος θανάτοιο;
ἠέ σέ γ' ἐν νήεσσι Ποσειδάων ἐδάμασσεν
ὄρσας ἀργαλέων ἀνέμων ἀμέγαρτον ἀϋτμήν,   400
ἠέ σ' ἀνάρσιοι ἄνδρες ἐδηλήσαντ' ἐπὶ χέρσου
βοῦς περιταμνόμενον ἠδ' οἰῶν πώεα καλά,
ἠὲ περὶ πτόλιος μαχεούμενον ἠδὲ γυναικῶν;"
  Ὣς ἐφάμην, ὁ δέ μ' αὐτίκ' ἀμειβόμενος προσέειπε·
"διογενὲς Λαερτιάδη, πολυμήχαν' 'Οδυσσεῦ,   405
οὔτ' ἐμέ γ' ἐν νήεσσι Ποσειδάων ἐδάμασσεν,
ὄρσας ἀργαλέων ἀνέμων ἀμέγαρτον ἀϋτμήν,
οὔτε μ' ἀνάρσιοι ἄνδρες ἐδηλήσαντ' ἐπὶ χέρσου,
ἀλλά μοι Αἴγισθος τεύξας θάνατόν τε μόρον τε
ἔκτα σὺν οὐλομένῃ ἀλόχῳ, οἶκόνδε καλέσσας,   410
δειπνίσσας, ὥς τίς τε κατέκτανε βοῦν ἐπὶ φάτνῃ.
ὣς θάνον οἰκτίστῳ θανάτῳ· περὶ δ' ἄλλοι ἑταῖροι
νωλεμέως κτείνοντο, σύες ὣς ἀργιόδοντες,
οἵ ῥά τ' ἐν ἀφνειοῦ ἀνδρὸς μέγα δυναμένοιο
ἢ γάμῳ ἢ ἐράνῳ ἢ εἰλαπίνῃ τεθαλυίῃ.   415
ἤδη μὲν πολέων φόνῳ ἀνδρῶν ἀντεβόλησας,
μουνὰξ κτεινομένων καὶ ἐνὶ κρατερῇ ὑσμίνῃ·
ἀλλά κε κεῖνα μάλιστα ἰδὼν ὀλοφύραο θυμῷ,

---

390 ἴδεν ὀφθαλμοῖσιν a d l L   392 τείνας γρ.   Br   399–403 οἱ
ἠέ [στίχοι] ἀθετοῦνται ὑπὸ 'Αριστοφάνους schol.   399 ποσειδάων
ἐνοσίχθων R⁹   400 λευγαλέων Aristoph.   403 γε μαχούμενον f:
γε μαχεύμενον coni. Bothe   407 hab. e (= 400), om. cet.
416 τάφῳ U⁸: θανάτῳ j: ἀνδρῶν φόνῳ e L²: ἀνδρῶν τάφον L⁵   ἀντε-
βόλησα g L⁵ Pal. R⁸: -ας Ar. vulg.

ὡς ἀμφὶ κρητῆρα τραπέζας τε πληθούσας
κείμεθ' ἐνὶ μεγάρῳ, δάπεδον δ' ἅπαν αἵματι θῦεν.   420
οἰκτροτάτην δ' ἤκουσα ὄπα Πριάμοιο θυγατρός,
Κασσάνδρης, τὴν κτεῖνε Κλυταιμνήστρη δολόμητις
ἀμφ' ἐμοί· αὐτὰρ ἐγὼ ποτὶ γαίῃ χεῖρας ἀείρων
βάλλον ἀποθνήσκων περὶ φασγάνῳ· ἡ δὲ κυνῶπις
νοσφίσατ', οὐδέ μοι ἔτλη ἰόντι περ εἰς 'Αίδαο   425
χερσὶ κατ' ὀφθαλμοὺς ἑλέειν σύν τε στόμ' ἐρεῖσαι.
ὣς οὐκ αἰνότερον καὶ κύντερον ἄλλο γυναικὸς
ἥ τις δὴ τοιαῦτα μετὰ φρεσὶν ἔργα βάληται·
οἷον δὴ καὶ κείνη ἐμήσατο ἔργον ἀεικές,
κουριδίῳ τεύξασα πόσει φόνον. ἦ τοι ἔφην γε   430
ἀσπάσιος παίδεσσιν ἰδὲ δμώεσσιν ἐμοῖσιν
οἴκαδ' ἐλεύσεσθαι· ἡ δ' ἔξοχα λυγρὰ ἰδυῖα
οἷ τε κατ' αἶσχος ἔχευε καὶ ἐσσομένῃσιν ὀπίσσω
θηλυτέρῃσι γυναιξί, καὶ ἥ κ' εὐεργὸς ἔῃσιν."

ʿΩς ἔφατ', αὐτὰρ ἐγώ μιν ἀμειβόμενος προσέειπον·   435
" ὦ πόποι, ἦ μάλα δὴ γόνον 'Ατρέος εὐρύοπα Ζεὺς
ἐκπάγλως ἔχθαιρε γυναικείας διὰ βουλὰς
ἐξ ἀρχῆς· 'Ελένης μὲν ἀπωλόμεθ' εἵνεκα πολλοί,
σοὶ δὲ Κλυταιμνήστρη δόλον ἤρτυε τηλόθ' ἐόντι."

ʿΩς ἐφάμην, ὁ δέ μ' αὐτίκ' ἀμειβόμενος προσέειπε·   440
" τῷ νῦν μή ποτε καὶ σὺ γυναικί περ ἤπιος εἶναι·
μηδ' οἱ μῦθον ἅπαντα πιφαυσκέμεν, ὅν κ' ἐὺ εἰδῇς,
ἀλλὰ τὸ μὲν φάσθαι, τὸ δὲ καὶ κεκρυμμένον εἶναι.
ἀλλ' οὐ σοί γ', 'Οδυσεῦ, φόνος ἔσσεται ἔκ γε γυναικός·
λίην γὰρ πινυτή τε καὶ εὖ φρεσὶ μήδεα οἶδε   445
κούρη 'Ικαρίοιο, περίφρων Πηνελόπεια.

421 θυγατρῶν H³ L⁸ Plut. quomodo adul. 25   426 αἱρέειν b
428 ἐν πολλοῖς οὐ φέρεται sch.   431 ἀσπασίως R⁸ R¹¹ uv.   433 οἴ
τε a c d f l : ἧτε cet.   ἐσσομένοισιν a c d k   434 εἴ κ' g h
435 sqq. ἀθετοῦνται παρ' 'Αριστοφάνει sch. U⁵ (sc. 435-443 ; 435-442
obelis not. U⁵)   437 ἤχθηρε codd., cf. Ar. et codd. ad P 270 Υ 306
λ 560 τ 364   439 χόλον f : φόνον b P⁶, cf. Φ 137   440 αὖτις
b k q   443 καὶ om. praeter b d l p codd.   ἔστω U⁵ ss., φάσθαι
ἔπος τὸ δ' ἐνὶ φρεσὶ κεύθειν sch. A 545

11. ΟΔΥΣΣΕΙΑΣ Λ

ἦ μέν μιν νύμφην γε νέην κατελείπομεν ἡμεῖς
ἐρχόμενοι πόλεμόνδε· πάϊς δέ οἱ ἦν ἐπὶ μαζῷ
νήπιος, ὅς που νῦν γε μετ' ἀνδρῶν ἵζει ἀριθμῷ,
ὄλβιος· ἦ γὰρ τόν γε πατὴρ φίλος ὄψεται ἐλθών,   450
καὶ κεῖνος πατέρα προσπτύξεται, ἦ θέμις ἐστίν.
ἡ δ' ἐμὴ οὐδέ περ υἷος ἐνιπλησθῆναι ἄκοιτις
ὀφθαλμοῖσιν ἔασε· πάρος δέ με πέφνε καὶ αὐτόν.
ἄλλο δέ τοι ἐρέω, σὺ δ' ἐνὶ φρεσὶ βάλλεο σῇσι·
κρύβδην, μηδ' ἀναφανδά, φίλην ἐς πατρίδα γαῖαν   455
νῆα κατισχέμεναι· ἐπεὶ οὐκέτι πιστὰ γυναιξίν.
ἀλλ' ἄγε μοι τόδε εἰπὲ καὶ ἀτρεκέως κατάλεξον,
εἴ που ἔτι ζώοντος ἀκούετε παιδὸς ἐμοῖο,
ἤ που ἐν Ὀρχομενῷ, ἢ ἐν Πύλῳ ἠμαθόεντι,
ἤ που πὰρ Μενελάῳ ἐνὶ Σπάρτῃ εὐρείῃ·   460
οὐ γάρ πω τέθνηκεν ἐπὶ χθονὶ δῖος Ὀρέστης."
    Ὣς ἔφατ', αὐτὰρ ἐγώ μιν ἀμειβόμενος προσέειπον·
"'Ἀτρεΐδη, τί με ταῦτα διείρεαι; οὐδέ τι οἶδα,
ζώει ὅ γ' ἦ τέθνηκε· κακὸν δ' ἀνεμώλια βάζειν."
    Νῶϊ μὲν ὣς ἐπέεσσιν ἀμειβομένω στυγεροῖσιν   465
ἕσταμεν ἀχνύμενοι, θαλερὸν κατὰ δάκρυ χέοντες·
ἦλθε δ' ἐπὶ ψυχὴ Πηληϊάδεω Ἀχιλῆος
καὶ Πατροκλῆος καὶ ἀμύμονος Ἀντιλόχοιο
Αἴαντός θ', ὃς ἄριστος ἔην εἶδός τε δέμας τε
τῶν ἄλλων Δαναῶν μετ' ἀμύμονα Πηλείωνα.   470
ἔγνω δὲ ψυχή με ποδώκεος Αἰακίδαο,
καί ῥ' ὀλοφυρομένη ἔπεα πτερόεντα προσηύδα·
    "Διογενὲς Λαερτιάδη, πολυμήχαν' Ὀδυσσεῦ,
σχέτλιε, τίπτ' ἔτι μεῖζον ἐνὶ φρεσὶ μήσεαι ἔργον;
πῶς ἔτλης Ἄϊδόσδε κατελθέμεν, ἔνθα τε νεκροὶ   475
ἀφραδέες ναίουσι, βροτῶν εἴδωλα καμόντων;"
    Ὣς ἔφατ', αὐτὰρ ἐγώ μιν ἀμειβόμενος προσέειπον·

449 ἵζετ' **a d** l   454-456 οὐδὲ οὗτοι φέρονται ἐν τοῖς πλείστοις schol.,
iinea recta (l) notat H¹   461 ἀθετεῖται διὰ τὸ εὔηθες schol.
που Ar. **a d** Eust.   472 μ' bei Mon.   476 ἀδρανέες γρ. T

" ὦ Ἀχιλεῦ, Πηλῆος υἱέ, μέγα φέρτατ' Ἀχαιῶν,
ἦλθον Τειρεσίαο κατὰ χρέος, εἴ τινα βουλὴν
εἴπῃ, ὅπως Ἰθάκην ἐς παιπαλόεσσαν ἱκοίμην·   480
οὐ γάρ πω σχεδὸν ἦλθον Ἀχαιΐδος, οὐδέ πω ἀμῆς
γῆς ἐπέβην, ἀλλ' αἰὲν ἔχω κακά· σεῖο δ', Ἀχιλλεῦ,
οὔ τις ἀνὴρ προπάροιθε μακάρτατος οὔτ' ἄρ' ὀπίσσω.
πρὶν μὲν γάρ σε ζωὸν ἐτίομεν ἶσα θεοῖσιν
Ἀργεῖοι, νῦν αὖτε μέγα κρατέεις νεκύεσσιν   485
ἐνθάδ' ἐών· τῷ μή τι θανὼν ἀκαχίζευ, Ἀχιλλεῦ."
    ˝Ως ἐφάμην, ὁ δέ μ' αὐτίκ' ἀμειβόμενος προσέειπε·
" μὴ δή μοι θάνατόν γε παράυδα, φαίδιμ' Ὀδυσσεῦ.
βουλοίμην κ' ἐπάρουρος ἐὼν θητευέμεν ἄλλῳ,
ἀνδρὶ παρ' ἀκλήρῳ, ᾧ μὴ βίοτος πολὺς εἴη,   490
ἢ πᾶσιν νεκύεσσι καταφθιμένοισιν ἀνάσσειν.
ἀλλ' ἄγε μοι τοῦ παιδὸς ἀγαυοῦ μῦθον ἐνίσπες,
ἢ ἕπετ' ἐς πόλεμον πρόμος ἔμμεναι ἦε καὶ οὐκί.
εἰπὲ δέ μοι Πηλῆος ἀμύμονος εἴ τι πέπυσσαι,
ἢ ἔτ' ἔχει τιμὴν πολέσιν μετὰ Μυρμιδόνεσσιν,   495
ἦ μιν ἀτιμάζουσιν ἀν' Ἑλλάδα τε Φθίην τε,
οὕνεκά μιν κατὰ γῆρας ἔχει χεῖράς τε πόδας τε.
οὐ γὰρ ἐγὼν ἐπαρωγὸς ὑπ' αὐγὰς ἠελίοιο,
τοῖος ἐὼν οἷός ποτ' ἐνὶ Τροίῃ εὐρείῃ
πέφνον λαὸν ἄριστον, ἀμύνων Ἀργείοισιν.   500
εἰ τοιόσδ' ἔλθοιμι μίνυνθά περ ἐς πατέρος δῶ,
τῷ κέ τεῳ στύξαιμι μένος καὶ χεῖρας ἀάπτους,
οἳ κεῖνον βιόωνται ἐέργουσίν τ' ἀπὸ τιμῆς."
    ˝Ως ἔφατ', αὐτὰρ ἐγώ μιν ἀμειβόμενος προσέειπον·
" ἦ τοι μὲν Πηλῆος ἀμύμονος οὔ τι πέπυσμαι,   505
αὐτάρ τοι παιδός γε Νεοπτολέμοιο φίλοιο

478 πηλῆος O Thiersch : πηλέος a e i k : -έως cet.   483 τοπά-
ροιθε b   487 αὖτις k   489 κε πάρουρος quidam (οὐκ εὖ), v. l. ap.
Eust., L⁵ : καὶ παράφουρος Stob. Ecl. iv. 52. 2   492 ἐνίσπες i L⁴ P⁵ :
ἐνίσπε cet., cf. γ 101   498 εἰ γὰρ Zen.   502 τεῳ e g i j k Eust.
(οὕτως schol.) : τέως L⁵ : τῷ κέ τε τέῳ M⁴ : τέων Ar. cet.

11. ΟΔΥΣΣΕΙΑΣ Λ

πᾶσαν ἀληθείην μυθήσομαι, ὥς με κελεύεις·
αὐτὸς γάρ μιν ἐγὼ κοίλης ἐπὶ νηὸς ἐΐσης
ἤγαγον ἐκ Σκύρου μετ᾽ ἐϋκνήμιδας Ἀχαιούς.
ἦ τοι ὅτ᾽ ἀμφὶ πόλιν Τροίην φραζοίμεθα βουλάς,   510
αἰεὶ πρῶτος ἔβαζε καὶ οὐχ ἡμάρτανε μύθων·
Νέστωρ ἀντίθεος καὶ ἐγὼ νικάσκομεν οἴω.
αὐτὰρ ὅτ᾽ ἐν πεδίῳ Τρώων μαρναίμεθ᾽ Ἀχαιοί,
οὔ ποτ᾽ ἐνὶ πληθυῖ μένεν ἀνδρῶν οὐδ᾽ ἐν ὁμίλῳ,
ἀλλὰ πολὺ προθέεσκε, τὸ ὃν μένος οὐδενὶ εἴκων·   515
πολλοὺς δ᾽ ἄνδρας ἔπεφνεν ἐν αἰνῇ δηϊοτῆτι.
πάντας δ᾽ οὐκ ἂν ἐγὼ μυθήσομαι οὐδ᾽ ὀνομήνω,
ὅσσον λαὸν ἔπεφνεν ἀμύνων Ἀργείοισιν,
ἀλλ᾽ οἷον τὸν Τηλεφίδην κατενήρατο χαλκῷ,
ἥρω Εὐρύπυλον· πολλοὶ δ᾽ ἀμφ᾽ αὐτὸν ἑταῖροι   520
Κήτειοι κτείνοντο γυναίων εἵνεκα δώρων.
κεῖνον δὴ κάλλιστον ἴδον μετὰ Μέμνονα δῖον.
αὐτὰρ ὅτ᾽ εἰς ἵππον κατεβαίνομεν, ὃν κάμ᾽ Ἐπειός,
Ἀργείων οἱ ἄριστοι, ἐμοὶ δ᾽ ἐπὶ πάντ᾽ ἐτέταλτο,
ἠμὲν ἀνακλῖναι πυκινὸν λόχον ἠδ᾽ ἐπιθεῖναι·   525
ἔνθ᾽ ἄλλοι Δαναῶν ἡγήτορες ἠδὲ μέδοντες
δάκρυά τ᾽ ὠμόργνυντο τρέμον θ᾽ ὑπὸ γυῖα ἑκάστου·
κεῖνον δ᾽ οὔ ποτε πάμπαν ἐγὼν ἴδον ὀφθαλμοῖσιν
οὔτ᾽ ὠχρήσαντα χρόα κάλλιμον οὔτε παρειῶν
δάκρυ᾽ ὀμορξάμενον· ὁ δέ με μάλα πόλλ᾽ ἱκέτευεν   530
ἱππόθεν ἐξέμεναι, ξίφεος δ᾽ ἐπεμαίετο κώπην
καὶ δόρυ χαλκοβαρές, κακὰ δὲ Τρώεσσι μενοίνα.

509 ἐς Σκύρον Br U⁸   510 τροίην Ar. (τρισυλλάβως) L⁸ K T :
τρώων U⁸ Eust.   βουλήν g   512 νέστωρ δ᾽ a e k l   νικέσκομεν
b f L⁴ L⁷ R¹⁰, γρ. p (διχῶς νικάσκομεν ἀπὸ τοῦ νικᾶν. νεικέσκομεν ἀπὸ
τοῦ νεικεῖν schol.)   513–515 om. L⁵   513 ἐν πεδίῳ e h Eust. :
ἀμφὶ πόλιν τροίην (τροίην g : τρωίην b : τρώων p J P¹) cet. (ex 510)
514 οὔ ποτ᾽ ἐνὶ πληθυῖ e g H³ : οὔτε ποτ᾽ ἐς πληθὺν cet.   517, 518 om.
V⁴   521 κήδειοι et χήτειοι quidam ant. : κήτει οἰκτείροντο j   525 περι-
γραπτέον ὡς ἀπρεπῆ . . . Ἀρίσταρχος οὐκ εἶδε τὸν στίχον, ἔνια δὲ τῶν
ὑπομνημάτων schol.   526 ἄλλοι μὲν j : ἔνθ᾽ ἄλλοι πάντες κατὰ δούριον
ἵππον Ἀχαιοὶ Ar.   530 ἐκέλευεν a d f l : ἐπίτελλεν c U¹   531 ἐξέ-
μεναι L⁴ (ἐμφατικώτερον τὸ ἐξέμεναι schol.) : ἐξίμεναι cet.

ἀλλ' ὅτε δὴ Πριάμοιο πόλιν διεπέρσαμεν αἰπήν,
μοῖραν καὶ γέρας ἐσθλὸν ἔχων ἐπὶ νηὸς ἔβαινεν
ἀσκηθής, οὔτ' ἄρ βεβλημένος ὀξέϊ χαλκῷ   535
οὔτ' αὐτοσχεδίην οὐτασμένος, οἷά τε πολλὰ
γίγνεται ἐν πολέμῳ· ἐπιμὶξ δέ τε μαίνεται Ἄρης."
    Ὣς ἐφάμην, ψυχὴ δὲ ποδώκεος Αἰακίδαο
φοίτα μακρὰ βιβᾶσα κατ' ἀσφοδελὸν λειμῶνα,
γηθοσύνη ὅ οἱ υἱὸν ἔφην ἀριδείκετον εἶναι.   540
    Αἱ δ' ἄλλαι ψυχαὶ νεκύων κατατεθνηώτων
ἕστασαν ἀχνύμεναι, εἴροντο δὲ κήδε' ἑκάστη.
οἴη δ' Αἴαντος ψυχὴ Τελαμωνιάδαο
νόσφιν ἀφεστήκει, κεχολωμένη εἵνεκα νίκης,
τήν μιν ἐγὼ νίκησα δικαζόμενος παρὰ νηυσὶ   545
τεύχεσιν ἀμφ' Ἀχιλῆος· ἔθηκε δὲ πότνια μήτηρ.
παῖδες δὲ Τρώων δίκασαν καὶ Παλλὰς Ἀθήνη.
ὡς δὴ μὴ ὄφελον νικᾶν τοιῷδ' ἐπ' ἀέθλῳ·
τοίην γὰρ κεφαλὴν ἕνεκ' αὐτῶν γαῖα κατέσχεν,
Αἴανθ', ὃς περὶ μὲν εἶδος, περὶ δ' ἔργα τέτυκτο   550
τῶν ἄλλων Δαναῶν μετ' ἀμύμονα Πηλείωνα.
τὸν μὲν ἐγὼν ἐπέεσσι προσηύδων μειλιχίοισιν·
    "Αἶαν, παῖ Τελαμῶνος ἀμύμονος, οὐκ ἄρ' ἔμελλες
οὐδὲ θανὼν λήσεσθαι ἐμοὶ χόλου εἵνεκα τευχέων
οὐλομένων; τὰ δὲ πῆμα θεοὶ θέσαν Ἀργείοισι,   555
τοῖος γάρ σφιν πύργος ἀπώλεο· σεῖο δ' Ἀχαιοὶ
ἶσον Ἀχιλλῆος κεφαλῇ Πηληϊάδαο
ἀχνύμεθα φθιμένοιο διαμπερές· οὐδέ τις ἄλλος
αἴτιος, ἀλλὰ Ζεὺς Δαναῶν στρατὸν αἰχμητάων
ἐκπάγλως ἔχθαιρε, τεῒν δ' ἐπὶ μοῖραν ἔθηκεν.   560
ἀλλ' ἄγε δεῦρο, ἄναξ, ἵν' ἔπος καὶ μῦθον ἀκούσῃς
ἡμέτερον· δάμασον δὲ μένος καὶ ἀγήνορα θυμόν."

533 τρωεῶϟι p¹⁰   535 ἀσκηθεὶς L⁸ R¹⁰, cf. ε 26   537 μάρναται
c L⁴   539 ὤχετο c j   βιβᾶσα R⁷ R¹¹ corr. : -ῶσα vulg., cf. Γ 22
H 213 al.   σφοδελὸν, σποδελὸν v. ll. ap. schol. Eust.   540 γηθοσύνη
j L⁴ O U⁵ quidam ant.   545 v. om. L⁵   τῇ i   μὲν b g j p¹⁰ ss.
546 om. U⁵   547 ath. Ar.   δίκασαν τρώων j   554 ἐμέο
g   556 ἀπώλετο d 1 L⁵   560 ἤχθηρε codd. (ἔχθηρε Mon.), cf. 437
τεήνδ' c L⁷ T   δὲ μοῖραν f   561 ἀλλὰ δεῦρο f : ἀλλ' ἴθι δ.
Plut. conv. 739 F   562 ἀτειρέα Plut. l. c.

Ὣς ἐφάμην, ὁ δέ μ᾽ οὐδὲν ἀμείβετο, βῆ δὲ μετ᾽ ἄλλας
ψυχὰς εἰς Ἔρεβος νεκύων κατατεθνηώτων.
ἔνθα χ᾽ ὁμῶς προσέφη κεχολωμένος, ἤ κεν ἐγὼ τόν·   565
ἀλλά μοι ἤθελε θυμὸς ἐνὶ στήθεσσι φίλοισι
τῶν ἄλλων ψυχὰς ἰδέειν κατατεθνηώτων.

Ἔνθ᾽ ἦ τοι Μίνωα ἴδον, Διὸς ἀγλαὸν υἱόν,
χρύσεον σκῆπτρον ἔχοντα, θεμιστεύοντα νέκυσσιν·
ἥμενον· οἱ δέ μιν ἀμφὶ δίκας εἴροντο ἄνακτα,   570
ἥμενοι ἑσταότες τε, κατ᾽ εὐρυπυλὲς Ἄϊδος δῶ.

Τὸν δὲ μέτ᾽ Ὠρίωνα πελώριον εἰσενόησα
θῆρας ὁμοῦ εἰλεῦντα κατ᾽ ἀσφοδελὸν λειμῶνα,
τοὺς αὐτὸς κατέπεφνεν ἐν οἰοπόλοισιν ὄρεσσι,
χερσὶν ἔχων ῥόπαλον παγχάλκεον, αἰὲν ἀαγές.   575

Καὶ Τιτυὸν εἶδον, Γαίης ἐρικυδέος υἱόν,
κείμενον ἐν δαπέδῳ· ὁ δ᾽ ἐπ᾽ ἐννέα κεῖτο πέλεθρα,
γῦπε δέ μιν ἑκάτερθε παρημένω ἧπαρ ἔκειρον,
δέρτρον ἔσω δύνοντες· ὁ δ᾽ οὐκ ἀπαμύνετο χερσί·
Λητὼ γὰρ ἕλκησε, Διὸς κυδρὴν παράκοιτιν,   580
Πυθώδ᾽ ἐρχομένην διὰ καλλιχόρου Πανοπῆος.

Καὶ μὴν Τάνταλον ἐσεῖδον χαλέπ᾽ ἄλγε᾽ ἔχοντα,
ἑσταότ᾽ ἐν λίμνῃ· ἡ δὲ προσέπλαζε γενείῳ·
στεῦτο δὲ διψάων, πιέειν δ᾽ οὐκ εἶχεν ἑλέσθαι·
ὁσσάκι γὰρ κύψει᾽ ὁ γέρων πιέειν μενεαίνων,   585
τοσσάχ᾽ ὕδωρ ἀπολέσκετ᾽ ἀναβροχέν, ἀμφὶ δὲ ποσσὶ
γαῖα μέλαινα φάνεσκε, καταζήνασκε δὲ δαίμων.
δένδρεα δ᾽ ὑψιπέτηλα κατὰ κρῆθεν χέε καρπόν,
ὄγχναι καὶ ῥοιαὶ καὶ μηλέαι ἀγλαόκαρποι

568–627 νοθεύεται μέχρι τοῦ ὣς εἰπὼν ὁ μὲν αὖθις ἔδυ δόμον Ἄϊδος
εἴσω (627) schol., cf. 583   579 δελτρὸν ij : δῆτρον P²   580 ἥλκησε
ai Pal. Eust. Ap. Dysc. pron. 87. 28, Cl. Alex. Strom. i. 107 : ἥλκυσε
ce : ἥλκωσε f Tzetz. alleg. λ 129 : εἵλκυσε r L⁷ O U² U⁷ : ἕλκυσσε d
ut coni. Nauck : ἥλγησεν L⁸ : ᾔσχυνε (ἥλγυνε) Sext. Emp. 407. 111
582 χαλέπ᾽ c g p : κρατέρ᾽ cet.   583 εὑρίσκεται γραφόμενον καὶ ἑστεῶτα
Eust. : ἑστεῶτ᾽ Ar. Ω 701   προπέλαξε L⁷ : προσέπλαξε p : προσέκλυζε
Sext. Emp. l. c.   . . . εἰ μὴ κατὰ τὸν Ἀρίσταρχον νόθα εἰσὶ τὰ ἔπη ταῦτα
schol. Pind. Ol. i. 91   586 ἀναβροχέν gj L⁴ Eust. : ἀναβραχέν d :
ἀναβρυχέν bi quidam ap. Eust. : ἀναβροχθέν sim. vulg.   588 θ᾽ p¹¹
gij   κατὰ κρῆθεν Br C H³ K L⁴ Pal. (δισυλλάβως καὶ περισπωμένως
schol.) : κατ᾽ ἀκρ. vel κατακρ. cet.

συκέαι τε γλυκεραὶ καὶ ἐλαῖαι τηλεθόωσαι·   590
τῶν ὁπότ' ἰθύσει' ὁ γέρων ἐπὶ χερσὶ μάσασθαι,
τὰς δ' ἄνεμος ῥίπτασκε ποτὶ νέφεα σκιόεντα.

Καὶ μὴν Σίσυφον εἰσεῖδον κρατέρ' ἄλγε' ἔχοντα,
λᾶαν βαστάζοντα πελώριον ἀμφοτέρῃσιν.
ἦ τοι ὁ μὲν σκηριπτόμενος χερσίν τε ποσίν τε   595
λᾶαν ἄνω ὤθεσκε ποτὶ λόφον· ἀλλ' ὅτε μέλλοι
ἄκρον ὑπερβαλέειν, τότ' ἀποστρέψασκε κραταιΐς·
αὖτις ἔπειτα πέδονδε κυλίνδετο λᾶας ἀναιδής.
αὐτὰρ ὅ γ' ἂψ ὤσασκε τιταινόμενος, κατὰ δ' ἱδρὼς
ἔρρεεν ἐκ μελέων, κονίη δ' ἐκ κρατὸς ὀρώρει.   600

Τὸν δὲ μέτ' εἰσενόησα βίην Ἡρακληείην,
εἴδωλον· αὐτὸς δὲ μετ' ἀθανάτοισι θεοῖσι
τέρπεται ἐν θαλίῃς καὶ ἔχει καλλίσφυρον Ἥβην
παῖδα Διὸς μεγάλοιο καὶ Ἥρης χρυσοπεδίλου.
ἀμφὶ δέ μιν κλαγγὴ νεκύων ἦν οἰωνῶν ὥς,   605
πάντοσ' ἀτυζομένων· ὁ δ' ἐρεμνῇ νυκτὶ ἐοικώς,
γυμνὸν τόξον ἔχων καὶ ἐπὶ νευρῆφιν ὀιστόν,
δεινὸν παπταίνων, αἰεὶ βαλέοντι ἐοικώς.
σμερδαλέος δέ οἱ ἀμφὶ περὶ στήθεσσιν ἀορτὴρ
χρύσεος ἦν τελαμών, ἵνα θέσκελα ἔργα τέτυκτο,   610
ἄρκτοι τ' ἀγρότεροί τε σύες χαροποί τε λέοντες,
ὑσμῖναί τε μάχαι τε φόνοι τ' ἀνδροκτασίαι τε.
μὴ τεχνησάμενος μηδ' ἄλλο τι τεχνήσαιτο,
ὃς κεῖνον τελαμῶνα ἑῇ ἐγκάτθετο τέχνῃ.

591 ἀλλ' Teles in Stob. Flor. 97. 31   ἰθύσει' r Eust. : -σει cet.
    592 τὰς δ' f : τοὺς Teles l. c. : τὰς cet.   κατὰ Ho L⁴ P¹ V⁴ W
593 χαλέπ' b i P⁶, cf. 582   597 κραταιΐς Ar. Herod. Dem. Thrax
codd. : κραται'ΐς Ptol. Ascal. (ᾧ ἐπείσθη καὶ ἡ συνήθεια) g U⁷ : κραταῖ'
ΐς fi Eust. : κραταΐς Dem. Thrax (ὥς τινα τῶν ἀντιγράφων), cf. μ 124
    598 ἐπὶ δάπεδόνδε Ar. Rhet. 1411 b 33 : ἔπειτα δάπεδον j : ἔπειτα
δάπεδόν δε e   602-604 ἀθετοῦνται καὶ λέγονται Ὀνομακρίτου εἶναι
schol. Mon. ap. Ludw. obelis fertur notare J, cf. schol. λ 385, schol.
Il. ed. Dind. i. p. 2   603 θαλίη b e f   604 om. c p¹¹ L⁷ Pal.
τοῦτον ὑπὸ Ὀνομακρίτου ἐμπεποιῆσθαί φασιν. ἠθέτηται δέ schol. (= Hes.
Theog. 952), post 626 hab. c R⁸ marg.   606 ἀτυσσομένων γρ.
H³ : ἀνζομένων P⁶   ἐῴκει O U⁷ Mon. corr.   611 χαλεποί f R¹⁶
    613 τεκτήνα fi   614 ὡς κείνῳ τελαμῶνι ἑῇν ... τέχνην quidam
ap. sch.

ἔγνω δ' αὐτίκα κεῖνος, ἐπεὶ ἴδεν ὀφθαλμοῖσι,   615
καί μ' ὀλοφυρόμενος ἔπεα πτερόεντα προσηύδα·
  " Διογενὲς Λαερτιάδη, πολυμήχαν' Ὀδυσσεῦ,
ἆ δείλ', ἦ τινὰ καὶ σὺ κακὸν μόρον ἡγηλάζεις,
ὅν περ ἐγὼν ὀχέεσκον ὑπ' αὐγὰς ἠελίοιο.
Ζηνὸς μὲν πάϊς ἦα Κρονίονος, αὐτὰρ ὀϊζὺν   620
εἶχον ἀπειρεσίην· μάλα γὰρ πολὺ χείρονι φωτὶ
δεδμήμην, ὁ δέ μοι χαλεποὺς ἐπετέλλετ' ἀέθλους.
καί ποτέ μ' ἐνθάδ' ἔπεμψε κύν' ἄξοντ'· οὐ γὰρ ἔτ' ἄλλον
φράζετο τοῦδέ τί μοι χαλεπώτερον εἶναι ἄεθλον.
τὸν μὲν ἐγὼν ἀνένεικα καὶ ἤγαγον ἐξ Ἀΐδαο·   625
Ἑρμείας δέ μ' ἔπεμψεν ἰδὲ γλαυκῶπις Ἀθήνη."
  Ὣς εἰπὼν ὁ μὲν αὖτις ἔβη δόμον Ἄϊδος εἴσω,
αὐτὰρ ἐγὼν αὐτοῦ μένον ἔμπεδον, εἴ τις ἔτ' ἔλθοι
ἀνδρῶν ἡρώων, οἳ δὴ τὸ πρόσθεν ὄλοντο.
καί νύ κ' ἔτι προτέρους ἴδον ἀνέρας, οὓς ἔθελόν περ·   630
Θησέα Πειρίθοόν τε, θεῶν ἐρικυδέα τέκνα·
ἀλλὰ πρὶν ἐπὶ ἔθνε' ἀγείρετο μυρία νεκρῶν
ἠχῇ θεσπεσίῃ· ἐμὲ δὲ χλωρὸν δέος ᾕρει,
μή μοι Γοργείην κεφαλὴν δεινοῖο πελώρου
ἐξ Ἄϊδος πέμψειεν ἀγαυὴ Περσεφόνεια.   635
αὐτίκ' ἔπειτ' ἐπὶ νῆα κιὼν ἐκέλευον ἑταίρους
αὐτούς τ' ἀμβαίνειν ἀνά τε πρυμνήσια λῦσαι.
οἱ δ' αἶψ' εἴσβαινον καὶ ἐπὶ κληῖσι καθῖζον.
τὴν δὲ κατ' Ὠκεανὸν ποταμὸν φέρε κῦμα ῥόοιο,
πρῶτα μὲν εἰρεσίῃ, μετέπειτα δὲ κάλλιμος οὖρος.   640

615 αὐτίκα κεῖνος c g j: δ' αἶψ' ἐμὲ a k l: αὐτ' ἐμὲ f i p Pal.   618 ὣ
P³: ἢ R², cf. ξ 361   619 ἐχέεσκον f h   622 κρατερούς a d l
624 μοι] καὶ f   χαλεπώτερον c e g j: κρατερώτερον cet.   627 ἔδυ f
schol. 568   629 πάρος περ f   631 h. v. Pisistratum addidisse refert
Hereas ap. Plut. Thes. 20 (F. H. G. iv. 426)   ἀριδείκετα Hereas
635 ἀΐδεω Ar.: ἀΐδου Porph. qu. Il. 44. 24   φερσεφόνεια a b d i l
   636 ὄτρυνον b i, γρ. U⁵ (= μ 144, 206): ὄτρυν' f P⁶   638a ἑξῆς
δ' ἑζόμενοι πολιὴν ἅλα τύπτον ἐρετμοῖς add. a e f k l (= δ 580 al.)
640 εἰρεσίῃ H³ P⁵ (τὰ παλαιὰ τῶν ἀντιγράφων Eust.)

ΟΔΥΣΣΕΙΑΣ Μ

Αὐτὰρ ἐπεὶ ποταμοῖο λίπεν ῥόον Ὠκεανοῖο
νηῦς, ἀπὸ δ᾽ ἵκετο κῦμα θαλάσσης εὐρυπόροιο
νῆσόν τ᾽ Αἰαίην, ὅθι τ᾽ Ἠοῦς ἠριγενείης
οἰκία καὶ χοροί εἰσι καὶ ἀντολαὶ Ἠελίοιο,
νῆα μὲν ἔνθ᾽ ἐλθόντες ἐκέλσαμεν ἐν ψαμάθοισιν,   5
ἐκ δὲ καὶ αὐτοὶ βῆμεν ἐπὶ ῥηγμῖνι θαλάσσης.
ἔνθα δ᾽ ἀποβρίξαντες ἐμείναμεν Ἠῶ δῖαν.

Ἦμος δ᾽ ἠριγένεια φάνη ῥοδοδάκτυλος Ἠώς,
δὴ τότ᾽ ἐγὼν ἑτάρους προΐειν ἐς δώματα Κίρκης
οἰσέμεναι νεκρὸν Ἐλπήνορα τεθνηῶτα.   10
φιτροὺς δ᾽ αἶψα ταμόντες, ὅθ᾽ ἀκρότατος πρόεχ᾽ ἀκτή,
θάπτομεν ἀχνύμενοι, θαλερὸν κατὰ δάκρυ χέοντες.
αὐτὰρ ἐπεὶ νεκρός τ᾽ ἐκάη καὶ τεύχεα νεκροῦ,
τύμβον χεύαντες καὶ ἐπὶ στήλην ἐρύσαντες
πήξαμεν ἀκροτάτῳ τύμβῳ εὐῆρες ἐρετμόν.   15

Ἡμεῖς μὲν τὰ ἕκαστα διείπομεν· οὐδ᾽ ἄρα Κίρκην
ἐξ Ἀΐδεω ἐλθόντες ἐλήθομεν, ἀλλὰ μάλ᾽ ὦκα
ἦλθ᾽ ἐντυναμένη· ἅμα δ᾽ ἀμφίπολοι φέρον αὐτῇ
σῖτον καὶ κρέα πολλὰ καὶ αἴθοπα οἶνον ἐρυθρόν.
ἡ δ᾽ ἐν μέσσῳ στᾶσα μετηύδα δῖα θεάων·   20

"Σχέτλιοι, οἳ ζώοντες ὑπήλθετε δῶμ᾽ Ἀΐδαο,
δισθανέες, ὅτε τ᾽ ἄλλοι ἅπαξ θνήσκουσ᾽ ἄνθρωποι.
ἀλλ᾽ ἄγετ᾽ ἐσθίετε βρώμην καὶ πίνετε οἶνον
αὖθι πανημέριοι· ἅμα δ᾽ ἠοῖ φαινομένηφι
πλεύσεσθ᾽· αὐτὰρ ἐγὼ δείξω ὁδὸν ἠδὲ ἕκαστα   25

3 τ᾽ ἐς (= ἐς τ᾽) Αἰαίην g P⁵ marg.   5 ἐρύσσαμεν L⁴   6 hab. c e g :
om. cet.   9 προίην g   11 ἀκρότατος M¹ P¹ U⁷ : -τη cet., cf. κ 279
15 ἵνα σῆμα πέλοιτο Zen.   22 δὶς θανέες P¹, Apollonius
(Apollodorus sec. Eust.) ἐν δυσὶ μέρεσι λόγου   ὅτι d f l

212

σημανέω, ἵνα μή τι κακορραφίη ἀλεγεινῇ
ἢ ἁλὸς ἢ ἐπὶ γῆς ἀλγήσετε πῆμα παθόντες."
  Ὣς ἔφαθ', ἡμῖν δ' αὖτ' ἐπεπείθετο θυμὸς ἀγήνωρ.
ὣς τότε μὲν πρόπαν ἦμαρ ἐς ἠέλιον καταδύντα
ἥμεθα δαινύμενοι κρέα τ' ἄσπετα καὶ μέθυ ἡδύ·   30
ἦμος δ' ἠέλιος κατέδυ καὶ ἐπὶ κνέφας ἦλθεν,
οἱ μὲν κοιμήσαντο παρὰ πρυμνήσια νηός,
ἡ δ' ἐμὲ χειρὸς ἑλοῦσα φίλων ἀπονόσφιν ἑταίρων
εἷσέ τε καὶ προσέλεκτο καὶ ἐξερέεινεν ἕκαστα·
αὐτὰρ ἐγὼ τῇ πάντα κατὰ μοῖραν κατέλεξα.   35
καὶ τότε δή με ἔπεσσι προσηύδα πότνια Κίρκη·
  "Ταῦτα μὲν οὕτω πάντα πεπείρανται, σὺ δ' ἄκουσον,
ὥς τοι ἐγὼν ἐρέω, μνήσει δέ σε καὶ θεὸς αὐτός.
Σειρῆνας μὲν πρῶτον ἀφίξεαι, αἵ ῥά τε πάντας
ἀνθρώπους θέλγουσιν, ὅτις σφέας εἰσαφίκηται.   40
ὅς τις ἀϊδρείῃ πελάσῃ καὶ φθόγγον ἀκούσῃ
Σειρήνων, τῷ δ' οὔ τι γυνὴ καὶ νήπια τέκνα
οἴκαδε νοστήσαντι παρίσταται οὐδὲ γάνυνται,
ἀλλά τε Σειρῆνες λιγυρῇ θέλγουσιν ἀοιδῇ,
ἥμεναι ἐν λειμῶνι· πολὺς δ' ἀμφ' ὀστεόφιν θὶς   45
ἀνδρῶν πυθομένων, περὶ δὲ ῥινοὶ μινύθουσι.
ἀλλὰ παρὲξ ἐλάαν, ἐπὶ δ' οὔατ' ἀλεῖψαι ἑταίρων
κηρὸν δεψήσας μελιηδέα, μή τις ἀκούσῃ
τῶν ἄλλων· ἀτὰρ αὐτὸς ἀκουέμεν αἴ κ' ἐθέλῃσθα,
δησάντων σ' ἐν νηὶ θοῇ χεῖράς τε πόδας τε   50
ὀρθὸν ἐν ἱστοπέδῃ, ἐκ δ' αὐτοῦ πείρατ' ἀνήφθω,
ὄφρα κε τερπόμενος ὄπ' ἀκούῃς Σειρήνοιϊν.
εἰ δέ κε λίσσηαι ἑτάρους λῦσαί τε κελεύῃς,
οἱ δέ σ' ἐνὶ πλεόνεσσι τότε δεσμοῖσι διδέντων.

  26 κακορραφίης ἀλεγεινῆς **f p**   36 ἀμείβετο **f**   δῖα θεάων **k**
37 πεπείρασται **b** : -αται R¹⁰   40 ὅτε L⁶ T Eust. : ὅτι **b c j k**
45 θεὶς Ar. ap. E. Gud. 30, 48 (ἀξιοῖ γράφεσθαι)   53, 54 ath.
Aristoph.   54 τότ' ἐν Br H¹ Ho L⁴ L⁸ P⁴ U² ed. pr.   διδέντων
Ar. : δεόντων codd.

Αὐτὰρ ἐπὴν δὴ τάς γε παρὲξ ἐλάσωσιν ἑταῖροι,   55
ἔνθα τοι οὐκέτ' ἔπειτα διηνεκέως ἀγορεύσω
ὁπποτέρη δή τοι ὁδὸς ἔσσεται, ἀλλὰ καὶ αὐτὸς
θυμῷ βουλεύειν· ἐρέω δέ τοι ἀμφοτέρωθεν.
ἔνθεν μὲν γὰρ πέτραι ἐπηρεφέες, προτὶ δ' αὐτὰς
κῦμα μέγα ῥοχθεῖ κυανώπιδος Ἀμφιτρίτης·   60
Πλαγκτὰς δ' ἦ τοι τάς γε θεοὶ μάκαρες καλέουσι.
τῇ μέν τ' οὐδὲ ποτητὰ παρέρχεται οὐδὲ πέλειαι
τρήρωνες, ταί τ' ἀμβροσίην Διὶ πατρὶ φέρουσιν,
ἀλλά τε καὶ τῶν αἰὲν ἀφαιρεῖται λὶς πέτρη·
ἀλλ' ἄλλην ἐνίησι πατὴρ ἐναρίθμιον εἶναι.   65
τῇ δ' οὔ πώ τις νηῦς φύγεν ἀνδρῶν, ἦ τις ἵκηται,
ἀλλά θ' ὁμοῦ πίνακάς τε νεῶν καὶ σώματα φωτῶν
κύμαθ' ἁλὸς φορέουσι πυρός τ' ὀλοοῖο θύελλαι.
οἴη δὴ κείνη γε παρέπλω ποντοπόρος νηῦς
Ἀργὼ πασιμέλουσα, παρ' Αἰήταο πλέουσα·   70
καί νύ κε τὴν ἔνθ' ὦκα βάλεν μεγάλας ποτὶ πέτρας,
ἀλλ' Ἥρη παρέπεμψεν, ἐπεὶ φίλος ἦεν Ἰήσων.

Οἱ δὲ δύω σκόπελοι ὁ μὲν οὐρανὸν εὐρὺν ἱκάνει
ὀξείῃ κορυφῇ, νεφέλη δέ μιν ἀμφιβέβηκε
κυανέη· τὸ μὲν οὔ ποτ' ἐρωεῖ, οὐδέ ποτ' αἴθρη   75
κείνου ἔχει κορυφὴν οὔτ' ἐν θέρει οὔτ' ἐν ὀπώρῃ·
οὐδέ κεν ἀμβαίη βροτὸς ἀνήρ, οὐδ' ἐπιβαίη,
οὐδ' εἴ οἱ χεῖρές τε ἐείκοσι καὶ πόδες εἶεν·
πέτρη γὰρ λίς ἐστι, περιξεστῇ εἰκυῖα.
μέσσῳ δ' ἐν σκοπέλῳ ἐστὶ σπέος ἠεροειδές,   80
πρὸς ζόφον εἰς Ἔρεβος τετραμμένον, ἦ περ ἂν ὑμεῖς
νῆα παρὰ γλαφυρὴν ἰθύνετε, φαίδιμ' Ὀδυσσεῦ.
οὐδέ κεν ἐκ νηὸς γλαφυρῆς αἰζήιος ἀνὴρ

64 αἰεὶ codd. praeter P¹   66 τὴν δ' ο J K, cf. 98   εἴ τις j U¹
Eust. : ἤν τις P³ : ὅστις U⁸, γρ. H³   68 θύελλα f   69 κείνην d
70 πᾶσι a b H³ M² P⁶ R² : φασιμέλουσα v. l. ant. (νεωτερικόν). Πασικρά-
τεια audit Proserpina in lapidibus   74 ἀμφεκάλυπτε Ap. Dysc.
pronom. 84. 20   75 οὔποτε ῥοθεῖ Plut. vit. Hom. ii. 45
77 κλυτὸς ⊖   οὐδ' ἐπιβαίη Ar. f R³ V⁴, γρ. U⁵ : οὐ καταβαίη cet.
78 εἰσίν d   80 δὲ σκοπέλῳ b f i

τόξῳ ὀιστεύσας κοῖλον σπέος εἰσαφίκοιτο.
ἔνθα δ' ἐνὶ Σκύλλη ναίει δεινὸν λελακυῖα·   85
τῆς ἦ τοι φωνὴ μὲν ὅση σκύλακος νεογιλῆς
γίγνεται, αὐτὴ δ' αὖτε πέλωρ κακόν· οὐδέ κέ τίς μιν
γηθήσειεν ἰδών, οὐδ' εἰ θεὸς ἀντιάσειε.
τῆς ἦ τοι πόδες εἰσὶ δυώδεκα πάντες ἄωροι,
ἐξ δέ τέ οἱ δειραὶ περιμήκεες, ἐν δὲ ἑκάστῃ   90
σμερδαλέη κεφαλή, ἐν δὲ τρίστοιχοι ὀδόντες,
πυκνοὶ καὶ θαμέες, πλεῖοι μέλανος θανάτοιο.
μέσση μέν τε κατὰ σπείους κοίλοιο δέδυκεν
ἔξω δ' ἐξίσχει κεφαλὰς δεινοῖο βερέθρου,
αὐτοῦ δ' ἰχθυάᾳ, σκόπελον περιμαιμώωσα,   95
δελφῖνάς τε κύνας τε καὶ εἴ ποθι μεῖζον ἕλῃσι
κῆτος, ἃ μυρία βόσκει ἀγάστονος Ἀμφιτρίτη.
τῇ δ' οὔ πώ ποτε ναῦται ἀκήριοι εὐχετόωνται
παρφυγέειν σὺν νηί· φέρει δέ τε κρατὶ ἑκάστῳ
φῶτ' ἐξαρπάξασα νεὸς κυανοπρώροιο.   100

    Τὸν δ' ἕτερον σκόπελον χθαμαλώτερον ὄψει, Ὀδυσσεῦ,
πλησίον ἀλλήλων· καί κεν διοϊστεύσειας.
τῷ δ' ἐν ἐρινεός ἐστι μέγας, φύλλοισι τεθηλώς·
τῷ δ' ὑπὸ δῖα Χάρυβδις ἀναρροιβδεῖ μέλαν ὕδωρ.
τρὶς μὲν γάρ τ' ἀνίησιν ἐπ' ἤματι, τρὶς δ' ἀναροιβδεῖ   105
δεινόν· μὴ σύ γε κεῖθι τύχοις, ὅτε ῥοιβδήσειεν·
οὐ γάρ κεν ῥύσαιτό σ' ὑπὲκ κακοῦ οὐδ' ἐνοσίχθων.
ἀλλὰ μάλα Σκύλλης σκοπέλῳ πεπλημένος ὦκα
νῆα παρὲξ ἐλάαν, ἐπεὶ ἦ πολὺ φέρτερόν ἐστιν

85 σκύλλα a f Tzetz. Alleg. μ 33   86-88 ἀθετοῦνται στίχοι
τρεῖς schol.   89 ἄωροι quidam ap. Eust., cf. Epaphroditus ad h. loc.
(E. M. 117, 10)   94 ἐξ ἴσχει b i j l Eust.   βαράθρου U⁶, γρ.
H³ V⁴   98 τὴν δ' Aristoph.   99 a b c d (= λ 254, 255, 256,
257) hab. c (περισσοὶ οὗτοι οἱ τέσσαρες στίχοι R¹⁰ marg.)   102 δὴ
ὀιστεύσειας e L² M² : δὶς ἱστεύσειας U⁸   105 om. L⁴ ὑποπτεύει αὐτὸν
Καλλίστρατος schol. Polybius ap. Strab. 25 τὸ τρὶς μὲν γάβ⁻τ' ἀνίησιν
ἀντὶ τοῦ δίς, γραφικὸν εἶναι ἁμάρτημα ἢ ἱστορικόν [φησι], cf. ib. 4 τάχα
τῆς ἱστορίας παραπεσούσης ἢ τῆς γραφῆς διημαρτημένης   108 μεμνη-
μένος j   109 κακῶν δέ κε φέρτερον εἴη schol. Τ Δ 307 (= Ρ 105)

ἐξ ἑτάρους ἐν νηὶ ποθήμεναι ἢ ἅμα πάντας."   110

Ὥς ἔφατ', αὐτὰρ ἐγώ μιν ἀμειβόμενος προσέειπον·
" εἰ δ' ἄγε δή μοι τοῦτο, θεά, νημερτὲς ἐνίσπες,
εἴ πως τὴν ὀλοὴν μὲν ὑπεκπροφύγοιμι Χάρυβδιν,
τὴν δέ κ' ἀμυναίμην, ὅτε μοι σίνοιτό γ' ἑταίρους."

Ὥς ἐφάμην, ἡ δ' αὐτίκ' ἀμείβετο δῖα θεάων·   115
" σχέτλιε, καὶ δὴ αὖ τοι πολεμήϊα ἔργα μέμηλε
καὶ πόνος· οὐδὲ θεοῖσιν ὑπείξεαι ἀθανάτοισιν;
ἡ δέ τοι οὐ θνητή, ἀλλ' ἀθάνατον κακόν ἐστι,
δεινόν τ' ἀργαλέον τε καὶ ἄγριον οὐδὲ μαχητόν·
οὐδέ τίς ἐστ' ἀλκή· φυγέειν κάρτιστον ἀπ' αὐτῆς.   120
ἢν γὰρ δηθύνησθα κορυσσόμενος παρὰ πέτρῃ,
δείδω μή σ' ἐξαῦτις ἐφορμηθεῖσα κίχῃσι
τόσσῃσιν κεφαλῇσι, τόσους δ' ἐκ φῶτας ἕληται.
ἀλλὰ μάλα σφοδρῶς ἐλάαν, βωστρεῖν δὲ Κράταιϊν,
μητέρα τῆς Σκύλλης, ἥ μιν τέκε πῆμα βροτοῖσιν·   125
ἥ μιν ἔπειτ' ἀποπαύσει ἐς ὕστερον ὁρμηθῆναι.

Θρινακίην δ' ἐς νῆσον ἀφίξεαι· ἔνθα δὲ πολλαὶ
βόσκοντ' Ἠελίοιο βόες καὶ ἴφια μῆλα,
ἑπτὰ βοῶν ἀγέλαι, τόσα δ' οἰῶν πώεα καλά,
πεντήκοντα δ' ἕκαστα· γόνος δ' οὐ γίγνεται αὐτῶν,   130
οὐδέ ποτε φθινύθουσι. θεαὶ δ' ἐπιποιμένες εἰσί,
νύμφαι ἐϋπλόκαμοι, Φαέθουσά τε Λαμπετίη τε,
ἃς τέκεν Ἠελίῳ Ὑπερίονι δῖα Νέαιρα.
τὰς μὲν ἄρα θρέψασα τεκοῦσά τε πότνια μήτηρ
Θρινακίην ἐς νῆσον ἀπῴκισε τηλόθι ναίειν,   135
μῆλα φυλασσέμεναι πατρώϊα καὶ ἕλικας βοῦς.
τὰς εἰ μέν κ' ἀσινέας ἐάᾳς νόστου τε μέδηαι,

111 ἀτυζόμενος a d f j l   112 ἐνίσπε k q Eust.: ἔνιππε L⁸, γρ. H¹
   116 αὐτῇ p   117 φόνος q U⁸ Eust., cf. B 420 Δ 456 al.
Tyrtaeus xii. 11   124–126 ἀθετοῦνται γ' sch.   124 ita codd.
(praeter H³ Ho Pal. O R⁷ U³ U⁷) Ap. Rhod. iv. 829. κραταιίς λ 597.
ὀξύνεται· ἐὰν δὲ ᾖ κύριον προπαροξύνεται sch.   125 τῆς a e g k o: τὴν
cet.   130 γόος L⁵: γένος Br corr.: γονὴ Mon. corr.: μένος Tzetzes
Alleg. μ 71   133 a αὐτοκασιγνήτη θέτιδος λιπαροκρηδέμνου hab. a Br
U⁶ V⁴ mg. versus fort. Hesiodeus   134 ἀναθρέψασα R¹⁰ mg.
137 ἐάσας R²

ἦ τ' ἂν ἔτ' εἰς Ἰθάκην κακά περ πάσχοντες ἵκοισθε·
εἰ δέ κε σίνηαι, τότε τοι τεκμαίρομ' ὄλεθρον
νηΐ τε καὶ ἑτάροις· αὐτὸς δ' εἴ πέρ κεν ἀλύξῃς,   140
ὀψὲ κακῶς νεῖαι, ὀλέσας ἄπο πάντας ἑταίρους."

Ὣς ἔφατ', αὐτίκα δὲ χρυσόθρονος ἤλυθεν Ἠώς.
ἡ μὲν ἔπειτ' ἀνὰ νῆσον ἀπέστιχε δῖα θεάων·
αὐτὰρ ἐγὼν ἐπὶ νῆα κιὼν ὄτρυνον ἑταίρους
αὐτούς τ' ἀμβαίνειν ἀνά τε πρυμνήσια λῦσαι.   145
οἱ δ' αἶψ' εἴσβαινον καὶ ἐπὶ κληῖσι καθῖζον.
ἑξῆς δ' ἑζόμενοι πολιὴν ἅλα τύπτον ἐρετμοῖς.
ἡμῖν δ' αὖ κατόπισθε νεὸς κυανοπρῴροιο
ἵκμενον οὖρον ἵει πλησίστιον, ἐσθλὸν ἑταῖρον,
Κίρκη ἐϋπλόκαμος, δεινὴ θεὸς αὐδήεσσα.   150
αὐτίκα δ' ὅπλα ἕκαστα πονησάμενοι κατὰ νῆα
ἥμεθα· τὴν δ' ἄνεμός τε κυβερνήτης τ' ἴθυνε.
δὴ τότ' ἐγὼν ἑτάροισι μετηύδων ἀχνύμενος κῆρ·

"Ὦ φίλοι, οὐ γὰρ χρὴ ἕνα ἴδμεναι οὐδὲ δύ' οἴους
θέσφαθ' ἅ μοι Κίρκη μυθήσατο, δῖα θεάων·   155
ἀλλ' ἐρέω μὲν ἐγών, ἵνα εἰδότες ἤ κε θάνωμεν
ἤ κεν ἀλευάμενοι θάνατον καὶ κῆρα φύγοιμεν.
Σειρήνων μὲν πρῶτον ἀνώγει θεσπεσιάων
φθόγγον ἀλεύασθαι καὶ λειμῶν' ἀνθεμόεντα.
οἶον ἔμ' ἠνώγει ὄπ' ἀκουέμεν· ἀλλά με δεσμῷ   160
δήσατ' ἐν ἀργαλέῳ, ὄφρ' ἔμπεδον αὐτόθι μίμνω,
ὀρθὸν ἐν ἱστοπέδῃ, ἐκ δ' αὐτοῦ πείρατ' ἀνήφθω.
εἰ δέ κε λίσσωμαι ὑμέας λῦσαί τε κελεύω,
ὑμεῖς δ' ἐν πλεόνεσσι τότε δεσμοῖσι πιέζειν."

138 καί κεν ἔτ' **bfi**, γρ. U⁵: ἦτ' ἄνειει L⁵: ἦτ' ἂν ἔπειτ' εἰς U⁸
140, 141 om. **bgij** Eust. (=113, 4)   144 ὄτρ. hic codd.   147 hab.
bipq ed. pr.: om. cet.   148 κατόπιν **f**   150 αὐδήεσσα, cf. ε 334
κ 136   152 κυβερνῆταί τ' ἴθυνον **f**: ἴθυνον sol. **eg** H³   153 a κέκλυτέ
μευ μύθων κακά περ πάσχοντες ἑταῖροι hab. **ejhqr** (= 271 al.)
163, 164 καὶ ἐνταῦθα οἱ δύο ὀβελίζονται ὡς ἀδικώτατοι schol. U⁵ (cf. 53,
54)   163 λίσσωμαι **h** M¹ L⁵ P² P⁴ P⁵ T U³ U⁴ U⁵: -ομαι cet.   164 δὲ
πλεόνεσσι **b** ο L⁵ U⁸ Eust.: μ' ἐν U¹, γρ. Br R⁴ V⁴: δ' ἐν cet., cf. 54
τότε **q** Eust.: τότ' ἐν cet.   τὸ δὲ πιέζειν λέγεται καὶ πιεζεῖν Eust., cf.
174, 196

Ἦ τοι ἐγὼ τὰ ἕκαστα λέγων ἑτάροισι πίφαυσκον·   165
τόφρα δὲ καρπαλίμως ἐξίκετο νηῦς εὐεργὴς
νῆσον Σειρήνοιϊν· ἔπειγε γὰρ οὖρος ἀπήμων.
αὐτίκ' ἔπειτ' ἄνεμος μὲν ἐπαύσατο ἠδὲ γαλήνη
ἔπλετο νηνεμίη, κοίμησε δὲ κύματα δαίμων.
ἀνστάντες δ' ἕταροι νεὸς ἱστία μηρύσαντο,   170
καὶ τὰ μὲν ἐν νηὶ γλαφυρῇ βάλον, οἱ δ' ἐπ' ἐρετμὰ
ἑζόμενοι λεύκαινον ὕδωρ ξεστῇς ἐλάτῃσιν.
αὐτὰρ ἐγὼ κηροῖο μέγαν τροχὸν ὀξέϊ χαλκῷ
τυτθὰ διατμήξας χερσὶ στιβαρῇσι πίεζον.
αἶψα δ' ἰαίνετο κηρός, ἐπεὶ κέλετο μεγάλη ἲς   175
Ἠελίου τ' αὐγὴ Ὑπεριονίδαο ἄνακτος·
ἑξείης δ' ἑτάροισιν ἐπ' οὔατα πᾶσιν ἄλειψα.
οἱ δ' ἐν νηΐ μ' ἔδησαν ὁμοῦ χεῖράς τε πόδας τε
ὀρθὸν ἐν ἱστοπέδῃ, ἐκ δ' αὐτοῦ πείρατ' ἀνῆπτον·
αὐτοὶ δ' ἑζόμενοι πολιὴν ἅλα τύπτον ἐρετμοῖς.   180
ἀλλ' ὅτε τόσσον ἀπῆν ὅσσον τε γέγωνε βοήσας,
ῥίμφα διώκοντες, τὰς δ' οὐ λάθεν ὠκύαλος νηῦς
ἐγγύθεν ὀρνυμένη, λιγυρὴν δ' ἔντυνον ἀοιδήν·
" Δεῦρ' ἄγ' ἰών, πολύαιν' Ὀδυσεῦ, μέγα κῦδος Ἀχαιῶν,
νῆα κατάστησον, ἵνα νωϊτέρην ὄπ' ἀκούσῃς.   185
οὐ γάρ πώ τις τῇδε παρήλασε νηὶ μελαίνῃ,
πρίν γ' ἡμέων μελίγηρυν ἀπὸ στομάτων ὄπ' ἀκοῦσαι,
ἀλλ' ὅ γε τερψάμενος νεῖται καὶ πλείονα εἰδώς.
ἴδμεν γάρ τοι πάνθ' ὅσ' ἐνὶ Τροίῃ εὐρείῃ
Ἀργεῖοι Τρῶές τε θεῶν ἰότητι μόγησαν·   190
ἴδμεν δ' ὅσσα γένηται ἐπὶ χθονὶ πουλυβοτείρῃ."
Ὣς φάσαν ἱεῖσαι ὄπα κάλλιμον· αὐτὰρ ἐμὸν κῆρ

167 εὖρος d R¹⁰ marg. U⁷ corr.   ἀμύμων c   168 ἡ δὲ L⁸ Pal.
H³ uv., cf. ε 391   171 βάλον c f g j k : θέσαν cet.   174 πιέζευν
f L⁶ L⁷ T U⁶ Eust. Apio ap. schol. δ 419, cf. 164   179 ἀνῆψαν g
U⁷ H¹ ss. : ἀνήφθη E. M. 667. 55 : ἀνῆφθον b L⁴ (-ο)   181 ἀπῆμεν
e g j   184 ἄγε δή Xen. Mem. ii. 6. 11 : ἄγ' ὦ b i P⁶   185 θειοτέρην
ἐπακούσῃς Cl. Alex. protr. 118. 2   186 παρέπλω ποντοπόρος νηῦς i
Pal. P⁶ (='69) : παρέπλετο r   187 μελιγυρὴν c j : μελίγυριν a d e l

ἤθελ' ἀκουέμεναι, λῦσαί τ' ἐκέλευον ἑταίρους,
ὀφρύσι νευστάζων· οἱ δὲ προπεσόντες ἔρεσσον.
αὐτίκα δ' ἀνστάντες Περιμήδης Εὐρύλοχός τε   195
πλείοσί μ' ἐν δεσμοῖσι δέον μᾶλλόν τε πίεζον.
αὐτὰρ ἐπεὶ δὴ τάς γε παρήλασαν, οὐδ' ἔτ' ἔπειτα
φθόγγον Σειρήνων ἠκούομεν οὐδέ τ' ἀοιδήν,
αἶψ' ἀπὸ κηρὸν ἕλοντο ἐμοὶ ἐρίηρες ἑταῖροι,
ὅν σφιν ἐπ' ὠσὶν ἄλειψ', ἐμέ τ' ἐκ δεσμῶν ἀνέλυσαν.   200
    'Αλλ' ὅτε δὴ τὴν νῆσον ἐλείπομεν, αὐτίκ' ἔπειτα
καπνὸν καὶ μέγα κῦμα ἴδον καὶ δοῦπον ἄκουσα·
τῶν δ' ἄρα δεισάντων ἐκ χειρῶν ἔπτατ' ἐρετμά,
βόμβησαν δ' ἄρα πάντα κατὰ ῥόον· ἔσχετο δ' αὐτοῦ
νηῦς, ἐπεὶ οὐκέτ' ἐρετμὰ προήκεα χερσὶν ἔπειγον.   205
αὐτὰρ ἐγὼ διὰ νηὸς ἰὼν ὄτρυνον ἑταίρους
μειλιχίοις ἐπέεσσι παρασταδὸν ἄνδρα ἕκαστον·
    "'Ω φίλοι, οὐ γάρ πώ τι κακῶν ἀδαήμονές εἰμεν·
οὐ μὲν δὴ τόδε μεῖζον ἔπι κακὸν ἢ ὅτε Κύκλωψ
εἴλει ἐνὶ σπῆϊ γλαφυρῷ κρατερῆφι βίηφιν·   210
ἀλλὰ καὶ ἔνθεν ἐμῇ ἀρετῇ βουλῇ τε νόῳ τε
ἐκφύγομεν, καί που τῶνδε μνήσεσθαι ὀίω.
νῦν δ' ἄγεθ', ὡς ἂν ἐγὼ εἴπω, πειθώμεθα πάντες.
ὑμεῖς μὲν κώπῃσιν ἁλὸς ῥηγμῖνα βαθεῖαν
τύπτετε κληῖδεσσιν ἐφήμενοι, αἴ κέ ποθι Ζεὺς   215
δώῃ τόνδε γ' ὄλεθρον ὑπεκφυγέειν καὶ ἀλύξαι·
σοὶ δέ, κυβερνῆθ', ὧδ' ἐπιτέλλομαι· ἀλλ' ἐνὶ θυμῷ
βάλλευ, ἐπεὶ νηὸς γλαφυρῆς οἰήϊα νωμᾷς.
τούτου μὲν καπνοῦ καὶ κύματος ἐκτὸς ἔεργε
νῆα, σὺ δὲ σκοπέλου ἐπιμαίεο, μή σε λάθῃσι   220

196 πίεζον b j R⁸ : πιέζευν cet., cf. 164   198 φθόγγον c g j :
φθογγῆς d l L⁴ : φθογγήν cet.   ἀοιδῆς d   200 πᾶσιν pro ἐπ'
ὠσὶν Eust.   204 βόμβησαν L⁸ Mon. R¹⁰ : -εν vulg.   εἴχετο g
  205 προήια P⁵ marg.   οὐκέτι χερσὶν ἐρετμὰ προήκασι χερσίν j
206 ὤτρ. codd. praeter Pal.   207 om. L⁴ (= κ 547)   209 ἔπι e f j k
Ho Eust. : ἐπεὶ (ἔπει) vulg. : ἔπεισι a d l : ἔχει Zen.   210 σπέϊι
Br R³   213 ἐγὼν c K   220 σκοπέλου (ἑνικῶς schol.) a d k l
Eust. : σκοπέλω b P⁶ : -ων vulg.

κεῖσ' ἐξορμήσασα καὶ ἐς κακὸν ἄμμε βάλησθα."

῝Ως ἐφάμην, οἱ δ' ὦκα ἐμοῖς ἐπέεσσι πίθοντο.
Σκύλλην δ' οὐκέτ' ἐμυθεόμην, ἄπρηκτον ἀνίην,
μή πώς μοι δείσαντες ἀπολλήξειαν ἑταῖροι
εἰρεσίης, ἐντὸς δὲ πυκάζοιεν σφέας αὐτούς.   225
καὶ τότε δὴ Κίρκης μὲν ἐφημοσύνης ἀλεγεινῆς
λανθανόμην, ἐπεὶ οὔ τί μ' ἀνώγει θωρήσσεσθαι·
αὐτὰρ ἐγὼ καταδὺς κλυτὰ τεύχεα καὶ δύο δοῦρε
μάκρ' ἐν χερσὶν ἑλὼν εἰς ἴκρια νηὸς ἔβαινον
πρῴρης· ἔνθεν γάρ μιν ἐδέγμην πρῶτα φανεῖσθαι   230
Σκύλλην πετραίην, ἥ μοι φέρε πῆμ' ἑτάροισιν·
οὐδέ πη ἀθρῆσαι δυνάμην· ἔκαμον δέ μοι ὄσσε
πάντη παπταίνοντι πρὸς ἠεροειδέα πέτρην.

Ἡμεῖς μὲν στεινωπὸν ἀνεπλέομεν γοόωντες·
ἔνθεν γὰρ Σκύλλη, ἑτέρωθι δὲ δῖα Χάρυβδις   235
δεινὸν ἀνερροίβδησε θαλάσσης ἁλμυρὸν ὕδωρ.
ἦ τοι ὅτ' ἐξεμέσειε, λέβης ὣς ἐν πυρὶ πολλῷ
πᾶσ' ἀναμορμύρεσκε κυκωμένη· ὑψόσε δ' ἄχνη
ἄκροισι σκοπέλοισιν ἐπ' ἀμφοτέροισιν ἔπιπτεν.
ἀλλ' ὅτ' ἀναβρόξειε θαλάσσης ἁλμυρὸν ὕδωρ,   240
πᾶσ' ἔντοσθε φάνεσκε κυκωμένη, ἀμφὶ δὲ πέτρη
δεινὸν βεβρύχει, ὑπένερθε δὲ γαῖα φάνεσκε
ψάμμῳ κυανέη· τοὺς δὲ χλωρὸν δέος ᾕρει.
ἡμεῖς μὲν πρὸς τὴν ἴδομεν δείσαντες ὄλεθρον·
τόφρα δέ μοι Σκύλλη κοίλης ἐκ νηὸς ἑταίρους   245
ἐξ ἕλεθ', οἳ χερσίν τε βίηφί τε φέρτατοι ἦσαν·
σκεψάμενος δ' ἐς νῆα θοὴν ἅμα καὶ μεθ' ἑταίρους
ἤδη τῶν ἐνόησα πόδας καὶ χεῖρας ὕπερθεν
ὑψόσ' ἀειρομένων· ἐμὲ δὲ φθέγγοντο καλεῦντες

226 τότε δὴ **aegi**: τότ' ἐγὼ cet.   229 χερσὶ λαβὼν Eust.
233 πόντον L⁵, γρ. U⁵   234 δὲ **fr** U⁸   235 γὰρ L¹ L² **Pal.**
R¹¹ U² U⁵: μὲν ῃ U⁸ schol. μ 85: μὲν γὰρ vulg.   238 πᾶσαν ἐμορμ.
a l: ἀνεμ. O P³ Pal V⁴, U⁵ ss.   240 ἀναβρώξειε K O P¹ U¹ U⁸   ἀλλ'
ὅταν αὖθις ἀναβρώξειέ γε ἁλμυρὸν ὕδωρ **d**   243 κυανέη H³ L⁴ Macrob.
v. 6. 5   244 δ' ἴομεν **f** L² Pal. P⁶ R¹⁰ R¹¹: ἴομεν **r**   245 γλαφυρῆς
ceg L⁷ P⁵   249 ὑψόθεν διχῶς H³, ὑψόθι ss.

ἐξονομακλήδην, τότε γ' ὕστατον, ἀχνύμενοι κῆρ.   250
ὡς δ' ὅτ' ἐπὶ προβόλῳ ἁλιεὺς περιμήκεϊ ῥάβδῳ
ἰχθύσι τοῖς ὀλίγοισι δόλον κατὰ εἴδατα βάλλων
ἐς πόντον προΐησι βοὸς κέρας ἀγραύλοιο,
ἀσπαίροντα δ' ἔπειτα λαβὼν ἔρριψε θύραζε,
ὣς οἵ γ' ἀσπαίροντες ἀείροντο προτὶ πέτρας·   255
αὐτοῦ δ' εἰνὶ θύρῃσι κατήσθιε κεκλήγοντας,
χεῖρας ἐμοὶ ὀρέγοντας ἐν αἰνῇ δηϊοτῆτι.
οἴκτιστον δὴ κεῖνο ἐμοῖς ἴδον ὀφθαλμοῖσι
πάντων ὅσσ' ἐμόγησα πόρους ἁλὸς ἐξερεείνων.

Αὐτὰρ ἐπεὶ πέτρας φύγομεν δεινήν τε Χάρυβδιν   260
Σκύλλην τ', αὐτίκ' ἔπειτα θεοῦ ἐς ἀμύμονα νῆσον
ἱκόμεθ'· ἔνθα δ' ἔσαν καλαὶ βόες εὐρυμέτωποι,
πολλὰ δὲ ἴφια μῆλ' Ὑπερίονος Ἠελίοιο.
δὴ τότ' ἐγὼν ἔτι πόντῳ ἐὼν ἐν νηῒ μελαίνῃ
μυκηθμοῦ τ' ἤκουσα βοῶν αὐλιζομενάων   265
οἰῶν τε βληχήν· καί μοι ἔπος ἔμπεσε θυμῷ
μάντιος ἀλαοῦ, Θηβαίου Τειρεσίαο,
Κίρκης τ' Αἰαίης, οἵ μοι μάλα πόλλ' ἐπέτελλον
νῆσον ἀλεύασθαι τερψιμβρότου Ἠελίοιο.
δὴ τότ' ἐγὼν ἑτάροισι μετηύδων, ἀχνύμενος κῆρ·   270
"Κέκλυτέ μευ μύθων, κακά περ πάσχοντες ἑταῖροι,
ὄφρ' ὑμῖν εἴπω μαντήϊα Τειρεσίαο
Κίρκης τ' Αἰαίης, οἵ μοι μάλα πόλλ' ἐπέτελλον
νῆσον ἀλεύασθαι τερψιμβρότου Ἠελίοιο·
ἔνθα γὰρ αἰνότατον κακὸν ἔμμεναι ἄμμιν ἔφασκον.   275
ἀλλὰ παρὲξ τὴν νῆσον ἐλαύνετε νῆα μέλαιναν."
Ὣς ἐφάμην, τοῖσιν δὲ κατεκλάσθη φίλον ἦτορ.

250 Καλλίστρατος ὑπονοεῖ τὸν στίχον schol.   τότ' ἐσύστατον L⁴ R¹⁰ U⁸
252 ὕδατα O : δείλατα Callistratus   256 κεκληγῶτας ei aL :
-ότας gj C : -οντας cet.   259 ἐξαλεείνων h L⁴   264 ἔτι] ἐνὶ
c g i p   ἐπὶ νηὶ Br C U⁶   267 cf. κ 493   268 οἵ... ἐπέτελλον
f L⁵ : ἥ... ἐπέτελλεν cet.   269 φαεσιμβρότου f Mon.   273 οἵ...
ἐπέτελλον b f k, d ss. : ἥ... ἐπέτελλεν cet.   274 φαεσιμβρότου f k
275 ἔφασκεν e L⁴ U⁵ Eust. : ἔφησαν b i

αὐτίκα δ' Εὐρύλοχος στυγερῷ μ' ἠμείβετο μύθῳ·

"Σχέτλιός εἰς, 'Οδυσεῦ, περί τοι μένος οὐδέ τι γυῖα
κάμνεις· ἦ ῥά νυ σοί γε σιδήρεα πάντα τέτυκται,   280
ὅς ῥ' ἑτάρους καμάτῳ ἀδηκότας ἠδὲ καὶ ὕπνῳ
οὐκ ἐᾷς γαίης ἐπιβήμεναι, ἔνθα κεν αὖτε
νήσῳ ἐν ἀμφιρύτῃ λαρὸν τετυκοίμεθα δόρπον,
ἀλλ' αὔτως διὰ νύκτα θοὴν ἀλάλησθαι ἄνωγας,
νήσου ἀποπλαγχθέντας, ἐν ἠεροειδέϊ πόντῳ.   285
ἐκ νυκτῶν δ' ἄνεμοι χαλεποί, δηλήματα νηῶν,
γίγνονται· πῇ κέν τις ὑπεκφύγοι αἰπὺν ὄλεθρον,
ἤν πως ἐξαπίνης ἔλθῃ ἀνέμοιο θύελλα,
ἢ Νότου ἢ Ζεφύροιο δυσαέος, οἵ τε μάλιστα
νῆα διαρραίουσι, θεῶν ἀέκητι ἀνάκτων.   290
ἀλλ' ἦ τοι νῦν μὲν πειθώμεθα νυκτὶ μελαίνῃ
δόρπον θ' ὁπλισόμεσθα θοῇ παρὰ νηΐ μένοντες·
ἠῶθεν δ' ἀναβάντες ἐνήσομεν εὐρέϊ πόντῳ."

Ὣς ἔφατ' Εὐρύλοχος, ἐπὶ δ' ἥνεον ἄλλοι ἑταῖροι.
καὶ τότε δὴ γίγνωσκον ὃ δὴ κακὰ μήδετο δαίμων,   295
καί μιν φωνήσας ἔπεα πτερόεντα προσηύδων·

"Εὐρύλοχ', ἦ μάλα δή με βιάζετε μοῦνον ἐόντα·
ἀλλ' ἄγε δή μοι πάντες ὀμόσσατε καρτερὸν ὅρκον,
εἴ κέ τιν' ἠὲ βοῶν ἀγέλην ἢ πῶϋ μέγ' οἰῶν
εὕρωμεν, μή πού τις ἀτασθαλίῃσι κακῇσιν   300
ἢ βοῦν ἠέ τι μῆλον ἀποκτάνῃ· ἀλλὰ ἕκηλοι
ἐσθίετε βρώμην, τὴν ἀθανάτη πόρε Κίρκη."

Ὣς ἐφάμην, οἱ δ' αὐτίκ' ἀπόμνυον ὡς ἐκέλευον.
αὐτὰρ ἐπεί ῥ' ὄμοσάν τε τελεύτησάν τε τὸν ὅρκον,
στήσαμεν ἐν λιμένι γλαφυρῷ εὐεργέα νῆα   305
ἄγχ' ὕδατος γλυκεροῖο, καὶ ἐξαπέβησαν ἑταῖροι

279 γυῖα] βία b, cf. σ 341 : θυμὸν W : θυμῷ j   284 οὕτως Zen.
ἀνὰ a d L⁴ P¹ U⁷. γρ. U⁵   290 ἀέκατι U⁶   φίλων ἀέκητι ἑταίρων
Zen. : ἰότητι g H¹ marg.   295 ϑ δὴ] ὅτι e J K L²   297 βιάζεαι
οἶον P² : βιάζεσθ' οἶον Zen.   οἶον e j, γρ. V⁵   298 μοι d g L⁴ U⁷ :
νῦν cet.   303 ἀπώμν. codd.

νηός, ἔπειτα δὲ δόρπον ἐπισταμένως τετύκοντο.
αὐτὰρ ἐπεὶ πόσιος καὶ ἐδητύος ἐξ ἔρον ἔντο,
μνησάμενοι δὴ ἔπειτα φίλους ἔκλαιον ἑταίρους,
οὓς ἔφαγε Σκύλλη γλαφυρῆς ἐκ νηὸς ἑλοῦσα·   310
κλαιόντεσσι δὲ τοῖσιν ἐπήλυθε νήδυμος ὕπνος.
ἦμος δὲ τρίχα νυκτὸς ἔην, μετὰ δ' ἄστρα βεβήκει,
ὦρσεν ἔπι ζαῆν ἄνεμον νεφεληγερέτα Ζεὺς
λαίλαπι θεσπεσίῃ, σὺν δὲ νεφέεσσι κάλυψε
γαῖαν ὁμοῦ καὶ πόντον· ὀρώρει δ' οὐρανόθεν νύξ.   315
ἦμος δ' ἠριγένεια φάνη ῥοδοδάκτυλος Ἠώς,
νῆα μὲν ὁρμίσαμεν, κοῖλον σπέος εἰσερύσαντες·
ἔνθα δ' ἔσαν Νυμφέων καλοὶ χοροὶ ἠδὲ θόωκοι.
καὶ τότ' ἐγὼν ἀγορὴν θέμενος μετὰ μῦθον ἔειπον·

"Ὦ φίλοι, ἐν γὰρ νηὶ θοῇ βρῶσίς τε πόσις τε   320
ἔστιν, τῶν δὲ βοῶν ἀπεχώμεθα, μή τι πάθωμεν·
δεινοῦ γὰρ θεοῦ αἵδε βόες καὶ ἴφια μῆλα,
Ἠελίου, ὃς πάντ' ἐφορᾷ καὶ πάντ' ἐπακούει."

Ὣς ἐφάμην, τοῖσιν δ' ἐπεπείθετο θυμὸς ἀγήνωρ.
μῆνα δὲ πάντ' ἄλληκτος ἄη Νότος, οὐδέ τις ἄλλος   325
γίγνετ' ἔπειτ' ἀνέμων, εἰ μὴ Εὖρός τε Νότος τε.
οἱ δ' ἧος μὲν σῖτον ἔχον καὶ οἶνον ἐρυθρόν,
τόφρα βοῶν ἀπέχοντο λιλαιόμενοι βιότοιο.
ἀλλ' ὅτε δὴ νηὸς ἐξέφθιτο ἤια πάντα,
καὶ δὴ ἄγρην ἐφέπεσκον ἀλητεύοντες ἀνάγκῃ,   330
ἰχθῦς ὄρνιθάς τε, φίλας ὅ τι χεῖρας ἵκοιτο,
γναμπτοῖς ἀγκίστροισιν· ἔτειρε δὲ γαστέρα λιμός·
δὴ τότ' ἐγὼν ἀνὰ νῆσον ἀπέστιχον, ὄφρα θεοῖσιν
εὐξαίμην, εἴ τίς μοι ὁδὸν φήνειε νέεσθαι.

311 ἥδυμος L⁴ Pal.   312 ἀλλ' ὅτε δὴ Porph. qu. Il. 151. 10
313 ὦρσε δ' ⊖ g j   ζαῆν Ar. Mon. : ζαὴν codd. : ζαῆν' improbat
Herod. π. μον. λέξ. 17, ipse ζαῆ leg. (ἔδει χωρὶς τοῦ ν ζαῆ) ut U⁶ corr.
317 ὁρμ. U³ U⁴ U⁷ : ὥρμ. cet. : ἑλκύσαμεν Pal. (ἐκέλσαμεν r : ἐρύ-
σαμεν R¹⁰)   319 μῦθον] πᾶσιν a d h k l p²⁸   325 ἄει Eust (οὐκ
ὀλίγα τῶν ἀντιγράφων)   330 ἐφέποντο g H¹ ss.   331 θ' ὅτι ⊖ g
Athen. 13 A Iulian. 192 D

ἀλλ' ὅτε δὴ διὰ νήσου ἰὼν ἤλυξα ἑταίρους,   335
χεῖρας νιψάμενος, ὅθ' ἐπὶ σκέπας ἦν ἀνέμοιο,
ἠρώμην πάντεσσι θεοῖς οἳ Ὄλυμπον ἔχουσιν·
οἱ δ' ἄρα μοι γλυκὺν ὕπνον ἐπὶ βλεφάροισιν ἔχευαν.
Εὐρύλοχος δ' ἑτάροισι κακῆς ἐξάρχετο βουλῆς·
"Κέκλυτέ μευ μύθων, κακά περ πάσχοντες ἑταῖροι·   340
πάντες μὲν στυγεροὶ θάνατοι δειλοῖσι βροτοῖσι,
λιμῷ δ' οἴκτιστον θανέειν καὶ πότμον ἐπισπεῖν.
ἀλλ' ἄγετ', Ἠελίοιο βοῶν ἐλάσαντες ἀρίστας
ῥέξομεν ἀθανάτοισι, τοὶ οὐρανὸν εὐρὺν ἔχουσιν.
εἰ δέ κεν εἰς Ἰθάκην ἀφικοίμεθα, πατρίδα γαῖαν,   345
αἶψά κεν Ἠελίῳ Ὑπερίονι πίονα νηὸν
τεύξομεν, ἐν δέ κε θεῖμεν ἀγάλματα πολλὰ καὶ ἐσθλά·
εἰ δὲ χολωσάμενός τι βοῶν ὀρθοκραιράων
νῆ' ἐθέλῃ ὀλέσαι, ἐπὶ δ' ἕσπωνται θεοὶ ἄλλοι,
βούλομ' ἅπαξ πρὸς κῦμα χανὼν ἀπὸ θυμὸν ὀλέσσαι   350
ἢ δηθὰ στρεύγεσθαι ἐὼν ἐν νήσῳ ἐρήμῃ."
Ὣς ἔφατ' Εὐρύλοχος, ἐπὶ δ' ᾔνεον ἄλλοι ἑταῖροι.
αὐτίκα δ' Ἠελίοιο βοῶν ἐλάσαντες ἀρίστας
ἐγγύθεν· οὐ γὰρ τῆλε νεὸς κυανοπρῴροιο
βοσκέσκονθ' ἕλικες καλαὶ βόες εὐρυμέτωποι·   355
τὰς δὲ περιστήσαντο καὶ εὐχετόωντο θεοῖσι,
φύλλα δρεψάμενοι τέρενα δρυὸς ὑψικόμοιο·
οὐ γὰρ ἔχον κρῖ λευκὸν ἐϋσσέλμου ἐπὶ νηός.
αὐτὰρ ἐπεί ῥ' εὔξαντο καὶ ἔσφαξαν καὶ ἔδειραν
μηρούς τ' ἐξέταμον κατά τε κνίσῃ ἐκάλυψαν   360
δίπτυχα ποιήσαντες, ἐπ' αὐτῶν δ' ὠμοθέτησαν·
οὐδ' εἶχον μέθυ λεῖψαι ἐπ' αἰθομένοις ἱεροῖσιν,
ἀλλ' ὕδατι σπένδοντες ἐπώπτων ἔγκατα πάντα.
αὐτὰρ ἐπεὶ κατὰ μῆρε κάη καὶ σπλάγχνα πάσαντο,

339 ἐξαρχ. codd.   341 θάνατοι στυγεροὶ a d l L⁴   342 λοιμω
𝔭²⁷   346 ἐξε[𝔭 Halensis 5 a fort. ἐξερέω ὡς Ἠελίῳ ὑπερίονι νηὸν
347 ἔνθα κε i r: ἔνθα καθεῖμεν f   349 ἔσπωνται P⁶ U⁵: -ονται cet.
351 στρέγγεσθαι K L⁷ R¹⁰: τρεύγεσθαι H³ U²: στρατεύεσθαι P²
(στρεύεσθαι L⁴)   354 βοὸς d   357 φύλλα δὲ b c g i j k
364, cf. γ 461

μίστυλλόν τ' ἄρα τἆλλα καὶ ἀμφ' ὀβελοῖσιν ἔπειραν.　365

Καὶ τότε μοι βλεφάρων ἐξέσσυτο νήδυμος ὕπνος·
βῆν δ' ἰέναι ἐπὶ νῆα θοὴν καὶ θῖνα θαλάσσης.
ἀλλ' ὅτε δὴ σχεδὸν ἦα κιὼν νεὸς ἀμφιελίσσης,
καὶ τότε με κνίσης ἀμφήλυθεν ἡδὺς ἀϋτμή·
οἰμώξας δὲ θεοῖσι μετ' ἀθανάτοισι γεγώνευν·　370

"Ζεῦ πάτερ ἠδ' ἄλλοι μάκαρες θεοὶ αἰὲν ἐόντες,
ἦ με μάλ' εἰς ἄτην κοιμήσατε νηλέϊ ὕπνῳ,
οἱ δ' ἕταροι μέγα ἔργον ἐμητίσαντο μένοντες."

Ὠκέα δ' Ἡελίῳ Ὑπερίονι ἄγγελος ἦλθε,
Λαμπετίη τανύπεπλος, ὅ οἱ βόας ἔκταμεν ἡμεῖς.　375
αὐτίκα δ' ἀθανάτοισι μετηύδα χωόμενος κῆρ·

"Ζεῦ πάτερ ἠδ' ἄλλοι μάκαρες θεοὶ αἰὲν ἐόντες,
τῖσαι δὴ ἑτάρους Λαερτιάδεω Ὀδυσῆος,
οἵ μευ βοῦς ἔκτειναν ὑπέρβιον, ᾗσιν ἐγώ γε
χαίρεσκον μὲν ἰὼν εἰς οὐρανὸν ἀστερόεντα,　380
ἠδ' ὁπότ' ἂψ ἐπὶ γαῖαν ἀπ' οὐρανόθεν προτραποίμην.
εἰ δέ μοι οὐ τίσουσι βοῶν ἐπιεικέ' ἀμοιβήν,
δύσομαι εἰς Ἀΐδαο καὶ ἐν νεκύεσσι φαείνω."

Τὸν δ' ἀπαμειβόμενος προσέφη νεφεληγερέτα Ζεύς·
"Ἠέλι', ἦ τοι μὲν σὺ μετ' ἀθανάτοισι φάεινε　385
καὶ θνητοῖσι βροτοῖσιν ἐπὶ ζείδωρον ἄρουραν·
τῶν δέ κ' ἐγὼ τάχα νῆα θοὴν ἀργῆτι κεραυνῷ
τυτθὰ βαλὼν κεάσαιμι μέσῳ ἐνὶ οἴνοπι πόντῳ."

Ταῦτα δ' ἐγὼν ἤκουσα Καλυψοῦς ἠϋκόμοιο·
ἡ δ' ἔφη Ἑρμείαο διακτόρου αὐτὴ ἀκοῦσαι.　390

Αὐτὰρ ἐπεί ῥ' ἐπὶ νῆα κατήλυθον ἠδὲ θάλασσαν,

365 a ὤπτησάν τε περιφραδέως ἐρύσαντό τε πάντα **g** P⁵ marg.:
περιττεύει L⁸ marg. (= A 466)　369 μοι **cdq**　νηδὺς **c**:
νήδυμος **g** H¹ marg.　370 ἀθανάτοις ἐγεγώνευν U⁸ (ἐγεγώνει **j**)
374-390 dipla ad Γ 277 adscripta est πρὸς τὴν ἀθέτησιν τῶν ἐν Ὀδυσσείᾳ
ὠκέα δ' ἡελίῳ ὑπερίονι ἄγγελος ἦλθεν, obelos singulis praeter 374
versibus adscr. U⁵　374 ὠκὺς schol. ἐν πολλοῖς: ὠκέας U⁸:
ὦκα L⁸　375 ἔκταμεν ἡμεῖς Ar. **cg**: ἔκταν ἑταῖροι cet. (Aristoteles
fr. 1502 b 25)　388 τριχθὰ Zen.　390 αὐτοῦ **efgi**

νείκεον ἄλλοθεν ἄλλον ἐπισταδόν, οὐδέ τι μῆχος
εὑρέμεναι δυνάμεσθα· βόες δ' ἀποτέθνασαν ἤδη.
τοῖσιν δ' αὐτίκ' ἔπειτα θεοὶ τέραα προύφαινον·
ἕρπον μὲν ῥινοί, κρέα δ' ἀμφ' ὀβελοῖσι μεμύκει,   395
ὀπταλέα τε καὶ ὠμά· βοῶν δ' ὡς γίγνετο φωνή.

Ἑξῆμαρ μὲν ἔπειτα ἐμοὶ ἐρίηρες ἑταῖροι
δαίνυντ' Ἡελίοιο βοῶν ἐλάσαντες ἀρίστας·
ἀλλ' ὅτε δὴ ἕβδομον ἦμαρ ἐπὶ Ζεὺς θῆκε Κρονίων,
καὶ τότ' ἔπειτ' ἄνεμος μὲν ἐπαύσατο λαίλαπι θύων,   400
ἡμεῖς δ' αἶψ' ἀναβάντες ἐνήκαμεν εὐρέι πόντῳ,
ἱστὸν στησάμενοι ἀνά θ' ἱστία λεύκ' ἐρύσαντες.

Ἀλλ' ὅτε δὴ τὴν νῆσον ἐλείπομεν, οὐδέ τις ἄλλη
φαίνετο γαιάων, ἀλλ' οὐρανὸς ἠδὲ θάλασσα,
δὴ τότε κυανέην νεφέλην ἔστησε Κρονίων   405
νηὸς ὕπερ γλαφυρῆς, ἤχλυσε δὲ πόντος ὑπ' αὐτῆς.
ἡ δ' ἔθει οὐ μάλα πολλὸν ἐπὶ χρόνον· αἶψα γὰρ ἦλθε
κεκληγὼς Ζέφυρος, μεγάλῃ σὺν λαίλαπι θύων,
ἱστοῦ δὲ προτόνους ἔρρηξ' ἀνέμοιο θύελλα
ἀμφοτέρους, ἱστὸς δ' ὀπίσω πέσεν, ὅπλα τε πάντα   410
εἰς ἄντλον κατέχυνθ'· ὁ δ' ἄρα πρύμνῃ ἐνὶ νηὶ
πλῆξε κυβερνήτεω κεφαλήν, σὺν δ' ὀστέ' ἄραξε
πάντ' ἄμυδις κεφαλῆς· ὁ δ' ἄρ' ἀρνευτῆρι ἐοικὼς
κάππεσ' ἀπ' ἰκριόφιν, λίπε δ' ὀστέα θυμὸς ἀγήνωρ.
Ζεὺς δ' ἄμυδις βρόντησε καὶ ἔμβαλε νηὶ κεραυνόν·   415
ἡ δ' ἐλελίχθη πᾶσα Διὸς πληγεῖσα κεραυνῷ,
ἐν δὲ θεείου πλῆτο· πέσον δ' ἐκ νηὸς ἑταῖροι.
οἱ δὲ κορώνῃσιν ἴκελοι περὶ νῆα μέλαιναν
κύμασιν ἐμφορέοντο, θεὸς δ' ἀποαίνυτο νόστον.

Αὐτὰρ ἐγὼ διὰ νηὸς ἐφοίτων, ὄφρ' ἀπὸ τοίχους   420

393 ἀπετέθνασαν a d i l   394 τέρεα e f U⁸: τέρατα U¹
395 εἶρπον codd.: ἐμέμυκεν i p L⁵: -ον R²: ἐμεμύκεον f   398 ἐλόων-
τες a b d l   399 δὴ om. a b i: δ' c e g: ὅτ' ἄρ' d   405 νεφέλην]
Ἶριν Et. Flor. ap. Miller Mél. 171   406 πόντον e L⁸ cum Bothio
407 ἔθε' f   415 ἅμα δὶς b   417 ἐν] ἐκ ϐ   420 τείχος e
J L²

λῦσε κλύδων τρόπιος· τὴν δὲ ψιλὴν φέρε κῦμα.
ἐκ δέ οἱ ἱστὸν ἄραξε ποτὶ τρόπιν· αὐτὰρ ἐπ' αὐτῷ
ἐπίτονος βέβλητο, βοὸς ῥινοῖο τετευχώς.
τῷ ῥ' ἄμφω συνέεργον ὁμοῦ τρόπιν ἠδὲ καὶ ἱστόν,
ἑζόμενος δ' ἐπὶ τοῖς φερόμην ὀλοοῖς ἀνέμοισιν.   425

Ἔνθ' ἦ τοι Ζέφυρος μὲν ἐπαύσατο λαίλαπι θύων,
ἦλθε δ' ἐπὶ Νότος ὦκα, φέρων ἐμῷ ἄλγεα θυμῷ,
ὄφρ' ἔτι τὴν ὀλοὴν ἀναμετρήσαιμι Χάρυβδιν.
παννύχιος φερόμην, ἅμα δ' ἠελίῳ ἀνιόντι
ἦλθον ἐπὶ Σκύλλης σκόπελον δεινήν τε Χάρυβδιν.   430
ἡ μὲν ἀνερροίβδησε θαλάσσης ἁλμυρὸν ὕδωρ·
αὐτὰρ ἐγὼ ποτὶ μακρὸν ἐρινεὸν ὑψόσ' ἀερθεὶς
τῷ προσφὺς ἐχόμην ὡς νυκτερίς· οὐδέ πῃ εἶχον
οὔτε στηρίξαι ποσὶν ἔμπεδον οὔτ' ἐπιβῆναι·
ῥίζαι γὰρ ἑκὰς εἶχον, ἀπήωροι δ' ἔσαν ὄζοι,   435
μακροί τε μεγάλοι τε, κατεσκίαον δὲ Χάρυβδιν.
νωλεμέως δ' ἐχόμην, ὄφρ' ἐξεμέσειεν ὀπίσσω
ἱστὸν καὶ τρόπιν αὖτις· ἐελδομένῳ δέ μοι ἦλθον
ὄψ'· ἦμος δ' ἐπὶ δόρπον ἀνὴρ ἀγορῆθεν ἀνέστη
κρίνων νείκεα πολλὰ δικαζομένων αἰζηῶν,   440
τῆμος δὴ τά γε δοῦρα Χαρύβδιος ἐξεφαάνθη.
ἧκα δ' ἐγὼ καθύπερθε πόδας καὶ χεῖρε φέρεσθαι,
μέσσῳ δ' ἐνδούπησα παρὲξ περιμήκεα δοῦρα,
ἑζόμενος δ' ἐπὶ τοῖσι διήρεσα χερσὶν ἐμῇσι.
Σκύλλην δ' οὐκέτ' ἔασε πατὴρ ἀνδρῶν τε θεῶν τε   445
ἐσιδέειν· οὐ γάρ κεν ὑπέκφυγον αἰπὺν ὄλεθρον.

Ἔνθεν δ' ἐννῆμαρ φερόμην, δεκάτῃ δέ με νυκτὶ

422 ἔαξε Zen. L⁴ U⁶, γρ. H¹ (= ε 316)   423 ἐπίτινος f:
ἐπίτονον P⁵: ἐπίτονος τετάνυστο βοὸς ἶφι κταμένοιο Athen. 632 E
(cf. Γ 375)   428 θάλασσαν Ap. lex. in Ἀναμετρήσαιμι   429 κατα-
δύντι L⁸, γρ. H¹   435 εἶχον d k l U⁸ Eust.: ἦσαν cet.   436 μακροί
καλοί Ap. lex. in Ἀπήωροι   438 ἦλθον U⁵ uv. Eust.: ἦλθεν cet.
439 ἂψ L⁵ M²O   441 om. h P⁵, p²⁸ uv.   καὶ τότε δή μοι
δοῦρα Strabo 44   τά δὲ Ar. V⁴: τάγε cet.   445. 446 νοθευονται
δύο schol.

νῆσον ἐς Ὠγυγίην πέλασαν θεοί, ἔνθα Καλυψὼ
ναίει ἐϋπλόκαμος, δεινὴ θεὸς αὐδήεσσα,
ἥ μ᾽ ἐφίλει τ᾽ ἐκόμει τε. τί τοι τάδε μυθολογεύω;   450
ἤδη γάρ τοι χθιζὸς ἐμυθεόμην ἐνὶ οἴκῳ
σοὶ καὶ ἰφθίμῃ ἀλόχῳ· ἐχθρὸν δέ μοί ἐστιν
αὖτις ἀριζήλως εἰρημένα μυθολογεύειν.

448 ἔθεσαν f i I.⁵   449 ναῖεν e g j U⁸   452 τε καὶ codd.
ἰφθίμῳ Br K Mon. Z   453 ἀριδήλως Clem. Alex. Strom. vii. 23. 1,
cf. Zen. ad B 318